Imagens e Textos

Vol. 1

Interpretações sobre Cultura e Poder na Antiguidade

Imagens e Textos

Vol. 1

Interpretações sobre Cultura e Poder na Antiguidade

Organizadoras:
Margarida Maria de Carvalho
Márcia Pereira da Silva
Helena Amália Papa

Alameda

Grafia atualizada segundo o Acordo Ortográfico da Língua Portuguesa de 1990, que entrou em vigor no Brasil em 2009.

Edição: Haroldo Ceravolo Sereza
Editora assistente: Danielly de Jesus Teles
Projeto gráfico, diagramação e capa: Fabrício Igbó
Assistente acadêmica: Bruna Marques
Revisão: Alexandra Colontini
Imagem de capa: Folha díptica: *O Imperador Triunfante Constantinopla* (primeira metade do século VI). Marfim, restos de incrustações Museu do Louvre [Public domain], Ancienne collection Peiresc, Barberini; acquisition 1899, OA 9063

Esta obra foi publicada com apoio da Fapesp, nº do processo 2018/21124-3
As opiniões, hipóteses e conclusões ou recomendações expressas neste material são de responsabilidade dos autores e não necessariamente refletem a visão da FAPESP

CIP-BRASIL. CATALOGAÇÃO-NA-FONTE
SINDICATO NACIONAL DOS EDITORES DE LIVROS, RJ

I29

Imagens e textos : interpretações sobre cultura e poder na antiguidade / organização Margarida Maria de Carvalho, Márcia Pereira da Silva, Helena Amália Papa. - 1. ed. - São Paulo : Alameda, 2020.
21 cm.

Inclui bibliografia e índice
ISBN 978-65-86081-09-1

1. História antiga. 2. Idade Média - História. I. Carvalho, Margarida Maria de. II. Silva, Márcia Pereira da. III. Papa, Helena Amália.

20-62191 CDD: 930
CDU: 94(100)

ALAMEDA CASA EDITORIAL
Rua 13 de Maio, 353 – Bela Vista
CEP 01327-000 - São Paulo, SP
Tel. (11) 3012-2403
www.alamedaeditorial.com.br

Sumário

Introdução 7
Pedro Paulo A. Funari

Expressão e Leitura do Poder: arquitetura e imagem no Egito Faraônico e Ptolomaico 15
Julio Gralha

Dois heróis no *Heraion do Sele* (*Poseidônia-Paestum*, Itália). Textos e imagens em um contexto de fronteira do Mundo Colonial Grego Arcaico 35
Airton Pollini

A face perceptível da mensagem imagética do vaso grego *Persephone Painter* 77
Maria Regina Candido

As mulheres gregas no discurso de Heródoto (V a.C.) e na cerâmica ática (VI-V a.C.) 93
Nathália Monseff Junqueira

A pintura romana. Um percurso por suas origens, catalogações e interpretações 121
Marina Regis Cavicchioli

Instrumenta sacra em imagens romanas 153
Claudia Beltrão da Rosa

Ovídio e a literatura latina: uma apresentação 173
Renata Cerqueira Barbosa

Entre o ideal e o real romano: masculinidades nos epigramas eróticos de Marcial 207
Lourdes Conde Feitosa e Filipe César da Silva

Marcial e Juvenal: uma apresentação 237
Amanda Parra

A arte da exortação das tropas à luta: repensando a obra de Onassandro 267
Ana Teresa Marques Gonçalves

Os intelectuais romanos e a literatura trajânica: as imagens e os discursos políticos no Principado Romano 301
Andrea L. D. O. C. Rossi

O(s) gênero(s) literário(s) da *Vida de Apolônio de Tiana*, de Filóstrato: fronteiras entre a biografia, a ficção e a hagiografia na Antiguidade (século III d.C.) 323
Semíramis Corsi Silva

O manejo das armas ofensivas na infantaria romana tardia: contribuições cruzadas de textos, imagens e da arqueologia (séculos III-VI d.C.) 359
Sylvain Janniard

A representação do Imperador e de sua política nas moedas de Juliano, o Apóstata 393
Darío N. Sánchez Vendramini

Os discursos sobre a peregrinação aos lugares santos no século IV d.C.: um estudo das cartas 2 e 3 de Gregório de Nissa 423
Helena Amália Papa

As Homilias como documentos históricos para o estudo dos conflitos político-culturais na Antiguidade Tardia 447
Érica Cristhyane Morais da Silva

Sobre as organizadoras 471

Introdução

A História Cultural e o estudo da Antiguidade

Pedro Paulo A. Funari

Departamento de História, Unicamp

A História Antiga lida, desde seu surgimento como disciplina acadêmica no século XIX, com a cultura como uma de suas preocupações centrais.[1] Em primeiro lugar, pelo papel de destaque do tema na constituição da História como ciência. O Iluminismo e o projeto de Universidade moderna basearam-se em dois aspectos essenciais, e para os quais a História era de particular relevância: a especificidade da nação[2] e sua pretensão de domínio interno e externo.[3] O Nacionalismo[4] e o Imperialismo,[5] termos posteriores, parecem descrever bem esses dois aspectos presentes na universidade iluminista e, com destaque, nas ciências históricas, como a Filologia, a História

1 JENKINS, Keith. *A História Repensada*. São Paulo: Contexto, 2001.

2 GROSBY, Stephen. *Nationalism*. Oxford: University Press, 2005.

3 TRIGGER, B. G. Alternative archaeologies: nationalist, colonialist, imperialist. *Man*, London, v. 19: 355-370, 1984.

4 ANDERSON, B. *Imagined Communities*. Reflections on the Origin and Spread of Nationalism. London: Verso, 1991.

5 DÍAZ-ANDREU, M. *A World History of Nineteenth-Century Archaeology*. Nationalism, Colonialism and the Past. Oxford: University Press, 2007.

e a Arqueologia. Conceito chave para isso foi a cultura (*Kultur*, em alemão), alta, das elites, e baixa, dos iletrados, ou folclore.[6]

O próprio conceito reveste-se de ambiguidade, ao referir-se ao cultivo das plantas e ao culto das forças superiores, ao que faz o agricultor iletrado e o monge erudito. Palavra latina sem correspondente em grego, foi responsável para consolidar a História como gênero acadêmico próprio, voltado para aspectos como imagem, interpretações e relações de poder. Surgida no contexto iluminista, a História desde o início tratou não só do poder dos grandes, dos vencedores e dominantes, como da vida dos iletrados, das interpretações e das imagens, ainda que sob o influxo do nacionalismo e do imperialismo. Na História Antiga, conceitos interpretativos eram criados e debatidos, como o clássico termo Helenismo,[7] neologismo, como tantos outros, calcado em noções antigas, mas inventado.[8] Esse o sentido de interpretação, expandir de um para outro (*inter* = entre, *pres, pretis* = expandir para fora), tradução, passar de um idioma a outro, de uma época e circunstância a outras. Não é possível pensar o passado apenas com os termos da sua época, ainda que sejam indispensáveis.

O substantivo poder, surgido do verbo poder, é um amálgama diverso dos conceitos usados pelos antigos, como *potestas, imperium, kratos, arkhe*, para ficar em apenas alguns. Micropoderes e poder-sa-

6 ORY, Pascal. *L'Histoire culturelle*. Paris: Presse Universitaires de France, 2004.

7 FUNARI, Pedro Paulo; GRILLO, J. G. C. Os conceitos de "helenização" e de "romanização" e a construção de uma antiguidade clássica. In: ALMEIDA, Ana Nemi; Néri de Barros; PINHEIRO, Rossana (orgs.). A *construção da narrativa histórica, séculos XIX e XX*. 1ed. Campinas: Unicamp e Unifesp, 2014, v. 1, p. 205-214.

8 HOBSBAWM, E.; RANGER, T. *A Invenção das Tradições*. Rio de Janeiro: Paz e Terra, 1997.

ber são dois casos de problematização, ou interpretação,[9] do poder moderno e antigo, no inventário de diferenças[10] (ou de vias de acesso a situações diversas). Imagem retoma termo latino *imago*, também com dupla face, objetiva e subjetiva, algo concreto, como uma estátua, ou imaginado, como um fantasma. São todas manifestações culturais, na sua concretude e na sua especulação social.

Se essas questões epistemológicas estiveram desde o início do estudo acadêmico da História Antiga, em particular devido ao estado nacional nascente, o interesse pela discussão de aspectos culturais viria a acentuar-se. Tanto a Filosofia, como as ciências sociais nascentes, como a Sociologia e a Antropologia trouxeram para a historiografia uma série consistente de questionamentos relativos à cultura, com repercussões em áreas, na aparência distantes, como a economia antiga. Assim, de Max Weber (1864-1920) a Moses Finley (1912-1981), de Robin Collinwood (1889-1943) a Jean-Pierre Vernant (1914-2007), cultura, interpretação, poder e imagem estiveram no centro da História Antiga e muito além do nacionalismo e do imperialismo da origem. Isso pode ser relacionado à crescente participação social de mulheres, minorias religiosas, movimentos ideológicos e sociais variados, na medida em que se tornavam ainda mais evidentes as escolhas culturais que não se resumiam ao nacionalismo. Nas últimas décadas, em particular com o fim da Guerra Fria e com a intensificação dos contatos, esse admirável mundo novo em constante ebulição multiplicaria e diversificaria, de maneira adicional, as questões culturais envolvidas também na História Antiga.

9 JESSOP, Bob. From Micro-Powers to Governmentality: Foucault's Work on Statehood, State Formation, Statecraft and State Power. *Political Greography*, Amsterdã, v. 26, p. 34-40, 2007.

10 VEYNE, P. *O inventário das diferenças*. São Paulo: Brasiliense, 1983.

No Brasil,[11] a História Antiga acadêmica é recente, na medida em que os cursos superiores de História se consolidam na década de 1930 e que a pós-graduação em História formou poucos doutores antes da introdução do sistema vigente até hoje de créditos, no início da década de 1970. Os pioneiros da História Antiga, como Eurípedes Simões de Paula (1910-1977)[12] e Maria da Glória Alves Portal (1928-1985),[13] inseriam-se nos aspectos culturais mencionadas para aquele período, em interação particular com a História Cultural francesa. A formalização do mestrado e doutoramento e a expansão gradativa e contínua dos cursos de pós em História, em particular nas últimas décadas, propiciou o florescimento da pesquisa brasileira em História Antiga. Para isso contribuíram diversos fatores: a presença da Antiguidade nos currículos escolares, nos livros didáticos[14] e de apoio didático, na mídia; mas também a profissionalização da área, que passou a contar com professores especialistas em Antiga, quando antes predominavam os estudiosos de outros períodos, em particular de História do

---

11 CUNHA, L.A. *A Universidade temporã*: o ensino superior, da Colônia à Era Vargas. 3 ed. São Paulo: Unesp, 2007.

12 SILVA, Glaydson José da. Os avanços da História Antiga no Brasil. In: VENTURINI, Renata Lopes Biazotto (org.). *História Antiga I*: Fontes e Métodos. 1 ed. Maringá: Eduem, 2010, v. 1, p. 73-94.

13 FUNARI, P. P. A.; SILVA, F. N. da. Maria da Glória Alves Portal, pioneira da História Antiga no Brasil. Disponível em: < https://www.researchgate.net/publication/331952580_MARIA_DA_GLORIA_ALVES_PORTAL_UMA_PIONEIRA_DA_HISTORIA_ANTIGA_NO_BRASIL_Porto_AlegreRS_18_de_Dezembro_de_1928 >.

14 FUNARI, Pedro Paulo Abreu. A História Antiga e os livros didáticos. In: ANDRADE FILHO, Ruy de Oliveira (org.). Relações de poder, educação e cultura na Antiguidade e idade Média. 1 ed. Santana do Parnaíba: Solis, 2005, p. 227-232.

Brasil. Com tudo isso, criou-se uma massa crítica e os estudiosos são numerosos e organizados. Tratam da tradição textual e da cultura material, intervêm no debate historiográfico estrangeiro de Antiga e no brasileiro para além da História Antiga.[15]

Este volume apresenta uma amostra do que há de melhor na reflexão atual brasileira, com a contribuição adicional de dois estudiosos estrangeiros (Sánchez Vendramini e Janniard) em contato com nossos pesquisadores. Os temas abordados voltam-se para a tradição textual, as fontes e os gêneros literários (Pollini, Cerqueira, Feitosa, Silva, Parra, Gonçalves, Rossi, Corsi, Janniard, Papa, Silva), a Arqueologia, as imagens e a cultura material (Gralha, Pollini, Cândido, Junqueira, Cavicchioli, Janniard, Sánchez), em interação em diversos capítulos. Sua leitura flui agradável e permite ao leitor verificar a qualidade da reflexão sobre a História Antiga e sua relevância. Ressalte-se, ainda, o protagonismo feminino na História Antiga, em geral e neste volume. A organização é toda feminina e a maioria são autoras. Isso atesta a acolhida não só de novos temas como, ainda mais, de abordagens próprias, derivadas dessa vivência como mulheres. [16] A leitura desta obra tão original como inovadora e inspiradora constitui um estímulo para que outros se aventurem também pelo estudo. Essa abertura para o devir constitui o mérito maior, a mostrar que o passado pode servir ao presente e a forjar o futuro.

---

15 PAULA, Eurípedes Simões de. Introdução ao estudo da emancipação política. In: HOLANDA, Sérgio Buarque de (ed.). *História Geral da Civilização Brasileira*. O Brasil Monárquico. 17 ed. Lisboa: Editora Bertrand, 2010, t. 2, v. 3.

16 RAGO, L. M. Pensar diferentemente a história, viver femininamente presente. In: GUAZZELLI, C. A. B.; PETERSEN, S.; SCHIMIDT, B. ; XAVIER, C. L. (orgs.). *Questões de Teoria e Metodologia da História*. Porto Alegre: UFRGS, 2000, p. 41-58.

Expressão e Leitura do Poder: arquitetura e imagem no Egito Faraônico e Ptolomaico

Julio Gralha[1]

O uso de alternativas de documentação para a pesquisa histórica, diferentemente da fonte escrita, tem sido priorizado por certo grupo de historiadores em suas pesquisas ao longo das três últimas décadas. O uso da imagem, da oralidade, dos monumentos e dos artefatos arqueológicos entrou em cena, e talvez um dos marcos tenha sido a publicação de *L´arqueologie du Savoir*, por Micheal Foucaut (1969), e a publicação de *Documento/ Monumento*, por Jaques Le Goff (1978).

No Brasil, a produção envolvendo a imagem como documento tem se desenvolvido, e os historiadores da Antiguidade, desde os anos 90, parecem ter contribuído de forma significativa. A análise de vasos e similares, utensílios do cotidiano antigo, pinturas parietais e desenhos, permitiu a elaboração de teorias e hipóteses sobre a cultura antiga e a compreensão relativa da cultura das sociedades complexas.

De forma similar, monumentos da antiguidade – que, de certa forma, foram relacionados ou designados como patrimônio histórico no século XIX – também passaram a compor o *corpus* do-

1 Professor Doutor da Universidade Federal Fluminense – UFF-ESR. Coordenador do Núcleo de Estudos em História Medieval, Antiga e Arqueologia Transdisciplinar (NEHMAAT).

cumental para os estudos relativos à cultura, à sociedade e às relações de poder no mundo antigo. Outro elemento de grande importância para o desenvolvimento dos estudos relativos à imagem e ao monumento como *corpus* documental refere-se ao desenvolvimento da Arqueologia Pós-processual, com diversas formas de abordagens. Assim sendo, a análise dos significados e das formas simbólicas pode contribuir como *corpus* documental para o historiador. Como exemplo, podem-se citar os estudos Ian Hodder (1982, 1989) e o trabalho de Kent Flannery e Joyce Marcus (1996) relativos à Arqueologia Cognitiva. Desta forma, a cultura material – vista como imagem (a iconografia) e monumento (a arquitetura) – também poderia confrontar o documento escrito. Ou, independentemente destes, monumentos, imagens e arquiteturas monumentais poderiam ser lidos, analisados e desta forma ser usados como *corpus* sem a necessidade exclusiva do documento textual (escrito). Com relação ao uso da cultural material e/ou elementos de imagens, gostaria de citar os trabalhos de Pedro Paulo Funari (2001, 2003), Pedro Paulo Funari e André Zarankin (2001, 2006), Zarankin (2002), Renata Garraffoni (2002) Cláudio Carlan (2008), Lourdes Feitosa (2005), Maria Regina Candido (2004), Regina Bustamante (2003), entre tantos outros.

É interessante salientar que o mesmo cuidado que se deve ter com o texto deve-se também ter com a análise da imagem, uma vez que ambos não podem ser vistos como verdades absolutas. A imagem/arquitetura detém um discurso e um conteúdo que precisa ser analisado com rigor. Entretanto, em relação ao texto, a imagem tem um poder de comunicação não verbal instantânea, o que é interessante e importante observar.

Para além da imagem e do monumento, a arquitetura complexa e monumental promove um impacto sensório. O indivíduo é atingido pela monumentalidade e pela imagem de tal forma que se pode sentir medo, horror, alegria ou êxtase diante de certas arquiteturas. Imaginemos as grandes pirâmides do planalto de Guiza, em média com 120m de altura (40 andares), bem polidas, brancas e brilhantes pelo toque dos raios do sol. Podem ser vistas de uma distância de pelo menos um dia de viagem, e ao se aproximar a monumentalidade envolve o indivíduo levando-o a uma experiência sensória. Didi-Huberman (2013), em *O que vemos e o que nos olha*, ressalta que, de certa forma, a imagem nos olha quando a vemos, dado este impacto sensório. Amount (2002) salientaria que a imagem/arquitetura teria o poder de impactar o espectador. Enfim, a arquitetura, seu discurso imagético e sua monumentalidade poderiam indicar as relações de prestígios sociais e culturais; poderiam indicar relações de poder e, conforme Bruce Trigger (1993), pelo gasto de recursos, uma forma de demonstração de poder. Desta maneira, este discurso imagético e arquitetural seria (ou promoveria) o produto da construção de um imaginário social, e neste sentido as palavras de Bronislaw Baczko (1984) podem expressar esta construção:

> O imaginário social é, pois, uma peça efectiva e eficaz do dispositivo de controle da vida colectiva e, em especial, do exercício da autoridade e do poder. Ao mesmo tempo, ele torna-se o lugar e o objecto dos conflitos sociais. (BACZKO, 1984, p. 309-310).

A partir de tudo que foi exposto, é possível inferir que tais relações de prestígio e de poder poderiam – assim – cooptar ou incentivar a cooperação de segmentos sociais diversos, e é neste sentido que este trabalho pretende ser desenvolvido: a expressão (como forma de ação) e a leitura (novas formas de leitura) do poder a partir da Arquitetura e da iconografia, tomando-se por base o templo como construção significativa neste contexto. Para este trabalho em particular, trataremos do templo de Ra-Rakhty em Abul Simbel, erigido por Ramsés II.

O templo egípcio: a mansão dos milhões de anos

O templo tem sido alvo de considerações da Egiptologia devido a sua importância para a sociedade do antigo Egito. Além de representar o lugar do sagrado, das encenações dos mitos, dos ritos e do estabelecimento da ordem do mundo natural, era o local das relações sociais e culturais dos diversos segmentos.

Assim, o templo em si mesmo era reservado aos diversos segmentos sacerdotais e aos segmentos sociais - estes últimos, com acesso restrito. Deste modo, o comércio de víveres, produtos diversos e artesanato, a administração e ofícios diversos, e estabelecimentos de sanatórios - como é o caso do templo de Hathor na cidade de Dendera - demonstram o poder e a integração do templo.

As egiptólogas Dominique Valbelle e G. Husson (1992, p. 126) defendem que a atividade arquitetural dos soberanos da 11ª dinastia era exercida em causa própria e dos valores monárquicos que eles encarnavam. Ressaltavam também que o programa de construção se destinava a exprimir aspectos do seu reinado. Outro egiptólogo, o francês Serge Sauneron (2000, p. 51-53), salienta a importância do "mundo dos templos" devido a sua riqueza e mão de obra. Ele cita como exemplo um papiro que nos dá conta de 81.322 funcionários do templo de Amon durante o reinado de Ramsés III (1198-1166 a.C). Tal análise pode indicar que o templo era um complexo com diversos funcionários e profissionais de diversas áreas.

De modo geral o egiptólogo Richard Wilkinson (1994, p. 6) registra que tais construções possuem uma forte natureza simbólica, que é sua razão mais profunda. De fato, isso se torna perceptível pela comunicação não verbal do templo em seus diversos níveis frente aos segmentos sociais. Neste sentido, segundo Baczko:

> a função do símbolo não é apenas instruir uma classificação, mas também introduzir valores, modelando os comportamentos individuais e colectivos e indicando as possibilidades de êxito dos seus empreendimentos (1985, p. 311).

O Templo de Abu Simbel: poder e prestígio de Ramsés II

Poderíamos perguntar: qual teria sido a razão de construir um templo tão colossal na fronteira sul em território núbio (norte do Sudão), em um lugar inóspito, apesar de estar à margem do Nilo? De fato, outro templo foi erigido nas proximidades deste de Ra-Harakhty de Ramsés II, que foi dedicado à deusa Hathor e à rainha Nefertari, o que denota uma possível relação entre os templos. Se de certa forma Ra-Harakhty e Hathor representavam um casal divino solar, Ramsés II e Nefertari detinham atributos similares no mundo dos homens e no mundo natural. A monumentalidade da obra denotaria impacto visual, prestígio e poder.

O Templo de Ra-Harakthy (de fato, ambos os templos), como construção colossal, poderia ser visto e admirado como uma obra inigualável. Nele, a escrita, a iconografia e a arquitetura estavam dispostas para legitimar o poder divino e fomentar o culto aos deuses e ao rei diante dos homens e do mundo natural. A legitimidade do rei tornava-se algo visível e palpável.

Este templo não era dedicado somente às práticas funerárias, uma vez que foi construído e usado durante a vida de Ramsés II, de modo similar aos templos de Hatshepsut (reinado: 1473-1458 ac.)

e Akhenaton (reinado: 1353-1335 a.C), anteriores a Ramsés II (reinado: 1290-1224 a.C). O rei deveria ser cultuado diariamente, da mesma forma que era feito para os deuses, e ao passar pela experiência da morte o monarca renascia como um espírito de Luz – "akh" (*Akh*) – e se tornaria um deus entre os deuses no mundo divino.

Abu Simbel pode ser considerado um dos exemplos mais significativos de construção da legitimidade divina do monarca (um igual entre os deuses em vida), estabelecendo-se assim o poder em ação e uma forma de afirmar sua autoridade sobre um país estrangeiro – ou a fronteira sul – por uma prerrogativa supostamente divina. Ao contrário de Akhenaton, que pretendia uma igualdade divina ao deus Aton por exclusão dos outros deuses, Ramsés II assimilou as escolas sacerdotais mais importantes e seus principais deuses, e a expressão da materialidade desta ação foi promovida por meio da iconografia e da arquitetura. O santuário no fundo do templo é um bom exemplo desta ação.

Trata-se de uma obra de fantástica orientação, pois pela manhã, duas vezes ao ano (isso ainda ocorre apesar da transposição do templo pela UNESCO), o sol atravessa o corredor de aproximadamente 40m e ilumina três das quatro estátuas dos deuses no santuário: Ra-Harakhty, Ramsés II, Amon-Ra, não chegando ao deus Ptah – um deus de característica lunar. O deus Ra-Harakhty representava a escola sacerdotal e mitológica de Heliópolis (Iunw em egípcio antigo e atual bairro do Cairo), antigo e tradicional centro religioso ligado ao culto solar. O deus Amon-Ra representava a escola de Tebas, sede da administração e uma das capitais do Egito no Reino Novo (1550-1070 a.C) e local de origem do deus Amon, que recebeu atributo solar como Amon-Ra. Tal cidade estava situada na parte central do Egito (sob a atual Luxor). Finalmente, o deus Ptah, que representava a escola de Menfis, importante centro administrativo no norte/Delta do Egito. De fato, em boa parte do tempo os faraós do Reino Novo administravam o reino desta cidade ou de cidades próximas.

O santuário interno como expressão da materialidade da divindade de Ramsés II

Em análise atenta da iconografia/arquitetura do santuário e a partir da aplicação do método de análise iconográfica e arquitetural desenvolvido no doutoramento – com base na tipologia de Wilkinson (1994) – podemos fazer uma leitura significativa da relação de Ramsés II com estas escolas e seus deuses. Cabe ressaltar que a tipologia de Wilkinson consiste em nove elementos possíveis de serem encontrados na iconografia e na arte egípcia.

Figura 1: Santuário Interno do Templo Ra-Harakhty

Local:	Santuário interno do templo de Ra-Harakhty (Ra, o Hórus dos dois horizontes) no Alto Egito. Local conhecido atualmente como Abu Simbel.
Orientação:	Leste, e direcionado para o Nilo.
Período histórico:	Reino Novo (1550-1070 a.C)
Datação:	Reinado de Ramsés II, 19ª dinastia, construído entre 1264 e 1244 ac. aproximadamente.
Monarca:	Ramsés II reginou entre 1290 e 1224 a.C
Descrição:	Santuário para culto aos deuses Ra, Ramsés II, Amon-Ra e Ptah.
Função:	Culto magico-religioso do monarca e deuses.
Observação:	O faraó está entre os deuses.
Referência Bibliográfica da Imagem:	Acervo pessoal de Julio Gralha out/1995.

Método de análise da iconografia/arquitetura

(Com base nos estudos de Richard Wilkinson)

Iconografia / Arquitetura:	Santuário interno do templo de Ra-Harakhty
Temática:	Divinização em vida de Ramsés II

Elementos encontrados (X):

Forma	Dimensão:	Localização	Ações:	Cor
	X	X	X	

Número	Hieróglifo	Material	Gestos
X	X	X	X

Forma:	Não aplicável, uma vez que o santuário não sugere uma forma aparente.
Dimensão:	O monarca e as divindades estão nas mesmas proporções, o que demonstra que o monarca é um igual entre os deuses.
Localização:	1) As estátuas dos deuses e de Ramses II estão no santuário, aparentemente o local mais sagrado do templo. 2) Ramsés II está localizado logo após o deus Ra-Harakhety, sendo o segundo a receber os raios solares. Sendo assim mais importante que Amon-Ra e Ptah, nesta situação especifica.

Ações:	A postura dos deuses e faraós simboliza: 1) que devem ser reverenciados; 2) aguardam o culto e a súplica dos sacerdotes.
Cor	Não identificada, pelo desgaste.
Número	O monarca e as divindades são numericamente iguais, o que denota igualdade entre eles.
Hieróglifo	A postura do faraó e das divindades é similar ao ideograma A-50 da tabela referência da Egyptian Grammar, de Alan Gardiner, o que pode ser traduzido "como pessoa reverenciável" ou "aquele que é reverenciável". Ou seja, estão aguardando as oferendas e reverências mágico-religoosas. Pode ser aplicado tanto para deuses como para humanos.
Material:	Pedra, simbolizando algo imperecível e durável.
Gestos	As divindades e os deuses estão sentados com os braços sobre as pernas conforme o ideograma A50.
Análise tópica:	1. Com base nestas informações, a relação de Ramsés II no santuário é de um deus vivo entre os três principais deuses das principais escolas sacerdotais e mitológicas (as escolas de Thot e Knum não foram privilegiadas) da religião egípcia. 2. Esta relação denota poder e prestígio social e cultural em face da ação mágico-religiosa. 3. Tendo poder e prestígio divino e sócio-cultural, pode submeter a fronteira sul e os núbios. 4. O fato de este santuário não ser acessível à população não é tão significativo, pois o que é importante neste recinto são os ritos mágicos em favor dos deuses que irão conceder ordem ao Egito e garantir a submissão dos núbios.

Estes elementos permitem uma leitura semiótica da iconografia e da arquitetura e demonstram a comunicação não verbal da imagem (GRALHA, 2009, p. 180-182).

A fachada do templo como expressão da legitimidade do poder de Ramsés II

Uma segunda análise que pode ser empreendida na leitura da iconografia e da Arquitetura se refere à fachada do Templo (Fig 02). Se por um lado o santuário tem um apelo mágico-religioso claro – sendo o local em que são invocadas as forças mágicas de modo a permitir a concessão de um desejo específico –, por outro lado, na fachada do templo as imagens do deus Ra-Harakthy e Ramsés II denotam uma mensagem, uma comunicação não verbal que impacta o espectador, ou, de outra forma, uma iconografia/arquitetura que nos "olha e nos atinge quando a vemos", levando o indivíduo/espectador a uma experiência sensória.

O faraó é esculpido na parte externa do templo em quatro estátuas colossais. Nota-se que as pernas estão mais robustas e desproporcionais em relação ao corpo. Isto tem relação com a forma de representação na escultura núbia e não, necessariamente, com algum tipo de enfermidade. Para o pensamento egípcio, o número quatro (WILKINSON, 2000, p. 133) poderia representar a totalidade no universo ou a complementariedade. Ramsés II poderia ser entendido como divindade complementar dos três deuses, Ra-Harakhty de Heliópolis, Amon-Ra de Tebas e Ptah de Mênfis. As quatro estátuas poderiam simbolizar os quatro pontos cardeais e representar o pilone – o horizonte do templo – pelo qual o sol navegava do oriente ao ocidente (neste caso, a estátua de Ra-Harakhty ao centro). Desta forma, acreditamos que Ramsés II seria o horizonte pelo qual Ra-Harakhty passaria em sua jornada diária, o que poderia estabelecer uma associação com o deus Ra. Tal construção deve ter sido visível a longa distância como um marco de poder e que devia ser respeitada, temida; provavelmente, terá gerado um impacto significativo nas populações egípcias e estrangeiras da fronteira sul.

Figura 2: Fachada do Templo de Ra-Harakhty

Local:	Fachada do templo de Ra-Harakhty (Ra, o Hórus dos dois horizontes) no Alto Egito. Local conhecido atualmente como Abu Simbel.
Orientação:	Leste-oeste, e direcionado para o Nilo.
Período histórico:	Reino Novo (1550-1070 a.C)
Datação:	Reinado de Ramsés II, 19ª dinastia, construído entre 1264-1244 a.C aproximadamente.
Monarca:	Ramsés II reginou entre 1290 e 1224 a.C
Descrição:	Fachada do templo cuja entrada está localizada abaixo da imagem de Ra-Harakhty e entre as estátuas de Ramsés II.
Função:	Culto mágico-religioso do monarca e deuses.
Observação:	O faraó está entre os deuses.
Referência Bibliográfica da Imagem:	Acervo pessoal de Julio Gralha fev/2007.

Método de análise da iconografia/arquitetura

(Com base nos estudos de Richard Wilkinson)

Iconografia / Arquitetura:	Santuário interno do templo de Ra-Harakhty
Temática:	Legitimidade política e mágico-religiosa de Ramsés II na fachada do templo
Elementos encontrados (X):	

Forma	Dimensão:	Localização	Ações:	Cor	Número	Hieróglifo	Material	Gestos
X	X	X	X		X	X	X	X

Forma:	As estátuas em pares com um vão centram sugerem o pilone ou a forma do horizonte. Ou seja, duas montanhas tendo um vale central pelo qual o sol nasce e navega em sua barca. Pode também fazer a alusão ao hieróglifo do horizonte.
Dimensão:	O monarca ostenta grande dimensão em relação ao deus Ra-Harakhty e membros da família.
Localização:	As estátuas de Ramsés II estão dispostas em pares, de modo a formar dois montes com um vão central.
Ações:	As estátuas estão na postura do ideograma A50 - sentado com os braços dispostos sobre as pernas -, o que: 1) denota que o faraó deve ser reverenciado; 2) demonstra que o faraó é o guardião do templo e da fronteira sul do Egito.
Cor	Não identificada, pelo desgaste.
Número	Existem quatro estátuas do faraó e somente uma do deus Ra-Harakhty, significando em parte a importância do rei na fachada em relação ao deus que está em um nicho acima da entrada.
Hieróglifo	A postura do faraó é similar ao ideograma A-50 da tabela referência da *Egyptian Grammar* de Alan Gardiner, o que pode ser traduzido "como pessoa reverenciável" ou "aquele que é reverenciável". Pode ser aplicado tanto para deuses quanto para humanos. Além disso, as estátuas em par tendo um vão central podem indicar o hieróglifo do horizonte (Akhet)

Material:	Pedra, simbolizando algo imperecível e durável.
Gestos	As estátuas estão na postura do ideograma A50 - sentado com os braços dispostos sobre as pernas.
Análise tópica:	1. As gigantescas esculturas de Ramsés II na fachada do templo detêm a intenção de impactar os espectadores (população local e estrangeira) pela monumentalidade e poder. 2. As estátuas formam o pilone, ou monte do horizonte, e, no centro, Ra-Harakhty navega em direção ao santuário do templo. 3. Além disso, o número quatro simboliza que o faraó é aquele capaz de dar estabilidade e manter o mundo ordenado

Não era comum o deus ser representado em proporções menores que o monarca. Entretanto, como as estátuas de Ramsés II representavam o horizonte (o pilone) e a luta contra o Caos, pensamos que isto poderia explicar, em parte, tal situação.

Considerações Finais

Neste trabalho, pretendemos demonstrar como a iconografia e a arquitetura do templo de Ra-Harakhty, construído por Ramsés II, tornou-se uma das formas de expressão material da legitimidade nas relações de poder e prestígio. De fato, as práticas rituais encontradas na magia e na religião associadas à arquitetura e à imagem de prédios públicos - neste caso, o templo - podem ser lidas ou decodificadas como um texto. Assim, é possível inferir que a comunicação não verbal é capaz de cooptar ou levar a cooperação de grupos sociais, estabelecendo-se então certa relação de poder (local e central) e prestígio. Estas relações se consumam no esforço de construção do templo, de modo que as elites locais cooptadas são favorecidas e diversos outros segmentos também lucram com este grande projeto de construção.

Referências Bibliográficas

AUMONT, Jacques. *A Imagem*. Campinas: Papirus Editora, 2002.

BLANTON, R. *House and Households*. New York: Plenum Press, 1994.

BACZKO, Bronislaw. *Imaginação Social*. In: Enciclopédia EINAUDI. vol 1. Memória e História. Lisboa: Imprensa Nacional e Casa da Moeda, p. 296-331, 1984.

BONHÊME, Marie-Ange & Forgeau Annie. *Pharaon Les Secrets du Pouvoir*. Paris: Armand Colin, 1988.

BUSTAMANTE, R. M. da C. Representações visuais das mulheres nos mosaicos norte-africanos: isotopia e gênero. *Phoînix*, Rio de Janeiro, v. 9, p. 316-352, 2003.

CANDIDO, M. R. *A Feitiçaria na Atenas Clássica*. Rio de Janeiro: Letra Capital /FAPERJ, 2004.

CARDOSO, Ciro Flamarion. *Deuses, Múmias e Ziguratts*. Porto Alegre: EDIPUCRS, 1999.

CARLAN, C. U. Poder e Imagens em Roma: Diocleciano, Constantino e a Nova / Velha Ordem. In: FUNARI, Pedro Paulo Abreu; SILVA, Glaydson José da; MARTINS, Adilton Luís (orgs.). *História Antiga*: contribuições brasileiras. 1 ed. São Paulo: Annablume, 2008.

DAVIS, Whitney. *The Canonical Tradition in Ancient Egyptian Art* (Cambridge New Art History and Criticism). Cambridge: University Press, 1989.

DIDI-HUBERMAN, Georges. *O que vemos, o que nos olha*. São Paulo: Editora 34, 2013.

FEITOSA, Lourdes. *Amor e sexualidade:* o masculino e o feminino em grafites de Pompéia. São Paulo: Annablume, 2005.

FLANNERY, Kent V. ; MARCUS, Joyce. Cognitive Archaeology. In: WHITLEY, David S. (ed.). *Reader in Archaeological Theory*. London: Routledge, 2005.

______; ______. Cognitive Archaeology. In : HODDER, Ian ; PREUCEL, Robert W. (eds.). *Contemporary Archaeology in Theory*. A Reader. Oxford : Blackwell, 1996, p. 350-364.

FUNARI, Pedro Paulo A. & ZARANKIN, Andrés. (Org). *Arqueologia de La Represión y la Resistencia en América Latina 1960 - 1980*. Córdoba: Encuentro Grupo Editor, 2006.

FUNARI, P. P. A.; ZARANKIN, A. Algunas consideraciones arqueológicas sobre a vivenda doméstica en Pompeya. *Gerion*, Buenos Aires, n. 19, p. 493-511, 2001.

______. *A Vida Quotidiana na Roma Antiga*. São Paulo: Annablume, 2003.

GARRAFONI, R. *Bandidos e Salteadores da Roma Antiga*. São Paulo: Annablume, 2002.

GRALHA, Julio. *A Legitimidade do Poder no Egito Ptolomaico:* cultura material e práticas mágico-religiosas. Campinas: Unicamp-Tese, 2009.

______. *Deuses, Faraós e o Poder*. Rio de Janeiro: Barroso, 2002.

______. Power and Solar Cult in Ancient Egypt : an Iconographic and Politic-Religious approach. In : FUNARI, P. P. A.; GARRAFFONI, R. S.; LETALIEN, B. (eds.). *New perspectives on the Ancient World*. Oxford : Archaeopress, 2008, p. 167-174.

HILLIER, B.; HANSON, J. *The Social Logic of Space*. Cambridge: University Press, 1984.

HODDER, Ian. Post-modernism, post-structuralism and postprocessual archaeology. In: ___. *The meanings of things:*

material culture and symbolic expression. Boston: Unwin Human, 1989, p. 64-78.

______. *Symbols in Action*. London: Cambridge University Press, 1982.

HORNUNG, Erik. *Conceptions of God in Ancient Egypt*. The One and the Many. Ithaca (NY): Cornell University Press, 1996.

HUSSON, Geneviève & VALBELLE, Dominique. *L'État et les Institutions en Égypte* des premiers pharaons aux empereurs romains. Paris: Armand Colin, 1992.

Le GOFF, Jacques "Documento/Monumento", in Enciclopedia, Torino, Einaudi, v. V, p. 38-47, 1978.

LUBICZ, R. A. Schwaller de. *Les Temples de Karnak*. Paris: Dervy-Livres, 1982.

PINCH, Geraldine. *Magic in Ancient Egypt*. Austin: Universidade do Texas, 1994.

QUIRKE, Stephen. *Ancient Egyptian Religion*. London: British Museum Press, 1994.

ROBINS, Gay. *The Art of Ancient Egypt*. Cambridge (Massachusetts): Harvard University Press 1997.

SAUNERON, S. *The Priests of Ancient Egypt*. Ithaca: Cornell University press, 2000.

SHAFER, Byron E. (Editor). *Temples In Ancient Egypt*. New York: Cornell University Press, 1999.

SHAFER, Byron E. (Editor). *Religion in Ancient Egypt*. Gods, Myths, and Personal Practice. New York: Cornell University Press, 1999.

TRAUNECKER, Claude. *Os deuses do Egito*. Trad. de Emanuel Araujo. Brasília: Editora Universidade de Brasília, 1995.

TRIGGER, Bruce G. *Early Civilizations*. Ancient Egypt in Context. Cairo: The American University in Cairo Press, 1996.

______. Monumental Architecture: Thermodynamic Explanation of Symbilic Behavior. *World Archaeology*, Oxfordshire, v. 22, n. 2, p. 119-132, 1990.

VALBELLE, Dominique. *Histoire de l'État pharaonique*. Paris: Presses Universitaire de France, 1998.

WILKINSON, Richard H. *Symbol & Magic in Egyptian Art*. London: Thames & Hudson, 1994.

WILKINSON, Richard H. *The Complete Temples of Ancient Egypt*. London: Thames & Hudson, 2000.

ZARANKIN, Andrés. *Paredes que Domesticam:* Arqueologia da Arquitetura Escolar Capitalista. Campinas: UNICAMP, 2002.

Dois heróis no *Heraion do Sele (Poseidônia-Paestum,* Itália). Textos e imagens em um contexto de fronteira do Mundo Colonial Greco Arcaico

Airton Pollini[1]

O santuário de Hera Argiva está localizado a cerca de nove quilômetros ao norte do centro da cidade-Estado (polis) de Poseidônia, na margem esquerda do rio Sele, chamado Silaris na Antiguidade. O heraion do Sele é um dos santuários gregos da Itália mencionado por fontes literárias antigas, quais sejam, Estrabão (VI, 1, 1), Plínio (NH, III, 70), Solino (II, 12) e Plutarco (Vita Pomp., XXIV, 3).

Este santuário é fundamental para a compreensão das relações culturais em ambiente de fronteira política e étnica no contexto colonial grego da época arcaica. Por um lado, ele marca o limite norte do território ocupado diretamente pelos cidadãos de Poseidônia e, por outro, ele também representa a fronteira entre o espaço ocupado pelas cidades gregas coloniais e o mundo itálico, especialmente as populações com forte caráter etrusco, instaladas ao norte do Sele, especialmente em Arenosola, Pontecagnano ou Fratte (ver síntese recente em CERCHIAI, 2010; ou também CUOZZO; PELLEGRINO, 2016; D'AGOSTINO; GASTALDI, 2016 e GUZZO, 2016). Primeiramente, observamos uma grande estabilidade no uso do rio como marca de fronteira, uma vez que

1 Professor Doutor da Université de Haute Alsace, Mulhouse, França.

as fontes mais antigas o utilizam como indicador dos limites da Italía, Oenotria, Magna Grécia ou Lucania antiga (cf. Estrabão, VI, 1, 1 e VI, 1, 4), assim como indicador da separação entre as regiões I e III na divisão da Itália por Augusto (cf. NICOLET, 1988); esses elementos nos permitem reforçar a importância do rio Sele e do heraion para todo discurso sobre as interações políticas e culturais na Magna Grécia.

É útil recordar aqui um outro elemento essencial: o Sele também é um importante canal de comunicação com o interior. A bacia hidrográfica composta pelos seus afluentes, o Calore e o Tanagro, permite a conexão com outras duas bacias, as do Ofanto, na Apúlia, em direção ao Adriático, e do Basento e do Agri, na Basilicata, ligando os mares Tirreno e Jônio. Estas rotas fluviais podiam ser utilizadas para a comunicação entre as cidades gregas de Poseidônia e de Metaponto ou de Siris-Heracleia, bem como em relação às populações itálicas, da Lucania e da Daunia (cf. D'AGOSTINO, 1987; sobre a Daunia, ver MAZZEI, 2010; MAZZEI, 2015). Essa importância estratégica do Sele, tanto do ponto de vista comercial quanto militar ou cultural, deve ser levada em consideração na análise do santuário localizado na sua foz. As funções do heraion são assim indissociáveis das diversas possibilidades de comunicação por intermédio do rio e do seu caráter fronteiriço. Enfim, deve-se igualmente ter em conta o estabelecimento de diversos centros de populações itálicas, assim como aquelas com forte influência etrusca, ao norte da bacia do Sele-Calore.

Heraion do Sele

Antes de analizar os vestígios presentes no heraion (cf. LA GENIÈRE DE; GRECO, 2010; GRECO, 2012, p. 171-246), é necessário um breve comentário sobre as lendas sobre a fundação deste santuário. De acordo com Estrabão (VI, 1, 1) e Plínio (NH, III, 70), o santuário foi construído por Jasão e dedicado a Hera Argiva (de Argos). Sobre a passagem de Estrabão, seguimos aqui a correção proposta por F. Lasserre (STRABON, 2003). O texto de Estrabão dá o epíteto Ἀργονία, mas a comparação com o trecho de Plínio, onde se lê Argiua, autoriza uma correção em Ἀργεία. É provável que Estrabão tenha utilizado a descrição de Artemidoro, a partir de uma informação de Timeu (STRABON, 2003, p. 124, n. 1). De acordo com uma passagem de Pausânias (VII, 4, 4), existe uma mesma relação entre os Argonautas e um santuário dedicado a Hera em Samos, posto que, segundo a tradição, teriam sido os Argonautas a estabelecer o culto. Estas lendas comparáveis fazem do heraion do Sele um equivalente dos grandes santuários de Samos e de Argos. Além disso, se seguirmos as indicações transmitidas por Estrabão (V, 1, 9), provavelmente a partir de Timeu, o culto de Hera Argiva é bastante presente na Itália, indo até a região do Veneto.

Por outro lado, a incompatibilidade dos relatos de Estrabão e Plínio é surpreendente: o primeiro localiza corretamente o santuário na margem esquerda, enquanto que o segundo o cita como se estivesse na margem direita do rio. Muito já foi dito sobre esta oposição entre as fontes e é útil recordar alguns elementos deste debate. Interessa-nos o fato que a ignorância de Plínio em relação à localização do heraion poderia implicar que o santuário não possuía mais um status privilegiado em sua época e o provável desmantelamento do templo maior no século IV a.C. deve ter contribuído muito para a perda de sua importância. Estrabão é conhecido por priorizar fontes antigas no seu tratamento da região (cf. GRECO, 1987; JANNI, 1988; MADDOLI, 1987; SIMON, 2011, p. 37-39) e pode então refletir um estado de celebridade do santuário conservado pelos autores por ele consultados, mas perdido em seu tempo. Todavia, pelo menos o rio deve ter mantido parte considerável de sua importância, ao menos simbólica, pois se sabe que a definição dos limites das regiões I e III por Augusto se faz com o curso do Sele.

Outra hipótese vê o motivo para o erro de Plínio na assimilação de uma parte ou da totalidade do território de Paestum, na época romana portanto, às populações tirrênicas do norte do Sele. Esta hipótese baseia-se principalmente na famosa passagem de Aristoxeno de Tarento (*apud* Ateneu, Deipnosophistai, XIV, 632A) relatando a "barbarização" de Poseidônia. Além disso, alguns editores do texto de Estrabão colocam a descrição da origem de Poseidônia no livro V (STRABON, 2003), o que confirmaria uma assimilação da cidade às populações de origem etrusco-campanas ao norte do Sele.

Mitos e representações

Independente das dificuldades de interpretação do testemunho escrito, em particular do texto de Estrabão, esta contribuição se concentra na análise das métopas arcaicas e no esquema figurativo que elas representam. Desde a descoberta desta impressionante série de esculturas nos anos 1930, vários estudiosos têm comentado em detalhes as obras e nosso próprio discurso se baseia nesses estudos anteriores, principalmente no que diz respeito à análise estilística das esculturas (ZANCANI MONTUORO;ZANOTTI BIANCO, 1954; NAPOLI, 1963; VAN KEUREN, 1989; SIMON, 1992, p. 209-217; JUNKER, 1993; CONTI, 1994; CRUCIANI, 1996, p. 23-30; MASSERIA E TORELLI, 1999, p. 203-262; LA GENIÈRE DE, 1999, p. 11-27). Tendo em vista que as métopas foram encontradas reutilizadas nas fundações de edifícios mais recentes, datados do século IV a.C., restam somente os critérios estilísticos para datar as esculturas, que podem ser colocadas entre 570 e 550 a.C. O objetivo aqui é tentar identificar elementos para uma aproximação entre o ciclo figurativo e o caráter fronteiriço do santuário. Nossa questão central diz respeito às possíveis funções da iconografia das métopas para caracterizar uma importante linha de fronteira e as mensagens simbólicas que essas cenas podem transmitir (cf. ROLLEY, 1987, p. 193-198).

Começamos por recordar brevemente os pontos firmemente assegurados na identificação de cenas e aquelas para as quais a interpretação permanece hipotética (cf. ZANCANI MONTUORO;ZANOTTIBIANCO,1954;MASSERIAETORELLI, 1999, p. 203-262; PONTRANDOLFO;MUGIONE;SALOMONE, 1993, p. 287-297; GRECO, 2001).[2] Aqui, nos referimos às hipóteses mais largamente aceitas. As pesquisas sobre estas esculturas tentam identificar um projeto único para a concepção da iconografia, com o objetivo de estabelecer um programa iconográfico coerente. Nesse sentido, o trecho de Pausânias que descreve a cista de Cípselo (V, 17-19) constitui um elemento importante que reforça a ideia de um programa iconográfico coerente desde a época arcaica (cf.: SNODGRASS, 2001, p. 127-141; MASSA-PAIRAULT, 2002, p. 41-74; e sobre as comparações entre o texto de Pausânias e a iconografia do vaso de Chigi, ver HURWIT, 2002, p. 11-12; ISLER-KERÉNYI, 2012, p. 123-133; MUGIONE E BENINCASA, 2012; SNODGRASS, 2012, p. 11-18; D'ACUNTO, 2013, p. 145-150). Esta hipótese é amplamente fundamentada na observação cuidadosa das técnicas utilizadas, que indicam a atividade de um único ateliê de produção, mas com o reconhecimento, porém, de pelo menos três mestres de obras (ZANCANI MONTUORO; ZANOTTI BIANCO, 1954, p. 103, 177; sobre os artesãos em san-

2 Para uma descrição das lendas, nos referimos em especial a GANTZ, 2004; sobre Héracles, ver CHUVIN, 1998.

tuários gregos, ver em especial: FEYEL, 2006). As placas de pedra são bastante homogêneas em sua produção: eles geralmente têm uma métopa com um tríglifo à sua esquerda e têm uma largura média de 1,42m por 0,79m de altura. Dessa forma, podemos procurar estabelecer uma sequência lógica das métopas preservadas e identificamos dois ciclos principais, um relativo a Héracles, incluindo aí uma centauromaquia, e outro sobre os temas homéricos, assim como outras séries de menor representatividade, como um ciclo pequeno retratando episódios em conexão com Jasão e os Argonautas. Para nossa contribuição, escolhemos priorizar os dois heróis com ligação mais clara ao contexto de fronteira, ou seja, Héracles e Jasão.

O ciclo sobre Héracles

Vamos começar com Héracles. O número de métopas relacionadas a esse personagem depende da atribuição hipotética de certas cenas aos relatos sobre ele ou outros personagens lendários. Nas placas de número 3 a 6,[3] é fácil reconhecer as figuras de centauros em seu esquema iconográfico mais comum, com o seu corpo de cavalo e torso humano (ZANCANI MONTUORO; ZANOTTI BIANCO, 1954, p. 121-140). Na placa número 1, outro tipo de centauro é representado: toda a parte da frente de seu corpo é humano, apenas a parte traseira é de um cavalo; ele tem então duas pernas humanas e duas pernas equinas. Com base na distinção entre as duas representações dos centauros, uma identificação deste centauro especial foi proposta: ele seria Folo ou Quíron, os bons centauros. A primeira hipótese tem por conse-

3 Utilizamos aqui a numerotação proposta na publicação completa das descobertas: ZANCANI MONTUORO; ZANOTTI BIANCO, 1951; ZANCANI MONTUORO; ZANOTTI BIANCO, 1954.

quência a atribuição das cenas de centauromaquia ao episódio de Héracles na caverna de Folo. Os dois principais relatos que nos transmitem essa lenda (Diodoro Sículo, IV, 12, 3-8; Apolodoro, II, 5, 4; ver também um curto fragmento de Estesícoro, preservado em Ateneu, que representa o mais antigo testemunho conhecido da lenda de Folo: Ateneu, Deipnosophistai, XI, 499 a-b) não são totalmente compatíveis entre si em todos os detalhes. Em poucas linhas, a história diz que durante sua viagem à Arcádia em busca do javali no monte Erimanto, Héracles foi acolhido pelo centauro Folo. Espontaneamente ou respondendo ao pedido de Héracles, Folo abre seu pithos; o aroma do vinho se espalha e atrai os demais centauros, aqueles de natureza completamente selvagem, que levam consigo pedras e pinheiros em suas mãos. Héracles, portanto, caça os centauros com seu arco e flechas, matando vários deles.

A partir da identificação dos centauros e dos episódios mitológicos, bem como da iconografia da cena, Héracles foi reconhecido como o arqueiro na métopa número 2. A representação do arqueiro é diferente da iconografia tradicional: o personagem está de pé e não de joelhos ou de cócoras, como de costume; ele é particularmente forte, ocupando todo o espaço da métopa, como uma espécie de projeção da força sobre-humana de Héracles (Greco, 2001: 59-60). O principal elemento de comparação para essas representações é constituído pelas métopas do templo de Atena em Assos (cf. WESCOAT, 2012), na Ásia Menor, em particular uma conservada no museu de Boston (cf. ZANCANI MONTUORO; ZANOTTI BIANCO, 1954, p. 120).

O episódio narrado por estas seis métopas retrata o conflito entre o mundo da civilização grega, o consumo de vinho e das relações de hospitalidade, em contraste com o mundo selvagem dos centauros, não integrados em uma estrutura social com as regras de conduta gregas. A grande difusão das imagens de Héracles na

Itália leva à hipótese de que os valores que esse herói podia veicular seriam múltiplos, dependendo dos diferentes contextos onde se encontrava (VALENZA MELE, 1984, p. 333-356; LA GENIÈRE DE, 1999, p. 11-27). Em paralelo, uma análise das hídrias arcaicas de Cerveteri (Etruria) permite a identificação de certo número de temas figurativos e reforça a importância das cenas representando Héracles em contexto etrusco (BONAUDO, 2004; sobre as relações entre Héracles e os centauros em Poseidônia, ver: CIPRIANI, 2004, p. 9-36). G. Greco (GRECO, 2001, p. 59-60) estabelece o paralelo entre essa oposição civilizado / selvagem (nomos grego em contraposição à physis; ver GUIMIER-SORBETS, 2017) e a oposição gregos / nativos (que já viviam nessas terras e que não seguiam um sistema de leis, como os gregos). O problema desta leitura se revela em relação aos indígenas que se opõem aos cidadãos gregos de Poseidônia: ao norte do Sele, como já mencionado acima, habitavam populações de origem etrusco-campana. Esses povos, com uma civilização avançada e em diversos termos comparáveis aos gregos, não podem ser tratadas como selvagens sem lei. Além disso, as representações de seres híbridos parecem ser bastante difundidas na Etrúria,[4] o que se opõe a uma eventual identificação dos centauros como indígenas em contato com os gregos. Se, por outro lado, acredita-se que os indígenas possivelmente represen-

4 A partir do testemunho de certo número de vasos representando Nereu e datados do século VI a.C., V. Traficante mostra a importância das cenas com a presença de seres híbridos na sociedade etrusca: "Infatti, la scelta operata in Etruria riguardo a questo tema iconografico, non lascia margine a dubbi sulla preferenza accordata all'iconografia dell'ibrido. E, forse, proprio questa scelta può assumere un valore semantico, proprio perché in Etruria era nota anche l'iconografia antropomorfa. [...] Si potrebbe affermare che un ruolo fondamentale, nello strato più antico forze naturali insediate nella terra, nel cielo, negli inferi e, perché no, anche negli abissi

tados pelas figuras dos centauros são os primeiros habitantes da região de Poseidônia, nos deparamos com outro problema. Estas populações foram parcialmente assimiladas no seio da comunidade de Poseidônia, seja através de casamentos mistos, no caso das mulheres, seja através do trabalho dependente de mulheres e homens a serviço dos cidadãos gregos. Assim, a oposição entre gregos e indígenas não faz sentido num contexto de miscigenação étnica e cultural, sobretudo na época arcaica, antes portanto da elaboração progressiva de uma visão pejorativa do bárbaro que se dá somente depois das Guerras médicas e no confronto com os Cartagineses em Himera na Sicília, também em 480 a.C. (cf. PONTRANDOLFO; ROUVERET, 1983, p. 1051-1066).

Outra leitura possível para as cenas se baseia na identificação do bom centauro como Quíron, que abriga e educa o jovem Aquiles (Homero, Ilíada, 831-832; Hesíodo, Catálogo das mulheres, fr. 204, 87-89, edição R. Merkelbach e M. L. West, Fragmenta Hesiodea, Oxford, 1967; Píndaro, Nemeenas, III, 43-49; Apolônio de Rodes, I, 554-558; Ovídio, Fastos, V, 384-385 e 406-414; Apolodoro, III, 13, 6). Também neste caso, as cenas representam a oposição entre o mundo da educação e da sabedoria, por um lado, e o mundo da natureza selvagem, por outro. No entanto, essa identificação não se relaciona com as cenas de centauromaquia. Finalmente, podemos também propor a identificação de Quíron, sem necessariamente evocar Aquiles, uma vez que o bom centauro também encontra Héracles, que por sinal o mata acidentalmente (Ovídio, Metamorfoses, II, 649-654; Luciano, 77, Dial. dos mortos, 8, 26; cf. CHUVIN, 1998, p. 216).

---

del mare. L'aspetto di queste 'divinità demoniche' è sovente terrifico, ibrido e ambíguo.", TRAFICANTE, 2001, p. 84. Para uma análise comparativa das representações de figuras híbridas em diversos contextos, mediterrâneos, asiáticos e americanos, ver Linant de Bellefonds; Rouveret, 2017.

De todo modo, o bom centauro serve como uma passagem entre physis e nomos, para usar os termos gregos. Embora a assimilação dos centauros com a população indígena deva ser refutada, parece claro que uma representação do contato entre o mundo civilizado e um mundo selvagem poderia ser situada em um santuário na fronteira entre um espaço cultivado, ou seja, civilizado, e outro não-cultivado, portanto, em um estado natural. A representação dos centauros, como qualquer outra figura híbrida, evoca claramente o contexto de transição; estas são figuras liminares e, por conseguinte, particularmente adequadas para um contexto de fronteira. Além disso, dada a grande difusão de imagens de seres híbridos e de Héracles em contexto etrusco, vemos que essas imagens poderiam ser compartilhadas entre os gregos de Poseidônia e as populações de origem etrusco-campana ao norte do Sele, inclusive tendo em conta que as imagens não veiculam necessariamente a mesma mensagem em ambos os lados do rio. Pode-se propor, neste caso, que a representação de centauros não seria uma referência direta ao indígena, mas uma espécie de apelo a um conjunto de imagens comuns, compartilhadas entre as comunidades em contato, utilizadas para facilitar trocas, em diversos níveis, principalmente culturais (cf. Pontrandolfo; Mugione; Salomone, 1993, p. 283-318).[5]

Seguindo a análise das métopas, a placa número 7 representa dois personagens, um masculino, na posição clara de um herói que está pronto para usar sua espada, e outro do sexo feminino, que

---

5 Ver também os comentários recentes de A. Rouveret, "Le immagini: circolazione interetnica e riformulazioni semantiche", no último congresso de Taranto, 2014, intitulado "Ibridazione ed integrazione in Magna Grecia. Forme modelli e dinamiche" (54º Convegno di Studi Internazionali sulla Magna Grecia), com publicação em preparação. A. Rouveret insiste sobre a existên-

toca o ombro do herói, sem qualquer atributo particular. A interpretação da cena identifica Héracles protegendo Hera (ZANCANI MONTUORO; ZANOTTI BIANCO, 1954, p. 141-145). Para a identificação de Hera e Héracles nessa métopa, o principal elemento de comparação é a kylix de Brygos, conservada no British Museum, onde uma inscrição identifica claramente a deusa Hera ao lado do herói e de Íris (n. de inventário: E65; 1873.8-10.376; cf. HOPPIN, 1919, p. 110 [vol. 1]; BEAZLEY, 1942, p. 247, n. 13). Esta placa tem sido associada a duas outras, de números 8 e 9.

As métopas 8 e 9 representam duas duplas de silenos em movimento, provavelmente em fuga. As duas placas possuem o sinal η (eta), que deve corresponder a hesperos, o Ocidente.[6] Este é o elemento que permite localizar essas placas na fachada oeste do templo e, por conseguinte, opô-las, tal qual um efeito de espelho, às cenas de centauromaquia. Teríamos, assim, dois relatos semelhantes em ambas as fachadas do templo. A identificação dos silenos é indiscutível, mas a interpretação da cena é muito mais difícil. Uma hipótese as aproxima da métopa número 7 e propõe reconhecer Héracles que protege Hera dos silenos, mas, por outro lado, se os silenos estão em fuga, é necessário encontrar uma outra métopa representando outro personagem que os persegue. O sentido dos movimentos dos personagens não facilita a interpretação: os silenos correm para a esquerda, enquanto que os personagens da placa 7, Héracles e Hera, estão virados

cia de uma koinè cultural reunindo as elites grega, etrusca e de diversas populações itálicas e perceptível através de esquemas iconográficos comparáveis.

6 As seis métopas que possuem o mesmo sinal são: 7, 8, 9, 27, 30, 31. A atribuição da marca η na placa número 7 é hipotética. P. Zancani Montuoro conseguia encontrar os traços desta marca: ZANCANI MONTUORO; ZANOTTI BIANCO, 1954, p. 68.

para a direita. Se os silenos fogem de Héracles e Hera, eles não deveriam estar indo uns em direção aos outros.

No entanto, P. Zancani Montuoro (ZANCANI MONTUORO; ZANOTTI BIANCO, 1954, p. 158) observou, através das tradições literárias e iconográficas, que os silenos se opõem sistematicamente a um herói que protege uma jovem, alvo das cobiças dos silenos. Além disso, o exame do repertório iconográfico opondo Héracles e uma mulher aos silenos mostra que a maioria dos casos é proveniente de um contexto etrusco, com a exceção da taça de Brygos. Uma hipótese bastante convincente para essa cena a associa a uma narrativa literária de Estesícoro, poeta italiota do século VI; este relato teria se difundido na Etrúria através da Magna Grécia, particularmente por intermédio do heraion do Sele, localizado precisamente na fronteira entre gregos e populações de forte caráter etrusco.

Apesar de todas as dificuldades de interpretação, os silenos e os centauros são personagens híbridos que caracterizam o contexto de transição; são assim figuras liminares. A presença de um grande número de cenas que representam essas figuras híbridas no heraion do Sele reforça a ideia de que estamos diante de um conjunto de temas figurativos que podem ser reconhecidos por ambas as populações, tanto gregos quanto etruscos. Como dito anteriormente, na Etrúria, observa-se uma grande difusão de cenas representando seres híbridos, assim como Héracles, inclusive silenos (PONTRANDOLFO;MUGIONE; SALOMONE, 1993, p. 289, n. 7). Não é essencial para o nosso estudo identificar todas as mensagens que esses personagens híbridos podem transmitir em contexto etrusco. A simples representação de seres liminares, como os silenos e os centauros, assim como de personagens heróicos é suficiente para a caracterização de um tipo de imaginário de fronteira e de contato entre duas realidades diferentes.

As métopas seguintes, números 10 e 11, são atribuídas ao episódio de Héracles contra o centauro Eurítion (Baquílides apud Escólio à Odisseia, XXI, 295; Pausânias, VII, 18, 1; Diodoro Sículo, IV, 33, 1; Apolodoro, II, 5, 5; Higino, Fabulae, 33). A primeira placa mostra duas personagens: um arqueiro ajoelhado e uma mulher com os braços levantados. Uma proposta para a identificação das personagens associa o arqueiro a Héracles e a figura feminina à jovem que ele salva do centauro Eurítion (Hipólita, segundo Diodoro; Mnesímaque, segundo Apolodoro; ou Dejanira, segundo Higino). Nesta versão, deve-se associar a placa 10 àquela de número 11, que representa um centauro em posição de combate. Outra hipótese (VAN KEUREN, 1989) vê Héracles e Dejanira na placa 10,[7] mas um outro centauro na número 11: seria Nesso, que também está representado na placa 17. Em todos os casos, a análise estilística da apresentação do centauro exclui a possibilidade de se associar a métopa número 11 à cena no antro de Folo (placas 1 a 6).

A placa número 12 é facilmente identificável pela iconografia do tacape de Héracles. A cena representa Héracles no momento que tenta roubar o tripé de Delfos e Apolo que tenta retomar o objeto sagrado roubado de seu santuário (Píndaro, Olímpicas, IX, 32-33; Cícero, De natura deorum, III, 16, 42; Apolodoro, II, 6, 2; Pausânias, X, 13, 8; Higino, Fabulae, 32). A peculiaridade aqui é o fato de representar um ato ímpio do herói cuja maior parte do ciclo iconográfico serve para honrá-lo. De acordo com G. Greco (GRECO, 2001, p. 70-71), os antigos não atribuíam necessariamente um aspecto tão negativo quanto nós imaginamos para essas atitudes de loucura e impiedade. Mais uma vez, estas

7 Ver também a hipótese que reconhece Apolo e Níobe na métopa numéro 10, fazendo a associação com as placas 30 e 31, comentadas abaixo.

cenas podem ser comparadas aos temas difundidos em ambiente etrusco da mesma época (BONAUDO, 2004).

A imagem da placa número 13 segue um esquema figurativo claro e facilmente reconhecível, com Héracles que leva dois Cércopes, amarrados pelos pés em um bastão e com as cabeças para baixo. Em contexto colonial, a comparação mais óbvia é aquela de uma métopa do templo C de Selinunte, que representa a mesma cena (inventário: 3920 C; CF. MARCONI, 1994; MARCONI, 2007). Outras imagens semelhantes são conservadas em outros suportes e em outros contextos, inclusive a cerâmica grega: a título de exemplo, ver um lécito ático de figuras negras, também datado do século VI, proveniente de Gela e conservado em Oxford, no museu Ashmolean (inventário: V 249; cf. ZANCANI MONTUORO; ZANOTTI BIANCO, 1954, p. 185-195). A tradição literária conta a história de dois ladrões que semeavam a desordem na região de Éfeso, que foram capturados por Héracles e, em seguida, liberados (Apolodoro, II, 6, 3; Diodoro Sículo, IV, 31, 7; Suda, s.v. Agora Kerkopon; Plutarco, Morales, 60c). Uma outra lenda situa os Cércopes em Pithekoussai (ilha de Ischia, Itália) e relata a punição que Zeus os infligiu, transformando-os em macacos (Ovídio, Metamorfoses, XIV, 89 -100). Esta cena é uma clara referência às inúmeras aventuras de Héracles, mas também lembra o contexto da caça, com os dois personagens que são levados como se fossem animais caçados. Embora a caça fizesse parte da vida cotidiana dos antigos gregos e ajudasse a exaltar o valor dos cidadãos, uma alusão a esta prática é particularmente bem colocada em um santuário extra-urbano, como o heraion do Sele. Nossas fontes sobre a caça são principalmente literárias, baseadas em grande parte no exemplo ateniense, e situam sua prática principalmente nas áreas montanhosas dos confins, na eschatià (VIDAL-NAQUET, 1991; SCHNAPP, 1997). No entanto, pode ser assumido com grande probabilidade que a caça também era praticada em outros tipos de ambientes naturais, tais como as zonas húmidas, como a região próxima das margens do Sele (cf. HORDEN; PURCELL, 2000, p. 188). O problema com esta interpretação é a presença de centros indígenas de certa importância ao norte do Sele, sobretudo em Arenosola. É difícil sugerir uma associação direta entre as áreas de caça e as terras além do Sele. Devemos relembrar aqui os vestígios da estrada que ligava o centro urbano de Poseidônia ao heraion e que continuava ao norte do rio. Parece mais interessante colocar essas cenas em relação às lendas de Héracles e ao contexto de fronteira do heraion, sem necessariamente buscar uma identificação com a realidade concreta.

A placa número 14 não envolve nenhum problema de atribuição da iconografia: a cena é claramente identificável com Héracles que traz o javali caçado nas encostas do Erimanto para Euristeu, que fica escondido em um pithos com medo (Sófocles, As Traquínias, 1097; Apolônio de Rodes, I, 122-132; Diodoro Sículo, IV, 12, 1-2; Apolodoro, II, 5, 4; Higino, Fabulae, 30). A cena reproduz o esquema iconográfico tradicional e a única peculiaridade é a presença da tampa do pithos, geralmente ausente na cerâmica ática da metade do século VI; a tampa só reforça a imagem de medo de Euristeu e sua oposição a Héracles sublinha ainda mais o ato de bravura do herói.

A placa número 15 mostra dois personagens que lutam um contra o outro: um homem está tentando estrangular o outro personagem, de joelhos e já sucumbindo, reconhecido como um gigante pela diferença de tamanho em comparação com o primeiro personagem. Héracles é facilmente reconhecível nesta cena de gigantomaquia e o gigante foi identificado como Anteu. Segundo a lenda, Héracles levanta Anteu da terra, a fonte de sua grande força, e assim consegue estrangular o gigante, que desafiava todos os que passavam por seu país na Líbia (Píndaro, Ístmicas, IV, 52-55; Quinto de Esmirna, IV, 436; Apolodoro, II, 5, 11; Diodoro Sículo, IV, 17, 4 e IV, 27, 3; Ovídio, Metamorfoses, IX, 183-184; Plutarco, Teseu, XI, 1; Higino, Fabulae, 31; Lucano, IV, 593-653). A interpretação desta métopa não põe nenhum problema e os especialistas são a favor da sua integração ao ciclo iconográfico dedicado a Héracles. A hipótese de identificar Alcioneu em oposição ao herói não é sustentável, uma vez que a luta entre estas duas personagens aparece em outra métopa, a de número 38.

Outra cena sem problema de atribuição é aquela da métopa número 16: é a luta de Héracles contra o leão de Nemeia. Este episódio é provavelmente o mais comum dentre as lendas de Héracles, tanto na iconografia quanto na documentação literária (Hesíodo, Teogonia, 327-332; Estesícoro, 229, ed. D. L. Page, Poetae melici graeci, Oxford, 1962; Píndaro, Ístmicas, VI, 47-48; Baquílides, XIII, 46-54; Teócrito, XXV, 153-281; Apolodoro, II, 5, 1; Diodoro Sículo, IV, 11, 3-4, inter alios; sobre a documentação iconográfica: PONTRANDOLFO; MUGIONE; SALOMONE, 1993, p. 288, N. 7). A cena da métopa do heraion segue perfeitamente o padrão figurativo canônico, com Héracles que luta sem arma contra o leão, colocando o braço em volta do pescoço do animal.

Na placa de número 17, vemos uma luta de corpo a corpo, de um homem que mata um centauro com uma espada. A identificação da cena é reconhecida como o centauro Nesso morto por Héracles. A tradição literária (Arquíloco, 286, ed. M. L. West, Iambi et elegi graeci, Oxford, 1971; Sófocles, As Traquínias, 555-577; Diodoro Sículo, IV, 36, 3-5; Apolodoro, II, 7, 6; Ovídio, Metamorfoses, IX, 98-130) diz que Nesso foi morto por uma flecha, ainda no rio; nas fontes iconográficas, incluindo a cerâmica figurada arcaica, o rio não está representado e Nesso não é necessariamente morto por uma flecha (ZANCANI MONTUORO; ZANOTTI BIANCO, 1954, p. 218-219; PONTRANDOLFO;MUGIONE; SALOMONE, 1993, p. 289, n. 7).

A métopa número 34 está conservada parcialmente, somente na sua parte inferior direita. Este fragmento mostra a parte traseira de um animal, certamente um bovino, e o perfil de um pé humano. Na ausência de grande parte da placa, só podemos esboçar hipóteses sobre os personagens associados a um bovino ou um monstro de traços bovinos. É o caso do rapto de Europa por Zeus transformado em touro, Héracles lutando contra o touro de Creta, ou esse mesmo herói que luta contra o monstro Aqueloo transformado em touro. A tentativa de reconstruir um conjunto coerente para as métopas nos leva a priorizar as duas hipóteses em relação a Héracles.

O mau estado de conservação da placa de número 35, da qual nos resta somente um pequeno fragmento de difícil leitura, convida os especialistas à cautela e a não fornecer uma interpretação determinada. Uma hipótese foi levantada, mesmo se ela corresponde a um puro exercício de "retórica": foi proposto ver Héracles lutando contra o cão Cérbero (GRECO, 2001, p. 59-60). Nenhum elemento nos consente verificar essa possibilidade.

A última métopa ligada ao ciclo de Héracles é a de número 38. É importante sublinhar que essa placa foi descoberta, assim como as de números 36 e 37, somente em 1958, depois da publicação principal das escavações do heraion. Esta placa é, provavelmente, a mais bem conservada da série e sua leitura, portanto, é muito fácil: um personagem masculino está matando com uma espada um gigante em fuga. A cena mostra o homem segurando a cabeça do gigante e apoiando o pé esquerdo sobre a perna direita do último. Os atributos clássicos de Héracles, o arco e a aljava, permitem sua identificação sem dificuldade; o gigante é provavelmente Alcioneu (ZANCANI MONTUORO, 1964; PONTRANDOLFO;MUGIONE;SALOMONE, 1993, p. 289, n. 7). Uma objeção foi proposta (CROISSANT, 1965), argumentando que a cena desta métopa não segue as representações canônicas de Alcioneu e está em oposição às referências literárias; todas as referências indicam que o gigante teria sido morto por Héracles enquanto dormia (cf. ânfora de Andokides, Louvre, inventário F 208; Píndaro, Ístmicas, VI, 31-35; Nemeias, IV, 25-33; Apolodoro, I, 6, 2). Assim, uma outra proposta tenta identificar o gigante a Thourios (MASSERIA; TORELLI, 1999; cf. Pausânias, III, 18, 11). Em todo caso, esta representação parece ecoar uma outra imagem de Héracles enfrentando gigantes, a saber Anteu na métopa número 15.

Assim terminam as métopas que estão ligadas ao ciclo dedicado a Héracles. As cenas das placas seguintes foram associados a outros ciclos lendários, principalmente às histórias homéricas, mas que deixamos de lado em nosso comentário para nos concentrarmos no personagem de Jasão.

Jasão e os argonautas

Passamos agora a Jasão, o segundo herói a ser analisado e também vinculado às explorações dos gregos em terras distantes e aos contextos de fronteira.

A placa número 20 é incompleta, mas seu estado de conservação não impede o reconhecimento da imagem representada. É uma figura ajoelhada alada, mostrada de perfil, com um grande disco em sua mão direita. As duas interpretações mais difundidas são, por um lado, Éris, a personificação da discórdia, enviada por Zeus para incitar os participantes da Guerra de Tróia; por outro, essa figura pode se referir a Íris, a mensageira dos deuses, a personificação do arco-íris, e que tem o disco solar. Uma terceira interpretação identifica Hélio (MASSERIA; TORELLI, 1999, p. 228-230), pai de Eetes, este último rei da Cólquida e pai de Medeia. Uma nova possibilidade foi proposta após a descoberta, em Cerveteri na Etrúria, de uma olpe de bucchero negro com a imagem de uma figura alada com um disco e a inscrição que a identifica a Dédalo (museu nacional de Villa Giulia, inventário: 110.976; CRUCIANI, 1996). O outro lado do mesmo vaso apresenta a imagem de uma personagem feminina em pé e um homem saindo de um caldeirão; a inscrição identifica a personagem feminina como Medeia. A comparação entre este vaso e algumas das métopas fortalece as hipóteses que privilegiam as representações de um ciclo dedicado a Jasão e aos argonautas no heraion do Sele (MENICHETTI, 1995, p. 273-283).

Levando em conta as lendas da fundação do heraion por Jasão, estamos inclinados a considerar mais provável a hipótese de um ciclo maior a respeito dos argonautas. Tanto na hipótese de Dédalo quando de Hélio, parece claro que essa imagem se refere a algum episódio ligado aos argonautas. Ligando todas as representações pictóricas ao caráter limítrofe do local, como é o objetivo do nosso estudo, um ciclo dos argonautas faz ainda mais sentido.

Várias leituras existem para a interpretação da cena da placa número 26, que faz parte das métopas inacabadas, talvez apenas iniciada. A iconografia apresenta um personagem com as pernas de perfil e o torso visto de frente e que se move para a direita, assim como uma enorme serpente enrolada em torno de suas pernas. O personagem tem uma espada na mão direita que ele empunha na direção da cabeça da serpente para decepá-la. Uma vez que nenhum atributo é suficiente para se reconhecer o herói da imagem, as interpretações variam de acordo com as possibilidades de identificação da pessoa que mata uma serpente ou um dragão, um padrão que pode ser lido na história de vários heróis que enfrentam este tipo de animal. P. Zancani Montuoro (ZANCANI MONTUORO; ZANOTTI BIANCO, 1954, p. 289-300) notou uma peculiaridade dessa cena: em confrontos entre deuses ou heróis contra serpentes, os primeiros estão em geral em posição de força ou de confronto, enquanto que nessa métopa o monstro parece ter algum controle sobre o herói, que se dirige no sentido oposto da serpente, como se estivesse se retirando. Esta observação levou à identificação do personagem como Orestes, perseguido pela Fúria ou pelas Erínias, personificação da vingança pelo crime cometido por Orestes quando matou sua própria mãe, Clitemnestra. Poderíamos comparar essa leitura a outras hipóteses possíveis, com representações de Orestes e Clitemnestra (métopas números 7, 24 e 25). Outras leituras para esta cena também são possíveis, especialmente se privilegiamos as representações de heróis em relação direta com o heraion, tais como Héracles ou Jasão. Podemos ler, neste caso, um dos doze trabalhos de Héracles, aquele em que ele mata a terrível Hidra de Lerna, assim como a luta de Jasão contra o monstro que protege o velocino de ouro (GRECO, 2001, p. 82-83).

As cenas de números 32 e 33 também recordam as aventuras de Jasão. Na primeira, reconhecemos um caldeirão contendo uma figura masculina com os braços erguidos, enquanto que a segunda mostra duas jovens andando para a direita, provavelmente em fuga, uma delas segurando uma phiale na mão esquerda. Várias interpretações são possíveis para estas duas cenas. A primeira identifica Pélias (ZANCANI MONTUORO; ZANOTTI BIANCO, 1954, p. 350-354), o rei de Iolco depois de tomar o lugar do pai de Jasão. A história é bem conhecida: Pélias foi morto e colocado em um caldeirão pelas suas próprias filhas, enganadas por Medeia, e que, em seguida, ao perceberem seu erro, correm com os objetos usados para o sacrifício. Esta hipótese é reforçada pela aproximação desta placa com a métopa número 20, provavelmente identificada com Dédalo. Outras leituras também foram propostas e envolvem outros personagens também mortos em água fervente, como Minos, Pélope ou Agamemnon morto em sua banheira. Uma versão menos violenta vê Jasão saindo do caldeirão mágico de Medeia, depois de ter sido rejuvenescido pela feiticeira (GRECO, 2001, p. 73-75; MENICHETTI, 1995, p. 273-283). Segundo esta hipótese, o personagem no caldeirão está vivo e a posição com os braços levantados indica alguém que sai e não alguém que deve morrer. Neste caso, a questão não resolvida é a identificação das duas jovens fugindo na placa 33.

Uma proposta seria de atribuir essa última placa a Lisipeia e Ifianassa, filhas de Proeto, rei de Tirinto (MASSERIA; TORELLI, 1999, p. 236-238; cf. Hesíodo, fr. 129, ed. MERKELBACH-WEST; Acusilao de Argos, FGrHist, 2, F 28 apud Apolodoro, II, 2; Diodoro Sículo, IV, 68). Segundo algumas versões da lenda, as jovens teriam ficado loucas ou com uma doença grave da pele como castigo por terem se recusado a honrar o xoanon de Hera, ou por terem roubado o ouro da deusa. Em seguida, segundo Pausanias (VIII, 18, 8), Melampo as fez ir até o santuário de Ártemis em Lousoi. A vantagem dessa hipótese é de ligar não somente essa métopa à deusa Hera, mas também de fazer referência a um contexto de fronteira, posto que o santuário de Ártemis indicado por Pausanias se situaria nos confins entre a Arcádia e a Aqueia.

Conclusão e ensaio interpretativo

Após esta breve descrição da iconografia de algumas das métopas conservadas, é necessário indicar alguns elementos de interpretação. Além da visão dos santuários extra-urbanos como "marcadores de fronteira" (cf. DE POLIGNAC, 1995), partimos da hipótese de que a função desses grandes locais de culto também era a mediação das trocas, tanto culturais quanto comerciais. É interessante recordar o trecho de Demóstenes (Contra Aristocratos, 39-40), onde o orador nos dá a lista dos locais proibidos aos assassinos, lugares que coincidem com ambientes de troca: os mercados de fronteira, os grandes santuários e os locais dos concursos. Na ausência de indicação de locais de concursos e de mercados de fronteira em Poseidônia, os santuários constituem o único registro confirmado como locais de troca fora do centro urbano da cidade.

Na mediação das trocas culturais e comerciais, é essencial analisar as possíveis funções da iconografia retratada nas métopas. Essas cenas são ainda mais importantes tendo em vista a cronologia alta, que as situa na primeira metade do século VI, apenas uma geração após o estabelecimento colonial de Poseidônia. Isso significa que a interpretação que se pode propor para estas imagens está relacionada com os primeiros tempos da colônia e com as primeiras trocas com as populações instaladas ao norte do rio Sele. Em um primeiro momento e dentro da ótica que tenta estabelecer um programa iconográfico coerente, tentamos identificar conjuntos em torno de um mesmo tema ou personagem lendário. Agora, temos que tentar tirar algumas conclusões a partir das imagens veiculadas por estas cenas.

A ideia de usar mitos como mediadores de contatos é a principal contribuição do trabalho de I. Malkin (MALKIN, 1987; MALKIN, 1998; MALKIN, 2002; MALKIN, 2015; ver também as demais contribuições deste último volume: MAC SWEENEY, 2015). Os contatos entre os gregos e os nativos, antes da instalação dos colonos, bem como durante o movimento de colonização no período arcaico, foram facilitados pela propagação de mitos gregos, como os de Héracles, Ulisses ou Jasão, em particular através das histórias de Homero e do ciclo troiano. De acordo com

I. Malkin, os mitos gregos, especialmente as lendas sobre os nostoi, os heróis que voltam da guerra de Tróia, facilitaram as relações entre os gregos e os povos da Itália durante o período arcaico; essa ideia se baseia na hipótese de que os indígenas se identificariam como descendentes desses heróis, dos nostoi, e as noções de identificação étnica seriam construídas a partir desses mitos. I. Malkin mostra como os mitos gregos foram utilizados por populações não-gregas como simbologias de identificação étnica. Esses povos itálicos se apropriaram das lendas gregas, especialmente aquelas sobre os nostoi, em particular Ulisses, mas também das sirenas, dos argonautas e de Héracles, para reivindicar uma genealogia heroica e comparável à genealogia lendária grega. Porém, o pioneiro na interpretação dos usos das lendas gregas em relação à colonização grega na Itália e sua apropriação pelos nativos foi J. Bérard. Se I. Malkin analisa exclusivamente as figuras de Ulisses e dos nostoi, J. Bérard incluía as lendas de Héracles, dos argonautas e de Minos (BÉRARD, 1957). Em todo caso, a associação com os heróis gregos, nostoi e outros, enobrecia as populações sem submetê-los ao controle político grego, facilitando assim contatos e alianças. Deve-se notar especialmente que isto permitia que as elites indígenas se equiparassem e atingissem um nível de relativa igualdade em relação aos gregos, por meio da mesma origem lendária; por outro lado, os gregos se aproveitavam desta origem lendária comum para melhor difundir sua cultura e seus produtos, tais como vasos figurados e o vinho.

De acordo com I. Malkin, deve-se ainda notar que a adoção de lendas gregas foi realizada em um primeiro momento pelas elites indígenas da periferia, isto é, aqueles que não estavam nos territórios das colônias gregas. Após a apropriação de lendas gregas por não-gregos, a partir do século VII, as colônias do Ocidente começaram a reivindicar, elas também, um passado nobre, a partir dos nostoi e outros heróis aventureiros, como Héracles e Jasão por exemplo. Assim, a reação das colônias, que recuperavam esta mesma reivindicação de uma origem mítica, não se faz somente em comparação com as cidades metropolitanas do mundo greco egeu, mas também em relação aos centros indígenas vizinhos, que haviam utilizado as lendas gregas dos heróis com um objetivo de se enobrecer. Devemos lembrar também a grande difusão de certos temas mitológicos, tais quais aqueles representados nas métopas do heraion, em ambientes etruscos. A partir desse momento, as mesmas lendas que poderiam servir às elites indígenas para afirmar seu poder em relação aos estratos sociais subalternos de suas próprias comunidades se metamorfosearam na articulação das rivalidades entre colonos e indígenas. A gestão das rivalidades por intermédio das lendas também está presente entre as diversas colônias gregas, como no caso de Crotone e Síbaris com a lenda de Filoctetes. Com este exemplo notável, I. Malkin formula a hipótese de que Filoctetes teria provavelmente sido adotado por uma comunidade periférica entre Síbaris e Crotone em um primeiro momento (ver principalmente: LA GENIÈRE DE, 1987); depois, durante a guerra entre as duas colônias em 511 a.C., a retomada do santuário em honra ao herói e das suas relíquias foi usada como justificativa para a anexação do território onde ele se situava (sobre as construções culturais relativas a essas duas colônias, ver também nossa contribuição: ESPOSITO; POLLINI, 2013).

O movimento completo na Itália poderia ser resumido da seguinte forma: num primeiro momento, as lendas podem ter sido usadas como mediadoras dos contatos entre gregos e nativos, com novas terras a explorar; em seguida, essas lendas foram adotadas pelas elites indígenas; finalmente, as lendas de fundação das cidades coloniais, bem como os cultos aos heróis, nostoi e outros, foram criadas a partir do século VII, chegando até a serem usadas como justificativa para disputas territoriais entre colônias gregas.

No caso específico de Poseidônia e do heraion do Sele, a situação não se encaixa necessariamente nas teorias de I. Malkin. Em primeiro lugar, as lendas representadas não se relacionam somente aos nostoi e a figura de uma única métopa pode ser hipoteticamente identificada com Ulisses (n. 27). Observamos, ao contrário, três ciclos principais: Héracles, os argonautas e um ciclo troiano. No entanto, mesmo se não podemos aplicar diretamente e integralmente a perspectiva de I. Malkin, o reconhecimento do uso de lendas tanto pelos colonos como pelas elites indígenas é o aspecto mais saliente. Relembrando a existência de lendas relacionadas a outros heróis aventureiros, especialemente Héracles e Jasão (BÉRARD, 1957), a perspectiva aqui sublinhada pode ser mais abrangente em relação à interpretação das funções da iconografia do heraion.

O primeiro ponto importante para nossas conclusões é de ordem cronológica. Se aceitarmos a circulação das lendas gregas desde a época do alto arcaismo, no momento da chegada de colonos aqueus em Poseidônia, as populações ao norte do Sele já conheciam esses relatos. Neste sentido, é difícil identificar um circuito que se originaria na Grécia egeia, passaria pela Sicília e pela Magna Grécia, para chegar aos etruscos. Em vez disso, é mais plausível imaginar que as cenas figurativas já eram conhecidas pelas populações etruscas instaladas ao norte do Sele antes da fabricação das métopas. Esta inversão das relações cronológicas reforça a interpretação destas cenas como mediadoras das trocas, tanto culturais quanto comerciais, já que essa iconografia pode dialogar com ambas as populações em contato, e isso desde a chegada dos colonos gregos por volta de 600 a.C.

Em segundo lugar, a questão da escolha dos ciclos representados é muito difícil. Como já dizia J. Bérard, as lendas de Héracles são muito difundidas no mundo grego e na Itália, incluindo sobretudo as regiões do Lácio e da Etrúria (BÉRARD, 1957, p. 402; PONTRANDOLFO;MUGIONE;SALOMONE, 1993, p. 283-318). Além das observações já conhecidas sobre uma oposição entre o mundo civilizado e o mundo selvagem, não temos elementos suficientes para aprofundar as razões para a escolha de Héracles. Um ponto pode ser sublinhado, porém: é inverossímel associar a imagem do selvagem com as populações indígenas ao norte do Sele. Como vimos acima, as populações etrusco-campanas mostram sinais de uma grande organização de suas comunidades. O nível particularmente avançado dessas populações parece estar na base da escolha para a localização do santuário e pode explicar porque este limite natural e simbólico se manteve inalterado durante todo o período de vida da cidade de Poseidônia.

Em relação aos outros ciclos iconográficos, P. Zancani Montuoro sugeriu identificar sua origem nos poemas de Estesícoro (ZANCANI MONTUORO; ZANOTTI BIANCO, 1954, p. 106-107). Esta é uma hipótese atraente e plausível. No entanto, além da dificuldade de verificação, a circulação de temas mitológicos não depende necessariamente de meios literários: as cenas figurativas podem transmitir tradições paralelas àquelas conservadas pelos textos literários (entre outros, ver: SNODGRASS, 1998; FUNARI E CAVICCHIOLI, 2005).

Mais importantes parecem ser as semelhanças dos temas figurados nas métopas do Sele e a iconografia encontrada na Etrúria (ZANCANI MONTUORO;ZANOTTI BIANCO, 1951, p. 67-77; ZANCANI MONTUORO;ZANOTTI BIANCO, 1954, p. 160): tanto as cenas encontradas diretamente representadas em vasos etruscos, especialmente em bucchero, quanto em vasos gregos difundidos e encontrados em contexto etrusco. Aqui é importante ressaltar as pesquisas recentes (cf. DENOYELLE; IOZZO, 2009) que discutem a questão das relações entre os clientes das cerâmicas gregas, áticas ou italiotas, e sua produção. Em que medida algumas cenas poderiam ser produzidas com o objetivo de atingir uma clientela específica, em nosso caso, etrusca? No que diz respeito às métopas do Sele, devemos ver um objetivo consciente dos colonos com o propósito de representar imagens conhecidas e populares no mundo etrusco? Esta possibilidade reforça ainda mais o papel do santuário na mediação dos diversos tipos de contato. A possibilidade oposta, aquela que pressupõe uma circulação das lendas a partir do heraion e chegando na Etrúria parece difícil de sustentar, em primeiro lugar, pela contemporaneidade relativa dos vestígios. Se as lendas de Héracles são generalizadas (e não há nenhuma razão de se surpreender em encontrá-lo tanto no Sele quanto na Etrúria), a presença de algumas outras imagens, como a silenomaquia ou provavelmente Jasão no caldeirão, dificilmente seria o resultado de uma mera coincidência.

Agradecimentos

Gostaria de agradecer Margarida M. de Carvalho pelo convite em participar do congresso em Franca e pela ocasião de publicar uma parte de minhas pesquisas. Devo um grande reconhecimento também a Fábio Vergara Cerqueira pela releitura de uma versão preliminar e pelas correções que permitiram melhorar muito esse texto. Todas os erros e omissões são de minha única responsabilidade.

Fonte

STRABON. *Géographie.* Collection des Universités de France (Guillaume Budé). Éd. e trad. FRANÇOIS LASSERRE. Tomo 3, Livros 5 et 6, Paris: Les Belles Lettres, 2003.

Referências Bibliográficas

BEAZLEY, John Davidson. *Attic red-figure vase-painters.* Oxford: Clarendon Press, 1942.

BERARD, Jean. *La colonisation grecque de l'Italie méridionale et de la Sicile dans l'Antiquité.* 2 ed. Paris: PUF, 1957.

BONAUDO, Raffaella. *La culla di Hermes:* iconografia e immaginario delle hydriai ceretane, Rome: L'Erma di Bretschneider, 2004.

CERCHIAI, Luca. *Gli antichi popoli della Campania.* Studi superiori. archeologia, 598, Rome: Carocci, 2010.

CHUVIN, Pierre. *La Mythologie grecque.* Du premier homme à l'apothéose d'Héraclès. 1 ed. Paris: Flammarion, 1992.

CIPRIANI, Marina. Eracle e il Centauro, simposio e mundus muliebris: metamorfosi della biografia maschile e passaggio all'aldilà in una tomba di adulto da Paestum. *Ostraka, Rivista di Antichità,* 13, 1, p. 9-36, 2004.

CONTI, Maria Clara. *Il più antico fregio dallo Heraion del Sele:* scultura architettonica e comunicazione visiva, Turin: Le Lettere, 1994.

CROISSANT, Francis. Remarques sur la métope de la 'mort d'Alkyoneus' à l'Héraion du Silaris. *Bulletin de Correspondance Hellénique,* Athènes, v. 89, p. 390-399, 1965.

CRUCIANI, Claudia. Giasone e Dedalo al Sele. *Ostraka, Rivista di Antichità,* p. 23-30, 1996.

CUOZZO, Mariassunta; PELLEGRINO, Carmine. Culture meticce, identità etnica, dinamiche di conservatorismo e resistenza: questioni teoriche e casi di studio dalla Campania. In: DONNELLAN, LIEVE, NIZZO, VALENTINO E BURGERS, GERT-JAN (orgs.). *Conceptualising early colonisation, Conceptualising early colonisation*. Bruxelles: Institut historique belge de Rome, 2016, p.117-136.

D'ACUNTO, Matteo. *Il mondo del vaso Chigi:* pittura, guerra e società a Corinto alla metà del VII secolo a.C. Berlin; Boston: De Gruyter, 2013.

D'AGOSTINO, Bruno. Il Processo di strutturazione del politico nel mondo oscolucano. La protostoria. ANNALI DELL'ISTITUTO UNIVERSITARIO ORIENTALE DI NAPOLI, SEZIONI DI ARCHEOLOGIA E STORIA ANTICA, IX, p. 23-39, 1987.

D'AGOSTINO, Bruno; GASTALDI, Patrizia. La cultura orientalizzante tirrenica come frutto di una crescita endogena: l'esempio di Pontecagnano. In: DONNELLAN, LIEVE, NIZZO, VALENTINO E BURGERS, GERT-JAN (orgs.), *Contexts of early colonization Contexts of early colonization*. Roma: Palombi, 2016, p. 159-176.

DE POLIGNAC, François. *La Naissance de la cité grecque. Cultes, espace et société, VIIIe-VIIe siècles.* 2a ed., Paris: La Découverte, 1995.

DENOYELLE, Martine; IOZZO, Mario. *La céramique grecque d'Italie méridionale et de Sicile:* productions coloniales et apparentées du VIIIe au IIIe siècle av. J.-C. Les Manuels d'art et d'archéologie antiques. La céramique grecque, 4, Paris: Picard, 2009.

ESPOSITO, Arianna; POLLINI, Airton. Relations interculturelles en Grande Grèce et Sicile. Le point de vue de l'autre. Relations culturelles et diplomatiques. *Dialogues d'Histoire Ancienne*, Supplément 9, org. Gonzales, Antonio e Schettino, Maria Teresa, p.17-38. Besançon: Presses universitaires de Franche-Comté, 2013.

FEYEL, Christophe. *Les artisans dans les sanctuaires grecs aux Époques Classique et Hellénistique:* à travers la documentation financière en Grèce. Bibliothèque des Écoles Françaises d'Athènes et de Rome (BEFAR). 318, Athènes: École Française d'Athènes, 2006.

FUNARI, Pedro Paulo Abreu, CAVICCHIOLI, Marina Regis. A arte parietal romana e diversidade. In: MIYOSHI, Alexander Gaiotto; DAZZI, Camila Carneiro; CARDOSO, Renata Gomes (orgs.), I ENCONTRO DE HISTORIA DA ARTE. REVISÃO HISTORIOGRAFICA: O ESTADO DA QUESTÃO, I. Encon-tro de história da arte. Revisão historiográfica: o estado da questão, 3:303-316, Campinas: UNUICAMP, 2005.

GANTZ, Timothy. *Mythes de la Grèce archaïque.* Tradução de Auger, Danièle e Leclercq-Neveu, Bernadette, Paris: Belin, 2004.

GRECO, Emanuele. Strabone e la topografia storica della Magna Grecia in Strabone. *Contributo allo studio della personalità e dell'opera,* org. Maddoli, Gianfranco, 2. Strabone e l'Italia antica, p.121-134, Acquasparta: Edizioni Scientifiche Italiane, 1987.

GRECO, Giovanna. *Il Santuario di Hera alla foce del Sele,* Cipriani, Marina (org.). I Quaderni del Museo. 2, Salerne: Ingegneria per la cultura, 2001.

______. Il santuario di Hera alla foce del Sele. In: BIRASCHI, Anna Maria et alii (orgs.), *Poseidonia-Paestum, Poseidonia-Paestum.* Tarente: Istituto per la storia e l'archeologia della Magna Grecia, 2012, p.171-246.

GUIMIER-SORBETS, Anne-Marie. Dans la sphère dionysia-que, Centaures et Tritons sur les mosaïques du monde grec: passage de l'état sauvage à la civilisation. In: LINANT DE BELLEFONDS, PASCALE E ROUVERET, AGNES (orgs.), *L'homme-animal dans les arts visuels:* image et créatures hybrides dans le temps et dans l'espace, L'homme-animal dans les arts visuels: image et créatures hybrides dans le temps et dans l'espace, Paris: Les Belles Lettres, 2017.

GUZZO, Pier Giovanni. Il contesto indigeno della Campania all'arrivo dei Greci. In: DONNELLAN, LIEVE, NIZZO, VALENTINO E BURGERS, GERT-JAN (orgs.). *Contexts of early colonization.* Roma: Palombi, 2016, p.153-157.

HOPPIN, Joseph Clark. *A handbook of Attic red-figures vases:* signed by or attributed to the various masters of the sixth and fifth centuries B. C. Oxford: University Press, 1919.

HORDEN, Peregrine; PURCELL, Nicholas. *The Corrupting sea:* a study of mediterranean history, Oxford: Blackwell publishers, 2000.

HURWIT, Jeffrey M. Reading the Chigi Vase. *Hesperia:* the journal of the Amercian School of Classical Studies at Athens, v. 71, n. 1, p. 1-22, 2002.

ISLER-KERENYI, Cornelia. Olpe Chigi: riflessioni sul programma figurativo. In: MUGIONE, ELIANA E BENINCASA, ALFONSINA (orgs.). *L'olpe Chigi:* storia di un agalma, L'olpe Chigi: storia di un agalma-Paestum: Pandemos, 2012, p.123-133.

JANNI, Pietro. L'Italia di Strabone: descrizione e immagine. In: MADDOLI, Gianfranco (org.). *Strabone e l'Italia antica,* Incontri perugini di storia della storiografia antica e sul mondo antico, Acquasparta: Edizioni Scientifiche Italiane, 1988, p. 145-159.

JUNKER, Klaus. *Der ältere Tempel im Heraion am Sele:* Verzierte Metopen im architektonischen Kontext, Köln: Bölhau, 1993.

LA GENIERE DE, Juliette. Essai sur les véhicules de la légende d'Héraclès en Occident. In: MASSA-PAIRAULT, FRANÇOISE-

HELENE (org.). *Le Mythe grec dans l'Italie antique:* fonction et image, Le Mythe grec dans l'Italie antique: fonction et image. Rome: École Française de Rome, 1999, p.11-27.

______ (org.). Épéios et Philoctète en Italie. Données archéologiques et tradition légendaire. ACTES DU COLLOQUE INTERNATIONAL, Lille: Centre Jean Bérard, 1987.

LA GENIERE DE, Juliette; GRECO, Giovanna. *Il santuario di Hera alla foce del Sele.* Indagini e studi 1987-2006, Rome: Società Magna Grecia, 2010.

LINANT DE BELLEFONDS, Pascale; ROUVERET, Agnès (orgs.). *L' homme-animal dans les arts visuels:* image et créatures hybrides dans le temps et dans l'espace, Les passés dans le présent. Arts et mémoire, Paris: Les Belles Lettres, 2017.

MAC SWEENEY, Naoíse (org.). *Foundation myths in ancient societies:* dialogues and discourses, Philadelphia: University of Pennsylvania Press, 2015.

MADDOLI, Gianfranco. Strabone e l'Italia antica. Dalla genisi della Geografia alla problematica dei libri V e VI. In: MADDOLI, Gianfranco (org.). *Strabone e l'Italia antica.* Acquasparta: Edizioni Scientifiche Italiane, 1987, p. 9-22.

MALKIN, Irad. *Religion and colonization in Ancient Greece.* Studies in Greek and Roman religion, Leiden: Brill, 1987.

______. *The Returns of Odysseus.* Colonization and ethnicity, Berkeley: University of California Press,1998.

________. A colonial Middle Ground: Greek, Etruscan, and local elites in the Bay of Naples. In: LYONS, Claire L.; PAPADOPOULOS, John K. (orgs.). *The archaeology of colonialism.* Los Angeles: Getty Research Institute, 2002, p. 151-181.

________. Foreign founders: Greeks and Hebrews. In: MAC SWEENEY, Naoíse (org.). *Foundation myths in ancient societies:* dialogues and discourses. Philadelphia: University of Pennsylvania Press, 2015, p. 20-40.

MARCONI, Clemente. *Selinunte:* le metope dell'Heraion. Modena: Panini, 1994.

MASSA-PAIRAULT, Françoise-Hélène. Le Larnax des Cypsélides à Olympie. Essai d'interprétation des scènes mythologiques. In: ______ (org.). *L'image antique et son interprétation.* Collection de l'École Française de Rome. Rome: École Française de Rome, 2002, p. 41-74.

MASSERIA, Concetta; TORELLI, Mario. Il mito all'alba di una colonia greca: il programma figurativo delle metope dell'Heraion alla foce del Sele. In: MASSA PAIRAULT, Françoise-Hélène (org.). *Mythe grec dans l'Italie antique:* fonction et image. Rome: École Française de Rome, 1999, p. 203-262.

MAZZEI, Marina. *I Dauni:* archeologia dal IX al V secolo a.c. Daunia Archeologica. Monografie, 5, Foggia: C. Grenzi, 2010.

________. *I Dauni:* archeologia dal IV al I secolo a.c., Maggio, Laura, Pouzadoux, Claude e Russo, Saverio (orgs.). Daunia Archeologica. Monografie, 6, Foggia: C. Grenzi, 2015.

MENICHETTI, Mauro. Giasone e il fuoco di Lemno su un'olpe etrusca in bucchero di epoca orientalizzante . *Ostraka, Rivista di Antichità,* 4, 2, p. 273-283, 1995.

MUGIONE, Eliana; BENINCASA, Alfonsina (orgs.). L'olpe Chigi: storia di un agalma. ATTI DEL CONVEGNO INTERNAZIONALE, SALERNO, 3-4 GIUGNO 2010. Paestum: Pandemos, 2012.

NAPOLI, Mario. *Le Metope arcaiche del thesauros dello Heraion del Sele*, Bari: Adriatica, 1963.

NICOLET, Claude. *L'Inventaire du monde.* Géographie et politique aux origines de l'Empire romain, Paris: Fayard, 1988.

PONTRANDOLFO, Angela; MUGIONE, Eliana; SALOMONE, F. Alcuni esempi figurativi dell'Italia antica. In: OLMOS ROMERA, Ricardo; SANTOS VELASCO, Juan Antonio (orgs). *Iconografía ibérica, iconografía itálica:* propuestas de interpretación y lectura. Rome: Universidad Autonoma de Madrid, p. 283-318, 1993.

PONTRANDOLFO, Angela; ROUVERET, Agnès. La rappresentazione del barbaro in ambiente Magno-greco, Modes de contacts et processus de transformation dans les sociétés anciennes. ACTES DU COLLOQUE DE CORTONE (24-30 MAI 1981), MODES DE CONTACTS ET PROCESSUS DE TRANSFORMATION DANS LES SOCIETES ANCIENNES. Pisa-Rome: Scuola Normale Superiore-École Française de Rome, p. 1051-1066, 1983.

ROLLEY, Claude. La Sculpture de Poseidonia. in Poseidonia-Paestum. Atti del Convegno di Studi sulla Magna Grecia. XXVII. Tarente-Paestum: Istituto per la Storia e l'Archeologia della Magna Grecia, 1987, p. 191-215.

SCHNAPP, Alain. *Le chasseur et la cité:* chasse et érotique en Grèce ancienne. Paris: A. Michel, 1997.

SIMON, Erika. Hera ed Eracle alla Foce del Sele e nell'Italia centrale. ATTI E MEMORIE DELLA SOCIETA MAGNA GRECIA, 3 s., p. 209-217, 1992.

SIMON, Mathilde. *Le rivage grec de l'Italie romaine:* la Grande Grèce dans l'historiographie augustéenne. Collection de l'Ecole française de Rome, 442, Rome: École Française de Rome, 2011.

SNODGRASS, Anthony. *Homer and the artists:* text and picture in early Greek art. Cambridge: University Press, 1998.

______. Pausanias and the Chest of Kypselos. In: ALCOCK, Susan E.; CHERRY, John F.; ELSNER, Jas (orgs.). *Pausanias:* travel and memory in Roman Greece. Oxford: University Press, p. 127-141, 2001.

______ The olpe Chigi and iconography in Kypselid Corinth. In: MUGIONE, Eliana; BENINCASA, Alfonsina (orgs.). *L'Olpe Chigi*: storia di un agalma. Paestum: Pandemos, p. 11-18, 2012.

TRAFICANTE, Viviana. Recezione e risemantizzazione in Etruria di modelli iconografici della ceramografia attica: il caso di Nereo. In: GIUDICE, F.; PANVINI, R. (org.). Il Greco, il Barbaro e la ceramica attica. Immaginario del diverso, processi di scambio e autorappresentazione degli indigeni. ATTI DEL CONVEGNO INTERNAZIONALE DI STUDIO. Catania: L'Erma di Bretschneider, p. 75-84, 2001.

VALENZA MELE, Nazarena. Il ruolo dei Centauri e di Herakles. Polis, banchetto e simposio. In: *Les grandes figures religieuses.* Fonctionnement pratique et symbolique dans l'antiquité. Rencontre internationale. Besançon: Les Belles Lettres, p. 333-356, 1984.

VAN KEUREN, Frances Dodds. *The Frieze from Hera I temple at Foce del Sele.* Rome: G. Bretschneider, 1989.

VIDAL-NAQUET, Pierre. *Le Chasseur Noir.* Formes de pensées et formes de société dans le monde grec. Nouvelle édition revue et corrigée, Paris: La Découverte. Primeira edição, 1991.

WESCOAT, Bonna Daix. *The Temple of Athena at Assos*. Oxford monographs on classical archaeology. Oxford: University Press, 2012.

ZANCANI MONTUORO, Paola. *Heraion alla foce del Sele* - I. Altre metope del 'primo thesauros'. ATTI E MEMORIE DELLA SOCIETA MAGNA GRECIA, nouva serie, V, p. 57-95, 1964.

ZANCANI MONTUORO, Paola; ZANOTTI BIANCO, Umberto. Heraion alla foce Sele. 1, Rome: Libreria dello Stato, 1951.

_________. *Heraion alla foce Sele*. 2, Rome: Libreria dello Stato, 1954.

1

2

3

4

5

6

Fotos © A. Pollini 2014

7

8

9

10

11

12

Fotos © A. Pollini 2014

13

14

15

16

17

38

Fotos © A. Pollini 2014

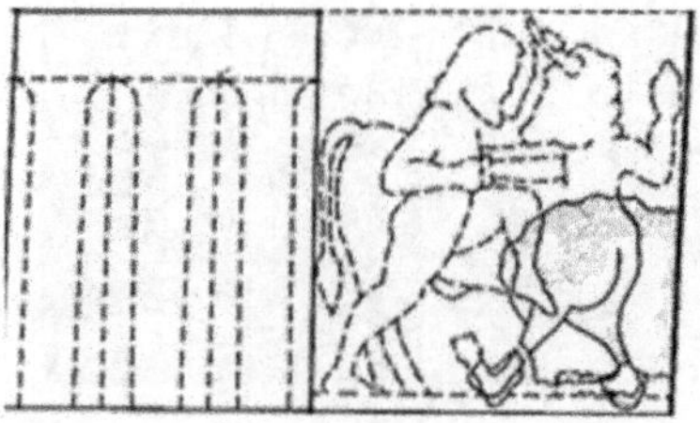

34

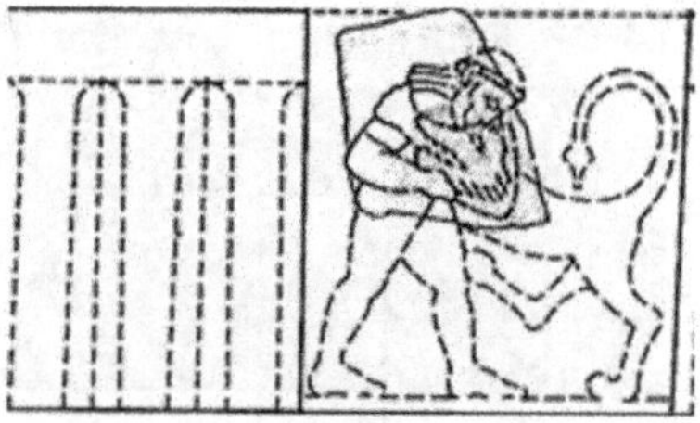

35

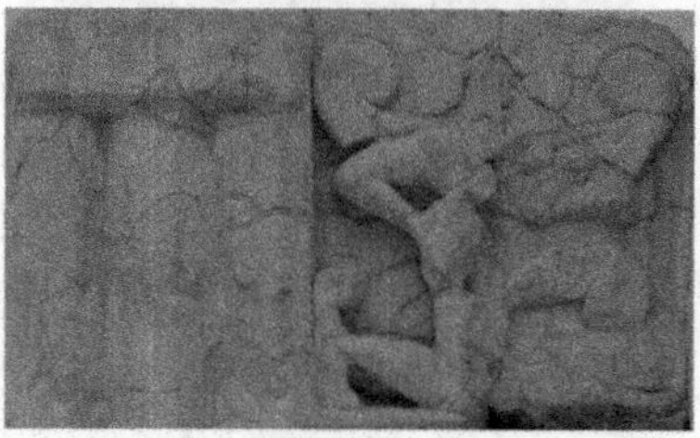

20

26

32

33

Fotos © A. Pollini 2014
Desenhos Van Keuren 1989

A face perceptível da mensagem imagética do vaso grego *Persephone Painter*

Maria Regina Candido[1]

Que informação se pode apreender a partir de imagens meticulosamente gravadas no espaço de um vaso de cerâmica? Atualmente, o artefato de argila identificado como *Persephone Painter* encontra-se no Museu do Metropolitan, em Nova York, e será tratado por nós como o vaso intitulado o *Retorno de Perséfone* (Inv. n. 28.57.23,), atribuído ao *Pintor de Perséfone*. O vaso é um *bell-krater*, que indica a forma física do vaso e a sua função social de misturar vinho com uma porção de água. A especialista em vasos gregos Susan Rotroff, no artigo *The Missing Krater and the Hellenistic Symposium* (1996), nos afirma que o modelo *krater* representa antiguidade entre os gregos e está associado à atividade masculina, principalmente no V séc. a.C., pois a estatística do material escavado na Agora de Atenas, a coleção da Ágora, nos revela que entre 530 e 300 foram encontrados 128 *kraters* para o período Arcaico, 700 para o período Clássico e somente 121 para o período Helenístico. Logo, a popularidade

1 Professora Doutora do Departamento de História e Programa de Pós-graduação em História da Universidade Estadual do Rio de Janeiro – UERJ e do Programa de Pós-graduação Em História Comparada da Universidade Federal do Rio de Janeiro. Coordenadora do curso de Lato Sensu de História Antiga e Medieval/CEHAM/UERJ.

do vaso *krater* ocorreu no período Clássico (ROTROFF, 1996, p. 25). O artefato era o preferido pela elite masculina ateniense e circulava em meio aos simpósios privados, banquetes públicos e cerimônias fúnebres. Segundo Andrew Clark, havia vários modelos do vaso *krater*, e a forma do *bell-krater* ático estilo figuras vermelhas emergiu no V séc. a.C. (CLARK, 2002, p. 104).

A peculiaridade desse vaso está no fato de ser o único *bell-krater* encontrado no estilo de figuras vermelhas que reúne as divindades Hécate, Perséfone, Demeter e Hermes, cuja imagem foi produzida aproximadamente em 440 a.C. O vaso objeto de análise detém algumas especificidades que estão demarcadas pela *ancoragem*, ou seja, apresenta inscrição associada à imagem: Persephata, Hermes, Hécate e Demeter. A grafia dos nomes das divindades nos permite as identificar e nos auxilia na determinação da cerimônia religiosa à qual pertencem. Existe uma vasta publicação que analisa a relação entre a imagem e o nome dos personagens nos vasos gregos, entre elas apontamos Colombe Couelle-Dezeuze, no artigo *L'Image et le Nom* (Paris, 1992), em que o autor afirma que o artesão que usa a imagem e a grafia introduz uma dupla leitura para a cena, de forma concomitante – uma operação de visualização e de identificação para aqueles espectadores que a observam (COUELLE-DEZEUZE, 1992 p. 49).

Não podemos esquecer que tal nomeação dos protagonistas da cena no artefato de cerâmica ática tem por objetivo ratificar o enredo visual de uma narrativa que integrava o repertório mítico grego desde o período da emergência da polis. Consideramos que a imagem e o nome compõem um *mecanismo de preservação da memória* ao materializar a imagem de uma cena da narrativa mítica que já circulava no período da realeza palaciana, ou seja, a narrativa mítica se tornara familiar aos gregos.

A nós interessa demarcar que o uso da imagem como *suporte de informação* tem adquirido espaço entre os pesquisadores helenistas, tanto como alternativa documental diante da escassez de textos escritos quanto como documento complementar aos dados escritos, a partir do momento em que delimita o tema e estabelece sua problemática.

Para fazer sentido para nós, que analisamos os vasos, é necessário que a sua leitura se realize em toda a sua dimensão, a saber: lado A – o leitor está diante de uma figura central identificada como Hécate; na imagem, a ação de movimento da protagonista indica o momento em que guia, pelo uso de duas tochas, o caminho a ser seguido pela deusa Perséfone/Persephata, que retorna do mundo dos mortos. Perséfone, auxiliada pelo deus Hermes, retorna ao mundo dos vivos por meio do ritual do *anodos*. A deusa emerge do mundo dos mortos usando uma tiara, colar e *himation* plissado, traz a mão direita levantada em sinal de adoração e/ou agradecimento. O retorno da divindade do mundo subterrâneo ocorre após ela ter sido raptada pelo deus Hades. No lado direito está sua mãe, Demeter, que parece aguardar a realização do ritual para em seguida receber a filha.

Analisando a presença de Demeter e Perséfone na cerâmica ática, podemos supor que o pintor usou como matriz a narrativa mítica presente no *Hino Homérico a Demeter*. O hino foi composto entre 650 e 550 a.C., sobreviveu como um manuscrito danificado descoberto em Moscou em 1777, provavelmente como cópia e preservação de monges por volta de 1400. O manuscrito contém 33 hinos atribuídos a Homero, mas deixa transparecer que sua narrativa era amplamente conhecida no universo dos gregos. A narrativa de Perséfone como senhora do mundo dos mortos e raptada por Hades com o consentimento de Zeus fazia parte da narrativa épica *Odissea* (X:534-564, XI: v.633-635); no período arcaico, Hesíodo menciona a narrativa do mito na *Theogonia* (v.

912-14); no clássico, o poeta Eurípides tece algumas considerações sobre a filha de Demeter, na dramaturgia de *Helena* (v. 1301-61).

No *Hino a Demeter*, supostamente de Homero, a jovem Perséfone retorna do mundo de Hades em uma carruagem, junto com Hermes. Na cena do vaso, o artesão-pintor preferiu omitir este dado ao colocar a jovem deusa emergindo do mundo subterrâneo por uma abertura na terra, fato que ratifica o contato com o mundo subterrâneo de Hades e reforça a presença de Hermes como condutor das almas dos mortos. A presença das tochas nas mãos de Hécate faz referência ao tradicional ritual noturno de iluminar o caminho a ser percorrido de Atenas até o local do culto, na região de Eleusis.

Diante de tais indícios imagéticos, questionamos: para qual ritual o artesão-pintor recebeu a encomenda de materializar as imagens no vaso, Ritual das Thesmosforias ou o Rito de Mistérios de Eleusis, tendo-se em vista que ambos os cultos apontam para a presença da deusa Demeter? A resposta a essa questão nos leva a estabelecer contato com o Lado B do vaso, no qual nos deparamos com três personagens não identificados. No centro, há uma jovem mulher em atitude de libação, portando uma oinochoes na mão direita; nas extremidades da cena estão dois homens com barba, ou seja, ambos são adultos. A presença masculina na cena, em meio à atividade religiosa, nos afasta do Ritual das Thesmoforias, pois era vedada nesse culto a presença de homens, de jovens solteiras, de hetairas, de pornai e de escravos. Logo, nos resta afirmar que a cena do vaso está conectada ao ritual dos Mistérios de Eleusis, cuja participação estava aberta a todos que desejassem ser iniciados nos cultos de mistérios e jurassem jamais revelar o segredo exposto durante o ritual.

O tema sobre os Mistérios de Eleusis detém uma vasta historiografia, resultado das escavações realizadas por D. Philios (1889) e registradas no relatório *Ekthesis peri ton em Eleusisni anaskaphon, Praktika* 1882-1893 (disponível na *Jstor)* e na *Fouilles d' Eleusis,*

Athens. K. Kouroniotes e G. Mylonas deram prosseguimento às escavações, cujos resultados estão na publicação *Eleusis and Eleusinian Mysteries* (Princeton, 1961). Na atualidade, Kevin Clinton tornou-se o mais recente especialista sobre os Mistérios de Eleusis e possui uma vasta publicação sobre o culto.

A arqueologia nos informa que os Mistérios de Eleusis detêm uma antiguidade que nos remete ao período da realeza palaciana. A relação de Eleusis com Atenas tem sido tema de debates entre os *scholars* em torno do período em que a região se tornou sectária de Atenas. Kevin Clinton afirma que, no V séc., a região de Eleusis e o santuário das Duas Deusas eram parte de Atenas, resultado da reforma democrática que colocou a região como um dos vários *demos* no séc. VI (CLINTON, 1998, p. 110), ou seja, a região passou a integrar os *demoi*, resultantes da Reforma Territorial de Clistenes. O autor critica a vertente que considera a região de Eleusis uma área independente de Atenas. Os Kerykes integravam os diversos *genos* espalhados pelo território ático cujo centro seria a região de Eleusis, lugar de culto, reunião e definição dos sacerdotes (IG II 834b24). Da *phratria* saíam os sacerdotes, *dadouchoss*/portador das tochas, aralto e um dos quatro *epimeletes*/administradores da polis. Consideramos que o solicitante do vaso pertencia a famílias dos Kerykes, pelo fato de Hermes estar presente e de forma frontal.

O tema estabeleceu um acentuado debate da década de 60, que buscava definir o regionalismo ático pela vertente da *apropriação*, ou seja, as festas e rituais de Eleusis no período arcaico, visando à construção do *imaginários social* de unidade e de supremacia e controle dos atenienses na região.

A arqueologia evidencia que Eleusis detém um amplo espaço interno identificado como Megaron, o qual pertence ao período micênico, porém a datação tem sido alvo de controvérsias, pois as escavações realizadas por K. Kourouniotes e George Mylonas asseguram que o Telestérion tardio havia sido construído sobre um templo do período micênico. Ambos afirmam que o culto a Demeter foi organizado no período do Bronze Tardio, como atestam os artefatos de mármores provenientes da ilha de Paros (Parian Marble). A hipótese dos pesquisadores se aproxima da narrativa do *Hino Homérico a Demeter*. Para os arqueólogos, as evidências materiais ratificam a continuidade do culto e justificam a construção do Telesterion em cima do antigo Megaron B junto com outros elementos arquitetônicos, como o *períbolos*, que sustentam os muros altos visando a isolar a área do Megaron B, fato que deixa transparecer a demarcação de um altar como local de atividade religiosa (COSMOPOULOS, 2005, p. 2).

A voz discordante situa-se em P. Dacque, ao argumentar que considera a inexistência de dados materiais que justifiquem a realização do culto durante o intervalo de tempo entre o período micênico e o VIII a.C. O autor acrescenta que ambos, Parian Marble e o Hino Homérico a Demeter, não fazem referências ao período micênico e que o Megaron B detém vestígios de materiais de caráter doméstico, fato que indica que foi utilizado como residência de uma eminente família de *aristhos*, a qual o autor identifica como sendo os Eumolpidas (*Ibid.*, p. 4).

O culto dos Mistérios de Eleusis em honra a Demeter e Perséfone remonta ao período de 1450 a.C. cujo ritual era celebrado em Eleusis e em Atenas no mês de *Boedromion* (setembro/outubro). O culto ficava sob a responsabilidade de duas famílias: os Elmolpidas e os Kerykes. A abordagem mítica menciona a busca da hegemonia local entre Atenas e Eleusis, sendo que Erechheus, de Atenas, entrara em conflito com Eumolpos, responsável por conduzir a cerimônia de Eleusis. Diante da derrota de Eleusis, Atenas assume o controle financeiro do culto, e os Elmolpidas garantem o controle e a realização do ritual. Como podemos notar, os Kerykes remontam à relação com os primeiros monarcas da Ática e as famílias aristocráticas de Eleusis. Os Kerykes e os Eumolpidas formam uma das mais antigas famílias de aristhoi atenienses. Os sacerdotes passaram a ser designados os Eumolpidas de Eleusis e os Kerykes de Atenas, epítetos que seguem junto aos gregos até o período de iniciação de Otavio Augusto.

Interessa-nos analisar a participação dos Kerykes, pois temos por hipótese que o vaso pertence aos Kerykes, cuja ascendência vem do herói grego Kerix, filho de Hermes com uma das descendentes do *anax Kecrops* (PAUSANIAS, *Description of Greece*, I, 38). O lado B do vaso apresenta dois homens adultos: o homem à esquerda carrega nas mãos uma *phiale*, recipiente de origem persa usado pelos gregos para beber ou verter vinho aos deuses. O artefato mais comum era a *phiale* feita em prata, mas havia poucas *phialai* em ouro. No séc. V, junto aos atenienses, a *phiale mesomphalo* produzida em cerâmica pintada tornou-se popular para realizar libações aos deuses, heróis e aos mortos, como demonstra a imagem do vaso, em que transparece a realização de um ritual.

As imagens figuradas no vaso ático de figuras vermelhas intitulado "Retorno de Perséfone", após a aplicação do método de análise da imagem de Martine Joly, nos permitiu estabelecer questões e análises ao apontar como primeiro plano a deusa Hécate, entendida por nós como a responsável pela manutenção da memória das crenças, tradições de parte da aristocracia ateniense no século V. As imagens do vaso nos remetem ao culto dos Mistérios de Eleusis, cujo solicitante nos parece pertencer ao antigo *genos* dos Kerykes, que se consideravam descendentes de Hermes, fato que justifica a presença da divindade no vaso e o único com olhar frontal.

Concluímos, de forma parcial, que o solicitante da imagem representada no vaso *bell-krater* ratifica o seu lugar de fala junto à polis dos atenienses, no período clássico, ao trazer à memória a tradição familiar de seus ancestrais pelo ritual à deusa Hécate de tempos primordiais. O culto os aponta para a riqueza dos grãos, ratifica a subordinação aos deuses e a relação culto e benefício. A deusa Hécate (divindade distinta da protagonizada por Eurípides) e as figuras presentes nos remetem aos sacerdotes e à sacerdotisa do *genos* dos Kerykes, para os quais a deusa seria a divindade reminiscente de tempos remotos, materializada no período arcaico grego por meio do *Hino Homérico a Hécate* e da *Teogonia* de Hesíodo, e que seriam relembrados pelos seus descendentes no período clássico, garantindo-se sua eternidade pela materialização no vaso ático de figuras vermelhas, identificado como o *Retorno de Perséfone.*

Método de Análise de Imagem a partir da abordagem Martine Joly Introdução à Análise de Imagem

Lado A:	Referente	Localização: The Metropolitan Museum of Art; Gallery 153 Inventário: Inv. nº 28.57.23 Procedência: Grécia, Ática Data: 440 a.C Material: cerâmica/terracota Pintor: Persephone Painter Título: Persephone Return Crédito: Fletcher Fund, 1928
Lado B:	Signo Plástico  Bell	Tipo: bell-krater Forma: em forma de sino invertido com duas alças curtas e laterais, boca larga e fundo curto. Estilo: cerâmica ática de figuras vermelhas Dimensão: H.16 1/8 in (41 cm) boca 17 7/8 in (45.4 cm).
	Ancoragem	Acima de cada figura há inscrições indicando seus respectivos nomes: Persephata, Hermes, Hekate e Demeter
	Signo figurativo Lado A	A cena aponta para quatro personagens: três mulheres e um homem. A ação deixa transparecer um processo de atividade ritualizada

Bibliografia:
Metropolitan Museum of Art disponível em http://www.metmuseum.org/ acesso 22/10/2013
RICHTER, Gisela M.A. (1931) An Athenian Vase with the Return of Persephone. Bulletin of the Metropolitan Museum of Art 26(10): p. 245-48, figs 1-3.
ROBERTSON, M. A Shorter History of Greek Art. Cambridge: Cambridge University Press, 1991, p.106

Lado A:			
Significante Icônico	Significados de primeiro nível	Conotação de Segundo nível (1)	Conotação de Segundo nível (2)
 Utensilho de cerâmica	Pote de cerâmica usado como recipiente para reter líquido	Pote de cerâmica estilo bell-krater usado para misturar vinho com água	Vaso bell-krater usado em banquetes e rituais fúnebres, celebração do Ritual dos Mistérios de Eleusis
Centro mulher com duas tochas	Mulher madura com peplos longo com abertura lateral, plissado. Posição de caminhar para o direito e olhar para o esquerda, porta dois instrumentos nas mãos.	Mulher apresenta uma atitude de ação ritualizada em direção ao lado direito, porta duas varas semelhantes a duas tochas acesas	Hécate participando de uma cerimônia de ritualização: anodos de Persephone guiada por dois archotes acesos
Esquerda - homem posição frontal - mulher posição de perfil	Homem de olhar frontal porta na cabeça um chapéu de três pontas, usa uma clâmides sobre chiton curto, porta um instrumento na mão esqueda. Mulher de perfil, cabelos presos, usa uma tiara trabalhada, veste um himation plissado e chiton longo, porta um colar no pescoço.	Homem permanece de pé ao lado da figura feminina, porta um kerykeion/caduceu e sandálias trançadas e aladas.	Hermes usando seus atributos: chapéu de três pontas/pentasos porta na mão esquerda um kerykeion/caduceu e sandálias aladas. Atua como psicopompos ao trazer Persephone, e seus ornamentos, do mundo de Hades.
Direita mulher em pé em posição de olhar para esquerda	Mulher madura em pé corpo frontal e cabeça voltada para a esquerda, veste um himation plissado e chiton, porta um cajado na mão direita.	Mulher em posição de observação e espera do final da ação que se desenvolve no lado esquerdo.	Demeter aguarda com ar de tranquilidade o retorno de sua filha Persephone, que volta ao mundo dos vivos.

Referências Bibliográficas

ANAGNOSTOU-LAOUTIDES, E. *Eros and Ritual in Ancient Literature*. New Jersey: Gordias Press, 2005.

APPOLONIOS DE RHODES. *Les Argonautiques*, III, v.1210-1220, tradução d' Emille Delage. Paris, CUF, 1995.

ARISTOFANES. *As Rãs*. Prefácio e tradução de Américo da Costa Ramalho. Lisboa: Edições 70, 1996.

BERG, Willian. Hécate: Greek or Anatolian? *Numen*, Netherlands, v. 21, f. 2, p. 128-140, Aug. 1974.

BLUNDELL, Sue. *Women in Ancient Greece*. Harvard: University Press, 1995.

BONNECHERE, Pierre. Divination. In: OGDEN, Daniel. *A Companion to Greek Religion*. London: Wiley-Blackwell, 2010.

BUCKLEY, T. *Aspects of Greek History 750-323BC:* A source-based Aproach. New York: Routledge, 2010.

CANDIDO, Maria Regina. *A Feitiçaria na Atenas Clássica*. Rio de Janeiro: Letra Capital/FAPERJ, 2004.

______. Novas Perspectivas sobre aplicação metodológica em História Antiga. In: ROSA, Claudia Beltrão (eds.). *A Busca do Antigo*. Rio de Janeiro: NAU, p.13-23, 2010.

______. O saber mágico-filosófico de Empédocles de Acragas na Atenas Clássica. *Phoînix*, Rio de Janeiro, Mauad, p. 189-198, 2006.

CLARK, Andrew. *Understanding Greek Vases*. California: Getty Publications, 2002.

CLINTON, Kevin. *Eleusis, the Inscriptions on Stone:* documents of the sanctuary of the Two Goddesses and Public documents of the Deme. Athens: ASCSA, 1998.

COUELLE-DEZEUZE, C. L'Image et le Nom. In : GELY, Suzanne (org). *Sens et Pouvoir de la Nomination dans les Culturs Hellénique et Romaine*. Tome II, Université Paul Valery, 1992.

DETIENNE, Marcel et al. *The Cuisine of Sacrifice among the Greeks*. Chicago: University Press, 1989.

DIODORE DE SICILE. *Mythologie des Grecs* IV, 45, 2. Paris, CUF, 1997.

FINKELBERG, Margalit. *Greeks and Pre-Greeks*. Cambridge: University Press, 2005.

FOLEY, H. *The Homeric Hymn to Demeter*. New Jersey: Princeton, 1999

FONTENROSE, J. *Didyma: Apollo's Oracles, Cult and Companions*. California: University Press, 1988.

FRANCISCO, G. da Silva. *Grafismos Gregos, Escrita e Figuração na Cerâmica Ática do período Arcaico (VII-VI a.C.)*. São Paulo: MAE/USP, 2008.

FULLERTON, Marc D. *The archaistic Style in Roman Statuary*. Leiden : E. J. Brill (Supplements to Mnemosyne, 110), 1990.

GOFF, Barbara E. *Citizen Bacchae*: women's ritual practice in Ancient Greece. California: University Press, 2004.

HERODOTUS. *History*. Trad. A. D. Godley. London: Willian Heinemann, Ed. Bilíngue, vol.1 (1990), vol. 2 (1995), vol. 3 (1994), vol. 4 (1981).

HESÍODO. *Teogonia*. A origem dos deuses. Tradução de Jaa Torrano. São Paulo: Iluminuras, 2001.

HOMERO. *Odisséia*. Tradução e notas de Jaime Bruna. São Paulo: Cultrix, 2006.

______. *Iliada*. Tradução de Manoel Odorico Mendes. São Paulo: Montecristo Editora, 2012.

JOLY, Martine. *Introdução à Análise da Imagem*. Lisboa: Ed. 70, 2007

KRAUS, Theodor. *Hekate:* Studien zu Wesen und Bild des Gottin in Kleinasien und Griechenland. Heidelberg, Carl Winter Universitatsverlag, 1960.

MEJER, Jorgen. Artemis in Athens. In: *From Artemis to Diana:* the goddess of man and beast. Njalsgat: University of Copenhagen/Danish Studies in Classical Archaeology. (Acta Hyperborea, vol. 12), 2009.

MYLONAS, George E. Eleusis and the Eleusinian Mysteries. *The Classical Journal*, New Jersey, Princeton, vol. 43, p. 130-146, 1947.

PARKER, R. *Athenian Religion a History*. Oxford, Clarendon Press, 1997.

PAUSANIAS. *Description of Greece*. Books I and II. Trad. W. H. S. Jones. Cambridge, Harvard University Press, 1992.

PLATÃO. As Leis ou da legislação. Tradução Edson Bini, Bauru: EDIPRO,1999.

PLUTARCH. *Biography*. Bernadotte Perrin, Harvard University Press, 1989.

ROBERTSON, Martin. *The art of vase-painting in Classical Athens*. Cambridge, Cambridge University Press, p. 204, 1992.

ROTROFF, Susan. *The Missing Krater and the Hellenistic Symposium:* Drinking in the Age of Alexander the Great. New Zealand: University of Canterbury, 1996.

STRABON. *Geographie*. Tomes VI. Trad. Raoul Baladié. Paris : Les Belles Lettres, 1978.

VON RUDLOFF, R. *Hekate in Ancient Greek Religion*. Victoria: Horned Owl Publishing 1999.

VOUTIRAS, E. Euphemic names for the powers of the nether world. In: *The World of ancient magic*. R.J. David, H. J. Montgomery and E. Thomassen. Athens: Bergen, p. 73-82, 1999.

WERTH, Nina. *Hekate:* untersuchungen zur dreigestaltigen Gottin. Hamburg: Kovac, 2003.

As mulheres gregas no discurso de Heródoto (V a.C.) e na cerâmica ática (VI-V a.C.)

Nathália Monseff Junqueira[1]

Quando lemos a obra de Heródoto pela primeira vez, ela nos causa admiração, mas também muitas dúvidas, que às vezes tentamos solucionar, em alguns relatos que ele faz de costumes ou comportamentos dos povos bárbaros. Heródoto de Halicarnasso (*ca.* 480-420 a.C.), nomeado o pai da História por Cícero (106-43 a.C.), escreveu a obra *Histórias* a partir de sua indagação acerca dos motivos que levaram helenos e bárbaros, povos que não falavam a língua grega, a guerrearem (499-479 a.C.). Desse modo, o historiador partiu para outras regiões gregas em busca de investigar - ver com seus próprios olhos, observar – os campos de batalha, os costumes, a geografia, as leis, a religião, todas as particularidades de cada povo que pudessem responder a sua indagação inicial.

Observando que a maior parte dos inúmeros artigos e livros sobre Heródoto enfoca, principalmente, as questões metodológicas, políticas, militares ou filológicas de sua obra, decidimos abordar

1 Professora Doutora da Universidade Federal do Mato Grosso do Sul – UFMS – Campus Pantanal. Pesquisadora dos grupos: O pensamento antigo clássico na sua permanência e posteridade: realismo, materialismo e dialética (Unicamp), Grupo do Laboratório de Estudos sobre o Império Romano (G. LEIR – UNESP/Franca), Laboratório de Estudos sobre o Império Romano (USP), Antiguidade e Modernidade: História Antiga e Usos do Passado (UNIFESP).

a obra Histórias na maneira de narrar as mulheres de sua época, incluindo aqui tanto as atenienses quanto as estrangeiras. O lugar apagado das mulheres na vida social, a ausência de escritos de suas próprias mãos (Safo seria uma exceção) e o seu silêncio aconselhado pelos homens, tudo isso contrasta, segundo as palavras de Claude Orrieux e Pauline Pantel (2004, p. 252), com a importância das reflexões masculinas sobre o feminino em todos os domínios da cultura grega, não somente nos documentos escritos, como também na cultura material produzida na época. Para os autores citados, essas reflexões justificariam constantemente a hierarquia que se dizia existir naturalmente entre os sexos e que a reflexão sobre os domínios masculino e feminino era um dos meios de abordar e compreender outras clivagens fundamentais da cidade.

Entretanto, para uma descrição realista da condição das mulheres estrangeiras ou das mulheres escravas – que ainda está repleta de lacunas, e é por essas lacunas que se orientam as pesquisas recentes acerca do papel feminino na sociedade ateniense do V a.C., neste trabalho procuraremos entender qual é o papel feminino que Heródoto aceitaria como ideal e permearia seu texto e a maneira como ele descreve o comportamento das mulheres, sejam elas atenienses ou bárbaras, o que funcionaria como um discurso oposto do que deveria realmente ser seguido por elas.

Para entendermos como seria esse padrão de comportamento, em um primeiro momento analisaremos as imagens dos diferentes papéis sociais que as mulheres gregas exerciam em sua sociedade encontradas na cerâmica produzida na região da ática entre os séculos VI e V a.C. Após esta etapa, será o momento de evidenciar as passagens selecionadas da *Histórias* que possam nos indicar a maneira como Heródoto enxerga as diferentes mulheres que ele aborda em seu texto. Assim, percebemos como o discurso não é inerte (HARTOG, 1999, p. 49) ao seu contexto, mas é o produto da sociedade em que ele está inserido (FOUCAULT, 2001, p. 09), e a sua análise permite trabalhar como ele é estruturado, quem é o seu autor e para quem ele está destinado. Retomando as palavras de Pedro Paulo Funari (2003, p. 21): "o estudo dos relatos como construções discursivas permite uma visão crítica dos motivos e objetivos subjacentes a todos os discursos".

A cerâmica ática

Neste momento, trataremos do *corpus* imagético elaborado para esse capítulo, composto pela cerâmica ática decorada produzida no VI e V a.C., que apresenta cenas que ilustram uma variada temática: as mitológicas, atletas, guerreiros armados, mulheres em casa, simpósios, rituais religiosos. Por meio desses vasos houve a possibilidade da expansão dos estudos a respeito das práticas sociais e culturais da sociedade grega.

A temática envolvendo as mulheres, que é nosso objeto, deve ser analisada levando em consideração o recorte cronológico, pois sua configuração muda através do tempo. Cenas de luto ou busca de água nas fontes são comuns em figuras negras, enquanto escravas, trabalho sexual e doméstico aparecem em figuras vermelhas arcaicas. O leque de cenas femininas tornou-se muito mais padronizado e limitado após 440 a.C., quando a temática de simpósio, sexo e trabalho doméstico, comuns inicialmente nas figuras vermelhas, foi substituída por cenas de interiores, preparações para casamentos e procissões funerárias.

Há duas técnicas de pinturas nos vasos áticos pertencentes ao nosso recorte temporal: as figuras negras e as vermelhas. As figuras negras são chamadas assim porque se mantém o vaso na cor da argila e se desenham as figuras em negro. Para J.D. Beazley (1986, p. 01), nesta técnica há uma preocupação de desenhar a silhueta de duas maneiras: pela plenitude dos detalhes encravados na cerâmica com a ajuda de uma ponta afiada e, ainda, pela utilização da tinta negra e da tinta branca, esta última recorrente na representação da pele feminina, que se destacam sobre o fundo laranja do vaso (LISSARRAGUE, 2002, p. 208). Dessa forma, temos nesses vasos uma pintura com quatro cores: o laranja ou vermelho – cada autor designa de uma forma – ao fundo, proveniente da cor da cerâmica; as tintas negra e branca e o emprego do carmim, vermelho ou roxo. A utilização do verniz branco e do vermelho é encontrada principalmente nos vasos corintos após o início do VII a.C.

A técnica da pintura em figuras vermelhas foi aplicada ao redor de 530 a.C. pelo Pintor de Andócides em Atenas, segundo R.M. Cook (1992, p. 162). De acordo com Martin Robertson (1982, p. 67), as figuras eram desenhadas em contornos e, em vez de serem pintadas, eram deixadas na cor da cerâmica, mantendo-se as linhas detalhadas do interior da anatomia e das vestimentas, e o fundo era pintado em negro. Os pintores passam a utilizar uma nova forma na elaboração das imagens dos vasos e um realismo aparece sobre o desenho, como ressalta Jean Charbonneaux *et al.* (1969, p. 236). Em algumas imagens, encontramos detalhes coloridos nas roupas com que as personagens são retratadas (BOARDMAN, 2001, p. 79).

Beazley (1986, p. 02) afirma que as figuras negras podem ter sido inventadas em Corinto, no VII a.C., junto com a técnica do detalhamento da silhueta entalhada com uma ponta afiada sobre a cerâmica. Os detalhes das vestimentas realizados com a tinta vermelha são anexados a essa técnica anos depois. Entretanto, a adoção da tinta branca só foi ocorrer quando a utilização do entalhe para definir os detalhes chegou a Atenas, porque a cerâmica em Corinto já era um pouco esbranquiçada. Houve um grande desenvolvimento de técnica das figuras negras empregadas na cerâmica durante todo o VII a.C.

De acordo com Cook (1992, p. 270), as escavações no bairro de oleiros em Corinto e o chamado Cerâmico *(Kerameikos)* situado nas portas da cidade de Atenas revelam que nessas cidades os ceramistas tinham suas lojas uma ao lado da outra e que as finas cerâmicas não eram os únicos produtos ali vendidos. Nas escavações arqueológicas realizadas nesse local, foram encontrados restos de cerâmica menos acabada, ladrilhos, revestimentos para arquitetura, entre outros objetos provenientes dessas olarias. Porém, é difícil definir o *status* social dessas pessoas que trabalham nessas lojas. Alguns pintores também eram donos de olarias, como Andocides e Euphronius, alguns eram somente proprietários, como a família de Bacchius. Concordamos com Cook quando ele afirma que várias camadas da sociedade trabalhavam nas olarias: homens livres, metecos e, igualmente, escravos.

O importante a ser considerado nesse momento é que toda escolha, e a nossa não seria diferente, é perpassada pela subjetividade dos autores no momento de seleção e catalogação das imagens. Em outras palavras, selecionamos a cerâmica; dentre inúmeras possibilidades, a mais significativa, para que pudéssemos contrapô-las às passagens de Heródoto e, a partir da nossa interpretação, evidenciar a presença do modelo ideal que as mulheres gregas deveriam seguir na maneira como ele descreve aquelas das diferentes regiões relatadas em sua obra.

A representação feminina na iconografia das cerâmicas áticas

Figura 1: Hidra ática de figuras negras. 520-500 a.C
Fonte: Museu Britânico. B329.

Nessa hidra – recipiente designado para carregar água, com duas alças horizontais para levantar e uma vertical atrás para derramar –, atribuída ao pintor AD, observamos uma cena de mulheres buscando água na fonte. Nessa cena de busca por água é retratado um grupo de quatro mulheres com a pele clara (pintada na cor branca), descalças e trajando roupas escuras. Elas estão trajando o *péplos*, em que o pano era preso nos dois ombros, servindo ao mesmo tempo de túnica e manto. Os cabelos estão presos atrás, como um coque, e amarrados com uma fita. Elas estão posicionadas lado a lado, em pé, em um primeiro plano, viradas umas para as outras, ou estão olhando para o recipiente, esperando que seja completado pela água. Entretanto, elas não são retratadas olhando para o observador: seu corpo pode ser desenhado frontalmente, porém o rosto, somente de perfil.

Algumas seguram ramos, guirlandas ou flores. Essas características dão dinamismo para a cena - temos a impressão de que elas conversam, adornam a fonte ou estão andando de um lado para o outro. Para François Lissarrague (2002, p. 266), essas imagens nos remetem à característica 'coletiva da atividade no entorno da água'. A fonte se tornaria um local de encontro dessas mulheres, de troca de informações entre elas.

As mulheres estão situadas dentro de uma estrutura com o formato de um pórtico dórico. As colunas caracterizariam uma cena de interior; entretanto, pela falta da representação da mobília e de outros objetos como espelhos, leito ou coroas penduradas na parede, somos levados a afirmar que as cenas nas fontes são uma atividade que ocorre fora do âmbito do *oikos*. Acreditamos que essas colunas sustentariam a ideia de que a fonte estaria localizada dentro de uma construção projetada para que a água saísse de determinados orifícios com o intuito de garantir o abastecimento de água na cidade-estado.

Essa decoração da fonte nas hidras, segundo Sian Lewis (2002, p. 01), ilustra duas informações importantes: a primeira, sua própria função na sociedade ateniense, o armazenamento de líquido – neste caso, água – e ainda evidenciaria que seriam as mulheres as usuárias desse tipo de recipiente decorado. Outro ponto importante a ser debatido seria qual o *status* social dessas mulheres, livres ou escravas. Lissarrague (2002, p. 265-6) salienta que os elementos encontrados nas cenas poucas vezes nos ajudam a definir a qual camada da sociedade essas mulheres pertenceriam. A idade também não ficaria evidente nas imagens nas quais as mulheres aparecem, diferentemente da representação dos homens, pois barba seria um indicativo de que seriam homens mais velhos.

A próxima representação que escolhemos para esse capítulo se encontra no lécito (recipiente cilíndrico com um pescoço estreito e somente uma alça vertical, destinado para armazenagem de óleo ou perfume.) de figuras negras pintado por Amasis (em atividade nos anos de 560-525 a.C.), no qual podemos visualizar as diferentes etapas da fiação e tecelagem desenvolvidas pelas mulheres:

Lécito ático de figuras negras. 550-530 a.C.

Figura 2

Figura 3

Fonte: Museu Metropolitano de Arte (Nova York) (31.11.10)

Nessa figura, há nove mulheres, divididas em quatro grupos que compõem a cena. A descrição que faremos se inicia no lado direito da figura 3, em que vemos duas mulheres vestindo *péplos*, com os cabelos soltos e uma tira amarrada no topo da cabeça, pesando os fios provenientes do novelo que está preso em uma roca e segurado acima de suas cabeças. A próxima etapa, a representação encontrada no centro da figura 2: a tecelagem do tecido, no qual duas mulheres estão viradas para a esquerda e para a direita, trajando *péplos*; a da direita usa no cabelo uma espécie de touca; elas trabalham à frente de um grande de tear vertical, no qual os vários fios de lã estão presos na horizontal, e a mulher da direita passa o novelo de lã, já torcido, na vertical, da direita para a esquerda.

Na terceira etapa (figura 3, lado esquerdo), o tecido já foi retirado do tear e é segurado pelas extremidades por duas jovens também retratadas de perfil e vestindo o *péplos*. Essa pequena cena ainda é composta por um banco, em que visualizamos outros tecidos dobrados. A forma como as personagens foram dispostas confere um movimento à cena, ela não é estática. Além disso, percebemos como a tecelagem é um trabalho em grupo, em que cada mulher ficaria responsável por uma fase da produção das vestimentas, o que proporcionaria uma interação entre essas mulheres no interior do *oikos*.

O trabalho de fiação da lã e tecelagem era de responsabilidade das mulheres e ocorria dentro do *oikos*. De acordo com Lissarrague (2002, p. 280), as cenas em que vemos as mulheres fiando são mais ocorrentes no final do período arcaico, sendo os elementos característicos dessas cenas a roca e o *kalathos*, um tipo de cesto onde a lã era depositada. Observando a cena, percebemos que os pintores focam os detalhes nos movimentos que as mulheres fazem durante a tecelagem, e não na técnica empregada para a fiação da lã.

Lécito ático de figuras negras. 550-530 a.C.

Figura 4

Figura 5

Figura 6

Figura 7

Fonte: Museu Metropolitano de Arte (Nova York) (31.11.10)

A procissão matrimonial é o tema desse lécito de figuras negras atribuído ao Pintor de Amasis. Como podemos observar, as pessoas – que poderiam ser os parentes de ambas as famílias, do noivo e da noiva – são desenhadas viradas para a direita, caminhando ou sendo levadas por uma carroça, atribuindo-se à cena uma ideia de movimento em que a porta é o ponto de chegada da procissão nupcial.

Há duas carroças, a da Figura 4, que leva quatro homens mais velhos, pois apresentam barba, e o que conduz a carroça usa um *chiton* bordado. Ao lado da carroça, avistamos uma mulher, desenhada em segundo plano, que está descalça e com os cabelos soltos, com uma fita transpassada por ele. Do outro, um homem, também com barba, vestindo um longo manto, acompanha o cortejo. Há outra carroça, puxada por dois cavalos, que leva os noivos, que também usam uma vestimenta bordada, e outra pessoa.

O cortejo é liderado por uma mulher, talvez a mãe da noiva, que carrega duas tochas para iluminar o caminho até a casa do noivo, indicando que essa cerimônia seria realizada durante a noite.

Quem aguarda o cortejo é uma mulher, que poderia ser a mãe do noivo, desenhada atrás da porta que tem seus dois lados abertos. Ela veste um longo *péplos*, usa brincos e segura uma tocha. A porta está desenhada em um segundo plano, pois avistamos antes duas colunas brancas, com ranhuras que lembram o mármore, que sustentam o entablamento. O que seria a parede ao lado da porta é marcado por um desenho que reproduz o padrão xadrez.

Gostaríamos de ressaltar algumas características desse vaso que nos chamam a atenção. O primeiro, a passividade da noiva em relação à movimentação ao seu redor. É o noivo quem conduz a carroça e talvez seja a sua mãe quem lidere essa procissão. O outro ponto que gostaríamos de salientar consiste na representação do noivo sem barba na *pyxes*, parecendo um jovem de 18 anos. Conforme a literatura sobre a sociedade grega, os homens se casavam geralmente com 30 anos, e os homens mais velhos eram caracterizados, nos vasos, sempre com barba.

De acordo com Fantham *et al.* (1994, p. 101), os pintores transmitem, nessas cenas em que dois jovens se casam, uma idealização do que seria "amor de nubentes" ou "amor de noivos", que demonstraria certa liberdade de expressão nas representações das procissões de casamento, mesmo havendo tantos elementos comuns nessas imagens de núpcias quando analisamos outras representações com a mesma temática.

Outras práticas sociais poderiam ser desempenhadas pelas mulheres na sociedade grega, embora fossem alheias ao possível padrão de comportamento que estas mulheres deveriam seguir. Uma dessas atividades seria a leitura, como observamos na hidra abaixo:

Figura 8: Hidra ática de figuras vermelhas. 450 a.C.
Fonte: Museu Britânico (E190)

Nessa hidra ática de figuras vermelhas, a imagem central é aquela da mulher que está sentada, com o cabelo preso e o *chitón*, e que segura e lê uma espécie de pergaminho ou rolo de papiro. Na mesma cena, outras mulheres são retratadas portando um *chi-*

tón longo, o cabelo preso e a fita transpassada, e uma delas segura uma caixa grande. A mobília e o desenho do vaso no topo da imagem denotam o caráter de interior dessas imagens.

Essa representação mostra como havia uma interação entre as mulheres dentro do *oikos*; elas não permaneciam isoladas o dia todo, cuidando da casa e dos filhos. Há um círculo social de que podem participar as amigas, as vizinhas e as parentes femininas, em um momento em que elas tinham a oportunidade de conversar e trocar informações, em que era quebrado o silêncio priorizado pelo padrão que as mulheres deveriam seguir.

Uma última cena que selecionamos foi a atuação das mulheres fora do *oikos*, sua participação no comércio da cidade.

Figura 9: Péliko ático de figuras negras. 510 a.C.
Fonte: Museu do Louvre (F376)

No recipiente encontrado em Paris, um *peliko* de figuras negras, temos dois homens, vestidos com um *chitón* mais curto, um de frente para o outro, em uma atividade de comércio, já que o homem da esquerda segura um lécito e, na outra mão, um saco contendo dinheiro. No lado direito da imagem temos uma mulher, que desenha sentada e de costas para os homens, sem participar diretamente da venda, que usa um *chitón* longo e mede o óleo proveniente de um *peliko* retratado ao seu lado.

As cenas representando o comércio realizado por mulheres, de acordo com Lewis (2002, p. 92), não são tão raras de serem encontradas na cultura material grega da época. Entretanto, sabemos que somente uma parte da cerâmica produzida na Antiguidade sobreviveu até os dias atuais e, diferentemente das hidras que retratam a busca por água nas fontes, em que há um grande número de vasos para serem descritos, no caso de comércio encontramos poucas imagens que assinalam que as mulheres tinham a possibilidade de trabalhar neste negócio, ou seja, atuar na esfera pública da sociedade grega.

Dessa maneira, pela visão dos pintores o mundo das mulheres pertenceria tanto ao interior como ao exterior, uma vez que eles retratavam as mulheres em diversas atividades do cotidiano e muitas delas proporcionavam a interação social entre homens e mulheres dentro da sociedade ateniense.

A documentação escrita: a obra Histórias

A partir da descrição das cenas nas quais as mulheres aparecem desempenhando diversas atividades, encontradas na cerâmica ática, passamos para as passagens selecionadas da obra *Histórias*. Para entendermos como Heródoto descreve os povos não gregos, buscamos a opinião de outros autores que analisaram os *logoi* etnográficos escritos por ele em sua obra.

No contexto em que Heródoto escreveu, no V a.C., a única história possível de se fazer era aquela do conhecimento imediato, uma história do tempo presente, segundo Jorge Lozano (1994, p. 19). O historiador narra aquilo que viu com os próprios olhos ou relata os acontecimentos a partir de alguém que os tenha testemunhado. Como escreve o autor da obra Histórias no *logos* egípcio: "Ate aqui, o que foi dito provem do que vi, julguei e investiguei; a partir de agora, vou falar das histórias egípcias que ouvi, a essas acrescentei alguma coisa que eu mesmo vi" (Hdt. II, 99 *in* MORAES, 1999, p. 177). Para Arnaldo Momigliano (2004, p. 62), Heródoto deixa claro em sua narrativa o limite entre a observação pessoal, *eu vi*, e as suas fontes orais, *eu ouvi*.

Caso Heródoto fosse considerado um viajante, não se deveria estranhar que as passagens encontradas em sua narrativa surgissem tanto da própria visão quanto da audição. Quanto aos relatos orais, de acordo com Lozano (1994, p. 19), poder-se-ia supor que eles não teriam o mesmo peso que o testemunho pessoal, pois a memória da segunda pessoa, algumas vezes, não seria confiável. Mas Heródoto reforça, em alguns momentos, a credibilidade de suas fontes, assinalando, quando pertinente, que seu informante é capacitado para descrever aquele tipo de informação, e essa postura, versa Momigliano (2004, p. 63), é um dos pontos mais característicos do método crítico utilizado pelo historiador grego.

Entretanto, como salienta Funari (2003, p. 18), devemos estar conscientes da subjetividade intrínseca ao relato histórico a partir do momento da concepção de que "todo o conhecimento expressa-se, necessariamente, como um discurso", enfatizando mais ainda a preocupação em se saber quem é o autor e a que público a obra se destina. No tocante ao raciocínio de Jean-Pierre Vernant (2010, p. 55), uma das características da *polis* ateniense era a publicidade do conhecimento que antes se restringia a tradições familiares, ou a textos que pouco circulavam entre a população. De acordo com a afirmação feita por historiadores de que Heródoto leu o seu discurso para os atenienses no ano de 445 ou 444 a.C., podemos inferir que seu destinatário eram os helenos, e não os bárbaros.

A contraposição da obra *Histórias* e a cerâmica ática

Podemos inferir que Heródoto analisa os costumes, as leis e as religiões dos bárbaros a partir de um olhar heleno, como no estudo de François Hartog (1999, p. 229), ao enunciar alguma característica do bárbaro como sendo diferente; logo, podemos traçar quais seriam as características dos gregos, o que seria o ponto de partida de Heródoto. Tal afirmação fica evidente quando analisamos a primeira passagem selecionada:

> [...] pois, todas aquelas filhas do povo lídio prostituem-se para arrecadar o dote, e se casam através do seu próprio feito [...]. Os lídios usam quase que as mesmas normas que os helenos, exceto aquela da prostituição da jovem [...] (I, 93-4).

De acordo com W.W. How *et al.* (Livro I, capítulo 93), essa passagem é referente à prostituição religiosa que ocorria com alguns povos antigos. Entretanto, não há evidências de que ele fosse um costume universal em toda a região da Lídia, e se ele ocorresse não impedia que as jovens realizassem seus casamentos. Para esses autores, esta prática ocorreria somente nas classes menos abastadas, mas nesse caso percebemos que Heródoto não faz nenhuma distinção se é uma prática religiosa e para quem é destinada. Por outro lado, podemos imaginar que o historiador grego tenha notado que as mulheres lídias tinham maior liberdade para a escolha do seu noivo, o que para esse historiador não deveria ser uma tarefa realizada pela mulher.

De acordo com historiadores que estudam o mundo grego antigo, o casamento era um acordo estabelecido entre o pai da noiva e o noivo, que passa a ser o seu *kyrios*, não havendo a manifestação da jovem para a escolha de seu futuro esposo. Na cena em que observamos as procissões de casamento, a imobilidade da noiva frente ao casamento é evidente; ela é levada para sua nova casa por uma carroça que é conduzida pelo noivo, e quem encabeça a procissão, que também poderia ser a encarregada de iluminar o caminho com as tochas, é sua própria mãe. Podemos perceber nessa cena esses códigos culturais mediados pelas construções dos papéis sociais a partir das atribuições concedidas a homens e mulheres em diferentes lugares e contextos históricos.

Segundo Funari (2008, p. 116-7), é nessas passagens que o domínio patriarcal, que aparecia como norma na sociedade ateniense, logo é colocado de "ponta-cabeça". A rigidez da construção discursiva a respeito dos papéis sociais que cada sexo deveria desempenhar na sociedade se flexibiliza quando analisamos outras situações cotidianas.

Na leitura do Livro IV deparamo-nos com a história de Feretime, rainha em Cirene, que acaba se refugiando em Salamis e pede ao governante dessa cidade, Euêlton, que lhe dê um exército.

> [...] para levá-la de volta a Cirene junto com seu filho, mas Euêlton se dispunha a dar-lhe tudo menos o exército... finalmente ele lhe mandou como presente um fuso de ouro e uma roca, acompanhados de alguma lã; Feretime repetiu naquela ocasião as mesmas palavras de antes, e então Euêlton lhe declarou que aqueles objetos eram os presentes oferecidos geralmente às mulheres, e não um exército (IV, 162).

Havia uma divisão sexual dos trabalhos que os homens e as mulheres poderiam exercer dentro da sociedade. De acordo com Xenofonte:

> Mas a discrição, tanto em um homem e uma mulher, significa agir de tal maneira que suas posses... a procura de trabalho e atenção, os deuses... adaptaram pela natureza da mulher, penso eu, para o interior e do homem... lhe são impostas tarefas ao ar livre. Para a mulher, desde que ele tenha feito seu corpo menos capaz dessas... tarefas ao ar livre [...] (Econômico, Capítulo 7 - adaptado).

Nessa passagem fica evidente que há os papéis de gênero, construídos pelo discurso masculino na Antiguidade. Cada sexo, de acordo com suas características físicas, é responsável por tarefas específicas dentro da cidade-estado, como a tecelagem para as mulheres e o comércio ou a guerra para os homens, porém nem sempre condicionam as ações femininas praticadas nas diferentes esferas sociais. Entretanto, para uma parcela da sociedade ateniense, entre a teoria e a prática não haveria espaço para formas imprevistas para a atuação (GONÇALVES, 2006, p. 71) de cada gênero. As esposas 'bem-nascidas' deveriam permanecer em casa, tecendo e cuidando dos filhos, cenas que aparecem retratadas na cerâmica ática.

Em outras palavras, os historiadores, ao analisar suas fontes, devem atentar para a pluralidade das atuações masculinas e femininas nas sociedades estudadas (SEBILLOTTE-CUCHET, 2006, p. 12), quando contrapomos as cenas em que as mulheres aparecem tecendo e essa passagem do pedido de Feretime com a iconografia em que elas aparecem fora do *oikos*, buscando água nas fontes ou auxiliando no comércio.

A última passagem foi escolhida devido ao caráter violento das ações que algumas mulheres tiveram em Salamina. De acordo com Heródoto (IX, 4-5), quando Mardônio encontrou a Ática abandonada enviou Muríquides, um homem do Helesponto, como um mensageiro para Salamina, com o propósito de repetir as propostas transmitidas aos atenienses por Alexandre, o macedônio. A mensagem foi entregue ao Conselho ateniense em Salamina, e Lícidas, que era um dos conselheiros, expressou a opinião de que era melhor admitir as propostas apresentadas e comunicá-las ao povo. Heródoto relata que ele se manifestou dessa forma porque pensava assim ou porque tinha sido subornado por Mardônio. Os atenienses que estavam presentes no conselho e os que se achavam do lado de fora ficaram tão indignados que o cercaram e o apedrejaram até a morte. O mensageiro foi expulso do recinto, sem que nada lhe acontecesse.

> Tomando conhecimento do tumulto em Salamina a respeito de Lícidas, as mulheres de Atenas, encorajando umas às outras, seguiram espontaneamente até a casa de Lícidas e apedrejaram por si mesmas a esposa e as crianças (IX, 5).

O historiador grego empregou nesse trecho o vocábulo 'encorajar umas as outras', ou seja, houve um convencimento mútuo de todas as mulheres para ir à casa de Lícidas. Mas isso só ocorreu porque elas tomaram conhecimento do apedrejamento em Salamina, espelhando-se na ação dos homens daquela região. Conforme os outros vocábulos usados por Heródoto, elas 'agiram por vontade própria ou de forma espontânea', ou seja, decidiriam ir até a casa de Lícidas para apedrejar sua esposa e seus filhos, um comportamento que não era observado na esposa 'bem-nascida'. Assim sendo, se invertermos esse relato, encontraremos mais uma característica de um padrão de mulher grega – uma esposa que não se agrupa com outras mulheres para saírem do *oikos* e manifestar a decisão de apedrejar outra pessoa.

Se retornarmos às cenas encontradas na cerâmica descritas anteriormente, perceberemos que havia situações em que elas podiam entrar em contato com essas notícias. A busca por água nas fontes públicas permitia que as mulheres entrassem em contato com a esfera pública da sociedade e, por conseguinte, com os assuntos discutidos na esfera pública. Outra situação para que elas conversassem e decidissem a respeito do que fazer era o trabalho de tecelagem, tarefa realizada por várias mulheres, ou mesmo as reuniões no interior do *oikos* entre parentes femininas, amigas e vizinhas, como na cena representada na Figura 8. Vemos uma mulher lendo, para outras mulheres, o que poderia ser um livro em formato de rolo. A cena se passa no interior do *oikos*, pois há a representação da mobília, e o motivo talvez seja o fato de que a leitura feminina devesse permanecer longe dos olhares masculinos. A iconografia proporciona uma alternativa ao estudo das mulheres, que muitas vezes fica restrito aos textos antigos, oficiais ou literários.

Para Michelle Perrot (2007, p. 21), os observadores deveriam ficar 'desconcertados' quando as mulheres apareciam no espaço público. Dessa forma, esse acontecimento do apedrejamento realizado pelas mulheres deve ter chamado a atenção de Heródoto ou das pessoas que testemunharam esses acontecimentos. Entretanto, ficou evidente, a partir da seleção das imagens em que as mulheres aparecem na cerâmica ática, que elas saíam de casa para cumprir algumas obrigações, como as procissões matrimoniais, a busca por água nas fontes ou a realização do comércio, apontando que elas não estavam alheias à esfera pública como se poderia imaginar ao ler a documentação escrita da época.

Comparando os dois discursos selecionados, *Histórias* e a cerâmica ática, demonstramos como ambos estão permeados pela subjetividade de seus criadores. Todo o relato é permeado por escolhas que o autor faz no momento em que decide o que será descrito ou o que pode ser suprimido – qual história narrar, quais nomes é importante serem lembrados. Nas cenas que decoram os vasos, os pintores também decidem o que será retratado, a maneira como cada personagem será representado e qual temática seria mais apropriada para cada tipo de vaso a partir do emprego que lhe será dado.

Considerações Finais

O ponto a ser analisado é a maneira como as mulheres são representadas nos discursos escritos pelos homens na Antiguidade, pois são poucos os textos de autoria feminina. Pelas passagens selecionadas, percebemos até que ponto o ideal da mulher bem-nascida influencia o relato de Heródoto, descrevendo o comportamento das mulheres de uma maneira invertida, de acordo com a análise de Hartog (1999), daquela esperada por uma parcela da população ateniense.

A atuação das mulheres não permanece somente no interior do *oikos*, ela extrapola os limites a partir do momento em que interfere nos assuntos dos homens e da *polis*, como o apedrejamento em Salamina. Pela análise das cenas que decoram os vasos, percebemos que os encontros entre as mulheres no interior do gineceu era uma prática existente no cotidiano da cidade-estado. E nesses encontros, a falta do silêncio quebrado pelas conversas, inimigas da 'boa esposa', talvez constituísse o momento em que ocorresse troca de informações a respeito do que se passava tanto no interior quanto no exterior do *oikos*.

A partir da passagem da obra de Heródoto e da análise da cerâmica, percebemos a maneira como as construções de gênero são mediadas dentro de cada sociedade em épocas distintas. Heródoto, ao enunciar como os costumes entre bárbaros e helenos são diversos uns dos outros, ressalta como as relações entre homens e mulheres na sua sociedade são diferentes na sociedade dos babilônicos.

Os papéis masculino e feminino que deveriam ser desempenhados dentro da *polis* são constituídos pelas características que permeiam cada gênero naquele momento, ou seja, de acordo com Marta Andrade (2004, p. 116), as identidades sociais são "moldadas pelo atributo do gênero". Lourdes Feitosa (2003, p. 22) complementa essa afirmação, pois para ela esse comportamento que cada gênero deveria adotar é influenciado pelas relações culturais articuladas entre eles. Em outras palavras, o discurso presente na sociedade polariza os gêneros e lhes agrega características antagônicas, havendo uma fabricação do gênero, mas que somente ocorre pela relação entre homens e mulheres dentro dessa sociedade.

Ao aplicarmos a categoria de gênero quando contrapomos as fontes, visualizamos como o homem constrói o gênero feminino, quais atividades a mulher deveria desempenhar e a qual esfera ela deveria pertencer a partir da medição dos papéis sociais que ambos desempenhavam na sociedade ateniense. A decisão de utilizar essas duas fontes é para interpretar sob outra ótica a narrativa de Heródoto, salientando que o modelo a ser seguido pelas mulheres gregas está presente em sua obra, sendo percebido na maneira como ele as descreve. Por outro lado, a representação que ele faz das bárbaras e das atenienses, além de algumas imagens encontradas nos vasos, aponta para o fato de que as mulheres não estavam completamente de acordo com esse ideal, uma vez que circulavam pela esfera pública desempenhando atividades consideradas somente masculinas.

Como podemos perceber pela leitura deste capítulo, as relações entre homens e mulheres dentro da sociedade são muito mais diversificadas que aquelas estabelecidas pelos discursos oficiais, e o uso de diferentes tipos de fontes – como a literatura, os relatos etnográficos, as descobertas arqueológicas, entre outros – permite que o estudo da História Antiga seja muito mais fascinante nos dias atuais.

Fontes

HERODOTE. Introduction, notice preliminaire sur la vie et la personnalite d'Herodote et sur la presente edition par E. Legran. Paris, Belles Lettres, 1932.

HERODOTUS. With and English translations by A. D. Godley. Cambridge, Mass.; London: Harvard Univ.: Heinemann, 1990.

XENOPHON. *Xenophon in Seven Volumes.* London: Harvard University Press, Cambridge, MA; William Heinemann, Ltd., 1979, vol. 4.

Referências Bibliográficas

ANDRADE, Marta Mega de. A Cidade das Mulheres: a questão feminina e a *polis* revisitada. In: FUNARI, Pedro Paulo; FEITOSA, Lourdes Conde; SILVA, Glaydson José (orgs). *Amor, desejo e poder na Antigüidade:* relações de gênero e representações do feminino. Campinas: Editora da Unicamp, p. 115-148, 2003.

BEAZLEY, J. D. *Attic red-figured vases in American Museus.* Roma, L´Erma di Bretschneider, 1986.

BOARDMAN, John. *The history of Greek vases: potters, painters and pictures.* London: Thames & Hudson Ltd, 2001.

CHARBONNEAUX, Jean; MARTIN, Roland; VILLARD, François. *Grèce classique:* 480-330 av. J.-C. Gallimard, 1969.

COOK, R. M. *Greek Painted Pottery.* London, Routledge, 1992 (1960).

FANTHAM, Elaine; FOLEY, Helene Peet; KAMPEN, Natalie Boymel; SHAPIRO, H. A. *Women in the Classical World.* New York: Oxford University Press, 1994.

FEITOSA, Lourdes Conde. *Amor e Sexualidade:* o masculino e o feminino em grafites de Pompéia. São Paulo: Ed. Annablume, 2005.

FOUCAULT, Michel. *A ordem do discurso:* Aula inaugural no Collège de France pronunciada em 2 de dezembro de 1970. Tradução de Laura Fraga de Almeida Sampaio. São Paulo: Edições Loyola, 2001.

FUNARI, Pedro Paulo A. *Antiguidade Clássica a história e a cultura a partir dos documentos.* Campinas, Ed. Unicamp, 2003.

_______. Gênero e conflitos no *Satyricon*: O caso da Dama de Éfeso. *História:* Questões e Debates, Curitiba, n.48/49, p. 101-117, 2008.

GONÇALVEZ, Andréa Lisly. *História & Gênero.* Belo Horizonte: Editora Autêntica, 2006.

HARTOG, François. *O espelho de Heródoto:* ensaio sobre a representação do outro. Belo Horizonte: Editora UFMG, 1999.

HOW, W. W.; WELLS, J. *A Commentary on Herodotus.* Oxford: University Press, 2 v., 2007.

LEWIS, SIAN. *The Athenian woman:* an iconographic handbook. London: Rouledge, 2002.

LISSARRAGUE, François. Femmes au Figuré. In: DUBY, G; PERROT, M; SCHMITT-PANTEL, P. (eds.). *Histoire des Femmes en Occident.* Vol. I: L'Antiquité. Paris: Perrin, p. 203-304, 2002.

MOMIGLIANO, Arnaldo. *As raízes clássicas da historiografia moderna.* Trad. Maria Beatriz B. Florenzano. Bauru, S.P.: EDUSC, 2004.

MORAES, Érica Siane. *Heródoto e o Egito.* Tradução e comentário do Livro II das Histórias. Campinas, 1999. Dissertação de Mestrado.

ORRIEUX, Claude; PANTEL, Pauline Schmitt. *Histoire grecque.* Paris: Presses universitaires de France, 2004.

PERROT, Michelle. *Minha história das mulheres.* São Paulo: Ed. Contexto, 2007.

ROBERTSON, Martin. *Uma breve História da Arte Grega.* Rio de Janeiro: Zahar Editores, 1982.

SEBILLOTTE-CUCHET, Violaine; ERNOULT, Nathalie. *Problèmes du genre en Grèce ancienne.* Paris: Publications de la Sorbonne, 2007.

VERNANT, Jean-Pierre. *As Origens do Pensamento Grego.* Rio de Janeiro: Editora Difel, 2010.

A pintura romana.
Um percurso por suas origens, catalogações e interpretações

Marina Regis Cavicchioli[1]

O mundo romano foi um universo bastante marcado por signos visuais, dentre os quais podemos destacar pinturas, esculturas, mosaicos e obras arquitetônicas. Muitos desses signos visuais, como se pode ver, caracterizam-se por serem formas de representação com clara conotação artística. Assim, ao definirmos a antiguidade romana como um universo bastante marcado por signos visuais, pretendemos significar que esta foi fortemente marcada por variadas representações artísticas, constituindo-se, então, em um bom exemplo de como a modalidade de discurso que ganha corpo nas diversas manifestações artísticas de um tempo não prescinde da frequente interação com o universo social em que ele se inscreve.

Todavia, a arte, no mundo contemporâneo, tem sido considerada como um campo autônomo que estabelece suas premissas e dialoga apenas consigo mesma, conformando assim um universo à parte, todo seu (DANTO, 2010).

Segundo essa perspectiva, a arte poderia então reivindicar com justiça o título de isenção quanto ao seu tempo. Essa perspectiva, apesar de muito difundida, deve, ao nosso ver, ser con-

---

1 Professora Doutora do Departamento de História da Universidade Federal da Bahia - UFBA.

testada, uma ver que a arte não tem fins e valores próprios, de tal modo que seus valores e fins possam ser entendidos como distintos daqueles que caracterizam a vida e os objetos ordinários, as convenções sociais e os saberes.

Consideramos que a arte jamais é alheia ao seu tempo e, mesmo que em alguns contextos, principalmente no mundo moderno e contemporâneo, ela assuma a forma de contestação a valores vigentes, a arte constitui-se em constante comunicação com o conjunto da cultura e é, em grande medida, representante desta, seja nas temáticas apresentadas, nos suportes escolhidos, ou em suas formas e esquemas iconográficos.

Aliás, é exatamente na medida em que mantém um frequente e dinâmico intercâmbio com a totalidade da cultura que a arte pode representá-la, a despeito mesmo de, em muitos casos, erguer-se a contracorrente da cultura, estabelecendo-se como contestadora dos valores vigentes. Em outras palavras, se a arte assume a forma de contestação dos valores sociais vigentes ou se simplesmente os veicula tal como os encontrou na sociedade, pouco importa. Importa sim que se estabelece em comunicação com uma cultura, seja pela via da confirmação dos seus valores, seja pela via da informação dos mesmos.

Desde que compreendida como estabelecida em interação com a cultura, marcada pelas coisas do tempo, a arte passa a figurar como uma importante fonte documental para o estudo da cultura de um período. Em nosso caso, da antiguidade romana. Neste sentido, é interessante ressaltar ainda que pesquisadores da arte antiga, mesmo dentre aqueles que possam anuir com a ideia de uma arte como campo autônomo, consideram esta uma proposição que teria sentido apenas para a arte do século XIX e XX, mas que, de todo modo, não seria aplicável ao mundo antigo, pois nesse a arte teria um claro vínculo com o tempo histórico em que se inscreve, sendo, por isso, em muitos casos, um reflexo daquele mundo (LIVERANI, 2011, p. 37).

Umas das grandes referências nos estudos de arte romana, Ranuccio Bianchi Bandinelli (1976), defendia a ideia de que a arte é a expressão mais autentica e mais direta e sua época, e assim propôs um estudo das artes clássicas buscando compreender os "porquês" e "comos" das formas que as obras assumiram sobre os efeitos materiais e espirituais do meio político, social e econômico onde elas foram criadas.

Desta forma, consideramos que uma análise da iconografia romana pode contribuir para a compreensão de uma diversidade de aspectos do mundo romano, sendo inclusive decisiva à leitura desses aspectos, compreendendo a arte como algo que reflete elementos comumente aceitos de uma sociedade.

Para tanto, julgamos importante analisar a evolução da pintura romana, de suas origens ao fim do império, apontando também para seus antecedentes, tentando compreender o quanto essa arte é capaz de veicular as rupturas e continuidades ocorridas no Mundo Romano, e em que medida as fronteiras do tempo, estabelecidas por uma cronologia tradicional, podem ser pensadas, pelo viés da arte, de uma outra maneira.

Ao analisar as diversas feições assumidas pela arte em paralelo com rupturas e continuidades ocorridas no Mundo Romano, mais do que estabelecê-las em paralelo como correspondentes ponto a ponto, pretendemos esclarecer como o paralelo entre essas duas instâncias e a correspondência entre alguns de seus elementos essenciais permitiriam pensar a cronologia e catalogação tradicional.

É difícil afirmar onde se inicia a arte romana ou a arte italiota. Desde a pré-história inúmeros testemunhos iconográficos foram encontrados na península itálica. Podemos destacar, por exemplo, os petróglifos de mais de 8.000 anos de Val Camonica, primeiro patrimônio da Humanidade reconhecido pela Unesco na Itália, ou as pinturas rupestres da gruta de Porto Badisco, datadas entre 6.000 a 5.000 mil anos. Contudo, não podemos afirmar que estes tiveram uma relação direta com a arte romana.

Os mais antigos testemunhos que possivelmente influenciaram diretamente a arte romana, se a pensarmos como herdeira em grande parte da arte etrusca, é a arte da cultura Vilanoviana, datada do século IX a.C. ao VIII. a.C., com suas fases Antiga e Recente, chamadas de arte em estilo geométrico. Existem importantes monumentos arquitetônicos, sendo possível observar, ao longo deste período, o desenvolvimento da cerâmica e dos objetos em bronze.

A cultura Vilanoviana teria evoluído, por volta do século VIII a.C., para a cultura etrusca, também fortemente versada na produção cerâmica e sobretudo no trabalho com o bronze, desenvolvendo, ainda, importante pintura. Chamada por Steingräber (2006) de "primeiro capítulo da história da pintura italiana" ela representaria para o autor o início da história da pintura mural e monumental europeia.[2]

A pintura parietal etrusca teria seu início por volta do século VIII, seus indícios arqueológicos, entretanto, são apenas de meados do século VII: o primeiro testemunho que temos é aquele da Tumba dos Patos em Veios, descoberta somente em 1958. A pintura desta tumba foi feita diretamente sobre as paredes e, nela, vemos representados pássaros negros e vermelhos sobre um fundo amarelo, tema que Colonna considera recorrente na cerâmica etrusca de Veios e Cerveterri, defendendo ainda que esta pintura se assemelhe a um compendio de técnicas que os autores antigos atribuíam as

2 Desconsiderando aqui a pintura dos palácios minoicos e micênicos no segundo milênio a.C.

origens da pintura, na Grécia, (COLONNA, 1989, p. 23). O autor porém, ao contrário da tradição dos especialistas, considera, a partir da forma como o espaço é dividido na pintura, que o artesão que pintou esta tumba não era ceramista, mas alguém proveniente da tradição de pintores de casas e palácios que provavelmente já constituíam na época um artesanato especializado.

Embora saibamos que os palácios dos príncipes fossem ricamente decoradas, infelizmente foram encontrados pouquíssimos exemplares (e em péssimo estado de conservação) de decoração pictórica em habitações privadas ou prédios públicos de forma que a pintura etrusca a qual temos acesso é predominantemente a decoração funerária no interior das tumbas. Todavia, é bastante difusa entre os especialistas em arte etrusca a ideia de que as pinturas das tumbas fossem por vezes imitações dos temas encontrados nos palácios.

Havia, de um modo geral, o domínio do desenho com linhas evidentes preenchidas por cores planas. Não existia a perspectiva, mas em sua evolução percebemos que o tratamento das figuras tende a ser cada vez mais naturalista, surgindo sombreados, o jogo do *chiaro-scuro* (STEINGRÄBER, 1997, p. 127), fazendo com que os desenhos geométricos e vegetais se tornassem e permanecem comuns na decoração de frisos e vestimentas.

Dividida em períodos distintos, a evolução da pintura etrusca passa por várias fases, embora as datações sejam um pouco controversas, temos de um modo geral o seguinte esquema evolutivo[3] com a seguinte datação aproximada, Período Orientalizante (750 a.C.), Período Arcaico (575 a.C.), Período Clássico (490 a.C.) e Período Helenístico (300-90 a.C.). O desenvolvimento estético da

3 Existem alguns autores que consideram a primeira fase da arte etrusca a fase do período da cultura Vilanova, de aproximadamente c. 1100 a.C. a 800/750 a.C., conhecida também como fase geométrica.

arte etrusca se caracteriza pela passagem de uma arte estilizada com rigidez e geometrização vindas do período Vilanova para um crescente naturalismo e refinamento técnico e formal nos períodos posteriores, abandonando uma linguagem visual primariamente simbólica para outra que cada vez mais adquiriria caráter narrativo.

Inicialmente havia o domínio do desenho com linhas evidentes preenchidas por cores planas, não existindo a perspectiva, mas em sua evolução percebemos que o tratamento das figuras tende a ser cada vez mais naturalista, surgindo sombreados, e o jogo do *chiaro--scuro* (STEINGRÄBER, 1997, p. 127). Do ponto de vista técnico, destacamos ainda, o fato de que inicialmente, no século VII a.C., as primeiras pinturas eram feitas diretamente nas paredes. O afresco, onde um fundo preparatório é elaborado antes da pintura, surgiria apenas na segunda metade do século seguinte, por influência de artesãos vindos da grécia-oriente (NASO, 2005, p. 54).

Colonna (1994) vê a evolução das pinturas fortemente vinculada a evolução das pinturas das cerâmicas, onde os elementos importados dialogam incessantemente com a iconografia, a simbologia e o gosto locais, ganhando, todavia, características tipicamente etruscas. Torelli (1985, p. 117-118) porém, considera que desde o período arcaico, a pintura vincula-se muito mais a uma relação com a arquitetura do que com a cerâmica. Aliás, é a partir deste período que a pintura etrusca é caracterizada por fases frequentemente associadas à periodização da estética grega, embora a correlação não seja exata.

Contudo, Steingräber (1997, p. 127) insiste em salientar que "se trata evidentemente dos mesmos elementos e das mesmas conquistas da grande pintura grega do fim do século V e do IV século". Neste sentido, é importante evidenciar que esta evolução não foi linear, sofreu influências externas múltiplas e as diferentes regiões criaram tradições próprias. Há de se ressaltar ainda que embora grande ênfase seja dada às influências grega e helenística na pintura etrusca, devemos considerar, no mínimo, um duplo modelo de referência (COLONNA, 1989, p. 21) com grande influência do oriente.

Tanto isto é verdadeiro que a primeira fase da pintura etrusca é chamada "orientalizante" em função da forte influência elementos fenícios, assírios, egípcios e cartaginenses, vindos das cerâmicas e outros objetos provenientes do forte comércio estabelecido com os fenícios e outros povos do mediterrâneo. Assim, a arte etrusca é a mescla de várias influências estrangeiras e também itálicas com suas próprias tradições de modo que os etruscos, como nos aponta Evans (2013, p. 9) "mais do que copistas ou epígonos, souberam selecionar conscientemente e amalgamar uma variedade de fontes para criar uma linguagem que é única".

Deste modo, consideramos importante salientar o debate existente entre os arqueólogos e historiadores da arte relativo ao significado da incorporação de elementos estrangeiros na arte etrusca: a influência estrangeira representaria uma verdadeira transformação na cultura e na maneira como os etruscos viam a si mesmos ou era mais uma assimilação decorativa e superficial de estéticas exóticas e atraentes para eles?

Evans (2013, p. 13) cogita, por exemplo, que a grande quantidade de vasos gregos encontrados na Etrúria "pode antes ter reforçado conceitos etruscos sobre poder e comércio do que refletir um interesse dos etruscos em serem gregos". Os etruscos teriam ainda influenciado as pinturas da Apúlia e Campania, salientando que, no final do século VII a.C., a pintura parietal funerária recebe grande importância também nestas regiões.

Tradicionalmente, considera-se, a partir do V século, uma forte influência etrusca e macedônica nas pinturas da Apúlia, além das inegáveis influências grega e macedônica na Campania e nas colônias gregas da Magna Grécia. Porém, Marchese (2011, p. 9) se aprofunda na questão das influências com suas semelhanças e diferenças e busca demonstrar como, a partir do século V, uma série variada de influências artísticas estavam vivas e operantes na Itália meridional, provavelmente em função de artesãos ou artistas que haviam acumulado um patrimônio sócio-cultural amplo a ser disponibilizado em vários locais distintos.

Ao traçar um paralelismo iconográfico entre as tumbas da Apúlia, de Paestum e da Campania em geral Marchese (2011, p. 9) defende a tese segundo a qual na Itália meridional existia uma ampla circulação desenhos (modelos) figurativos com temáticas similares: alguns com temáticas da mitologia grega, outros com motivos indígenas, de modo que as mesmas imagens tenham sido usadas por diversas culturas pré romanas e, mesmo posteriormente, pelos romanos, mostrando influências tanto gregas quanto indígenas, demonstrando ainda, segundo o autor, as relações entre as populações itálicas antes dos romanos. (MARCHESE, 2011, p. 103).

O famoso arqueólogo Amedeo Maiuri, nos anos 1950, encontrando semelhanças entre as pinturas de diversas localidades e culturas, considerando "um único clima artístico" chega a conceituar sobre uma pintura itálica (MAURI, 1953). Contudo, Marchese (2011, p. 76) reforça que o conjunto de algumas diferenças se torna importante demonstração de questões ideológicas específicas, como o exemplos das imagens femininas em Paestum e na Apulia. Na arte apula temos a representação da mulher com uma maior liberdade social, como nas tradicionais imagens das mulheres dançando, de tradição figurativa arcaica e cuja origem provavelmente remonta esquemas jônicos e etruscos (MARCHESE, 2011, p. 76).

Roma também sofreu forte influência etrusca (LIVERANI, 2011, p. 37) e pode inserir-se no contexto da circulação de desenhos figurativos. Todavia, o momento de surgimento de uma pintura romana é um tema polêmico. Bandinelli (1963, 1976 e 1979), considera que a pintura romana teria existido desde o século IV a.C. (até o século IV d.C.) e que, inicialmente, o fenômeno artístico teria lugar apenas na composição das paredes dos templos, sendo que, apenas posteriormente, é que as pinturas teriam passado a ocupar as paredes das casas, conforme trataremos em breve.

Embora não tenhamos fontes materiais, a literatura de Vitruvio (livro III) descreve pinturas parietais no templo de Cerere, fundado em 493 a.C. Este teria sido pintado pelos pintores italiotas da magna grécia muito apreciados: Damófilo e Gosgaso, fato que Bandinelli (1986) considera como um testemunho de pintores vindos de várias proveniências, mas não de uma escola com características particulares.

A primeira referência a um pintor romano está em Plínio (*Nat. His.*, XXXV,19) este relata sobre um pintor do século IV de nome: Fabius Pictor. Seu nome Fabius, mostra que este pertencia a gens Fabia, e este seria provavelmente de família patrícia. Ele teria trabalhado na decoração do templo de Sallus em 304 a.C. e os estudiosos acreditam que a pintura tinha um fim pratico, ornamental e celebrativo, e como ressaltam Baldassare *et al*, "estão todos de acordo com a hipótese de que sua decoração fosse de caráter narrativo e histórico" (BALDASSARE *et al*, 2006, p. 48). Esta teria influenciado as pinturas do III século a.C., como a denominada Pintura Histórica na necrópole do Esquilino, que pode ser interpretada como uma representação das guerras samniticas. Nessa pintura, no segunda friso, são representados, próximos ao muro de uma cidade, um personagem com vestes samnitas, elmo e escudo, e um segundo com vestes romanas, toga e lança, já no terceiro friso, a primeira cena é um combate. Descoberta entre 1874 e 1876, sua cronologia é polêmica variando entre o fim do IV e início do III século.

Figura 1: Afresco das tumbas do Esquilino. Palazzo dei Conservatori.
Fonte: LING, 1991, p 10.

As pinturas do III século a.C. são conhecidas como pinturas triunfais, com a representação de eventos das campanhas militares vitoriosas ou aspectos das cidades conquistadas. Cabe-nos ressaltar, que os etruscos tinham já uma tradição de pinturas de batalhas vitoriosas, inclusive contra Roma, como podemos perceber nas representações de episódios das guerras entre etruscos e Roma, encontradas na Tumba de Françóis, do século IV a.C., em Vulci (LING, 1991, p. 9).

Plínio (*Nat. His.*, XXXV, 22) nos conta que o consul Manio Valerio Massimo Messalla teria criado uma série de pinturas parietais (*tabula proelii*) na cúria do senado romano a fim de divulgar suas próprias vitórias sobre os cartagineses e siracusanos. Ele também nos traz o exemplo das representações das vitórias de Lúcio Cipião sobre Antioco III dos anos 190-188a.C. colocadas no Monte Capitolino. Há ainda o exemplo de Lúcio Emílio Paulo que durante a procissão triunfal teria exibido pinturas da vitória romana sobre as forças macedônicas em Pidna (em 168 a.C.), (PLÍNIO, *Nat. Hit.*, XXXV, 135).

Este gênero de pintura será utilizado durante todo o período Imperial. Temos como exemplo uma passagem descrita na História Augusta (12.10-11) que nos conta que o Imperador Máximino Trácio, vitorioso de suas campanhas militares entre 235 e 237, teria ordenado que fossem pintados quadros representado fases da guerra e que estes fossem expostos na frente a Cúria, ainda que, após sua morte, o senado teria mandado removê-los e destruí-los.

Ainda sobre a arte do período Republicano, os primeiros contatos diretos de Roma com a cultura figurativa helênica de que se tem registro remontam ao século III a. C., através da Magna Grécia. Após a conquista da Grécia, os romanos competiam por peças famosas para suas coleções particulares ou para expô-las em locais públicos (LING, 1991, p. 5). Tanto Júlio César quanto Augusto, apreciadores das pinturas, teriam impulsionado, consideravelmente, o interesse sobre a pintura, tendo organizado importantes exposições, destacando a sua incorporação na arte romana, chegando Augusto a afirmar, no século I, o classicismo torna-se em Roma, a arte oficial do estado.

Por essas razões, parece-nos justificada a ênfase dada às influências da arte clássica grega e helenística no universo artístico de Roma (LIVERANI, 2011, p. 37). Todavia, como nos alertam Baldassare *et al.* (2006, p. 7) as fontes literárias que nos trazem informações sobre as pinturas da época Republicana, foram escritas em época Imperial e são orientadas para uma valorização do modelo clássico. Assim, o risco desta ênfase na influência grega ou helênica relaciona-se diretamente com o fato de, uma vez exagerada, não permitir ver que o universo da arte romana é montado em contato com diversas outras influências.

Como já dissemos anteriormente, a arte romana têm suas origens baseadas na arte da península itálica, sobretudo etrusca. Porquanto esta, ainda que, por vezes, também tenha sido influenciada pela pintura grega, guarda características muito próprias. Assim, a pintura etrusca que era uma pintura das tumbas, onde o morto era circundado por cenas da vida cotidiana, marcará decisivamente a pintura romana, de tal forma que, somente após a expansão romana e o contato com o mundo clássico, surgirá uma arte que mesclaria arte clássica grega, arte helenística, a arte etrusca e a arte itálica.

Esse ecletismo que marca a maneira como a arte romana constitui-se não passa despercebido aos olhos da leitura de Bandinelli, mesmo porque se trata de um ecletismo de matiz excepcional em virtude de ser um tanto comum que o fim de uma civilização seja marcado por essa modalidade de relação com elementos de outra cultura. Mas, em se tratando de Roma, o ecletismo caracteriza o começo da civilização (BANDINELLI, 1969, p. 51)

Contudo, Argan (2003, p. 167) por seu lado, considera que a arte romana seria uma forma de representação eminentemente imperialista, desconsiderando a existência de uma arte romana anterior. Por essa perspectiva "somente a partir do século II a. C. começa a existir uma arte romana". A arte romana, segundo este autor, teria passado a existir somente nesse período pela simples razão de que Roma Republicana, por deter-se em um organismo político e militar, estaria muito ocupada com as conquistas para ter preocupações que a fizessem aspirar ao conhecimento especulativo que tanto caracteriza a produção artística.

Como prova cabal de sua leitura, Argan dirá que, tanto as coisas se passam exatamente assim, que, em sua fase de ascensão, a qual "culmina com a conquista da península e com o início da expansão no Mediterrâneo", o mundo romano não contente em não conferir à experiência estética um lugar privilegiado em seu sistema valorativo, deliberada e ostensivamente o exclui. Um belo exemplo do quanto a ocupação com a expansão teria conduzido Roma à exclusão da arte de seu sistema valorativo, para Argan, seria a religião, a qual no início não encontra no divino em imagens sensíveis o seu objetivo, de modo que "não é contemplação, mas devoção, *pietas* e seus atos não requerem a solenidade do templo nem a evidência do simulacro" (ARGAN, 2003, p. 167).

Aliado a isso, o autor considera que a ausência de uma tradição estética vinculada à concepção da natureza e do sagrado, faria com que todos os elementos do campo imagético, quer se trate de arte grega ou da etrusca, passasse a ser considerado como "estrangeiro e, portanto, perigoso para a continuidade da austera, dura tradição do costume romano" (ARGAN, 2003, p. 167). Nessa medida, nesse mundo romano desenhado por Argan, a arte não poderia passar de uma distração, como tal, indigna do cidadão romano que é, antes de tudo, um soldado e um político. Como distração, a arte, além de nada acrescentar ao exercício da cidadania romana, distrairia o cidadão dos seus deveres civis.

A Roma Republicana tinha muitas conquistas militares e políticas por fazer para, de acordo com Argan (2003, p. 67), dedicar seu precioso tempo ao cultivo da arte. Disso, porém, pode resultar que o universo artístico seja destituído de um lugar no sistema valorativo de Roma, mas não que o universo artístico não exista, como demonstram as pinturas funerárias da necrópole do Esquilino da qual tratamos anteriormente ou da tumba dos Cipiões, além de todo o material descrito pelos autores antigos.

É o próprio Argan quem observa (2003, p. 67-68), baseado em Cícero, que a relação de Roma com a arte altera-se radicalmente em virtude do uso político que o Estado passa a fazer dela. Uma vez que a arte era coisa de outros povos, conquistados, as obras de arte eram levadas à Roma como inequívocas representantes da vitória romana.

Assim, passam a ser expostas no fórum como claro testemunho do valor do povo romano, "documentos da história pátria". Tratar-se-ia então de uma arte civilizada. Com efeito, assiste-se com isso o advento de uma nova estética romana na qual a arte como documento histórico seria capaz de transmitir a narrativa das conquistas romanas aos incultos, incutindo-lhes valores civis, conforme narramos anteriormente.

> A arte do vizinho povo etrusco prestava-se a manter essa tese: uma pintura capaz de representar os fatos da vida podia representar, igualmente bem, os faustos dos exércitos romanos; uma escultura capaz de reproduzir o aspecto e o caráter das pessoas podia transmitir a memória dos homens ilustres, dos cidadãos exemplares (ARGAN, 2003, p. 167).

Nesse sentido, a arte passaria a existir em Roma somente depois de o governo ter compreendido o uso ao qual poderia subordiná-la, um claro *instrumentum regni.* No que diz respeito à arte grega, voltada à contemplação e ao conhecimento da realidade e fundada sobre a filosofia do Belo, se por um lado, ela não poderia servir aos propósitos de narrar a história, pode servir aos propósitos de evidenciar os conteúdos históricos, éticos e políticos, apresentando um modo de narrar a história.

Argan, ao que nos parece, confunde o universo artístico com os variados usos – inclusive políticos – que se pode fazer da arte, assim como emprega de maneira inadequada, porque excessiva, a ideia de que o significado de um objeto artístico é o uso político. Somente a partir daí é que ele pode passar da uma suposta desvalorização de elementos estéticos no mundo romano Republicano à afirmação de sua inexistência.

Cabe ressaltar ainda, como observa Bandinelli (1969, p. 52) que haveria uma corrente artística plebeia, menos influenciada pela cultura helenística e clássica fora dos limites da capital, cujo traço distintivo, herdado dos etruscos, seria uma arte vinculada à vida cotidiana por laços estreitos.

Contudo, existem outros autores que também levam adiante a questão das origens da arte romana. Ling considera que uma efetiva história da arte parietal romana começa com o primeiro estilo pompeiano (LING, 1991, p. 12). Para este autor, a pintura romana seria sobretudo a parietal, pois, ainda que as pinturas portáteis tenham sido a maior forma de arte na Grécia Clássica e Helenística e, quando os romanos conquistaram a Grécia, no século II a.C., eles competissem por peças famosas para suas coleções particulares ou para mostrá-las em locais públicos (LING, 1991, p. 5).

Ainda que tenham existido pinturas portáteis, feitas geralmente em painéis de madeira, a partir do I século a.C., estas pinturas painéis perderam importância e o grande destaque e interesse voltou-se às pinturas parietais. Como o interesse romano deslocado para as pinturas parietais, muitas paredes receberam pinturas copiadas de originais gregos. Contudo, como vimos anteriormente, esta prática de pinturas parietais já existia desde o século VII a.C.

A técnica pictórica das pinturas parietais era o afresco e se realizava estendendo as cores sobre uma capa de cal e pó de mármore, ainda úmida, aplicada um pouco antes. Esta capa era preparada calculando-se o trabalho de uma jornada. Os extratos de preparação, até sete, feitos com areia e cal, eram dispostos sobre o muro bem seco, usando progressivamente grãos mais finos que serviriam tanto para alisar as irregularidades do muro como para isolar a parede pintada das infiltrações. Comumente encontra-se uma capa de extratos cerâmicos entre o muro e os extratos de preparação, utilizada para evitar os danos da umidade. Em geral, antes de estender a última camada, o pintor mais experiente traçava as linhas fundamentais do sistema decorativo e depois deixava o lugar para os *parietarii*, que pintavam as paredes de cima para baixo e aos *imaginarii*, que executavam os quadros figurados.

As pinturas eram feitas tanto nas paredes internas como nas paredes externas das casas. As internas poderiam ser realizadas em partes cobertas ou em paredes descobertas que davam para ambientes no interior do edifício, de um modo geral de importante circulação. As externas – que davam para as ruas – recebiam menos cuidados, e foram consideradas pelos especialistas como de menor investimento e qualidade. Acredita-se que isso tenha ocorrido por causa da maior vulnerabilidade ao tempo e ao vandalismo (LING, 1991, p. 1). Para tanto, existia uma série de materiais diferentes e de custos diferenciados que podiam, além de se acomodar a diferentes extratos sociais, assinalar zonas especiais da casa, onde tinham lugar os mais importantes eventos sociais, uma vez que o propósito básico dessas pinturas parietais era elevar o prestígio do local decorado (NAPPO, 1988, p. 34).

É importante ressaltar que estas pinturas não devem ser pensadas como formas decorativas isoladas. Como pinturas parietais, elas faziam parte de um conjunto decorativo, criado para espaços específicos. Estavam assim de acordo com a função social do espaço, com a luminosidade, com o tamanho do aposento; estabeleciam relação com as pinturas do teto e, em conformidade também com a decoração do chão, muitas vezes com mosaicos, tão ou mais elaborados do que as próprias pinturas. Além disso, havia ainda uma relação destas pinturas com estátuas, móveis e outros objetos decorativos que, em sua maioria, não puderam ser recuperados pelo mundo contemporâneo.

Infelizmente, muitas destas pinturas foram por vezes tratadas de acordo com a ideia contemporânea do quadro, considerando, assim, apenas a figura central da parede. Tal ideia é bastante evidenciada numa prática ocorrida no início das escavações de Pompeia, quando as pinturas centrais eram removidas das paredes – deixando buracos nestas – e sendo expostas como quadros, perdendo-se o contexto geral das pinturas. Como podemos ver na imagem abaixo.

FIGURA 2: Pompeia. Casa dos Castos Amantes
Fonte: Fotografia da autora tirada em 2008.

Nas maiores casas de Pompeia e Herculano, quase todos os cômodos, grandes ou pequenos, eram pintados, excetuando-se apenas a cozinha, as latrinas e os cômodos usados como dispensa. Mesmo nas casas menores havia um ou dois cômodos pintados. Acredita-se que uma situação similar existisse em todas as cidades comparáveis a Pompeia do mesmo período (LING, 1991, p. 2).

Há de se ressaltar, ainda, que a qualidade artística das pinturas variava de acordo com os cômodos – os mais importantes recebiam pinturas mais refinadas, medidas pela riqueza de cores, complexidade das ornamentações e pela presença de pinturas mitológicas. Já os cômodos de menor importância (como os quartos considerados dos escravos) recebiam uma decoração menos elaborada, com faixas ou listras e pequenas vinhetas sobre um fundo branco.

Como nos aponta Ling (1991, p. 2), foi sobre as pinturas mais elaboradas que ele e grande parte dos Historiadores da Arte concentraram suas pesquisas. Isto porque estas, ao serem mais elaboradas, foram consideradas de interesse artístico e também porque sobre estas pinturas foi possível observar e estabelecer as evoluções dos estilos figurativos.

A enorme quantidade de pinturas parietais preservadas pela erupção do Vesúvio foi fundamental para o conhecimento da pintura antiga e foi através do estudo das pinturas da região vesuviana, juntamente com os escritos de Vitruvio (livro III) sobre a pintura antiga que Augusto Mau criou, em 1882, a divisão dos estilos das pinturas pompeianas, que é considerada também como o estilo geral da pintura romana até 79 d.C., ano da erupção do Vesúvio. Pinturas encontradas após 79 d. C. representam um material escasso e normalmente de difícil datação, e, portanto, torna-se difícil estabelecer para estas uma sequência cronológica (LING 1991, p. 2).

Complementadas por alguns estudos posteriores, as divisões feitas por Mau seguem sendo utilizadas até hoje. Consistem em quatro estilos consecutivos, que teriam evoluído da seguinte maneira:

I. Estilo: estrutural, ou mármore fingido *(séc. III até princípios do séc. I a. C., mas aparece também depois)*: estuque (gesso pintado) em relevo, que criava a impressão de placas de mármore. É considerado como uma versão de um estilo de pintura helenístico recorrente nas áreas do Mediterrâneo de influência grega nos séc. III e II a. C., apresentando modificações quanto ao uso das proporções e de alguns detalhes decorativos. Embora classificado como um estilo da arte romana, ele ocorre em Pompeia em um período em que esta ainda é uma cidade samnita, e que, embora aliada a Roma, sofre do ponto de vista cultural forte influência do mundo helenístico e, portanto, apresenta uma linguagem pictórica comum ao mundo helenizado.

II. Estilo: arquitetônico *(séc. I a.C.)*: perspectivas falsas de colunas e vistas arquitetônicas. As perspectivas arquitetônicas causavam a sensação de prolongamento das paredes e apresentavam falsas aberturas do ambiente interno para o externo, com pinturas de paisagens ao longe. É considerado um estilo mais tipicamente romano; foi difundido em Pompeia à chegada dos colonos romanos. É também associado a um ideal da vida no campo e à valorização da natureza, ligada à ideia do campo como espaço de reflexão e ócio (*otium*), virtudes valorizadas pela aristocracia romana (VARONE 1999, p. 16-17).

III. Estilo: ornamental *(final do séc. I a.C. a princípios do séc. I d.C.)*: ornamentação rica e delicada, com muitos elementos egipcianizantes. Pintura ornamental e fantástica, característica do reinado de Augusto. Os elementos arquitetônicos se transformam em requadros ornamentais e as colunas, em estelas vegetais ou candelabros, abandonando-se a perspectiva e o senso de profundidade. Essa disposição domina o painel central, onde muitas vezes há um motivo mitológico, e também são representadas vilas marítimas e jardins (D'AMBROSIO, 1999, p. 22). Atribui-se as mudanças à influência dos estrangeiros e libertos, que chegavam ao porto de Pompeia, e aos comerciantes, que mantinham o contato da Campânia com o mundo oriental, principalmente o Egito, após sua conquista.

IV. Estilo: fantástico *(princípios do séc. I d.C.)*: arquitetura irreal, decoração exagerada que mescla pintura e relevos em estuque. Estilo mais encontrado em Pompeia. Recuperação de elementos dos estilos II e III. Forte presença de motivos mitológicos (derivados dos originais gregos) pintados nos quadros centrais, ou com toda a parede, com uma influência da cenografia teatral. Há também uma continuidade na iconografia de jardins. Época de Nero: o exagero é considerado um reflexo de uma época de fortuna e de uma ascensão à aristocracia de libertos e comerciantes (VARONE, 1999, p. 16-17). O desenvolvimento do IV estilo é problemático em sua classificação, pois não é tão bem definido como os estilos anteriores, uma vez que é difícil entender se há uma evolução ou se existiam várias correntes coexistentes (D'AMBROSIO, 1999, p. 22).

Nesse sentido, é importante se pensar que a divisão destes estilos foi criada *a posteriori*, em época contemporânea. No entanto, o fato de tais classificações terem se difundido amplamente gerou, muitas vezes, entre estudiosos, a falsa impressão de que as pinturas já eram catalogadas em estilos e períodos para os romanos.

Existiam determinados modismos que foram, de maneira artificial, catalogados e datados em estilos. Todavia, é importante ressaltar que, embora datadas, as pinturas de diversos "estilos" conviviam contemporaneamente uma com as outras, sendo que, embora um novo "estilo" pudesse ter surgido em determinada época, ele não suprimiria completamente as pinturas do outro "estilo" (CAVICCHIOLI, 2009, p. 20).

Outro aspecto a ser ressaltado é o fato de que vários tipos de pinturas não fazem parte dessa classificação. Ling (1991) aponta para a existência de uma série de pinturas mais simples – nas quais não se pode medir um desenvolvimento estilístico – chamadas pelos escritores germânicos de *Nebenzimmer* (*subsidiary rooms*), por serem atribuídas aos cômodos de menor destaque nas casas. Além disso, por considerá-las de menor qualidade, este autor não as inclui em seus estudos.

Tal fato, porém, nos parece surpreendente quando o próprio autor ressalta que:

> We should remember that the paintings did not exist in a vacuum but were part of a life-stile. They are a crucial aspect of Roman culture and a potentially invaluable source of information on social attitudes (LING, 1991, p. 2).

No entanto, ao se excluírem determinados tipos de pinturas, percebemos uma seleção de certos aspectos da cultura romana a serem recuperados e outros excluídos. D´Ambrosio (1999, p. 23) também considera que algumas pinturas não faziam parte dos estilos, como as pinturas de jardim e a pintura popular.

Percebemos então que o que se faz na maior parte das vezes é um estudo das artes das elites, consideradas como "artes nobres", em oposição às artes populares, que seriam as artes "mais baixas". Inclui-se nessa classificação entre elite e popular não apenas o aspecto formal das pinturas, como os estilos ou técnicas, mas também determinados temas, como os relativos a divindades e à vida cotidiana.

Nesse sentido, parece-nos que dois conceitos citados anteriormente merecem ser revisados. O primeiro é o de que as artes populares seriam menos elaboradas; e o segundo, de que determinadas temáticas seriam necessariamente populares. Há uma série de pinturas que, por sua temática, foram marginalizadas, como o caso das pinturas de matéria sexual.

Estas foram excluídas dos estudos da arte romana por representarem um tema que é tabu na sociedade contemporânea, sendo desta forma consideradas arte menor ou mais popular. Ao observarmos essas pinturas, podemos perceber uma grande qualidade pictórica, com o uso da policromia e de grandes detalhamentos, em oposição à ideia de que poderiam ser pinturas de má qualidade (CAVICCHIOLI, 2009, p. 22).

O estudo mais aprofundado dos simbolismos destas imagens para os romanos, bem como de sua localização, mostrou que esta temática não era, para os romanos, um tema "popular". Estava por vezes vinculada a temáticas religiosas, compartilhadas também com a elite, ainda que para a religiosidade de nossa época isso possa causar estranhamentos (cf. CAVICCHIOLI, 2009).

Deste modo, podemos perceber que determinadas formas de classificar e hierarquizar a arte antiga interagem mais com noções e valores contemporâneos do que com uma realidade antiga.

Um outro fato imprescindível de ser considerado e que altera significativamente o conhecimento das pinturas pompeianas foi a recente descoberta realizada por Jean Pierre Brun na escavação da casa I 5A, abaixo do nível 79:[4] Brun encontrou um estilo de pintura até então desconhecido em Pompeia, um novo estilo anterior ao primeiro estilo. Conforme nos narrou Brun:

> Certaines de ces maisons étaient décorées de peintures d'un style inconnu jusqu'ici que j'ai proposé s'appeler style zéro car antérieur de près d'un siècle au Premier style pompéien, mais pourrait provenir d'un décor plus ancien.

4 Denomina-se nível 79, a camada estratigráfica correspondente ao momento da erupção do Vesúvio em 79 d.C.

Figura 3: Pompeia. Casa I 5 A
Fonte: Fotografia de Jean-Pierre Brun.

Após a erupção do Vesúvio, a escassez de fontes fez com que a classificação da arte parietal romana deixasse de ser feita de modo categórico dando lugar a um novo conceito, que seria a arte das províncias. Embora a arte das províncias tenha suas peculiaridades locais, há um traço comum que é a manutenção das temáticas mitológicas e das representações da vida cotidiana e por outro lado temos também uma arte oficial cujo papel era fazer propaganda do Imperador.

Destaque pode ser dato aos retratos de Fayyoum, no Egito, como exemplo abaixo. Diferentes da plasticidade de épocas anteriores, apresentando uma simplificação dos planos e uma maior evidência dos contornos e uma intensidade fixa no olhar com olhos particularmente grandes, são retratos extremamente expressivos (BALDASSARE *et al.*, 2006, p. 302-303). Bandinelli (1969, p. 103-104) contudo ressalta que embora tenham se conservado no Egito, graças a peculiaridade do clima da região, de típico do Egito têm apenas o fato de serem usados como uma espécie de máscara mortuária, mas que guardam as características do retrato pintado romano, importante arte desenvolvida em Roma e que teriam existido outros retratos análogos em outras partes do Império (LIVERANI, 2011, p. 47).

Figura 4: Retrato de Fayum
Fonte: BALDASSARE *et al.*, 2006, p. 300.

Ainda no século II d.C., em Roma e Ostia, temos testemunhos de uma transformação gradual dos esquemas decorativos dos chamados terceiro e quarto estilos, com simplificações das ilusões arquitetônicas e apenas a manutenção do enquadramento acompanhada de uma simplificação geral das pinturas e um desinteresse pelos temas mitológicos. Esta transformação, segundo Baldassarre *et al.* (2006, p. 278-281), vincula-se às transformações arquitetônicas pelas quais a *domus* passa, de um modo geral mais simples e funcional, agora muitas vezes uma construção em vários andares, com cômodos para alugar, transformando também o antigo significado social e simbólico da *domus*.

As primeiras grandes mudanças ocorrem com a expansão do cristianismo, ainda no momento de sua perseguição. Nesse contexto, inaugura-se em Roma uma nova temática em algumas pinturas. Começa-se a representar histórias cristãs. Todavia, o que se observa nas pinturas das primeiras catacumbas são temas mitológicos revestidos como temas cristãos, além das cenas cotidianas que passam a representar temas cristãos, como por exemplo, as imagens da catacumba de Priscila ou as representações de banquetes que passam a representar a última ceia, reproduzindo a continuidade de um esquema iconográfico já existente e bastante tradicional.

Contudo, as pinturas agora mais do que uma questão estética, serviriam para o ensinamento da nova doutrina (CHASTEL, 1991, p. 32). No oriente, todavia, as primeiras comunidades cristãs parecem ter dedicado como pouco interessadas nas figurações. Embora apareçam figurações artísticas cristãs no período de Constantino, a adoção do cristianismo, por Constantino, não teve um reflexo imediato nas artes de forma a mudar seus rumos (ARGAN, 2003, p. 241).

A transferência da capital para Constantinopla representa, em diferentes momentos, uma arte mais orientalizada e em outros uma retomada dos modelos clássicos e helênicos, aliados ainda a uma incorporação de elementos bárbaros. No entanto, o grande marco de uma nova tradição se dá no período de Justiniano, com a consolidação de uma arte cristã, ainda que muitas vezes também a serviço do Imperador, grande patrono da arte nascente. Gradativamente a pintura vai perdendo importância e dando destaque ao mosaico que sai do chão e começa a ocupar as paredes (LING, 1991, p. 187-197).

A cristianização da arte e a incorporação de elementos bárbaros, no ocidente, cujo resultado é para alguns autores a grande simplificação da arte romana e a decadência desta arte, é para outros uma realidade frutífera (ARGAN, 2006, p. 279-282; CHASTEL, 1991, p. 32). Porém, em qualquer das leituras este processo culmina no fim da arte romana, porque no século V esta manifesta-se como uma ruptura com um padrão anterior, tanto nas temáticas como nas formas de representação.

No oriente ela constitui-se uma nova arte, a Arte Bizantina. Embora com numerosas variações de época e localidade ela possui um caráter basicamente uniforme: é essencialmente uma arte cristã, dedicada ao serviço da Igreja e para ilustrar e expressar a fé, sendo orquestrada pelas regras da Igreja. Uma arte com uma certa abstração, onde o mais importante não era reproduzir a natureza, mas apresentar uma base e ritmo espirituais. Apesar disto tratava-se de uma arte figurativa, ainda herdeira de ideias vindas do mundo clássico (RICE, 1994, p. 7) e que irá perdurar por muitos séculos, até a conquista árabe e islamização da arte.

Assim, podemos concluir que o apelo ao mundo imagético das pinturas se fez presente com riqueza de detalhes ao longo dos muitos séculos que compuseram o universo romano antigo. Temos por um lado a arte romana que serviu como incitação a cidadania e, em seguida, como propaganda Imperial, mas também uma arte representante da vida cotidiana. Assistimos já no chamado "fim do Império", a transformação de uma arte cívica e pagã representante da vida cotidiana em uma arte religiosa cristã, tendo a arte como um reflexo, ou ao menos um discurso, que representa alguns setores do mundo romano.

Percebemos que a arte romana, em suas rupturas e continuidades, não obedece imediatamente as mudanças políticas que marcam as periodizações tradicionais, sendo que as mudanças culturais obedecem a um tempo mais lento. Todavia, embora não obedecendo as periodizações e suas catalogações, ela não deixa de ser uma arte que se estabelece em constante diálogo com seu tempo. Contribuindo, assim, para a compreensão daquela sociedade de quem é uma das expressões mais imediatas e autênticas (BANDINELLI, 1979).

Agradecimentos

Gostaria de agradecer aos organizadores desta coletânea pelo convite em participar desta importante obra. Agradeço também a Suprintendenza Archeologica di Pompei pela permissão de pesquisa de campo e autorização de publicação de fotografia. Um agradecimento especial vai para Jean-Pierre Brun por sua generosa contribuição sobre o "estilo zero" e cessão de fotografia ainda não publicada.

Referências Bibliográficas

ARGAN, G. *História da Arte Italiana:* Da Antiguidade a Duccio, vol I. São Paulo: Cosac &Naify, 2003.

BALDASSARE, I.; PANDOLFO, A.; ROUVERTE, A.; SALVADORI, M. *Pittura Romana*. Milão: Federico Motta Editore, 2006.

BANDINELLI, R. B. L'arte romana al centro del potere. Milão: Rizzoli, 1969.

BANDINELLI, R. B.; TORELLI, M. *L'arte dell'antichità classica, Etruria-Roma*. Torim: Utet, 1986.

BANDINELLI, R. B.; GIULIANO, A. *Etruschi e Italici prima del dominio di Roma* Milão: Rizzoli, 1976.

CAVICCHIOLI, M. *A Sexualidade no olhar:* Um estudo da Iconografia Pompeiana. Tese de Doutorado do Instituto de Filosofia e Ciências Humanas da Unicamp. Editora da Unicamp, Abril de 2009.

CHASTEL, A. *A Arte Itlaina.* São Paulo: Martins Fontes, 1991.

COLLANA, G. Arte Etrusca. In: *Enciclopedia dell' Arte Antica*, vol. III, Roma: Trecani, p. 466-490, 1994.

COLLANA, G. Gli Etruschi e l'invenzione della pittura. In: *Pittura etrusca al museo di Villa Giulia.* Roma: Rizzo, p. 19-25, 1989.

D'AMBROSIO, Antonio. *Alla Scoperta di Pompei.* Milão: Electa, 1998.

DANTO, A. *Após o fim da Arte.* São Paulo: Edusp, 2010.

EVANS, J. A *Companion to the Archaeology of the Roman Republic.* Nova Yorque: Wiley & Sons, 2013.

LING, R. *Roman Painting.* Cambridge: Cambridge University Press, 1991.

LIVERANI, P. A Arte do Império. In: *Roma a vida e os imperadores.* Cagliari: Fabula, 2011.

MAIURI, A. *La peinture romaine*, Genebra: Skira, 1953.

MARCHESE, L. *Viaggio nella Puglia preromana.* Analisi delle scene figurate nella pittura funeraria apula. Bari: Antonino Aloisio Editore, 2011.

NAPPO, S. *Pompeii.* A Guide to the Ancient City. Vercelli: White Star, 1999.

NASO, A. *La Pittura Etrusca.* Roma: L'Erma di Bretschneider, 2005.

PLÍNIO. *Naturalis Historia.* Livro XXXV. Paris: Les Belles Lettres, 1985.

STEINGRÄBER, S. *Affreschi etruschi.* Dal Periodo geométrico all'Ellenismo. Veneza: Arsenale, 2006.

STEINGRÄBER, S. Caratteristiche del repertorio figurato della pittura funeraria in Italia meridionale dal IV al II secolo a.C.

In CORLÀIITA D. S. (org), *I temi figurativi nella pittura parietale antica. Atti del VI Convegno Internazionale sulla pittura parietale antica (Bologna 1995).* Imola, p. 125-127, 1997.

TORELLI, M. *L'arte degli Etruschi.* Roma, Bari: Editori Laterza, 1985.

VARONE, A. La società dei siti vesuviani antichi nei riflessi della pittura parietale. In: *Pitture nella reggia dalle città sepolte.* Suprintendenza Archeologica di Pompei. Nápoles: Electa Napoli, p. 15-18, 1999.

VITRUVIO. *De l'Architecture.* Livro VII. Paris: Les Belles Lettres, 1995.

Instrumenta sacra em imagens romanas

Claudia Beltrão da Rosa[1]

As sociedades do Mediterrâneo antigo depararam-se, como outras sociedades, com uma presença maciça de imagens e mensagens que permitem diversas interpretações potenciais. Os meios de comunicação daquele mundo também incidiam sobre seus espectadores. Imagens estavam presentes em muitos lugares e ambientes, e faziam parte das vidas humanas. Lidamos, então, com representações visuais, e a pessoa que vê uma imagem inicia uma atividade de produção de sentido, pois o significado não é transmitido na íntegra pela própria imagem. Há níveis de 'liberdade de interpretação', que podem variar bastante entre os espectadores. Mas a imagem também comporta um programa interpretativo: ela define um lugar para o espectador e fornece as chaves para a recepção – por participar da mesma competência social e semiótica do espectador. Como produto cultural, a imagem leva em conta, de um modo ou de outro, sua eficácia simbólica. Daí, temos de observar as relações entre emissor, destinatário, mensagem e contexto, pois a imagem é, antes

1 Professora Doutora do Departamento de História e do Programa de Pós-Graduação em História da Universidade Federal do Estado do Rio de Janeiro - UNIRIO. Pesquisadora do Núcleo de Estudos e Referências da Antiguidade e do Medievo (NERO-UNIRIO) e do Núcleo de Representações e Imagens da Antiguidade (NEREIDA-UFF).

de tudo, um dispositivo que pertence a uma estratégia espacial de comunicação durável no tempo. A imagem tem a capacidade de integrar vários elementos, compondo-os numa totalidade. É por isso que percebemos seu sentido geral antes de reconhecer o significado de seus elementos compositivos.

Minha experiência no ensino universitário de História Antiga me permitiu ter consciência da necessidade de prover uma introdução à utilização de documentos iconográficos a estudantes desde os primeiros semestres de sua formação. Estudantes brasileiras(os) são geralmente bem preparadas(os) para a análise textual, mas costumam encontrar dificuldades quando se trata de lidar com documentos gráficos ou figurativos. Mas a História Antiga precisa recorrer frequentemente a esses tipos documentais – arquitetura, escultura, pintura, moedas, cerâmicas e outros artefatos que permitem a ampliação de nosso conhecimento sobre as sociedades antigas. Essa diversidade documental incita a tentar fornecer métodos de análise e interpretação de documentos não textuais, que devem ser abordados como documentos específicos e reintegrados em seus contextos, pois são efeitos e produtos de realidades sociais e, ao mesmo tempo, interpretações dessas realidades sociais.

É necessário ter em conta o lugar e a data da produção do documento a ser analisado – as imagens não são uniformes nem atemporais –, e proceder a uma descrição metódica dos elementos presentes, que formam uma composição, um todo significativo. A associação de motivos e figuras é uma construção do artista ou do artesão, que radica num repertório social e cultural compartilhado mais ou menos explícito. Assim, devemos observar os temas principais do documento, a partir da descrição e da análise, buscando responder a questões como: *com que objetivo a obra foi produzida? que intenções presidiram sua produção e sua circulação?* e outras que dependem, especialmente, da problemática de pesquisa. Devemos, igualmente, organizar fichas documentais que poderão resultar, dependendo da pesquisa, em um catálogo ou repertório com especificações como a definição do documento, suas dimensões, seu estado de conservação, o registro da localização atual, a proveniência, a datação (e os critérios de datação), passando então a observações sobre seu contexto e à análise das informações obtidas, incluindo-se anotações sobre os aportes do documento à pesquisa, tendo em vista sua problemática e as relações com outros documentos que formam ou formarão o *corpus* estabelecido pela(o) pesquisador(a).

Interesso-me pelo estudo da religião romana, e dentre os elementos fundamentais das minhas pesquisas estão os rituais, suas ações e objetos e os discursos a eles relacionados. Podemos estudar os rituais romanos a partir de vestígios arqueológicos e de representações literárias e visuais. Considero que a análise conjunta desses tipos documentais é um meio seguro para uma compreensão dos elementos e ações religiosas romanas. Aqui, o foco de interesse está nas representações visuais de objetos utilizados em rituais religiosos, *instrumenta sacra*, e, a partir de fins do século II AEC e pelo menos até o século III EC, um padrão iconográfico desses objetos estava consolidado – o que não quer dizer que não houvesse variações, nem que seu significado fosse unívoco (cf. esp. HÖLSCHER, 2004). As representações visuais romanas nesse longo período expressam e veiculam, frequentemente, conteúdos de e referências a rituais e cerimônias religiosas, e há vários modos de se tratarem os temas figurativos. Sacrifícios, objetos, procissões, ações religiosas diversas são representadas em objetos artísticos ou com uma leitura artística potencial. E uma pergunta que surge é: até que ponto essas representações visuais podem ser usadas para o estudo dos rituais romanos?

Alguns termos e algumas fórmulas em representações visuais de rituais

Katja Moede (2007) apresenta características gerais de representações públicas e privadas de rituais e compara os monumentos nos quais surgem a representações literárias e descrições textuais dos mesmos rituais. Da comparação da sequência ritual descrita em textos e sua representação visual, ela depreende quais elementos eram significativos para a representação do ritual no início do principado, momento em que é detectado um incremento das representações visuais em contextos religiosos, especialmente em relevos, acompanhando a *restauratio augustana* (cf. Zanker, 2010, 1997), que utilizava, contudo, muitos elementos visuais de monumentos republicanos.

Nessas representações, alguns objetos e instrumentos musicais são recorrentes: o *simpulum* (ou *simpuuium*), uma pequena concha usada para manusear líquidos na *patera* durante uma libação (cf. Varrão, *LL* 5.124; Plínio, *NH* 35. 158); a própria *patera*, ou *patella*, um prato raso, geralmente decorado com um *umbilicus*, um elemento que cria uma depressão no fundo do objeto, onde se podiam apoiar os dedos, que permitia ao oficiante mais segurança na realização da ação ritual (cf. Varrão, *LL* 5.122; Virg. *Aen.* 1.725-740); a *acerra*, uma caixa de incenso, geralmente retangular (cf. Suet. *Tib.* 44; *Galba*, 8; Plínio, *NH* 35.70), que parece ser sinônimo de *turibulum* (de *tus*, incenso, como em Val. Max. 3.3.3); o *lituus*, um bastão curvo, emblema dos áugures e da realeza (cf. Serv. *Aen.* 7. 187), vinculado especialmente a Numa, instrumento utilizado para a marcação do *templum*, o espaço augural; o *urceus*, jarro ritual, emblema dos pontífices, e o *tripodium*, que substitui o altar fixo, emblema dos *XVuiri sacris faciundis* e do conhecimento divino, da adivinhação.

Esses objetos são 'motivos' pelos quais as obras visuais são realizadas. *Motivos* são elementos simples (um jarro, um instrumento musical, uma mesa etc.), enquanto *fórmulas* consistem em um grupo de figuras (seres animados) e motivos (objetos). Boa parte da tradição figurativa lança mão da cena de libação simples diante de um trípode, unindo figuras e motivos na fórmula chamada *cena de libação*:

Figura 1: Cena de libação. (DAREMBERG; SAGLIO, 1904, p, 974).
Fonte: http://commons.wikimedia.org/wiki/File: Libatio_coin_1.PNG

Um sacrifício propriamente dito, ou um rito preliminar para um sacrifício animal, muito mais dispendioso e elaborado, lança mão de muitos elementos, adicionando figuras humanas e animais. Nesses casos, havendo animais depreende-se um sacrifício. Esse tipo de representação gera outra fórmula chamada *cena de sacrifício*:

Figura 2: Cena de sacrifício. Altar do "Templo de Vespasiano", em Pompeia.
Período augustano.
Fonte: http://commons.wikimedia.org/wiki/File:Pompeii_Temple_of_Vespasian_altar_close-up.jpg

Um elemento é recorrente na representação visual de rituais, o *togatus*, uma figura masculina com toga *praetexta*, segurando sua *patera*, com a cabeça velada (*capite uelato*) diante do altar ou trípode; essa toga é branca com uma faixa púrpura, usada por adolescentes, sacerdotes e magistrados 'em ação', indicando 'pureza'. Trata-se de uma veste exclusiva de cidadãos romanos de pleno direito. Vemos na *cena de sacrifício* outros elementos visuais: *uictimarii* conduzindo um animal em primeiro plano, no caso um boi; assistentes levando o *urceus*, a *patera* e a *acerra*; um músico, no caso um *tibicens*, *lictores* em segundo plano. Em ambas as imagens, coordenadas espaciais, arquitetônicas, completam a composição das cenas – na Figura 1, um templo com a estátua de culto em seu interior, indicando o destinatário da libação; na Figura 2, novamente um templo, ornamentado com guirlandas, cortinas presas por uma *patera*, enfim, a ambientação de um ritual público.

O termo *composição* é polissêmico nas artes visuais, na literatura e na música. Nas artes visuais o termo significa a maneira como o pintor ou escultor organiza os componentes da sua obra. Refere-se, então, à organização das figuras no espaço, de modo adequado às suas intenções. Outro elemento fundamental nas obras visuais figurativas é a *caracterização*, que transmite a ação e individualiza a personagem ou uma situação. A caracterização fornece ao espectador os meios para que ele veja ou imagine o universo dramático que garante a credibilidade e a verossimilhança da personagem ou de suas ações (Cf. PAVIS, 2007, p. 38; SNODGRASS, 2004; WÖLFFLIN, 1984). A caracterização se apresenta, então, como um conjunto de traços específicos de um temperamento, de um vício, de uma qualidade, de uma ação, segundo tipos ou estereótipos, que "criam" a personagem. A interpretação dessas cenas, portanto, não deve ser 'factual'. Os motivos e figuras caracterizam objetos e pessoas e compõem ações reais, certamente, mas na prática ritual cada uma dessas ações ocorria em um tempo específico, incluindo-se as libações simples (sem sacrifício), e a imagem apresenta os momentos importantes do ritual e as principais personagens envolvidas, *ao mesmo tempo*.

Os espectadores contemporâneos dessas imagens participavam de uma mesma ordem visual, estavam aptos a distinguir seus elementos diacrônicos e provavelmente não viam – como muitos espectadores atuais – essas imagens como sendo o 'evento real' do ritual, pois conheciam a sequência de ações. O programa dos rituais romanos há muito era familiar, assim como a maior parte das personagens envolvidas. Do mesmo modo, a caracterização das personagens já seguia regras estabelecidas, com atributos e objetos específicos para cada uma delas, que as tornavam reconhecíveis pelos espectadores. As representações visuais não são "fotografias" de jornal ou "reportagens" sobre as ações desses oficiantes.

Objetos rituais em representações visuais

Objetos utilizados em rituais aparecem com frequência em moedas e na decoração de templos, em altares e monumentos romanos. Podemos perguntar pelo significado dessas representações, que geralmente são associadas, pelos comentadores, a noções genéricas de *pietas* e/ou à importância dos sacerdócios romanos. Pouca atenção, contudo, é dada aos contextos nos quais as imagens de *instrumenta sacra* são encontradas e ao modo pelo qual os objetos são dispostos na composição. A tendência a tratar o tema monoliticamente obscurece algumas questões importantes.

Com muita frequência, esses objetos religiosos são interpretados como emblemas da elite sacerdotal romana: o *lituus* surge como símbolo do augurato; o *simpulum* como símbolo do pontificado; a *patera*, indicando o oficiante do ritual; o *tripous*, símbolo dos *XVuiri sacris faciundis*, que supervisionavam a *performance* dos rituais (Cf. WARRIOR, 2006, p. 47). Contudo, essas reduções (do tipo: o objeto simboliza a pessoa ou o cargo) podem ser válidas para a interpretação, fornecendo uma chave de acesso à compreensão, mas nas composições os conjuntos incluem vários desses objetos em diferentes combinações, permitindo questionarmos seu(s) significado(s).

Nas representações visuais, as especificidades e as composições abrem vieses interpretativos que podem ir além de tomar esses elementos como sendo restritos à sua função no ritual, e, então, eles surgem como símbolos que ultrapassam os emblemas sacerdotais.

Esses objetos conjuram ações humanas – preparação de alimentos e ações rituais – sem a representação de figuras humanas, mas o tema principal e a composição adotados para cada um variam significativamente. A ênfase está nos objetos manufaturados usados nas ações rituais, nos instrumentos.

Vejamos a cena da face posterior do *Altar de Amemptus*, de *ca.* 40-50 EC, que está atualmente no Louvre, e pela inscrição na primeira face sabemos se tratar de uma oferta a um liberto de Lívia, morto no reinado de Claudio:

Figura 3: Altar de Amemptus (face posterior)
Fonte: Foto da autora.

No centro da cena uma *patera*, um *cultrum* (faca usada em sacrifícios animais) e um *urceus* estão sobre uma mesa. Na parte superior, guirlandas pendem de um *bucranium* central, o crânio de boi que remete ao sacrifício, ladeadas por tochas acesas, ramos de louro e fitas. A composição do altar de Amemptus fornece um contexto espacial (um jardim? uma área externa?), uma superfície (a *mensa*), na qual os objetos estão pousados, e há mesmo um suporte para apoiar a *patera* e mantê-la no lugar. Cícero, por exemplo, destaca a importância dos objetos rituais para a realização correta das ações e a relevância dos ritos preliminares, detalhando que erros na execução dos ritos preliminares podem comprometer o ritual como um todo. Comentando atividades religiosas do edil, Cícero diz: "[...] e se o edil cometeu um erro na fórmula, nas palavras ou com um *simpuuium* (= *simpulum*), então os jogos não foram devidamente realizados, e tais erros são expiados e os deuses imortais aplacados pelo refazer (*instauratio*) dos jogos" (*Har. resp.* 11. 23). Assim como as palavras tinham de ser pronunciadas corretamente, manusear corretamente os objetos do culto também era necessário. Em centenas de altares funerários são representados nas laterais uma *patera* e um *urceus*, um de cada lado, talvez refletindo a posição física do oficiante e de seu assistente em torno do altar. São, ambos, objetos dos ritos preliminares dos rituais fúnebres. Seria o caso de a representação desses objetos conjurar a ação?

A cena do Altar de Amemptus é uma representação visual que não dispensa referências ao mundo físico nem apresenta objetos flutuando contra as 'leis da gravidade', o que é mais comumente encontrado nos relevos romanos, nos quais a margem inferior do friso por vezes apoia os objetos. É mais comum também encontrar relevos nos quais objetos 'ilocalizados' surgem como se estivessem em ação. Como muitos exemplos contemporâneos da época julio-claudia, esta representação segue o padrão iconográfico dos monumentos públicos. Os ramos de louro, e.g., estão bem de acordo com a associação dessa árvore à vitória e à alegria, após o senado ter votado dois loureiros em honra de Augusto, em 27 AEC. Os 'loureiros' da cena costumam ser interpretados como símbolos de prosperidade e de fertilidade em geral, e os objetos cultuais à mesa, como referências à *pietas*, mas, rigorosamente falando, não seriam referências ao culto de Augusto, cuja flamínica era Lívia? Neste caso, a informação biográfica da inscrição auxilia a interpretação, e os *instrumenta sacra* podem ser referências ao culto imperial.

Figura 4: *Aureus* de Augusto, *circa* 17 AEC
Fonte: http://numismatics.org/collection/1985.140.17

Vejamos outro exemplo de utilização de *instrumenta sacra* em representações visuais, desta feita centralizando nosso interesse no *lituus*.

Esta moeda, um *aureus* de 25 mm de diâmetro e 7,90g de peso, pertence atualmente à coleção do Cabinet des Médailles (BNF, Paris), é datada de ca. 18-17 AEC e foi feita na oficina de *Colonia Patricia*, na Hispania Vlterior (GIARD, 1988). A datação teve como base os traços e o penteado da efígie de Augusto no anverso, que indica os anos 20-10. Há diversas moedas augustanas com o tema do capricórnio, mas nesta os motivos são abundantes no reverso: capricórnio, leme, cornucópia, escudo, *lituus*. É o reverso que veicula os *signa* indicativos do poder do *princeps*, complementados pela inscrição AVGVSTVS, título que foi outorgado a Caio Júlio César Otaviano em 27 AEC. O reverso, portanto, é pleno de *signa* religiosos.

Há de levar em conta, quando lidamos com moedas augustanas, não apenas o crescente aumento do poder religioso e político do *princeps*, mas também o incremento de sua fortuna pessoal após a vitória sobre o Egito. A moeda de ouro era ainda relativamente rara em Roma até então, e os antecedentes (de Sulla, César etc.) são poucos. O butim de Cleópatra permitiu a Otaviano pôr em circulação muito metal monetário e, nos anos 20, as oficinas romanas faziam moedas de ouro e de prata em abundância. Roma emitia também moedas de bronze (sestércios, dupondios) e de cobre (as, quadrans), atendendo a diversas necessidades sociais, desde as quotidianas à emissão das prestigiosas moedas de ouro.

No reverso deste aureus temos um animal meio cabra, meio peixe, o capricórnio, portando o globo e o leme. Não devemos pensar no capricórnio como signo zodiacal de Augusto (era a Libra), mas podemos pensar neste animal híbrido como símbolo da vitória de Augusto, remetendo tanto aos tiranicidas quanto ao Egito de Cleópatra, num momento em que os temas egípcios estavam em alta na iconografia romana. O capricórnio, vinculado em muitos mitos à superação da morte, pode representar Augusto como o vingador de César – e o capricórnio aparece numa série de moedas comemorando a vitória sobre o Egito. Neste aureus, o capricórnio aparece pleno de motivos significativos: o leme, a condução do mundo e uma referência à vitória naval do Actium; o escudo, um motivo frequente na iconografia augustana, talvez remetendo ao *clipeus uirtutis*; a cornucópia, simbolizando a prosperidade, e o *lituus*, instrumento do áugure (e do *Augustus*), que inaugura pessoas e lugares e garante a *pax deorum-pax hominum*. Muito já se falou sobre o significado do *lituus* como um símbolo do *imperium* e como a marca do *augur*, o que significaria a presença do poder romano na marcação do solo (BELTRÃO, 2013).

Esta interpretação é procedente, mas deixa de responder questões e dúvidas sobre a presença recorrente do *lituus* em urnas funerárias, altares de túmulos e sarcófagos em vários pontos do Império, o que levou especialistas a matizar seu significado e a ver o *lituus* como um símbolo da *pietas*, como é o caso de K. Moede e de P. Zanker. É possível, contudo, buscar outra interpretação, a partir da função do *lituus* nos rituais, como marcador de fronteiras (*terminatio*) e como instrumento da *consecratio* (BELTRÃO, 2013), apesar de o colégio dos áugures aparentemente não ter relação com os ritos funerários (e, sim, os pontífices, pois o funeral é regido pelo *ius pontificale*). O *lituus*, e.g., era usado pelos áugures, um dos mais aristocráticos sacerdócios romanos. Muitas das representações visuais do *lituus* podem ser associadas também ao *princeps* em seu papel de *augur*, mas não há nenhuma evidência de que áugures estivessem envolvidos em ritos funerários. Os ritos fúnebres, bem como as propriedades dos *Manes* (*loca religiosa*), faziam parte da circunscrição do colégio dos pontífices, o que nos traz um problema. Por que, então, o *lituus* era representado em monumentos funerários por todo o território imperial?

O *lituus* no contexto funerário

O exemplo agora é uma urna funerária (*cinerarium*) de meados do século I EC, atualmente no Art Museum of Rhode Island School of Design, EUA, cat. 154. A datação teve como fundamento seus ornamentos de base, considerados do período tardio de Claudio ou do período neroniano, e a urna foi encontrada numa necrópole da Via Ostiense, perto da Basílica de S. Paulo fuori le Mura (KLEINER; MATHESON, 1996, p. 202-203).

FIGURA 5: Urna funerária (*cinerarium*), ca. 50. Face A.
Fonte: Art Museum of Rhode Island, cat. no. 154. Foto da autora.

A inscrição indica se tratar de uma oferta a um escravo imperial, Delicatus, por sua esposa Antonia Saturnina (liberta ou ingênua, não se sabe) e seu filho, M. Antonius. A urna tem a forma de um templo, com colunas coríntias nos cantos frontais. A tampa é articulada com pedimento, acrotério (um pedestal destinado a receber ornamentos) e telhado. As laterais são decoradas com motivos vegetais, e o frontão, com uma coroa de louro, pássaros, lagarto, urna e folhagem, numa espécie de 'jardim iconográfico', comum em muitas urnas funerárias. Uma águia caça uma serpente em cada *acroterion*, um elemento também muito comum, talvez mais um símbolo de proteção do que de apoteose, como Kleiner e Matheson consideram. A decoração do pedimento apresenta, no centro, uma *patera* ladeada por um *urceus* à esquerda e um *lituus* à direita, e um machado ritual, a *securis*, pousado na base direita se apoia em sua lâmina (Kleiner e Matheson não mencionam o quinto objeto, uma faca ritual, o *cultrum*, do lado esquerdo do pedimento). São *instrumenta sacra* que remetem ao sacrifício animal.

Os objetos não respeitam as regras de escala, e parece que o mais importante é que fossem facilmente reconhecidos pelos espectadores. A composição cria um espaço ritmado e balanceado no 'pedimento', e a representação destaca os próprios objetos, não se tratando de uma composição naturalística. Alguns objetos estão em posição 'animada', como se estivessem em uso, enquanto outros surgem prontos para serem usados. Por exemplo, a *patera* é mostrada na posição característica do ato de fazer a libação, bem como o *urceus*, como se estivesse derramando o vinho que supostamente contém, em plena ação ritual.

Voltemos à questão: *o que as representações de lituus em túmulos significam*? A informação biográfica da inscrição não ajuda: um liberto não pode ter sido um áugure. Além disso, o fato de facas e machados não serem usados nem por sacerdotes, nem pelos magistrados nos rituais, e sim por auxiliares, sugere que o significado dessas representações pode não ser uma referência direta a objetos e ações sacerdotais. O *lituus* também pode não ser uma referência direta ao *imperium*, pois seu uso era uma prerrogativa do *princeps*. Os demais objetos são de uso comum a vários rituais, incluindo-se os domésticos, mas o uso do *lituus*, não. Seu uso era restrito a certas pessoas e a determinados rituais públicos. Mas devemos lembrar de que o *lituus* é um *motivo*, e figuras e motivos são elementos básicos pelos quais imagens figurativas são feitas.

Como podemos compreender, então, o *lituus* no contexto funerário? Que tipo de ação religiosa o *lituus* poderia realizar num túmulo ou numa urna cinerária? O que faz o *lituus* no conjunto formado pelo *cultrum*, o *urceus*, a *patera* e a *securis*? Certamente, alguns objetos podem ser alusões ao sacrifício que os vivos faziam no local do túmulo (a *porca praesentanea*, e.g.) para marcar a área do túmulo, distinguindo-a da área dos vivos. Lembremos, então, da associação do *lituus* à *inauguratio* e sua função como instrumento de delimitação do espaço sagrado em novas fundações de cidades (BELTRÃO, 2013). O *lituus* não seria uma alusão à criação de um novo espaço para o morto e de sua distinção do espaço dos vivos?

O *lituus* não expressaria a ideia de liminaridade também nos túmulos? Não seria o caso de a representação do objeto estar *realizando* simbolicamente esta ação de demarcação? O *lituus*, também nos túmulos, teria a função de definir fronteiras? Os objetos estariam realizando – e realizariam para sempre – os ritos para os mortos? Por meio do ritual, do mesmo modo, os vivos não continuariam a manter o contato com os mortos? Os *instrumenta sacra* representados nos túmulos não seriam símbolos vivos da ligação entre vivos e mortos? Essas representações, que trazem o ritual à vida, são completadas pelo olhar do espectador, que entende a função de cada objeto representado, mostrando crenças romanas em relação a outros mundos: o mundo dos deuses e o mundo dos mortos, reforçando-se a importância do culto familiar e um poderoso meio de comunicação.

Nesta interpretação, a popularidade dos motivos de *instrumenta sacra* radica no modo pelo qual eles remetem à prática ritual. Essas representações, disseminadas por todo o território imperial, então, podem não ter sido apenas *signa* da elite sacerdotal ou símbolos genéricos da *pietas*, mas, para as populações romanas e romanizadas, eram signos que nos revelam a importância das ações rituais e das crenças religiosas romanas na vida das populações do *imperium*.

Referências Bibliográficas

BELTRÃO, C. *Terminatio* e *limitatio*: inauguração, fundação e cena ritual na República romana. *História: Questões & Debates*. Curitiba, n. 59, jul./dez. 2013, p. 173-191.

GIARD, J.-B. *Catalogue des monnaies de l'Empire romaine*, t. I: *Auguste*. Paris: BNF, 1988.

HÖLSCHER, T. *The Language of Images in Roman Art*. Cambridge University Press, 2004.

KLEINER, D.E.E.; MATHESON, S.B. *I Claudia*. Women in Ancient Rome. Yale University Art Gallery/University of Texas Press, 1996.

MOEDE, K. Reliefs Public and Private. In: RÜPKE, J. (ed.) *A Companion to Roman Religion*. The Blackwell Publishers Ltd., 2007: 164-175.

PAVIS, P. *Dicionário do Teatro*. s.v. "caracterização". SP: Perspectiva, 2007, p. 38.

SNODGRASS, A. *Homero e os Artistas*: texto e pintura na arte grega antiga. SP: Odysseus Ed., 2004;

WARRIOR, V. *Roman Religion*. New York: Cambridge University Press, 2006

WÖLFFLIN, H. *Conceitos fundamentais da história da arte*. SP. Martins Fontes, 1984.

ZANKER, *Arte Romana*. Bari: Laterza, 2010.

________. *The Power of Images in the Age of Augustus*. Ann Arbor: University of Michigan Press, 1997.

Ovídio e a literatura latina: uma apresentação

Renata Cerqueira Barbosa[1]

Nasça o prazer naturalmente e não
Duma artificial provocação.
Para que jorre a fonte do prazer é
necessário que o homem e a mulher
Igualmente o partilhem.
(Ars Amatoria, II, 683-692).

Públio Ovídio Nasão nasceu em Sulmona, cidade do Brútio (Abruzzo), em 20 de março de 43 ac. De família com atividade equestre, Ovídio foi encaminhado por seus pais a Roma para estudos de gramática e eloquência. Estaria destinado a atuar nos tribunais e/ou na política. Entregou-se aos estudos retóricos, que lhe foram úteis quando se rendeu totalmente à poesia. Sentia necessidade de fazer versos, mas, ao que parece, queimou todas as suas poesias compostas na primeira juventude.

---

1 Pós-doutoranda pela Unicamp. Professora Colaboradora no Departamento de História da Universidade Estadual de Londrina - UEL. Pesquisadora do Núcleo de Estudos Antigos e Medievais da Unesp/Assis - NEAM, do Grupo Antiguidade e Modernidade: Usos do passado - CNPQ e do Grupo de Pesquisa Gênero, Sexualidade e Sociedades - USC.

Realizou viagens de instrução a Atenas e à Ásia Menor, com quase um ano de permanência na Sicília. De regresso a Roma exerceu algumas magistraturas menores. Contraiu três casamentos. Entrou no Círculo de Messala[2] (Messala Corvino - 64 ac. - 13 d.C.), onde escreveu Medéia, entre outras obras. A personagem de Medéia era cara à fantasia de Ovídio, à qual demonstrou insistência nas *Heroides* e nas *Metamorfoses.*

Aos 20 anos, Ovídio se dedicou ao tema que mais o atraía, o amor, e iniciou a composição do seu cancioneiro amoroso em dísticos, publicado sob o título de *Amores.* Começou com esta obra o ciclo erótico que compreende toda a poesia da primeira fase ovidiana e a enorme produção ovidiana em dísticos. A coletânea fez um grande sucesso à medida que os carmes foram difundidos.

As *Heroides* são cartas de heroínas – que se tornaram famosas por força de paixões invulgares, personagens míticas, em sua quase totalidade (exceto a poetisa Safo, na elegia 15) – endereçadas àqueles heróis que foram objeto de seu amor; em três destas missivas é acrescentada a carta resposta do destinatário. Compôs também os *Remedia Amoris,* para curar os efeitos do amor.

Na maturidade, escreveu *Metamorfoses*, obra em 15 livros, em que se registram mitos que narram transformações e mudanças de forma na natureza e no mundo mitológico. Escreveu os *Fasti*, um calendário nacional, heroico-religioso, no qual são descritos os cultos e as festas religiosas dos seis primeiros meses do ano, quando um edito de Augusto, em 8 d.C., o surpreende, banindo-o de Roma.

---

2 Círculo de Messala foi um círculo de muitos poetas de talento que se reuniam em torno do orador Messala Corvino (64 ac. - 13 d.C.). Um membro importante deste círculo foi Tibulo, e mais tarde Ovídio. (GUDEMAN, 1952, p. 127). Sobre este mesmo círculo, consultar também: PEREIRA, 1989, p. 226-235.

No exílio, o poeta compôs, dentre outros poemas, *Tristia* e *Epistulae Ex Ponto*, que, sob a aparência de cartas endereçadas aos familiares e amigos (*Tristia*, 4, 5), testemunha a dor, a saudade, as amarguras e os sofrimentos quando se vê relegado entre povos bárbaros. Ao mesmo tempo, os poemas se tornaram fonte para o conhecimento da vida e dos costumes daquelas regiões tão distantes de Roma.

A situação de Ovídio em Tômis era a de um *relegatus* (confinado a um determinado local por decreto imperial). Neste caso, o condenado conservava os bens e a cidadania romana. Na condição de *exul* (exilado), ele perdia a cidadania romana, e seus bens eram confiscados e leiloados. O próprio poeta esclarece que ele era um relegado, banido, e não exilado: *relegatus, non exul* (*Tristia*, 2, 137). Ainda assim, por vezes ele denominava sua punição como *exilium*. Segundo seu tradutor, trata-se de um artifício poético, de valor hiperbólico, utilizado para comover os amigos menos sensíveis.

Com Tibulo, Propércio e Ovídio, a escrita latina inaugura na poesia um gênero literário. Os poemas metrificados em dístico elegíaco (compostos de hexâmetro que se alterna com pentâmetro) registram as vozes de um amante-poeta tomado de amor ardente por uma mulher, numa relação tensa, marcada por ciúmes, brigas, infidelidade, reconciliações calorosas que fazem do amante um ser insatisfeito e infeliz, com a agravante de não poder romper esse círculo (MENDONÇA, 1994, p. 12).

Na obra *Os Amores* de Ovídio, podem-se encontrar e identificar os elementos fundamentais da ideologia e do código elegíaco. Na sua coletânea, muitas das situações da elegia erótica são lembradas, e o todo é "açucarado" por uma adesão mais intensa e voluptuosa à vida brilhante da capital, com suas festas, os seus espetáculos, as suas modas, que nos carmes do jovem poeta fazem fundo às aventuras verdadeiras ou fictícias.

Mais tarde Ovídio compôs seu tratado poético sobre os modos de conquistar a mulher, a *Ars Amatoria*, em que a *inventio* (a recolha do material), com que se iniciam os tratados retóricos, corresponde à caça às mulheres belas e o assédio a sua virtude. Foi a obra que levou ao auge a fortuna de Ovídio como autor mundano e que fez dele o benjamim dos círculos mais requintados da capital. Mortos Virgílio, Tibulo, Propércio e Horácio, Ovídio passa a atuar como gigante sem rivais. Mas ao mesmo tempo representando a contraposição mais audaciosa aos ideais moralistas de Augusto, a *Ars Amatoria* o expôs ao ressentimento do *princeps*, que viria a explodir mais tarde (PARATORE, 1983).

Como o sistema da literatura, de par com todo o movimento de ideias, está sempre vinculado ao espaço cultural ocupado pelos agentes políticos e sociais, parece útil acenar com alguns dados sobre o ambiente em que viveu essa segunda geração de poetas, sob o regime de Augusto. O fim das guerras civis, que tinham traumatizado a sociedade romana com a eliminação de homens de grande prestígio, e o advento da *Pax Romana* fizeram renascer as esperanças de uma nova era; não é de estranhar que a primeira geração de poetas desse momento histórico, principalmente Horácio e Virgílio, tenham se entusiasmado com a nova ordem estabelecida, se empenhado e comprometido com um ideário de reconstrução do mundo romano. O novo regime trazia tranquilidade e segurança e reduzia, com sua constituição fundamentalmente monárquica, a liberdade política e a cidadania, criando condições propícias para que vingasse o desengajamento, descompromisso e a alienação (ALFÖLDY, 1989).

Em pouco tempo ocorreram mudanças profundas de comportamento. O individualismo, já há certo tempo estimulado e cultivado por doutrinas do mundo helenístico, encontrou condições ideais para derrubar antigos ídolos e valores até então altamente prestigiados, como o apego à tradição, à atividade política, a glorificação na guerra ou nos tribunais. Com a queda desses valores surgem outros, como os cultos ao amor, ao pacifismo, ao absenteísmo e, particularmente com Ovídio, ao mundanismo, à galanteria e uma grande alegria de viver. Seria ilusão pensar que os poetas da segunda geração constituíssem um pequeno grupo ou um cenáculo de esnobes refinados e solitários, marginais ao processo social. A consagração que obtiveram, a posição que assumiram, os dados que apresentaram demonstram que não foram apenas agentes de novas ideias e de novo comportamento, mas funcionaram como "caixa de ressonância" de uma situação existente (MENDONÇA, 1994, p. 11).

"A Arte de Amar" e "Os remédios e os Cosméticos para o rosto da mulher" têm como traço comum a função didática, além, evidentemente, da métrica em dístico elegíaco, característica de toda a produção de Ovídio, com exceção das "Metamorfoses", em hexâmetro. Ao lançar mão desse tipo de literatura, Ovídio dá prosseguimento a uma tradição que já vinha de muito longe na literatura grega e que, na latina, tinha tido grandes representantes, como Lucrécio (*Da natureza das coisas*), Virgílio (*Geórgicas*) e Horácio (*Arte poética*), tratados sobre filosofia, agricultura e teoria literária.

Entre os poemas de Ovídio, a "Arte de Amar" pode ser considerada para alguns a obra mais significativa do poeta e a que mais repercussão e influência teve na literatura posterior. A "Arte de amar" ligada aos "Remédios..." pode ser considerada um manual de galanteio, um trabalho sobre a sedução em que se misturam observações psicológicas finas e picantes com dados preciosos sobre a vida de Roma.

A elegia erótica romana

Para muitos estudiosos, a Elegia erótica é uma das formas de arte mais sofisticadas na história da literatura, e também não existem muitas cuja natureza tenha sido mais desconhecida. Dois ou três decênios antes do começo da nossa era, jovens poetas romanos como Propércio, Tibulo e – na geração seguinte – Ovídio decidiram-se a cantar na primeira pessoa, com seu verdadeiro nome, episódios amorosos e a relacionar esses diversos episódios a uma só e mesma heroína, designada por um nome mitológico; a partir de então, os leitores passaram a imaginar os poetas e suas amantes; Propércio e sua Cíntia, Tibulo e sua Delia, Ovídio e sua Corina.

Na Grécia e em Roma, os gêneros poéticos eram facilmente classificados segundo a métrica na qual eram escritos, do mesmo modo que o são as danças conforme o ritmo; esses versos de amor eram feitos em ritmo elegíaco. Segundo Paul Veyne (1995, p. 10), "a elegia romana é uma poesia que só requer o real para abrir uma fenda imperceptível entre ele e ela", no caso, o autor e a heroína. Entre suas heroínas, poetas como Ovídio, Propércio e Tibulo mendigavam noites de amor. No princípio estava estabelecido que ela, a heroína, distribuiria seus favores como quisesse e a quem quisesse. Esta heroína adorada por poetas nobres não é uma dama nobre, e sim uma mulher de vida irregular, e eles estariam prontos para tudo pela amada, menos desposá-la. Percebemos que a heroína é uma impura; portanto, a elegia erótica se tornou um quadro do *demi-monde*, como diria Paul Veyne (1995: 10), ou seja, um mundo das mulheres de reputação e costumes equívocos e duvidosos.

O poeta e adorador diz "eu" e fala de si mesmo com seu verdadeiro nome – Propércio, Tibulo ou Ovídio: é possível reencontrar seus traços nos poetas de sua posteridade petrarquista e romântica e não teremos dúvidas de que ele exprime sua paixão e que faz confidência de seus sofrimentos. A elegia trata as mulheres de vida irregular como heroínas da Fábula, e os senhores, como amantes febris. No entanto, Veyne (1995) percebe que a elegia representa, mas não é um quadro desse *demi-monde*, pois ela não descreve nada em absoluto e não impõe a seus leitores que pensem na sociedade real; ela se passa num mundo de ficção em que as heroínas são também mulheres levianas, e a realidade só é evocada por *flashes*, e por *flashes* pouco coerentes.

Delia, Cíntia e Corina poderiam ser cortesãs, esposas adúlteras, mulheres livres; o mais frequentemente, não se sabe o que elas são e não há preocupação com isso: são mulheres de vida "irregular", é tudo. Esta irregularidade não é uma parte da vida de nossos poetas e de sua suposta amante, mas uma peça de um sistema; ela representa a lei do gênero. Apenas num segundo momento o leitor poderia relacionar esta ficção às esferas sociais um pouco livres da época. A elegia erótica guardará esta tradição de rir das crenças populares, de imitar o texto das leis sagradas e dos ex-votos. O "eu" elegíaco permite um humor a mais: o poeta atribui a si a crença ingênua do homem simples. A elegia erótica era um gênero tal que nele se podia brincar com as coisas sagradas e também com a moral e com o dever de fazer carreira pública para servir ao império, sem que houvesse consequência dessa brincadeira.

Porém, existiu realmente em Roma um *demi-monde* de hábitos galantes, uma vida de prazer da qual a elegia parece ser a representação. Ovídio viveu este mundo, e seus versos fazem indiretamente seu elogio e tratam como brincadeiras coisas que chocariam um moralista sério. Os elegíacos não fazem uma mimese do *demi-monde*, mas criam uma réplica fantasista e humorística, para fins estéticos.

Ovídio e sua poesia erótica

No momento da produção da *Ars Amatoria* e *Amores*, o governo imperial havia decretado normas revolucionárias sobre o assunto: o adultério da esposa, assim como o de seu cúmplice, seria severamente castigado, e as relações fora do casamento com uma *vidua* (Mulher viúva ou divorciada) igualmente o seriam, a título de estupro, pois na Antiguidade o legislador estava pronto para mudar a sociedade por decreto – a lei não era feita para não estar muito adiante nem muito atrás dos costumes. De tempos em tempos, uma lei vinha reerguer uma cidade que estava decaindo, e os cidadãos começavam a segui-la até que ela caísse novamente no esquecimento. Ovídio deveria provar que não tinha falado contra as novas leis em seus poemas eróticos. Devia protestar que os conselhos em versos que havia dado aos sedutores não se destinavam, em seu modo de pensar, a serem utilizados contra a virtude das matronas casadas ou sem marido, mas somente contra a das mulheres venais, que não estavam submetidas à lei. Nos termos da nova legislação, o amor livre, fora do círculo da família, aquele que não se fazia com sua esposa ou com suas próprias escravas ou libertas, só era tolerado com prostitutas. Todas as que não fossem meretrizes ou antigas escravas não casadas deviam ser respeitadas e chamadas de matronas. O amor era impossível com qualquer mulher livre e com qualquer mulher casada, nascida livre ou não.

Portanto, Ovídio quando exilado jurou que os versos ousados que tinha feito não visavam às vestes matronais:

> [...] De verdades, não mais aqui se trata
> Ó mãe do Amor, secunda o meu intento!
> E vós, longe daqui, ó finas faixas
> Que sempre do pudor sois ornamento!
> E tu, também, ó longo véu que tapas
> Das matronas os pés, vai-te no vento!
> Eu só a quem é livre me dirijo:
> Apenas me dirijo a quem não tema
> Os prazeres mais a furto concedidos...
> Não tem pois nenhum mal este poema [...]
> (OVÍDIO, *Arte de Amar*, I, 30-34).

Ovídio alega falar ou se dirigir em seu *Manual* às mulheres de veste curta, ou seja, não se dirigia às matronas. Preferia-se não pensar que belas damas pudessem ter costumes livres, que plebeias livres pudessem enganar seus maridos com um senhor generoso; preferia-se ter dois bodes expiatórios, admitidos pela lei e pela moral: as cortesãs e as libertas.

Estamos diante de três estereótipos. O estereótipo social – com as plebeias, o erro não tem importância; estereótipo moral – uma mulher de costumes muito livres era, portanto, uma cortesã; estereótipo cívico – a categoria das libertas tem estatutariamente uma moral particular. Esta é uma forma arcaica de desvio, a moral era diferente segundo o *status* de cada um.

À ficção de um corpo cívico em que todos são iguais opõe-se aquela de uma sociedade em que alguns são mais iguais que outros: "só as belas damas são verdadeiramente cidadãs", e Plínio, em *História Natural* (PLINIO, XXXIII; 12, 2.), oporá logo a "veste longa" à "plebe". No entanto a veste estava mudando de significação no momento em que Ovídio escrevia seu *Manual.* A *stola*, esta veste das cidadãs casadas, quase não era mais usada, a não ser pelas damas, e se tornava, como a própria toga, uma vestimenta de cerimônia e um sinal de superioridade social. Então a expressão "dama de veste longa", *stolata matrona,* será uma espécie de título de honra, designando as mulheres de uma classe superior à plebe. Em vez de marcar a pertinência comum ao corpo cívico por meio de uma vestimenta coletivamente convencionada, deixa-se doravante cada mulher vestir-se segundo seus meios e ostentar sua riqueza em suas vestimentas, os fatos falarão por si mesmos para assinalar as classes.

Ovídio coloca como regra que é preciso respeitar as mulheres casadas, que a moral assim o quer e que o imperador acaba de lembrar isso com suas leis, mas acrescenta logo que há limites mesmo para isso:

> [...] Tema a mulher casada o seu marido;
> dia e noite seja ela vigiada.
> Eis o que exigem as conveniências
> As leis, o nosso chefe, e o pudor.
> Mas quem poderá admitir
> Que te submetam à mesma vigilância
> A ti que pela varinha do pretor
> Foste agora tocada? Para aprenderes a enganar
> Agrega-te ao meu culto [...] (III, 611).

Em parte de suas obras, principalmente na *Ars Amatoria*, Ovídio trabalha com a noção de feminilidade e masculinidade dada pelos aspectos físico, ético e amoroso, "[...] no estudo do corpo é importante mediar os traços físicos pelos aspectos culturais que delineiam as diferentes maneiras de tratá-lo e interferem na distribuição das funções exercidas pelos indivíduos" (FEITOSA, 1994). Por meio desta definição estética dos cuidados com corpo e de sua postura, é exteriorizada uma linguagem social que envolve aspectos éticos e amorosos. Para os diferentes grupos sociais que compõem a sociedade romana, são apresentadas normas específicas de conduta social e sexual, explicadas pelas diferenças entre o seu *status* jurídico – ser cidadão ou não cidadão – e o *status* social – o lugar que cada indivíduo ou grupo ocupa na sociedade –, o que definirá os direitos, os deveres e o comportamento social esperado de cada um deles.

Esta relação sócio-sexual é dada por conceitos morais que são entendidos como um conjunto de valores e regras apresentado aos indivíduos e aos grupos, bem como o comportamento real destes em relação ao conjunto prescrito, o grau de sujeição e a transgressão dos indivíduos às regras e valores propostos, que é representado, satirizado, aceito e negado por intermédio das relações amorosas. O estudo das relações afetivas sinaliza para imagens estéticas e posturas sexuais e morais que se encontram vinculadas à representação dos papéis sociais definidos para homens e mulheres. No entanto, isto não significa que toda a aristocracia romana aceitasse naturalmente os conselhos amorosos de Ovídio, considerados danosos à moral e aos bons costumes, reprovados pelos movimentos filosóficos, como o epicurismo e o estoicismo, entre outros, que acentuaram a rigidez moral dos comportamentos.

Porém, Ovídio tem toda uma tradição literária que lhe respalda: a dos poetas elegíacos. Partindo da distinção entre matronas e cortesãs, com o álibi de se dedicar às últimas, a compreensão da mulher foi despontando nos elegíacos como algo completamente distinto do modelo tradicional. Na opinião de Manuel Rolph Cabeceiras (1998, p. 291), "para esses poetas as mulheres são seres passionais, ávidas de amor e, ao desejarem apenas isso, entregar-se iam a todo tipo de vaidade".

De acordo com Lourdes Feitosa (2000, p. 53-68), a análise que é feita do discurso do autor tem sua importância, justamente por não se limitar ao discurso proferido, mas em refletir como e por que isso foi retratado. "Se não houvesse nenhum tipo de representação no imaginário coletivo da época, por que se escreveria sobre esses amores e valores de compreensão pouco acessível para os seus leitores?"

Em concordância com Cabeceiras (1998, p. 296), dentre os aspectos polêmicos abordados por Ovídio temos a crise de consciência vivida pelas elites romanas. A mulher inexiste, portanto, não é possível orientar um modelo de construção poética das personagens femininas em sua obra.

Nesse sentido, segundo o autor, rompe-se qualquer preconceito:

> [...] pois exaltar a mulher como Domina, denota, apesar das conquistas alcançadas na conjuntura, em

> Roma, o funcionamento de um mecanismo compensatório – a exaltação a nível do imaginário corresponde, antes, a uma permanência ainda da discriminação da mulher nas práticas sociais relevantes.

As representações culturais desenvolvidas por Ovídio procuravam dar resposta a expectativas e interesses do momento e acabam por seguir uma direção distinta, alternativa à dos esforços e não necessariamente aos propósitos da política imperial. Enquanto Augusto, em face à crise de consciência do período, adota um caminho moralista, já Ovídio assume outra postura, comprometendo-se decididamente com aquilo que poderia ser identificado como novidades culturais e que fornecem o arcabouço com o qual é identificada a sua epopeia (CABECEIRAS, 1998, p. 297).

A *Ars Amatoria* de Ovídio trata-se de um manual didático de galanteio, em que o autor dá dicas de sedução e de conquista a homens e mulheres do período que, de certa forma, podemos considerar atuais, servindo como manual até mesmo a sociedades posteriores.

> Se acaso existe alguém entre este povo
> que da arte de amar nada conheça,
> leia o presente livro - a ver se douto
> fica nesta matéria que lhe interessa [...] (II, 1).

A obra é composta por três livros: o primeiro é dirigido aos homens, em que o autor ensina onde se deve procurar a amada e como escolhê-la. O segundo livro ensina a arte da conquista, como manter o amor desta dama. O terceiro é voltado às mulheres, como escolher um amante e manter o seu amor. É possível perceber nos livros uma espécie de fio condutor que demonstra a classificação do pensamento do autor.

Abaixo ele demonstra a quem são voltados os versos:

> Ó mãe do Amor, secunda o meu intento!
> E vós, longe daqui, ó finas faixas
> Que sempre do pudor sois ornamento!
> E tu, também, ó longo véu que tapas
> Das matronas os pés, vai-te no vento!
> Eu só a quem é livre me dirijo:
> Apenas me dirijo a quem não tema
> Os prazeres mais a furto concedidos...
> Trata de procurar, antes de mais,
> Aquela a quem desejas (I, 31-36).

E a que tipo de homens ele se refere? Ele se refere primeiramente aos jovens inexperientes na arte de amar e dirige seus conselhos, tendo um plano traçado para esta tarefa:

> Aqui tens o plano, nas suas grandes linhas.
> Este vai ser de nosso carro o curso;
> Esta, a meta – que há de ser atingida
> No termo do percurso (I, 39-40).

De acordo com Glaydson Silva (2003), para cada uma das tarefas indicadas são inúmeros as metáforas e recursos linguísticos utilizados, muitos dos quais aparecem com considerável frequência no texto, aludindo às determinações retóricas do autor. As representações de homens e mulheres e de suas relações guardam estreito vínculo com as figurações dos gêneros e suas relações no mundo social.

A elegia, assim como a literatura amorosa de forma geral, é o campo privilegiado das figuras de linguagem; nela, a metáfora ocupa lugar de destaque.

> Se gostas de caçar,
> é sobretudo nos anfiteatros
> que a caça é abundante.
> Oferecem-te os teatros
> Muito mais do que possa desejar"
> (I, 89-90).
>
> E ainda adiante compara este ato ao rapto das Sabinas:
> "No meio dos aplausos
> dá o rei o sinal que o povo espera para a cobiçada presa arrebatar.
> Num clamar confessando o seu desejo
> Saltam eles a uma ardentemente,
> As mãos ávidas lançando sobre as virgens.
> [...] medrosas são agarradas as Sabinas
> pelas furiosas garras destes homens [...]
> (I, 107-116).

As representações metafóricas mantêm uma ligação direta com os papéis desempenhados pelos agentes sociais (SILVA, 2003, p. 359-360). Para representar homens e mulheres, Ovídio faz uso de alegorias discursivas, estabelecendo uma relação de submissão feminina perante os homens. Esta condição é percebida no texto sempre de forma binária, em categorias como superior e inferior, predador e presa. Junto a estas representações, Ovídio faz constantes alusões bélicas (CABECEIRAS, 1998, p. 291). Assim como o caçador apresenta-se à caça, o soldado aparece da mesma forma fazendo uma relação com o objeto de sua conquista, e o autor compara o amor a uma espécie de serviço militar: "Do amor vos direi que é uma espécie de serviço militar" (*Ars Amatoria*, II, 233).

Ovídio e o século XIX - os usos do passado

> Ele era evidentemente abençoado pela *Heroides*, mas satisfeito com *Amores*. Da *Ars* disse ele: "O melhor de Ovídio". O *Fasti* foi quase demais para ele, no *Tristia* ele encontrou um conjunto de poemas muito melancólico. Com *Metamorfoses*, apesar de tudo ser muito bem incluído, ele ficou decepcionado com a primeira leitura, embora tenha gostado mais de uma segunda leitura compenetrada. (Opinião de Macaulay sobre Ovídio, segundo seu biógrafo. TREVELYAN, G. O. Life and Letters of Lord Macaulay. London, 1908, p. 725).

O século XIX foi um período marcado por poemas, romances e biografias moralizantes. Enquanto a Grécia antiga era vista como ideal de civilização e de democracia a ser imitado, buscou-se ressaltar o passado romano em sua expansão territorial, seu imperialismo, sua força bélica, sua literatura, suas construções e sua arte. Cada um desses temas foi mais ou menos privilegiado, em virtude do momento histórico em que esse passado era reclamado. Cada época baseada em valores de seu momento presente tentou recuperar um determinado tipo de passado de acordo com suas necessidades identitárias, buscando estabelecer as ideias de herança cultural e continuidade histórica (FUNARI; RAGO, 2008).

Quando na Modernidade e Contemporaneidade, buscou-se em Roma a ideia de identidade, e ao mesmo tempo que a sexualidade era vista com preconceitos e tabus, construiu-se um passado assexuado: durante muito tempo, arqueólogos e historiadores da arte silenciaram sobre esse tema em suas pesquisas. Ao excluírem fontes documentais representantes da sexualidade, se fazia uma opção por um determinado tipo de passado a ser reconstruído, lembrando que o discurso histórico começa na seleção e transformação de objetos distribuídos de outras formas em documentos.

> Portanto, no mesmo movimento em que se valorizava os antigos como referências fundamentais a serem copiadas e mantidas, uma narrativa histórica norteada pelas noções de objetividade e continuidade recriava os antigos à sua própria imagem, operação que permitia legitimar representações sociais de hierarquia social e superioridade racial, já que situava o presente como resultado de uma longa evolução histórica. Grandes nomes do evolucionismo, ao longo do século XIX e XX, entendiam que tendo-se iniciado a civilização na Antiguidade Clássica havia-se chegado, no presente, ao mais alto grau de desenvolvimento que a humanidade poderia atingir (FUNARI; RAGO, 2008, p. 10).

Esse imaginário preservou-se por muitas décadas e esteve na base de ideologias políticas e de políticas públicas responsáveis por efeitos nocivos e catastróficos, como a exclusão dos despossuídos, em geral, da esfera pública e da vida social, fato justificado com base em argumentos históricos e biológicos, pretensamente científicos, neutros e objetivos. Nesse sentido, indaga-se pelas múltiplas formas de apropriação do passado, pelos vários modos de hierarquização, inclusão e exclusão que atravessam as narrativas históricas, pelas relações que cada sociedade estabelece consigo mesma e com o passado.

Do mesmo modo, pode-se afirmar, numa perspectiva feminista, que as mulheres foram excluídas da esfera pública moderna, recorrendo-se aos tradicionais discursos cristãos de inferiorização feminina, que naturalizavam a identidade, o corpo e as relações de gênero. Portanto, a História Antiga foi utilizada em grande parte para dar legitimidade aos discursos modernos e contemporâneos, instituidores de formas sociais e culturais hierárquicas e excludentes (FUNARI; RAGO, 2008).

Partindo dessas informações, entende-se a repercussão de Ovídio na Inglaterra Vitoriana, ao passo que os próprios clássicos transmitiram sua imagem como imoral. No entanto, como essa imagem foi transmitida?

No século XIX, o prestígio de Ovídio caiu a níveis muito baixos. Essa generalização quanto ao prestígio de Ovídio é plausível principalmente se considerarmos a sombra que Homero e os Eruditos gregos revitalizados lançaram sobre quase toda a poesia latina nesse período; no entanto, isso não é inteiramente verdadeiro e se aplica muito ao século XIX. A aprovação da crítica com relação a Ovídio nunca foi universal, e mesmo na Antiguidade e nos meados do séc. XVIII o entusiasmo por ele parece que foi esmorecendo. Por outro lado, Ovídio continuou a ser conhecido pelos alunos, o ponto de partida do aprendizado do início da poesia latina e parte do pensamento da época e sentimentos expressos por escritores e pintores (VANCE, 1988, p. 215).

Parte da dificuldade de se acessar o significado de Ovídio no séc. XIX é que não se consegue vê-lo por si só. Sua influência quase sempre é mediada, às vezes por antigas pinturas com elementos ovidianos, como as de Polidoro da Andrômeda de Caravagio. Mesmo sem os pintores, outros poetas, tradutores, comentaristas e compiladores sempre se interpunham entre Ovídio e o leitor do sec. XIX. Chaucer, Shakespeare e Milton, Natalie Comes, George Sandys e John Leprière, todos agruparam desconcertantes fileiras de lentes coloridas e espelhos mais ou menos distorcidos em torno de Ovídio, que estava longe de ser a única fonte disponível de informações sobre questões mitológicas, mesmo sendo por longo tempo a mais importante e mais conveniente (VANCE, 1988, p. 215-232).

Havia mais autoridades nesse assunto, tanto gregas quanto latinas. Os hinos homéricos, Hesíodo e Apolodoro, além dos autores das tragédias gregas, poderiam suprir os detalhes que não são encontrados em Ovídio.

Voltando à sociedade romana, nesse período, reconhecido como possuidor de uma conjuntura específica denominada "conjuntura cícero-augustana", os comportamentos, atitudes e valores - ou seja, os padrões morais dos romanos – passaram a ser trazidos a público (CABECEIRAS, 1998). Essa ideologia imperial apoiava-se na antiga moral e costumes retomados do período republicano por Augusto. Autores considerados tradicionais no que diz respeito a tendência filosófica e moral, a exemplos de Cícero, anterior a Ovídio e Sêneca – este, posterior a Ovídio, fazem observações sobre a dissolução de costumes gregos e romanos.

Como exemplo, tem-se esta passagem de Cícero em *Da República*:

> Nossos antigos costumes proibiam que os púberes se despissem no banho. Desse modo procuravam afirmar as raízes do pudor. Em compensação, entre os gregos, que exercícios tão absurdos os de seus ginásios, que ridícula preparação para os trabalhos da guerra, que lutas e que amores tão livres e dissolutos! Passo por alto Eléia e Tebas, onde era autorizada a mais libidinosa e absoluta licença. Os próprios lacedemônios, concedendo tudo nos amores da juventude, exceto o estupro, levantaram apenas uma débil muralha entre o que toleravam e o que proibiam; permitir reuniões noturnas e todo gênero de excessos era querer deter um rebanho com um lenço (CÍCERO, *Da República*, IV, III).

Cícero reprova claramente o que ele chama de "comportamento libidinoso" e "todo o tipo de excesso", juízo esperado de um autor com influências estoicas e fortes valores morais. No livro V, Cícero (*Da República,* V, I) argumenta a respeito das antigas instituições, bem como da *República Romana*:

> [...] sem nossas instituições antigas, sem nossas tradições veneradas, sem nossos singulares heróis, teria sido impossível aos mais ilustres cidadãos fundar e manter, durante tão longo tempo, o império de nossa República. Assim antes da nossa época, vemos a força dos costumes elevar varões insignes, que por sua parte procuravam perpetuar as tradições dos seus antepassados. Nossa idade, pelo contrário, depois de ter recebido a República como uma pintura insigne, em que o tempo começara a apagar as cores, não só não cuidou de restaurá-la, [...] como nem mesmo se ocupou em conservar pelo menos o desenho e os últimos contornos. Que resta daqueles costumes antigos, dos quais se disse terem sido a glória romana? [...] Nossos vícios, e não outra causa, fizeram que conservando o nome de República, a tenhamos já perdido por completo.

A moral estoica

Esses valores e princípios citados por Cícero detêm forte influência estoica.

O estoicismo, fundado em Atenas por Zenão de Cítio, entrou em Roma na passagem do século III para o século II a. C., por meio de Panécio e Possidônio.

O Estoicismo divide-se tradicionalmente em três períodos: estoicismo antigo (séculos III e II a. C.), no qual essa filosofia se constitui pelas contribuições de Zenão de Cítio (332-262 a.C.), Cleantes de Assos (312-232 a.C.) e Crisipo de Sólis (272-204 a.C.); estoicismo médio (séculos II e I a. C.), representado por Panécio (185-180 - 100 a.C.) e Possidônio (140-130 - 59-40 a.C.), os quais o introduziram em Roma; e o estoicismo romano ou imperial (até o séc. II d. C.), ligado a quatro nomes: Sêneca, Musônio Rufo (30 até o final do século I d. C.), Epiteto (50-125/130) e Marco Aurélio (121-180) (AUBENQUE, 1981, p. 167-198).

Teorizado por Crisipo, tinha uma visão panteísta do mundo, segundo a qual ele era governado pela Providência ou divina razão. Para essa visão, a alma do homem tem uma centelha que lhe permite conhecer e compreender as leis que governam o mundo, e, seguindo-as, o indivíduo torna-se feliz. Porém, o saber é uma condição necessária para alcançar a felicidade, e ser sábio é ser feliz e virtuoso. O homem sábio está livre de afetos e paixões e é temente a Deus. O estoicismo faz parte de um sistema filosófico que teve acolhimento entre os romanos por meio do "círculo dos Cipiões". Cipião Emiliano se beneficiou da biblioteca de Perseu, trazida da Macedônia por Paulo Emílio, e do magistério de Políbio, prisioneiro de Guerra que se tornou um dos maiores historiadores da Antiguidade. Ligado a Cipião Emiliano e sofrendo sua influência, esteve todo um grupo de intelectuais, entre os quais estão personalidades como Lucílio, o criador da sátira, o comediógrafo Terêncio, além do filósofo Panécio, membro da escola estoica. É por essa via que o sistema filosófico, que teve acolhimento tal entre os romanos que se pode falar de assimilação, entrou na urbe. No entanto, outro modo de influência, não menos importante e que vai repercutir em toda a cultura europeia, é exercido pela obra *Dos Deveres*, de Cícero.

Juntamente com o epicurismo, o estoicismo esteve entre os sistemas de maior evidência no período helenístico, ambos fundados no final do século IV a. C., logo após o ceticismo. Sêneca e Marco Aurélio foram seus maiores cultores na época imperial.

Segundo Luciane Omena (2009, p. 42), a filosofia defendi da por Sêneca pretendia ultrapassar os limites da eloquência para alcançar a prática da *virtus*. Em suas palavras:

> Aos olhos de Sêneca a filosofia era o amor, o impulso pela sabedoria que se definia pelo bem supremo do espírito humano. Embora existissem várias maneiras de definir filosofia, o pensador a interpretava como sendo o estudo da virtude. Filosofia e virtude eram, portanto, inseparáveis (Epist. Mor. 89,8).

A *Virtus* era sentida como um valor fundamentalmente romano, não obstante o paralelismo que acusa com o conceito grego correspondente. As interpretações podem reduzir-se a três orientações principais: a que vê aqui a antiga *virtus* aristocrática, a que lhe opõe a etiqueta estoica, e a que a situa na convergência da *virtus* romana com a *Aretê* grega.

A interpretação estoica a designa com as noções de "reto", "útil" e "honesto".

Em *Tusculanas* II. 13.30, Cícero se aproxima da definição dada como estoica: "[...] aquilo que chamamos honesto, reto, conveniente, dando-lhe por vezes o nome de *virtus* [...]".

No que diz respeito à mulher, tendo sua identidade definida a partir do gênero masculino, ela era vista unicamente como procriadora para garantir a transmissão do patrimônio de seu esposo. O objetivo da união era concluir alianças, estabelecer e consolidar amizades entre as famílias e garantir apoio dentro da cidade. O *pater famílias* era quem decidia sobre as questões jurídicas que diziam respeito ao casamento.

Nesse sentido, apresentamos uma passagem de Sêneca em *Consolação à minha Mãe Hélvia,* mostrando a visão tradicional da mulher tida por autores estoicos, para contrapor à ideia que Ovídio tinha da mulher romana.

> De ti, ao contrário, pela energia que tua vida exigiu desde o começo, temos o direito de esperar mais: não pode assumir como desculpa o ser mulher quem sempre foi imune aos defeitos das mulheres. Não te arrastou no número das demais o pior vício de nosso tempo, a falta de pudor, não te dobraram nem as joias nem as pérolas; a riqueza nunca conseguiu brilhar a teus olhos como o máximo bem do gênero humano; a imitação dos piores, que é perigosa mesmo para os honestos, não afastou do caminho certo a ti, que foste criada numa casa antiga e austera; nunca te envergonhaste de tua fecundidade como se fosse coisa repreensível no seu tempo; nunca escondeste, como se fosse um peso vulgar, teu ventre prenhe, como fazem as outras, que se dedicam somente à beleza; nunca suprimiste nos seios os filhos concebidos; não manchaste teu rosto de cosméticos; nunca te agradaram os vestidos com os quais, quem os veste, está mais nua do que se estivesse nua: único enfeite, beleza superior a qualquer outra e não vinculada a idade alguma, máximo orgulho foi para ti a pudicícia. Não podemos, pois, para legitimar tua dor, servirmo-nos do pretexto de teu sexo, do qual tuas virtudes te afastam: deves manter tão longe dos prantos femininos quanto te mantiveste dos defeitos (SÊNECA. *Ad Helviam matrem de consolatione*, XVI).

Para pessoas como Sêneca, Ovídio é o representante máximo de tudo o que repugnam. Nas palavras de Cabeceiras (1998, p. 291), um poeta a serviço dos tempos, acolhendo no braço de seus versos as novas práticas e modas. No julgamento de um Sêneca, muito pouco nobre era visto um poema dedicado à vaidade feminina, como o é o *Medicamina faciei* de Ovídio, em que a beleza é apresentada como algo a ser cultivado, a envolver um trabalho duro e dedicado, enquadrado, suprema ironia, em uma virtude agrária. De fato, para pessoas como Sêneca e antes dele, Augusto, um tal poeta, era no mínimo perturbador.

No entanto, o Velho Sêneca, pai de Lúcio Aneu Sêneca, tem outra opinião a respeito de Ovídio. Ele fala em sua obra de maneira favorável que as declamações do jovem Ovídio impressionaram seus colegas (*Controversia ethica,* II, 2, 8). Seu talento, diz Sêneca, "era de natureza polido, agradável e simpático. Mesmo assim, sua oratória poderia ter sido tomada tanto como a poesia em prosa. Na época, porém, as pessoas só pensavam nele como um declamatório bom". Em outras palavras, um público mais exigente teria sido capaz de ver que a eloquência de Ovídio, embora ainda licenciado em prosa, foi de variedade poética (FRÄNKEL, 1945, p. 6).

A poesia de Ovídio pode ser considerada erótica para alguns e indecente para outros. No entanto, aos poucos Ovídio descobre e revela a seus leitores que, quando combina ternura e gratidão, o amor basta para preencher uma vida e criar entre duas pessoas um laço duradouro, ou seja, um casal deveria aliar uma compreensão mútua à atenção constante e confiar mais no prazer para garantir a estabilidade do casamento. Dessa forma, seriam amantes e, consequentemente, mais felizes. As convenções da moral romana impediam Ovídio de proclamar isso, que para ele parece uma verdade da experiência, mas é a lição que se destaca de toda a sua obra. Nas palavras de Pierre Grimal:

> [...] nisso consistia a imoralidade de Ovídio, e não na intensidade ou na indecência de suas descrições. Ele revelava a seu século o que este confusamente já havia percebido: que não há um amor 'permitido' e amores 'tolerados', mas que o amor, como Virgílio escrevera depois de Lucrécio, é o 'mesmo para tudo o que vive', que a paixão tem raízes em seu próprio ser e não é uma doença ou uma vergonhosa aberração (GRIMAL, 1991, p. 163-164).

Segundo Alison Sharrock, Ovídio tem sido chamado de simpático com as mulheres. Nesse sentido, não há dúvida de que o corpus ovidiano proporciona um local particularmente rico para o estudo de gênero, mais do que qualquer outra poesia não dramática antiga de autoria masculina, uma vez que é o trabalho de Ovídio que esmagadoramente dá espaço para a voz feminina. No entanto, de maneira mais problemática, às vozes masculinas e femininas, as quais refletem explicitamente a sua própria identidade de gênero, soma-se o fato de ser dirigido por um relacionamento conturbado com os fornecedores da masculinidade romana: o exército, a política, Augusto, o épico, e assim por diante. Além disso, "o poeta da fluidez da identidade por excelência provoca claramente uma leitura de gênero" (SHARROCK, 2002, p. 95-107).

Outros críticos do séc. XIX encontram desaprovação moral do poeta que, "apesar de muito ligado às mulheres", estava completamente sem apoio no exílio abrandando qualquer entusiasmo que eles possam ter tido. O conservador anglo-irlandês William Preston, homem de letras, tentou associar a deficiência moral e estética reclamando que Ovídio:

> [...] foi um dos primeiros a estragar [...] o puro gosto dos romanos. Ele é profuso com as flores e

> ornamentos em passeios da imaginação, em conceitos e espirituosidade, em sua moralidade ele é relaxado e depravado [...]. Muitos de seus assuntos são licenciosos, muitos imorais no mais alto índice e não somente em passagens aleatórias, mas em inteiras composições o são, altamente ofensivos à decência, e devem chocar o leitor modesto (PRESTON, 1805, p. 14).

Nas palavras de Sybil Rose, em sua tese de doutorado de 1922, Byron é interessante pelo fato de que ele traz de volta para nós Ovídio como o poeta do amor, especialmente em *Don Juan*. Mais uma vez, tais alusões mostram que Byron foi bem familiarizado com a vida de Ovídio e poemas de amor (ROSE, 1922, p. 171).

Com a "língua afiada", Byron denuncia os perigos morais associados à atratividade exercida pelos versos de amor sensual escritos por Ovídio (*D. Juan* V i 2). "Ovídio é um libertino, como metade de seus versos demonstra [...]," informa-nos ele, fingindo simpatizar com o dilema da mãe de D. Juan enquanto ela busca fornecer a seu filho uma educação que seja tanto estritamente moral quanto estritamente clássica. O problema dos "perigos morais" se resolve quando se usam edições expurgadas de todas as passagens consideradas indecentes que são convenientemente coletadas no final. Mas, conforme alguns historiadores da literatura, a história das aventuras de D. Juan de Byron pode ser chamada de uma exploração d'*A Arte de Amar*.

Assumindo o papel de alguém mundialmente experimentado nos assuntos do coração, um papel que Ovídio há muito já desempenhava até a perfeição, Byron aconselha moderação no amor: "Em resumo, a máxima para a tribo do amor é Horaciana, *medio tu tutissimos ibis*" (*D. Juan* VI, XVIII, 7).

É possível que Byron tenha cometido um deslize acidental, pois moderação é um tema horaciano, e a expressão "meio dourado" vem de uma frase de Horácio, mas é muito mais provável que ele espere que notemos que isso é uma etiqueta de Ovídio atribuída a Horácio para vestir a perspicácia "cínica" de Ovídio como sabedoria de Horácio. Pode ser uma coincidência que Júlia, a primeira amante de D. Juan, tenha mesmo nome que a filha, considerada adúltera do Imperador Augusto, tradicionalmente bem como erroneamente identificada como a amada de Ovídio e a Corina de Amores. Por outro lado, a Júlia de Byron inspira paixões um pouco confusas num jovem "em sentimentos rápidos como os da Senhora Medeia de Ovídio" (D. Juan II, XXXVI, 4). Byron deve ter sabido que, na Renascença, a Júlia, essa personagem histórica, aproveitou-se da proeminência literária tão merecida como a *femme fatale* de Ovídio (VANCE, 1997).

A novela em verso de Robert Browning, *The Ring and the Book*, além de utilizar a lenda de Ovídio tem alguns elementos ovidianos, no que diz respeito à conspiração do poder político e sexo ilícito, como supõem alguns escritores moralistas a respeito do banimento de Ovídio, em que é possível perceber que o autor a utiliza de forma mais clara, sem a tentativa de ocultá-lo. Browning incorporou Ovídio na estrutura dramática e poética da obra *The Ring and the Book* certo de que todo mundo sabia quem era Ovídio, mas que somente um rebelde se atreveria a uma íntima identificação com ele (BROWNING, S/D, p. 525-593).

Genericamente, Ovídio era considerado um degenerado e numa idade de degeneração, o frívolo autor do "poema mais imoral jamais escrito". Pode-se ser tentado a culpar, pela lenda persistente de Ovídio como libertino, o entusiasmo do séc. XIX por biografias moralizantes como sendo a melhor maneira de entender tudo. Carlyle havia ensinado que a história do mundo nada mais era do que a biografia de grandes homens. Nesse clima, era quase inevitável que Ovídio devesse aparecer como poeta romântico ou banido com justiça por causa de um livro "iníquo" e provavelmente pela vida "iníqua" que o capacitou a escrevê-lo. Para o século XIX, Ovídio foi o poeta experimentado no amor que sabia tudo sobre mulheres abandonadas e a "vergonhosa" experiência da velha mitologia.

Muito do material mitológico utilizado em poemas de autores do século XIX é silenciosamente tomado emprestado de *Metamorphosis*. Ele foi parte da consciência literária vitoriana e romântica, mas em partes destacáveis e convenientes. Poetas, pintores e escritores de peças líricas, todos encontraram em Ovídio um recurso imaginativo útil que raramente falharam em reconhecer. Nas palavras de Vance (1997):

> [...] o tempo que devora a todas as coisas, como Ovídio nos diz (Met.15.234), não destruiu o Ovídio no séc. XIX. Ele o transformou como sua Aretusa foi transformada numa fonte para que os passantes pudessem beber quase sempre sem reconhecê-la.

Fontes

CÍCERO. *Da República.* Tradução de Amador Cisneiros. São Paulo: Atena Editora, s/d.

______. *Dos Deveres.* Tradução de Alex Marins. São Paulo: Martin Claret, 2001.

HORÁCIO - OVÍDIO. *Sátiras - Fastos.* Traduções de Antonio Luís Seabra e Antonio Feliciano de Castilho. Rio de Janeiro: W.M. Jackson Inc. editores, 1949.

OVÍDIO. *Arte de Amar = Ars Amatoria.* Edição Bilíngue. Tradução de Natália Correia e David Mourão Ferreira. São Paulo: Ars poética, 1997.

______. *Os Remédios do Amor. Os Cosméticos para o Rosto da Mulher.* Edição Bilíngue. Tradução de Antônio da Silveira Mendonça. São Paulo: Nova Alexandria, 1994.

______. *As Metamorfoses.* Tradução de Antonio de Feliciano de Castilho. Rio de Janeiro: Organização Simões, 1959.

______. *Las Heroidas.* Traducción en verso castellano y prólogo de Diego de Mexía. Buenos Aires: Coleção Austral, 1950.

______. *Obras: Os Fastos, Os Amores e Arte de Amar.* Traduções de Antonio Feliciano de Castilho. São Paulo: Edições Cultura, 1943.

______. *Tristium.* Edição bilíngüe. Tradução de Augusto Velloso. Rio de Janeiro: Organização Simões, 1952.

OVIDE. *L'Art d'Aimer.* Texte e établit et traduit par Henry Bornecque. Paris: Les Belles Lettres, 1994.

______. *Oeuvres complètes.* Traduction nouvelle par Th. Burrette et al. Paris: Panckoucke: 1834 - 1837.

PLINY THE YOUNGER. *Letters.* Trad. William Melmoth. Londres: W. Heinemann, 1958.

SÊNECA, L. A. *Cartas Consolatórias.* Tradução Cleonice Furtado Mendonça Van Raji. Campinas: Pontes, 1992.

SÊNECA. *Obras.* Tradução de G. D. Leoni. São Paulo: Atena Editora, 1961.

Referências Bibliográficas

ALFÖLDY, Géza. *A História Social de Roma.* Lisboa: Editorial Presença, 1984.

AUBENQUE, P. As filosofias Helenísticas: Estoicismo, Epicurismo, Ceticismo. In: CHÂTELET, François (org). In: *História da Filosofia:* ideias, doutrinas. Vol. 1. A Filosofia Pagã. Rio de Janeiro: Zahar, p. 167-198, 1981.

BARBOSA, R. C. *Concepções da Sexualidade Romana na Inglaterra Vitoriana:* A leitura sobre Ovídio. Tese (Doutorado em História). Faculdade de Ciências e Letras, Assis: UNESP, 2011.

BROWNING, Robert. XI. Guido. *The Ring and the Book.* Whitefish: Kessinger Publishing, S/D.

CABECEIRAS, M. R. V. Representações culturais e publicização da vida social na literatura latina: A Mulher e o amor no Corpus Ovidianum. *Phoînix.* Rio de Janeiro: Sette Letras, p. 287 -298, 1998.

CARCOPINO, J. A *Vida quotidiana em Roma no apogeu do Império.* Lisboa: Livros do Brasil, s/d.

FEITOSA, Lourdes M. G. C. *Homens e Mulheres Romanos:* O corpo, o amor e a moral, segundo a literatura amorosa do primeiro século d.C. (Ovídio e Petrônio). Dissertação (Mestrado em História). Faculdade de Ciências e Letras, Assis: UNESP, 1994.

FEITOSA, L. O feminino, o desejo e o comportamento amoroso em Ovídio. *Entretextos Entresexos,* Campinas /SP, n. 4, p. 53-68, 2000. http://www.unicamp.br/nee/arqueologia/arquivos/historia_antiga/feminino.html

FINLEY, M. I. As Silenciosas Mulheres de Roma. In: *Aspectos da Antiguidade.* São Paulo: Martins Fontes, p. 149-164, 1991.

FUNARI, P. P. A. Romanas por elas mesmas. *Cadernos Pagu,* Campinas, v. 5, p. 179-200, 1995.

______; RAGO, M. *Subjetividades antigas e modernas.* São Paulo: Annablume, 2008.

GRIMAL, P. *O Amor em Roma*. São Paulo: Martins Fontes, 1991.

GUDEMAN, Alfred. *História de La Literatura Latina*. Tradução de Carlos Riba. Barcelona: Editorial Labor, 1952.

NOVAK, M. G.; NERI, M. L. *Poesia lírica Latina*. São Paulo: Martins Fontes, 1992.

OMENA, L. M. *Pequenos poderes na Roma Imperial:* os setores subalternos na ótica de Sêneca. Vitória: Flor&Cultura, 2009.

PARATORE, E. *História da literatura Latina*. Lisboa: Fundação Calouste Gulbenkian, 1983.

PEREIRA, M. H.R. *Estudos de História da Cultura Clássica II*. Lisboa: Fundação Calouste Gulbenkian, 1989.

PRESTON, W. *Some considerations on the History of Ancient Amatory Poets*. London, 1805.

ROSE, Sybil. *Ovid in English Literature*. (Tese) London, 1922.

SHARROCK, Alison. Gender and Sexuality. In: hardie, Philip. *The Cambridge Companion to Ovid*. Cambridge: University Press, 2002, p. 95-107.

SILVA, G. Representações femininas e relações de gênero na *Ars Amatoria*. In: FEITOSA; FUNARI; SILVA. *Amor, desejo e poder na Antiguidade:* Relações de gênero e representações do feminino. Campinas, SP: Editora da Unicamp, p. 355-374, 2003.

TREVELYAN, G. O. *Life and Letters of Lord Macaulay*. London: Longmans, 1908.

TRUEBLOOD, P. G. *Byron's Political and Cultural Influence in Ninneteenthy-Century Europe*. London: The Macmillan Press Ltd, 1981.

TURNER, F. M. The Triumph of idealism in Victorian classical studies. In: *Contesting Cultural Authority:* Essays in Victorian

Intellectual Life. Cambridge: Cambridge University Press, p. 322-361, 1993.

______. Why the Greeks and not the Romans? In: CLARKE, G. W. *Rediscovering Hellenism:* The Hellenic Inheritance and the English Imagination. Cambridge: Cambridge University Press, 1989.

VANCE, N. Ovid and the nineteenth century. In: MARTINDALE. *Ovid Renewed:* ovidian influences on literature and art from the Middle Ages to the Twentieth Century. Cambridge, p. 215-232, 1988.

______. *The Victorians and Ancient Rome.* Oxford: Blackwell Publishers, 1997.

VEYNE, Paul. *A Elegia Erótica Romana.* O amor, a poesia e o ocidente. São Paulo: Brasiliense, 1995.

Entre o ideal e o real romano: masculinidades nos epigramas eróticos de Marcial

Lourdes Conde Feitosa[1]
Filipe César da Silva[2]

Em conhecida crônica chamada *Homem que é homem*, narra Luis Fernando Veríssimo:

> Homem que é Homem não usa camiseta sem manga, a não ser para jogar basquete. Homem que é Homem não gosta de canapés, de cebolinhas em conserva ou de qualquer outra coisa que leve menos de 30 segundos para mastigar e engolir. Homem que é Homem não come suflê. Homem que é Homem – de agora em diante chamado HQEH – só vai ao cinema ver filme do Franco Zeffirelli quando a mulher insiste muito, e passa todo o tempo tentando ver as horas no escuro. HQEH não gosta de musical, filme com a Jill Clayburgh ou do Ingmar Bergman. Prefere filmes com o Lee Marvin e Charles Bronson. Diz que ator mesmo era o Spencer Tracy, e que dos novos, tirando o Clint Eastwood, é tudo veado. ... E o HQEH tem razão. Confesse, você está com ele. Você

---

1 Professora Doutora do Departamento de História da Universidade Sagrado Coração – USC.

2 Graduado em História pela Universidade Sagrado Coração – USC.

> não quer que pensem que você é um primitivo, um retrógrado e um machista, mas lá no fundo você torce pelo HQEH. Claro, não concorda com tudo o que ele diz. Existe um HQEH dentro de cada brasileiro, sepultado sob camadas de civilização, de falsa sofisticação, de propaganda feminina e de acomodação.

Extraída da obra que trata "As mentiras que os homens contam" (2000, p. 89), o autor propõe interessante reflexão sobre o significado de masculinidade, afinal, como concebê-la? O que esperar de um homem? Ou, como se tornar um homem? Menos do que um manual de orientação em como se tornar Homem, Veríssimo apresenta elementos que estão no limbo entre o idealizado e o satirizado e, fundamentalmente, as transformações e os conflitos de valores nos comportamentos masculinos.

A partir do interesse em compreender as variações e as problematizações acerca da masculinidade e de sua historicidade, a proposta dessa reflexão é apresentar algumas questões que envolvem masculinidades, corpo e sexualidade no início do Principado Romano, segundo as representações contidas nos Epigramas de Marcial, com o intuito de que essas também nos levem a refletir a respeito de nossas próprias acepções em relação a esses temas.

Do estilo epigramático do autor e das características de sua escrita, consideramos como os epigramas de Marcial representam a masculinidade de cidadãos romanos e de suas relações sexo-afetivas, cujo tom mordaz possibilita identificar novas práticas e concepções de masculinidade no século I d.C., por meio dos valores apregoados pela moral e tradição romana.

Masculinidades(s): Perspectivas sobre um novo campo de estudos

O tema da masculinidade tem despertado interesses desde o final da década de 1980, a partir de trabalhos produzidos de maneira ainda pouco sistematizada, com concentração em autores específicos e sem se desdobrarem em uma discussão teórica, epistemológica, política e ética ampla e consistente sobre o tema (MEDRADO, LYRA, 2008). Com o fortalecimento do movimento feminista e dos estudos de mulheres nas últimas décadas, e com homens do movimento e dos estudos gays insistindo em que os homens heterossexuais eram todos candidatos à liberação, a hegemonia das ideologias binárias da dominação masculina se viu sob séria contestação (GIFFIN, 2005).

As inúmeras discussões sobre o significado de ser Homem e uma acentuada crítica a modelos a-históricos e generalizantes colocam em pauta a possibilidade de diferentes comportamentos masculinos, embora a universalização de determinados modelos ainda persista. Como enfatiza Rabello, "a masculinidade não cai dos céus. [...] a masculinidade nasce do chão, que significa o contexto social, biológico, cultural e histórico onde os homens se inserem, contexto no qual algumas instituições têm sido fundamentais na formação de gênero" (2010, p. 175).

No Brasil, nas duas últimas duas décadas, tem havido uma proliferação, não apenas quantitativa, mas também qualitativa, dos estudos em torno da masculinidade em várias áreas do saber - História, Educação, Medicina Social, Sociologia, Linguística, nas quais novas reflexões, artigos, dissertações e teses começam a constituir esse novo campo de estudo (LOPEZ, 2011). É nesse momento que as masculinidades como expressões da dimensão relacional de gênero, que apontam expressões, desafios e desigualdades, são pensadas em um contexto acadêmico e político amplo (MATOS, 2001; MEDRADO, LYRA, 2008).

Assim, pode-se dizer que a emergência da masculinidade como tema-questão, entre outros fatores, tem sido fruto das próprias alterações das pautas feministas e desdobramentos dos estudos de gênero, que também apontam novas e diferentes estratégias de busca da equidade entre homens e mulheres. Concebido a partir de uma noção fluída e situacional, o conceito de masculinidade adquire significados quando desenvolvido, ressignificado, definido e redefinido em contextos sociais específicos. Como discutido nas abordagens de gênero, as diversas acepções sobre os masculinos são identificadas nas diferenças étnicas, de classe social, de geração, de sociedade e momento histórico, dentre outros fatores. Daí a relevância em contextualizar fatores socioculturais e econômicos e, principalmente, articulá-los às discussões de gênero, política e disputas de poder nas relações sociais estabelecidas (OLIVEIRA, 2004; BOTON, 2007).

As discussões aqui realizadas buscam considerar, por meio das representações do masculino contidas na obra de Marcial, outras possibilidades de leituras que nos permitem questionar se o ideal de masculinidade balizado pela moral vigente da época era efetivamente respeitado entre os cidadãos romanos. Nos epigramas abaixo, Marcial não poupa sarcasmo para evidenciar a passividade de dois cidadãos romanos:

> Quando você desfruta de uma mulher, Polycarmo, corre para esvaziar o ventre ao final da tua lasciva tarefa. O que você faz, diga-me, Polycarmo, quando sae um pênis em teu aviltado traseiro? (MARCIAL, lib. IX, ep. 70, p. 140) (Traduções de nossa autoria, salvo quando indicado)

Todos os libertinos de vicioso traseiro te convidam, Febo, a cear em sua casa. Se você vive, pois, dos extravios de teu pênis, por que se vangloria de imaculada pureza? (MARCIAL, lib. IX, ep. 64, p. 139)

A sátira de Marcial sugere desvios de comportamento de Polycarmo e Febo em relação ao papel assumido na atividade sexual. Esses epigramas são apenas alguns dentre as dezenas nos quais é possível constatar que as práticas amorosas eram mais complexas do que as preconizadas por determinadas fontes da época ou por parte da historiografia que atribui ao universo masculino romano a virilidade daquele cidadão que, pelas prescrições morais da época, não poderia tornar-se passivo frente a outro cidadão ou qualquer outro homem de grupo social diferente (GALÁN, 1996; ROBERT, 1994; VEYNE, 1990).

Aqui pretendemos refletir sobre outras possibilidades de compreender o universo romano para além daquelas que denotam que o ser ativo ou passivo definiria a masculinidade. Para tal intento, consideraremos a articulação entre masculinidade, corpo e sexualidade, e as suas expressões nos epigramas eróticos de Marcial.

Representando o corpo e a sexualidade

O corpo, nas últimas décadas, tem deixado de ser monopólio dos estudos da biologia, anatomia e medicina, tornando-se objeto de muitos outros saberes, como, por exemplo, do campo da publicidade, da economia, da educação, das ciências políticas, da sociologia, da psicologia e da história. No campo histórico ampliaram-se os estudos focados na sexualidade, no erostimo, nos prazeres, no amor e, assim, no modo de as pessoas se relacionarem com o próprio corpo (FEITOSA, FUNARI, SILVA, 2014).

"O estudo do corpo, dos seus cuidados e de sua postura é mediado pelos aspectos culturais, pois estes delineiam as diferentes maneiras de tratá-lo e interferem na distribuição das funções exercidas pelos indivíduos na sociedade" (FEITOSA, 1994, p. 1). Posturas, gestos, costumes, cuidados, ornamentações tornam-se importantes distintivos nas definições de gênero e permeiam os embates estabelecidos entre os vários grupos sociais (FEITOSA, FUNARI, 2014).

Foucault (1986, 1990, 1999, 2007) compreende o corpo como um composto de forças que se encontram em constante combate. Tal corpo, para o autor, não se limita às concepções orgânicas; antes de tudo, ele se apresenta como um campo sobre o qual operam diferentes dispositivos. O corpo não deve ser pensando a partir de uma existência a priori, e sim como um objeto que deve ser problematizado, investido por forças e, por fim, produzido. Portanto, o corpo é tomado como objeto de problematização e elemento de constante reflexão e cuidado, transformado pelas mais diversas formas de captura e de disciplinamento por meio do trabalho, das dores, dos alimentos, da sexualidade e de uma infinidade de dispositivos de poder (FOUCAULT, 1990).

Conectada a um corpo e tal como ele, a sexualidade também é um "dispositivo histórico" (FOUCAULT, 1999, p. 45). Em outras palavras, ela é uma invenção social, uma vez que se constitui, historicamente, a partir de múltiplos discursos sobre o sexo que regulam, normatizam, instauram saberes e produzem "verdades" (LOURO, 2001).

A ideia da "*naturalização do sexo*" é uma maneira de assegurá-lo em um *status* pré-cultural, pré-discursivo e, consequentemente, ahistórico (BUTLER, 2003, p. 12). Por isso é importante identificar como "a sexualidade integra a historicidade do corpo, do que pode ser definido por erógeno, das prescrições estabelecidas à prática sexual e de suas emoções", considerando-se a construção história desse conceito e os variados sentidos dados a ele de acordo com "os valores socialmente construídos em grupos, tempos e espaços históricos estabelecidos" (FEITOSA, 2008, p. 91).

Como síntese da discussão realizada, tradicionalmente a relação entre estes três elementos (sexo, gênero e sexualidade), que fazem parte do processo de construção da identidade humana, tem sido definida como uma sequência lógica em que, a um sexo físico-biológico corresponde determinado comportamento de gênero e uma maneira específica de vivenciar a sexualidade (FILHO E TRISOTO, 2008). Porém, com os produtivos estudos sobre tais temáticas, essa visão tradicional vem sendo desconstruída. Nesse sentido, Scott (1995) avalia quão necessário é desconstruir os vícios do pensamento ocidental e relativizar as definições de masculino e feminino, buscando um novo olhar sobre os símbolos e as linguagens que os envolvem.

Compondo o cotidiano: os epigramas de Marcial

Se o pressuposto de um modelo ideal de comportamento afetivo distancia-se da diversidade de percepções e vivências, tanto de sociedades do passado como da atualidade, seu estudo não prescinde da análise de lugares específicos e do sentido de pessoas "reais" (MESKELL, 1998, p. 154). Desta maneira, propomos uma reflexão sobre o perfil de masculinidade a partir dos epigramas eróticos de Marcial. De composição ligeira, satírica e por vezes mordaz, os registros do autor mencionavam os vários "tipos humanos e seus comportamentos: beberrões, avarentos, hipócritas, homossexuais, delatores, mulheres de todos os tipos, falava de tudo e de todos", como menciona Biazzoto (1993, p. 117). Para Torrão (2008), Marcial é sagaz e um atento observador da vida cotidiana. Faz desfilar, quer nas invectivas, quer nas descrições de cenas pitorescas, os tipos humanos, os sucessos, os vícios e as virtudes que compunham a vida social na Roma de seu tempo. É uma fonte de informação preciosa para a história das mentalidades, das relações sociais, culturais, da arquitetura e da topografia do Império Romano. "É um extraordinário cronista dos acontecimentos miúdos" (DEZZOTI, 1990, p. 32). Os epigramas de Marcial apresentam críticas principalmente contra tipos (PARRA, 2010), mais do que a pessoas específicas:

> [...] velhas que se esforçam por dissimular a idade com banhos, cabelos postiços, com tinturas, com dentes comprados; ricos extremamente avarentos, oradores e gramáticos analfabetos, que cometem todos os barbarismos e solecismos; poetas e pintores que 'assassinam' com suas obras; médicos que, em vez de curar, matam; oculistas que cegam até as estátuas; maridos enganados ou complacentes (DEZZOTTI, 1990, p. 65).

Epigramista latino, Marcial viveu em Roma no período imperial. Sua obra concentrou todas as tendências e temas que haviam sido explorados pelo gênero. Ele escrevia desde descrições de obras de arte e monumentos até louvor a personalidades influentes, epitáfios e celebrações de nascimentos, valendo-se de linguagem realista, irônica e "erótica", ligada ao entretenimento e à diversão (BIAZOTTO, 1993, RIBEIRO JUNIOR, 2014, p. 80).

Em 64 d.C., Marcial muda-se de Bibilis para Roma contando com apoio de seus conterrâneos Sêneca e Luciano (SOARES, 2014). No ano de 80 d.C. encontra a oportunidade de publicar seus poemas quando tem o apoio do imperador Tito, que inaugurou o Anfiteatro Flavio e ofereceu jogos que duraram 100 dias, trazendo para Roma gente de todo o império (RIBEIRO JUNIOR, 2014). Dividido em 15 livros, os epigramas de Marcial foram escritos possivelmente entre 80 e 102/104 d.C., explicitando os mais variados temas e comportamentos sociais (BIAZZOTO, 1993).

Entre o ideal e o real: as relações amorosas nos epigramas

A partir do contexto apresentado, evidenciaremos outros epigramas que falam sobre as questões de nosso interesse: o corpo, o amor, a sexualidade e a masculinidade, e como estes são representados na obra de Marcial. Veremos como a partir dela será possível compreender um mundo heterogêneo a respeito das relações humanas e sociais. Pelos seus epigramas, muitas vezes satíricos, irônicos e jocosos, é possível levantar suspeitas sobre os pressupostos já enraizados por parte da historiografia a respeito da masculinidade e sexualidade do mundo imperial romano.

As imagens, que muitas vezes são reproduzidas como sendo universais às próprias elites de Roma, se contradizem com os sarcasmos e resmungos que Marcial faz da Roma de seu tempo e das pessoas ao seu redor, que, apesar de pertencerem à aristocracia romana, não seguiam na prática as menções que seguem nas fontes de textos jurídicos, narrativas históricas e textos retóricos, como sacralizou parte da historiografia a partir de tais fontes.

Não temos pretensão alguma de desmerecer tais estudos, muito menos, de desconstruí-los, mas, ao contrário, ampliar a discussão com o intuito de apresentar, a partir dos Epigramas Eróticos de Marcial, novos olhares sobre tais aspectos e apresentar as contradições entre as prescrições morais da época, que recomendavam um comportamento ideal para determinados grupos sociais, e as críticas sarcásticas de Marcial, que evidenciam uma prática oposta àquele ideal esperado, a qual o autor retrata a partir do seu cotidiano.

Se para Veyne (2008, p. 233-234) "ser ativo era ser macho, qualquer que fosse o sexo do parceiro dito passivo. Ter prazer virilmente ou dar-se servilmente era tudo", "a passividade era um dos efeitos da falta de virilidade", e isto concretizava a virilidade ou não de um cidadão romano, a complexidade das relações sobressai em Marcial:

> O barbudo Calístrato se casou ontem com o robusto Afro, segundo os ritos que se costumam seguir quando uma virgem se casa. Precediam-lhes tochas acesas, um véu vermelho lhe cobria o rosto e não faltaram, ó Talásio, deus dos matrimônios, os teus cantos. Também se fixou um dote. Não te parece suficiente, Roma? Ou acaso esperas que Calístrato dê à luz? (MARCIAL, Lib. XII, ep.42) (Trad. de Possamai, 2010, p. 88).

Apesar das prescrições morais vigentes, como o "*mos maiorum*", código não escrito que consagrava princípios, modelos de comportamento e práticas sociais que afetavam a vida privada, política e militar na Roma Antiga (ALFODY, 1989: 121); e a "*lex scatinia*", que penalizava os crimes sexuais *(stuprum)* contra os menores do sexo masculino nascidos livres *(ingenuus)* e cidadãos adultos do sexo masculino que voluntariamente assumissem o papel passivo, Afro e Calistrato subvertem o ideal de masculinidade em que apenas as relações entre iguais poderiam ocorrer enquanto dominação de um cidadão romano sobre outro de categoria inferior e imberbe. Marcial, com seu sarcasmo, não deixa de pontuar que o viril e "robusto" Afro casa-se com Calístrato, desafiando, assim, a ordem preconizada para a masculinidade desses cidadãos romanos.

Sobre a questão matrimonial, segundo Cantarella (1991), os casamentos entre homens, dos quais existem traços nas fontes, eram realizados por uma minoria, cujo status social permitia provocar abertamente a opinião pública, como no casamento de Nero com Esporo, conforme os relatos de Suêtonio e Aurélio Vitor. Ou seja, apesar do ideal normatizado e esperado pela elite romana do século I d.C., não era impeditivo que dois homens, de mesma classe social, se casassem. Entretanto, poucos tinham coragem suficiente para desafiar os costumes, e uma solução frequente era o sexo com os escravos:

> Ao teu escravo dói o pênis, em ti, Névolo, dói o traseiro. Não é necessário ser muito esperto para adivinhar tuas aflições (MARCIAL, lib. III, ep. 71 p. 101/102).
>
> Você dorme, Febo, com escravos jovens cheios de virilidade, e o que neles é duro e poderoso aparece em ti imperceptível. Eu sabia que você gostava de homens, mas ignorava teu minguado papel (MARCIAL, lib. III, ep. 73, p. 102/103).

Mas aqui também a ordem é subvertida e os papéis são trocados. Possamai (2010) destaca que o uso dos escravos como parceiros sexuais passivos era socialmente aceito, e Feitosa (2008) considera que a prática dos homens romanos de terem seus amados, frequentemente entre os escravos da casa, era uma norma socialmente aceita, mas, a partir do casamento, ela deveria ser abandonada. Porém, nem tudo que é normativo, desejável e "correto" constitui-se "como a única via possível" e aceita fielmente por todos (MENNITI, 2014. p. 47).

Marcial segue "cantando" os amores "proibidos":

> Se depilas o teu peito, teus braços, tuas pernas; se o teu depilado púbis só oferece curtos pelos ásperos, Libieno, é porque assim pretende agradar ao teu amante. Mas, diga-me, para quem depilas o teu traseiro? (MARCIAL, lib. II, ep. 70, p. 97).

Ao colocar Libieno na berlinda, Marcial levanta suspeita sobre o quanto se respeitava a norma e indica que tais relações eram muito mais complexas do que o idealizado. Cantarella (1991) enfatiza que a relação entre aristocratas (ou pessoas da mesma condição sócio-jurídica) não se apresenta, nesse momento, como prerrogativa de poucos desviados, mas como prática comum e coletiva. Feitosa e Funari (2014b: 2) reiteram: "assim, o general romano Julio Cesar era não apenas o conquistador de garotinhas (como Cleópatra), mas também ele era a rainha de Bitínia! Alexandre já não era só o amante de Roxane, como companheiro de Heféstion."

Se nem os próprios agentes do poder imperial seguiam a moral idealizada para aquilo que se esperava de um homem romano, não é difícil imaginar que outros cidadãos também burlassem tais regras morais. Marcial, com seu sarcasmo, não nos deixa esquecer destes:

> Ri nas barbas, Sextilo, daquele que te chama de pederasta e apresenta a ele o dedo do meio. Você não gosta nem do traseiro dos garotos nem da volúpia feminina, e a boca ardente de Vetustila tampouco te agrada. Nada disso, na verdade, constitui o rol de teus desejos. De que gênero são os teus prazeres amorosos, Sextilo? Eu não sei. Mas bem notório é, e você não o ignora, que a luxúria dispõe ainda de dois outros meios. 38(MARCIAL, lib. II, ep. 28, p. 89).
>
> Carino não preserva a menor relíquia de seu ânus, relaxado até o umbigo; no entanto, no umbigo mesmo segue ardendo a chama de teu prurido vergonhoso. Oh, quanta luxúria encerra o desgraçado! Já não tem traseiro e goza por detrás mais do que nunca (MARCIAL, lib. VI, ep. 37, p. 116).

Sextilo e Carino, apesar da moral vigente, são exemplos de como tais práticas sexo-afetivas vivenciadas por meio da felação e do sexo anal não estavam distantes do cotidiano de cidadãos nem mesmo das perniciosas observações de Marcial.

A tese na qual a masculinidade estaria intrinsecamente ligada à posição ativa do cidadão romano pode ser questionada quando analisada por documentos como estes, literários e de cunho sexual e amoroso, que nos apresentam uma representação da realidade daquela época diferente dos manuscritos oficiais, jurídicos e religiosos.

Se a passividade masculina para os cidadãos romanos era moralmente negada e, contudo, na prática muitas vezes vivenciada, outras situações sexuais, como a prática *cunilingua* e a *felação*, também formavam elementos que denegriam a idealização do homem romano. Marcial, entretanto, não poupa seu tom jocoso para "fofocar" sobre tais aspectos: "Você diz que a boca dos pederastas cheira mal. Se for verdade, Fabulo, como vão cheirar aqueles que praticam a cunilíngua? (MARCIAL, lib. XII, ep.86, p. 172).

A *cunilíngua* era uma das maneiras de a mulher romana ter prazer e satisfação sexual, o que poderia colocar, segundo os valores moralmente idealizados, o homem romano numa situação passiva frente à mulher, de sujeição a ela. Todavia, mereceu cuidadosa atenção de Marcial:

> Você desfigurou, oh marido cruel! oh infeliz amante de tua adúltera esposa, e a cara do pobre, privada de nariz e orelhas por tua furiosa mão, reclama em vão tudo o que te falta. E acredita estar suficientemente vingado?! Você se ilude: ele ainda tem língua (MARCIAL, lib. II, ep. 83, p. 98).

Também no epigrama 81 do livro III, destaca Marcial:

> Castrado Bético, tens algum trato com as mulheres? Nenhum: tua língua sabe lamber apenas o membro dos homens. Por que deixou que teu membro fosse cortado com o casco samio, se o órgão feminino te era agradável? Deveriam é ter castrado a tua cabeça, porque, mesmo que te falta o sexo, ainda infringes as severas leis de Cibele: mas pela boca, todavia, és homem (MARCIAL, lib. III, ep. 81, p. 105).

Neste epigrama, como também em outros no livro III, epigramas 90 e 96, e no livro IV, epigramas 43 e 50, além de o poeta referenciar a prática de sexo oral *(cunilíngua)*, ele faz alusão também aos *eunucos* (homens castrados), o que torna este epigrama um exemplo de como as normatividades de gênero poderiam ser transgredidas.

Como menciona Ribeiro Junior: "a coerência exigida entre ser homem (portador do órgão genital) e o comando (ser ativo nas relações sociais, políticas e sexuais) se fissura, pois, quando se vê sem a possibilidade de penetrar com o pênis, recorre à prática da cunilíngua" (2014: 84). Concordamos com essa perspectiva e reiteramos que, ao desqualificar moralmente o personagem que pratica o sexo oral em mulheres, o que seria marca de passividade em relação a estas, o epigramatista destaca a imagem do homem ativo como exemplo, apesar de se tratar de um eunuco.

A *felação* é um comportamento igualmente renegado à masculinidade do homem romano, como menciona o poeta:

> Contra Filenis: Por que não te beijo, Filenis? Porque você é careca (calva). Por que não te beijo, Filenis? Porque seu rosto está manchado. Por que

> não te beijo, Filenis? Porque você é torta! Beijar-te, Filenis, é exatamente como chupar um pênis (MARCIAL, lib. II, ep. 61, p. 96).

Embora vexatória e repugnante, foi excessivamente tratada nos epigramas:

> Finalmente, depois de beber intermináveis garrafas, você dorme, e nós obrigados a ouvir em silêncio seu ronco, sem abandonar o nosso banco, brindamos por senhas. Estes são os suntuosos desprezos que nos faz sofrer o pior e insolente dos pederastas de Roma. E a vingança, oh Rufo! Cabe tomar de um homem que suga o membro dos garotos? (MARCIAL, lib. III, ep. 82, p. 107).

> Contra Zoilo: Você assegura, Zoilo, que a boca de advogados e poetas cheiram mal; cheira muito pior a de um vil chupador como você (MARCIAL, lib. XI, ep. 30, p. 149).

> Você não apenas é um informante, mas um caluniador; não só comerciante, mas também um fraudador; não só lanista, mas um chupador de pênis. Como, então, Vacerra, você é mais pobre do que as ratas? (MARCIAL, lib.XI, ep. 66, p. 156).

Estes e outros epigramas como os de número 89 e 5, respectivamente registrados nos livros II e IX, retratam a zombaria de Marcial para com aqueles que se submetiam a outros homens para tais relações. Em seus amores masculinos, o poeta deixou explícito, com frequência, que o seu comportamento sinalizava os padrões socialmente aceitos. Segundo Possamai (2010: 90), "ele gostava de rapazes imberbes e lamentava quando o surgimento dos pelos no amado indicava que a relação pederástica deveria acabar". O epigrama 36 do livro IV reforça essa ideia:

> Jovem Hylo, por que me nega o que ontem me concedia? Por que tanta crueldade depois de tanto amor e doçura? Mas, ah! tem razão: tua barba, teus anos, teus pelos, nos impedem de ressuscitar o passado. Oh, tu, noite malévola, que trocou por um velho o suavíssimo rapaz de outros dias, quão triste e longa és! O tempo, Hylo, zomba de minha aflição. Você que ontem foi um menino, diga-me: por que é homem hoje? (MARCIAL, lib. IV, ep. 7, p.110)

Nota-se que a questão amorosa perpassa o que compreendemos por amor, modernamente. Também é notável que Hilo não era mais imberbe quando se deitou com Marcial, embora aparentemente isso não tenha representado um impedimento para a realização do ato sexual.

Possamai, ao analisar tal epigrama, acredita que se o que nos conta Marcial não é somente uma criação literária, "é provável que a idade tenha servido de desculpa a Hilo a fim de evitar a continuidade da relação com o poeta. Quanto a Marcial, não parece ter se importado muito com os pelos que cobriam o corpo do rapaz" (2010: 90). Situação também vista neste epigrama:

> Encolpo delicia de seu amo o centurião Pudente, te promete, oh febo! O rico tesouro de sua cabeleira, quando Pudente obteve o grau de primeiro centurião, justo prêmio de seus serviços à pátria, fará desaparecer sob a tesoura os compridos cabelos do escravo. Entretanto, enquanto a menor som-

> bra de velho não ofusca seu delicado rosto, seguem seus cachos caindo com graça ao redor de seu colo, branco como leite; e para que Encolpo e seu dono gozem largamente de seus benefícios, retarda o quanto pode a puberdade do primeiro (MARCIAL, lib. I, ep. 32, p. 78).

Por mais que Marcial ridicularizasse a efeminação e a passividade nos homens, é possível perceber nos epigramas acima, quando fala de Hilo e Encolpo, que também "cantava" com naturalidade o amor aos rapazes. Já nos próximos epigramas, Marcial prefere não revelar quem parece ser um possível amor:

> Seus beijos cheiram a mirra e sempre exalam um aroma estranho. O que devo pensar disso? Ah, Póstumo, teu cheiro bom a toda hora me infunde suspeitas! O que sempre cheira bem, Póstumo, é que não cheira bem! (MARCIAL, lib.II, ep. 12, p. 88)

> Por mais que me rogues, eu jamais te direi quem é este Póstumo, tantas vezes mencionado em meu livro. Vou ofender a um homem que, se dispondo a beijar, tem sempre vingança na boca? (MARCIAL lib. II, ep. 23, p. 89).

Podemos supor que Póstumo fosse apenas um escravo, o que então socialmente seria aceito; entretanto, Marcial faz mistério sobre tal pessoa, o que sugere tratar-se de um cidadão como ele, já que acha melhor omitir informações sobre seu amado. Tal insinuação indicaria certa contradição nas ferrenhas críticas realizadas por ele aos seus conterrâneos. Possamai (2010) assinala que as sátiras de Marcial para com aqueles que subvertiam os preceitos morais estão de acordo com os costumes da elite romana de seu tempo, que procurava conciliar o helenismo com os costumes romanos. Para o autor, "embora os costumes ancestrais (*mos maiorum*) estivessem cada vez mais distantes da vida diária dos romanos, eles continuavam a servir como referência para a conduta que se esperava dos elementos que compunham a elite romana" (2010: 87).

Tais reflexões permitem elucidar que, apesar da intenção de Marcial de reproduzir o ideal de masculinidade da elite romana, nem ele próprio agia condizentemente com aquilo que era preconizado. Parra (2010) reforça que, apesar de seus escritos terem a intenção de reforçar o pensamento e comportamento da elite romana, é possível constatar em diversos epigramas, de variados temas, certas contradições e dubiedade do autor, revelando-se a nós, muitas vezes, um comportamento contraditório.

No âmbito afetivo, além de Marcial revelar o carinho a Póstumo, em outros epigramas mostra como essa questão amorosa está relacionada a outros sentimentos, destoando muito do sentido moderno que compreendemos sobre o que é o amor.

No epigrama 78, Marcial aconselha

> Começa a pensar, Vítor, em como se faz amor com as mulheres, que teu caralho aprenda o ofício que desconhece. A virgem tece o véu, a noiva prepara-se para o casamento e quando será sua esposa mandará cortar os cabelos dos teus escravinhos. A ti, marido desejoso, oferecerá o cu na primeira vez, mesmo que tema as feridas do novo dardo. A mãe e a aia te impedirão de continuar a fazê-lo, dirão: "ela é tua esposa e não um rapazinho". Ai, quanto sufoco, quantas fadigas vais passar por desconheceres uma boceta! Confia-te às lições de uma puta da Suburra: ela te fará um homem. Uma virgem não ensina

> nada (MARCIAL, lib. XI, ep. 78, p. 160). (Trad. de Possamai, 2010: 89) (Trad. De Possamai, 2010: 89)

Percebe-se que Marcial não desvencilha amor das relações sexuais, isso porque, segundo Feitosa:

> No vocabulário latino, termos como *amor, affectus, dilectio, caritas, eros*, possuem significados que se interseccionam entre amizade, afeição, amor, paixão, desejo e ternura, representando "amor por um amigo", "amor por um namorado", "amor como desejo sexual" ou "amor como um ato de solidariedade". Desse conjunto, pode-se inferir, segundo critérios atuais, a complexidade dos significados que envolvem a palavra amor, aplicada tanto às emoções como à vida sexual ou ao desejo puramente sexual (FEITOSA, 2005, p. 41).

Para além dessas considerações, Funari recorda que Vênus, a deusa do amor, "é evocada como uma força sobrenatural que garante a recompensa da abnegação e do amor ao próximo". Para o autor, isso demonstra, "que tanto a alma humana como o amor, personificado na deusa Vênus, eram atendidos enquanto forças não só egoístas, presentes na satisfação dos prazeres, como, também, altruístas" (1994, p. 59).

No universo que entendemos como sexo-amoroso, Marcial apresenta o amante "ideal", visto neste epigrama:

> Quer saber, Flaco, como eu gostaria que fosse o meu amante? Pois bem, nem muito fácil, nem muito difícil. Agradaria-me um meio termo. Nem a obstina-

> da esquivez que atormenta, nem a excessiva moleza que aborrece (MARCIAL, LIB. I, ep. 58, p. 80).

Assim, quando pensamos as questões sexo-amorosas na sociedade imperial romana, não podemos transpor nosso sentido moderno, mas entender, a partir da mentalidade e da organização sócio-política da época, sua própria construção e entendimento do que é o amor e o que é amar.

Estas reflexões ora postas nos permitem vislumbrar como as questões de gênero e sexualidade se relacionam com os demais segmentos da vida em sociedade, como a moral, as hierarquias sociais, política entre outros.

No epigrama 45 do livro XI, a preocupação moral fica evidente:

> Cada vez que, atraídos pelos encantos de uma garota ou de um jovem, libera a entrada de um bordel, não te basta o segredo que te asseguram a porta, a cortina e a fechadura; exijo mais o teu pudor. Quando você vê uma fenda, embora só passe por ela uma agulha, tapas ansioso. Cantaro, o que se limita aos procedimentos correntes, não toma tantas precauções (MARCIAL, lib. XI, ep. 45, p. 151).

"A moralidade era princípio integrante da condição de cidadão, enquanto requisito e atributo necessário ao mesmo" (MENNITI, 2014: 43). No epigrama abaixo, além da preocupação moral, Marcial alerta Cresto:

> Cresto, com os teus testículos depilados, teu pênis parecido com o colo do abutre, tua cabeça mais lisa que um traseiro prostituído, tuas pernas limpas de

> pêlos e teus lábios incessantemente atormentados pelas pinças, ousas copiar a linguagem dos curios, dos Camilos, dos Quintios, dos Numas, dos Ancos, de todos aqueles que, por fim, de acordo com a história, tiveram longas barbas; lanças ameaçadoras polêmicas e faz a guerra aos teatros e teu século. Mas se, quando você está defendendo, é apresentado a qualquer menino indecente, livre da tutela cansativa do professor e que, com lascivo artifício, entreabre suas roupas mostrando o rígido pênis, o chama em seguida e o retira no amor e acompanha... e vamos, Cresto, que me dá vergonha dizer o que faz depois tua língua catoniana! (MARCIAL, lib. IX, ep. 28, p. 132-133).

E, apesar das prescrições, os ditos de Marcial levantam suspeitas sobre o respeito a essas prescrições e de que à virilidade estaria ligado apenas aquele cidadão ativo em todos os segmentos da sociedade em questão.

Se a relação sexo-amorosa passa pelas relações com os garotos escravos, como enfatiza Cantarella:

> Marcial, en suma, confirma plenamente los valores de la ética sexual tradicional. La posición fundamental entre los comportamientos sexuales es todavía entre actividad y pasividad, y no entre hetero y homosexualidad. Los hombres seguían ejerciendo el papel viril, tanto sobre mujeres como sobre hombres. Más exactamente, comienzan a ser hombres amando a muchachos. (CANTARELLA, 1991, p. 196).

A poesia de Marcial também sugere quanto o papel ativo do aristocrático era burlado. Marcial faz menções a homens que, mesmo livres e aristocratas, relacionam-se da maneira que bem querem, independentemente das prescrições regentes:

> Pecando contra a natureza, te satisfaz, Papilo, ser o paciente, e depois chora as consequências. Porque, satisfeitos os teus desejos, mostra tanto pesar? Você se arrepende de teu gozo impuro ou lamenta sua breve duração? (MARCIAL, lib. IV, ep. 48, p. 114).

Novamente percebemos que as indagações de Marcial visam a questionar o comportamento de seus conterrâneos, e tais reflexões reforçam que estas práticas subversivas às normas eram mais comuns do que a imagem que parte da historiografia sacraliza a respeito dos cidadãos romanos. Desta maneira, os epigramas permitem vislumbrar a dinâmica social romana do primeiro século e os conflitos, as contradições, as zombarias e as adaptações entre as situações amorosas idealizadas e estabelecidas no cotidiano, seja na prática ou no discurso, como visto nos inusitados e ilustrativos epigramas eróticos de Marcial. Como fez Veríssimo, Marcial também apresenta elementos que estão no limbo entre o idealizado e o satirizado e, fundamentalmente, as transformações e os conflitos de valores nos comportamentos masculinos. Teria aquele se inspirado neste?

Agradecimentos

Agradecemos o convite apresentado pelos organizadores desse volume para que participássemos desse projeto, em especial a professora Margarida Maria de Carvalho, e aos pesquisadores brasileiros mencionados neste texto, cujas análises nos auxiliaram na reflexão proposta. Também agradecemos o apoio financeiro da Fapesp ao Filipe César da Silva. As ideias aqui apresentadas são de nossa responsabilidade.

Fonte

MARCIAL. Versão castelhana de Miguel Romero y Martínez. Valencia: F. Sempere y Compañia, 1910.

Referências Bibliográficas

ALFÖLDY, G. *História social de Roma.* Tradução de Victor Alonso Troncoso. Madrid: Alianza, 1987.

BIAZOTTO, R. L. *O viver urbano em Roma: uma leitura de Plínio o Jovem e Marcial.* Dissertação (Mestrado em História). Assis,SP: Universidade Estadual Paulista- Faculdade de Ciências e Letras, 1993.

BOTTON, F. B. As Masculinidades em questão: uma perspectiva de construção histórica. *Revista Vernáculo,* UFPR, n 19 e 20, 2007. Disponível em: < http://ojs.c3sl.ufpr.br/ojs/index.php/vernaculo/article/viewFile/20548/13731>. Último acesso: 25 maio 2014

BUTLER, J. *Problemas de gênero:* feminismo e subversão da identidade. Rio de Janeiro: Civilização Brasileira, 2003

CANTARELLA, E. *Según la natura.* La bisexualidad en el mundo antiguo. Tradução de María del Mar L. Garcia. Madrid: Akal, 1991.

DEZZOTTI, J. D. *O Epigrama Latino e sua Expressão Vernácula.* Dissertação (Mestrado em Letras Clássicas). São Paulo: Universidade de São Paulo- Faculdade de Filosofia, Letras e Ciências Humanas, 1990.

FEITOSA, L. C. *Homens e Mulheres Romanos:* o corpo, o amor e a moral, segundo a literatura amorosa do primeiro século d.

C. (Ovídio e Petrônio). Dissertação (mestrado em História). Universidade Estadual Paulista Júlio de Mesquita Filho, UNESP, Brasil. 1994.

FEITOSA, L. C. Práticas Sexuais e representações históricas. *Mimesis,* Bauru, vol. 29, n. 2, p. 89-104, 2008. Disponível em: <77 http://www.usc.br/biblioteca/mimesis/mimesis_v29_n2_2008_art_01.pdf> . Acesso em: 25 jun. 2014.

FEITOSA, L. C; FUNARI, P. P. Estéticas do universo romano: corpos inquietos, conformados e plurais. In: MARQUETTI, F; FUNARI, P.P. *Sobre a Pele:* imagens e metamorfoses do corpo. São Paulo: Ed UNIFESP, 2014.

FEITOSA, L. C; FUNARI, P. P. Amor e Sexualidade na Antiguidade: estética masculina e o jogo entre austeridade e sedução. Nós, os Antigos, XI Semana de Estudos Clássicos da FEUSP, p. 153-166. 2014 b. Disponível em: <https://www.academia.edu/9868242/Amor_e_sexualidade_na_Antiguidade_est%C3%A9tica_masculina_e_o_jogo_entre_austeridade_e_sedu%C3%A7%C3%A3o?auto_accept_coauthor=true>. Acesso em: 12 nov. 2014.

FILHO, K; TRISOTO, S. O Corpo problematizado de uma perspectiva histórica-política. *Revista Psicologia em Estudo.* Maringá, vol. 13, n. 1, p. 115-121, jan/mar. 2008. Disponível em: <http://www.scielo.br/pdf/pe/v13n1/v13n1a13.pdf>. Acesso em: 22 maio 2014.

FOUCAULT, M. *A Microfísica do Poder.* Organização e tradução de Robert Machado. Rio de Janeiro: Graal, 1986.

FOUCAULT, M. *História da Sexualidade I:* A Vontade de Saber. 16 ed. Rio de Janeiro: Graal, 1999.

FOUCAULT, M. *História da sexualidade II.* O uso dos prazeres. 6 ed. Rio de Janeiro: Graal, 1990.

FOUCAULT, M. *História da sexualidade III:* O cuidado de si. 9 ed. São Paulo: Edições Graal, 2007.

FUNARI, P. P; FEITOSA, L. C; SILVA, G. J. "Introdução". In: ______. *Amor, desejo e poder na Antiguidade:* relações de gênero e representação do feminino. Campinas - São Paulo: FAP - UNIFESP, 2014.

FUNARI, Pedro Paulo. *Roma vida publica e vida privada.* São Paulo: Atual Editora, 1994.

GALÁN, J. E. *La vida amorosa em Roma*. Madrid: Temas de Hoy, 1996.

GIFFIN, K. A inserção dos homens nos estudos de gênero: contribuições de um sujeito histórico. *Revista Ciência & Saúde Coletiva*, vol.10 n. 1, Rio de Janeiro Jan. / março 2005. Disponível em: < http://www.scielo.br/scielo.php?script=sci_arttext&pid=S1413-81232005000100011> Último acesso: 25 maio 2014.

LOPES, F. Masculinidade(s): reflexões em torno de seus aspectos históricos, sociais e culturais. *Revista de Artes e Humanidades*, n. 8, mai/nov., 2011. Disponível em: < http://www.revistacontemporaneos.com.br/n8/dossie/masculinidadesreflexoes.PDF.> Último acesso: 22 maio 2014.

LOURO, G. L. *O corpo educado:* Pedagogias da sexualidade. Belo Horizonte: Autêntica, 2001.

MATOS, M. I. S. Por uma História das Sensibilidades: Em Foco: A Masculinidade. História *Questões & Debates*, Curitiba, vol. 34, 2001, p. 45-63. p.47. Disponível em: < http://ojs.c3sl.ufpr.br/ojs/index.php/historia/article/viewFile/2658/2195.> ACesso em: 25 maio 2014.

MEDRADO, B; LYRA, J. Por uma matriz feminista de gênero para os estudos sobre homens e masculinidades. *Revista Estudos*

Feministas. Florianopolis, vol.16 n.3, p. 424 set/dez., 2008. Disponível em: < https://periodicos.ufsc.br/index.php/ref/article/view/9918> Último acesso: 22 maio 2014.

MESKELL, Lynn. The irresistible body and the seduction of Archaeology. In: MONTSERRAT, D. (Ed.) *Changing bodies, changing meanings*. Studies on the human body in Antiquity. London and New York: Routledge, 1998.

MENNITI, D. A (des) construção do ideal de virilidade e o homoerotismo: compreendendo a(s) masculinidade (s) no principado romano. *Revista Tempo de Historia*. PPGHIS/UNB, n. 24, Brasilia, Jan-Jul, 2014, p. 38-59. Disponível em: <file:///C:/Documents%20and%20Settings/Usuario/Meus%20documentos/Downloads/11580-37618-1-PB.pdf.> Acesso em: 10 nov 2014

OLIVEIRA, Pedro Paulo. *A construção social da Masculinidade*. Belo Horizonte: Editora UFMG/Rio de Janeiro: 2004.

PARRA, Amanda Giacon. *As Religiões em Roma no Principado:* Petrônio e Marcial (séculos I e II d.C). Dissertação (Mestrado em História). Assis, SP: Universidade Estadual Paulista-Faculdade de Ciências e Letras, 2010

POSSAMAI, Paulo Cesar. Sexo e Poder na Roma Antiga: o homoerotismo nas obras de Marcial e Juvenal. *Revista Bagoás: Estudos Gays: Gênero e Sexualidade*, n. 05, p. 79-94. 2010. Disponível em: <http://incubadora.ufrn.br/index.php/Bagoas/article/view/461/385> Acesso em: 28 maio 2014.

RABELO, A. O. Contribuições dos Estudos de Gênero às investigações que enfocam a Masculinidade. *Ex aequo*, n. 21, p 161-176, 2010,. Disponível em: <http://www.scielo.oces.mctes.pt/scielo.php?pid=S0874-55602010000100012&script=sci_arttext.> Acesso em: 22 maio 2014.

RIBEIRO JUNIOR, B. Estudos *queer* e antiguidade: o caso dos *galli* de cibele representados por Marcial. *X Ciclo de Estudos Antigos e Medievais:* Saberes e Fazeres. Anais eletrônicos. Universidade Estadual de Londrina - UEL, p. 75-88, 2014.

SCOTT, J. Gênero: uma categoria útil de análise histórica. *Educação e Realidade:* gênero e educação. vol. 20, n. 2, p. 71-99, jul/dez, 1995. Disponível em: <https://docs.google.com/file/d/0B1cHNDJbqFSpSWw2blFLWElSOG16Mm-dwUo5mNEFNUQ/edit?pli=1>. Acesso em: 22 jun 2014

SOARES, T. B. Espectador e poeta: os ludi e o clientelismo nos versos de Marcial. X *Ciclo de Estudos Antigos e Medievais:* Saberes e Fazeres. Anais eletrônicos. Universidade Estadual de Londrina - UEL,p. 490-500, 2014

TORRÃO, João Emanuel. Autores de referências na obra de Marcial. *Revista de Estudos Clássicos*, vol. 4 n. 3 p. 1-19 - Universidade de Aveiro. Disponível em: <http://www2.dlc.ua.pt/classicos/Marcial.pdf>. Acesso em: 23 mai 2014.

VERÍSSIMO, L. F. *As mentiras que os homens contam.* Rio de Janeiro: Objetiva, 2000

VEYNE, P. *Sexo e poder em Roma.* Rio de Janeiro: Civilização Brasileira, 2008.

VEYNE, P. (Org) O Império romano. In: ARÍES, F. DUIBY, G (Dir). *História da Vida Privada.* Do Império Romano ao ano mil. Tradução de Hildegard Feist. V.1. São Paulo: Companhia das letras, 1990.

Marcial e Juvenal: uma apresentação

Amanda Parra[1]

Introdução

Neste capítulo há uma breve introdução à obra de dois autores que viveram na cidade de Roma da segunda metade do primeiro ao início do segundo século d.C. São eles: Marcial e Juvenal, o primeiro, autor de epigramas, e o segundo, autor de sátiras.

Serão consideradas algumas possibilidades de estudo que cada um desses autores traz para o estudo da história do Principado e algumas características acerca do gênero escrito por eles.

Em seguida, há uma discussão sobre a religião em Roma no período e um breve estudo de alguns cultos, a partir das duas fontes.

Os Epigramas de Marcial

Marco Valério Marcial nasceu por volta de 30 ou 40 na região da Bílbilis, atual Espanha. O autor foi para Roma na década de 60 e provavelmente em 101 ou 102 tenha voltado para sua terra natal.

O estatuto social de Marcial em Roma era o de cliente. Isso quer dizer que o autor tinha alguns patronos aos quais devia fa-

---

1 Doutora em História pelo Programa de Pós-graduação em História da FCL - Unesp Assis. Pesquisadora do Núcleo de Estudos Antigos e Medievais (NEAM) da Unesp.

vores, pois tinha ajuda financeira e proteção. Alguns patronos conhecidos de Marcial eram: Arrúncio Estela, Plínio, o Jovem, Juvenal, Quintiliano e Frontino. Na obra deste autor é possível perceber essas relações clientelistas e ainda a necessidade de adulação aos poderosos, que ocorre nos epigramas.

A obra deixada por Marcial reúne mais de 1500 epigramas, divididos em 15 livros. Está distribuída quase que em ordem cronológica, como explica Dezotti (1990, p. 27); para que isso ocorra, basta que se anteponham aos livros de I a XII os livros XIII e XIV.

A primeira publicação é o Livro dos Espetáculos, da década de 80, escrito em homenagem à inauguração do Anfiteatro Flávio (Coliseu). Nele, Marcial trata dos jogos que ocorreram em Roma e do imperador Tito e por esses escritos ganha até algumas honras na cidade.

Em seguida vêm os livros XIII e XIV (*Xenia* e *Apophoreta*), que tratam das Saturnais. Há descrição dos presentes trocados durante a festa que acontecia todos os anos de 17 a 23 de dezembro em honra a Saturno.

Os livros posteriores foram publicados nas décadas de 80 e 90: livros I e II em 86, livro III no fim de 87, livro IV em 89, livro V em 90, livro VI em 91, livro VII em 92, livro VIII em 94, livro IX e X em 95, livro XI em 96, livro XII foi publicado na passagem do ano 101 para o 102. Percebe-se que grande parte da obra do autor foi publicada no período de Domiciano e destaca-se ainda que a adulação é traço fundamental em vários livros de Marcial.

O gênero escrito por Marcial é o epigrama. Inicialmente, a palavra epigrama designava um tipo de inscrição feita nos túmulos que tinha como característica a brevidade. O gênero epigramático, por sua vez, teve destaque com a obra de Catulo (século I a.C) e depois com Marcial.

Martin e Gaillard (1995, p. 407) apontam cinco características principais do gênero; seriam elas: brevidade, ou seja, trata-se de poemas curtos. O segundo ponto seria que o epigrama é alegre, contrastando com a austeridade da epopeia. Outro ponto é que ele seria uma espécie de "saturnais literárias", ou seja, nele se abandonavam as convenções, assim como no período das festas Saturnais.

O epigrama faz pouco caso ainda de coisas como "decência" e "respeitabilidade"; não há problema, por exemplo, em falar da vida sexual de qualquer pessoa. E, por fim, há no epigrama uma perspectiva jornalística. No entanto, não existe nenhuma intenção moralizante.

Traço da escrita de Marcial é, como aponta Dezotti (1990, p. 34), que a graça do epigrama fica reservada para o último verso na maioria dos poemas, como se pode observar neste, 56 do livro II:

> Entre as gentes da Líbia, a tua mulher Galo, tem má fama,
> devido à feia acusação de avareza desmedida.
> Mas é pura mentira o que se conta: ela não costuma receber tudo. Que costuma então? Dar tudo.

Há que se destacar ainda que a crítica de Marcial não vai para pessoas específicas, mas contra "tipos", ou seja, segundo Dezotti (1990, p. 65):

> [...] velhas que se esforçam por dissimular a idade com banhos, cabelos postiços, com tinturas, com dentes comprados; ricos extremamente avarentos, oradores e gramáticos analfabetos, que cometem todos os barbarismos e solecismos; poetas e pintores que 'assassinam' com suas obras; médicos que, em vez de curar, matam; oculistas que cegam até as estátuas; maridos enganados ou complacentes.

Baptista (2009, p. 23) explica a natureza burlesca e jocosa dos epigramas de Marcial. Burlesco, segundo a autora, está relacionado a uma faceta do cômico. No burlesco, figuras, costumes, hábitos ou valores são ridicularizados, sem, no entanto, propósito moralístico (BAPTISTA, 2009, p. 35-36).

O burlesco toma a trivialidade por matéria e a trata com grandeza e solenidade. A vítima, alvo da crítica do poeta, só faria libertar uma forte gargalhada no espectador, não despertaria nem piedade nem dor (BAPTISTA, 2009, p.43). O jocoso é a capacidade que o poema tem de incitar o riso, zombando de alguém.

Os temas em Marcial

Há uma variedade significativa de temas tratados por Marcial. Como o autor "falava de tudo e de todos" (BIAZZOTO, 1993, p. 117), há em sua obra temas tais como a própria escrita, ou seja, são metalinguísticos.[2] O epigrama 16 do livro I exemplifica isso: "Há bons, alguns medíocres, na sua maior parte são maus os versos que aqui lês: não é de outro modo, Avito, que se faz um livro"

Ou ainda no livro XI, epigrama 17: "Nem todas as páginas do meu livro são para ler a noite: alguma coisa acharás, Sabino, que possas ler de manhã"

A adulação ao imperador, já citada também, está presente na obra como, por exemplo, no epigrama 14 do livro I:

> Prazeres, César, e diversões e brincadeiras de leões
> Foi o que nós vimos – até isso a arena te oferece –,
> Sempre que, apanhada, aos brandos dentes escapava

2 Sobre a metalinguagem em Marcial, há os trabalhos de Cesila. Em especial, a dissertação na qual o autor faz uma análise e tradução de tais epigramas. Há a abordagem de temas tais como o plágio, sobre o gênero, sobre as condições de produção e transmissão da poesia.

E, errante, corria pelas fauces escancaradas, uma lebre.
Como pode um leão voraz poupar a sua presa?
Mas diz-se que o leão é teu: portanto pode.

As relações amorosas também são assunto do autor. O livro I, epigrama 24, faz referência à homossexualidade de Deciano:

Vês, Deciano, aquele tipo de cabelos desgrenhados,
De quem até tu temes o austero cenho,
Que fala dos Cúrios e dos Camilos libertadores?
Não te fies na cara: ainda ontem fez de noiva.

No livro XII, epigrama 42, trata do casamento de dois homens, descrito com todos os ritos de um casamento tradicional:

O barbudo Calístrato desposou o robusto Afro
Segundo a lei que une uma donzela a um homem.
Acenderam-se tochas, cobriu-se o rosto com véu,
E nem te faltaram os teus cantos, Talassião.
Fixou-se até o dote. Não te parece, Roma,

Que já chega? Esperas, se calhar, que ele até dê à luz?

Há também um epigrama que trata do homoerotismo feminino (livro VII, epigrama 67), ou seja, Marcial se preocupava em descrever inúmeros tipos de relações amorosas existentes em Roma.

Ainda sobre práticas femininas, destacam-se inúmeros epigramas do autor que tratam das mulheres. No epigrama 34 do livro I, ele descreve certa Lésbia que era, na verdade, uma matrona desavergonhada e sem pudores:

> Sem guardas, Lésbia, e sempre de portas abertas,
> Tu fornicas e não ocultas as tuas escapadelas
> E deleita-te mais o *voyeur* do que o amante;
> Não te dão gozo os prazeres se alguma coisa escondem.
> Uma prostituta afasta os curiosos com a cortina e a chave,
> E poucas fendas se vêem no bordel de Submémio.
> Ao menos aprende com o pudor de Quíone ou de Ias:
> Até essas putas reles se ocultam nos túmulos.
> Acaso dura demais te parece esta censura?
> Proíbo-te de seres surpreendida, Lésbia, não de seres fodida.

E ainda comportamentos femininos, tais como no epigrama 87 do livro I, no qual descreve Fescénia como uma bêbada:

> Para não tresandares, Fescênia, ao vinho de ontem,
> Fartas-te de mastigar pastilhas de Cosmo.
> Este pequeno almoço limpa os dentes, mas em nada obsta,
> quando o arroto brota do fundo do sorvedouro.
> E então? Não é mais forte a mistura de fedor
> e perfume e, redobrada, não vai mais longe a exalação do hálito?
> Já são de sobra conhecidos os truques, e os ardis desmascarados:
> deixa-te disso e sê simplesmente bêbada.

De maneira geral, há em Marcial nomes fictícios que designam tipos; por exemplo, Thais, Lésbia e Lálage são nomes destinados a mulheres cortesãs; Fidentius, um plagiário; Selius, um tipo parasita, entre outros.

As sátiras de Juvenal

O autor de sátiras teria nascido por volta do ano 60 (entre 62 e 67) na região de Aquino, na Campânia. Sua morte também não registra data certa, teria ocorrido por volta de 130. No século IV, o autor Lactâncio escreve uma *Vita* de Juvenal. O interesse que Juvenal desperta na Idade Média pode se dever a seus escritos moralistas, que interessavam naquele momento.

Segundo os estudiosos Labriolle e Villeneuve, Juvenal não tinha começado a escrever, ou pelo menos a publicar, até a morte de Domiciano, 96 d.C. O ano 100 provavelmente marcasse o meio de sua existência (1957, p. VIII- IX).

O autor é citado algumas vezes por Marcial[3] no livro XII; um trecho do epigrama 18 diz o seguinte:

> Enquanto tu vagueias, afanoso talvez
> Pela Suburra barulhenta, Juvenal,
> E gastas a colina da majestosa Diana;
> Enquanto pela soleira dos poderosos
> Te ventila o suadoiro da toga e erras,
> Estafado, no Célio maior e no menor:
> A mim, há muitos Dezembros almejada,
> Me acolheu e camponês me tornou
> Bílbilis, orgulhosa do ouro e do ferro [...].

---

3 Juvenal é citado também por Amiano Marcelino, Rutílio Nomaciano e Sidonio Apolinar, como destaca Cavaco (2009, p. 5).

Há ainda dois outros epigramas nos quais Marcial cita Juvenal, sempre como um *cliens*. No entanto, há indícios de que ele tivesse algumas propriedades e não fosse tão pobre como Marcial insiste em afirmar. Em sua obra, no entanto, é difícil destacar elementos que possam ser autobiográficos, por isso sua condição social é algo complexo de determinar. Em algumas sátiras, o autor expõe quanto era difícil a condição de cliente na cidade de Roma, mas nunca em primeira pessoa.

Na obra de Juvenal percebem-se influências filosóficas, principalmente a do estoicismo.[4] Provavelmente o autor frequentou escolas de retórica durante sua vida, por isso a filosofia e a retórica ocuparam metade de sua vida, e a poesia satírica, a outra parte (LABRIOLLE e VILLENEUVE, 1957, p. XV).

A obra de Juvenal é composta por 16 sátiras escritas em hexâmetros. Elas estão divididas em cinco livros, e a datação deles é possível de ser feita graças a algumas referências contidas nos textos. A única que nos chegou incompleta foi a 16, talvez por causa da morte do autor.

Sobre as datações, Citroni (2006, p. 948) explica que o livro 1, que contém as sátiras de 1 a 5, tem publicação estimada entre 110-112 em face de alusões ao julgamento de Marco Prisco e ao livro *Historiae*, de Tácito.

---

4 O estoicismo teve, segundo Brun (1986, p. 15), três fases. A primeira delas chamada de "estoicismo antigo" teve como fundador Zenão de Cicio em Atenas no século III a.C. A segunda fase foi o período no qual a filosofia começa a latinizar-se, por volta de II a.C, chamado "estoicismo médio" e, por fim, o "estoicismo imperial"ocorrido em Roma nos séculos I e II d.C., momento no qual a doutrina passa a interessar-se pela moral. Nesse caso, Brun (1986, p. 75) esclarece que são três os gêneros que a filosofia estóica aborda: lógica, física e moral, sendo que, a última trata de como se devem proceder nossos atos.

Já o livro 2, que contém a sátira 6, tem como data o ano de 116, diante de alusões ao terremoto ocorrido em Antioquia e a um "cometa ameaçador para a Armênia", que é interpretado como sendo Trajano. As sátiras 7, 8 e 9, presentes no livro 3, têm como data aproximada o ano de 120, pois o autor cita um César que seria a "esperança" dos homens de letras - este seria Adriano.

O livro 4, por sua vez, que contém as sátiras de 10 a 12, não apresenta indícios suficientes para determinar a datação. E, por fim, o livro 5, que tem as sátiras de 13 a 16, tem a data estimada em 127, pois o próprio autor refere-se duas vezes a esse ano. As publicações de Juvenal ocorreram, portanto, durante os governos de Trajano e Adriano.

Em seus escritos, Juvenal descreve uma sociedade corrupta, que deveria, segundo ele, ser reformada. Ele propõe que o leitor tome atitude e ajude a mudar e acabar com aquilo que, segundo ele, eram os vícios daquela sociedade.

Assim como outros autores de sátiras, ele determina o passado como o principal ponto de referência. Os costumes estavam distorcidos, segundo o autor, que buscava no *mos maiorum,*[5] nos costumes e tradições dos antepassados – principalmente na Roma republicana – um ponto de referência para seu discurso.

Dessa forma, Juvenal se mostra um conservador e pessimista. Segundo Vitorino (2006, p. 266-267):

---

5 *Mos maiorum* pode ser definido como um conjunto de ideias que pretendia conservar entre os romanos os costumes dos antepassados. Oliveira (1996, p. 56) define: "Os romanos têm uma herança cultural chamada *mos maiorum*, cujo significado é a permanência de valores éticos observada na mentalidade das elites do império; por conseguinte, exerce forte influência nas relações de poder".

> uma questão importante da visão de Juvenal a respeito da sociedade de seu tempo, isto é, da época de Trajano e Adriano, é o extremo pessimismo e amargura sentidos por alguns na obra, principalmente se se confronta com as obras de outros autores contemporâneos ao poeta.

É importante que se tenham algumas premissas básicas a respeito do gênero escrito por Juvenal, a sátira. Em primeiro lugar, esse gênero busca denunciar e corrigir os vícios da sociedade.

Segundo D'Onófrio (1968, p. 16), há três pontos básicos para o entendimento das sátiras: a finalidade é a moralização, serve-se do ridículo para corrigir os costumes, e a fonte psicológica é a indignação (*indignatio*).

Silva (1995, p. 73-74) aponta que a sátira faz uma apologia aos costumes ancestrais e ridiculariza comportamentos opostos ao tradicional, ou seja, há uma função moralizante. O riso satírico é um ponto de análise bastante importante, pois ele acaba delimitando zonas de interdição para a conduta dos indivíduos.

Baptista (2009, p. 48) afirma que o espírito satírico tem por característica fazer uma crítica mordaz, tem propósito didático-moralizador e discurso retórico. Haveria também na sátira certa agressividade denunciadora e uma função intencionalmente persuasiva (2009, p. 51).

Citroni (2006, p. 960) observa que Juvenal fez denúncias de injustiça social e de como o "ter dinheiro" era sinônimo de poder na sociedade romana de seu tempo. No entanto, a forma proposta por Juvenal para resolver isso era um rigor ético de tipo arcaico, ele não era progressista.

Os temas em Juvenal

O autor critica tudo aquilo que considera um comportamento inadequado a um romano; critica aquilo que entende ser a hipocrisia estrangeira (principalmente dos gregos e orientais), a arrogância dos libertos enriquecidos, as relações clientelistas, os comportamentos femininos e práticas sexuais.

Cavaco (2009) explica que, a partir de "tipos" como o *cliens*, o *patronus*, o delator, o liberto, o efeminado, a mulher adúltera, Juvenal critica os "vícios" tais como avareza, luxúria, corrupção, hipocrisia, entre outros.

Também há algumas vezes em Juvenal, assim como em Marcial, uma temática metalinguística. Por exemplo, no início da primeira sátira o autor descreve um conjunto de vícios presentes em Roma e revela que isso o instigava a escrever. Nos versos 79-80, ele afirma que "Se não há talento, a indignação faz o verso...".

O tema da hipocrisia é muito presente em sua obra. Na sátira 2, por exemplo, encontram-se ferrenhas críticas aos hipócritas que tentam enganar como se fossem virtuosos; o autor fala até mesmo em deixar Roma por causa desses vícios. Critica a figura do imperador Domiciano que, segundo ele, praticava adultério. Nos versos 19 a 21, afirma: "Piores são aqueles que se jogam contra esses vícios com as palavras de Hércules e, enquanto falam de virtude, remexem o traseiro".

Outro tema presente é o das relações amorosas. Na sátira 2, versos 117-119, por exemplo, Juvenal critica um caso de um homem romano que havia legado um dote de 400 mil sestércios a um tocador de corneta: "Graco deu um dote de quatrocentos mil sestércios a um tocador de corneta, ou talvez fosse um flautista; eles firmaram contrato nupcial [...]".

Outro exemplo da forma como se davam as relações amorosas está na sátira 9, verso 45, na qual Juvenal tem como interlocutor Névolo, que sofria com seu patrono, pois os serviços prestados a ele deveriam ser sexuais. O autor escreve: "Menos desgraçado será o escravo que cava o campo do que aquele que 'cava' o amo".

Juvenal preocupa-se muito com os comportamentos femininos. Sobre as mulheres, na sátira 2 tenta desencorajar Póstumo de se casar e para isso descreve inúmeros comportamentos inadequados que as mulheres praticavam. Nos versos 47-49, afirma: "Ah, que boa sorte! Se tu encontrares uma mulher de lábios castos, tu deves te prostrar na entrada do Capitólio e imolar a Juno uma novilha de chifres dourados".

Em outro ponto da mesma sátira, versos 350-351, o autor deixa claro que a crítica se dirige a todas as mulheres, independentemente da classe social: "Entre as que ocupam os mais altos lugares como entre aquelas mais humildes, a falta de vergonha é a mesma, esta que está descalça não é melhor que aquela que se faz carregar nos ombros pelos Sírios".

Enfim, Juvenal descreve inúmeros comportamentos relacionados às mulheres: adúlteras, prostitutas, ou seja, elas são alvo constante de suas críticas.

Os Epigramas e as Sátiras como fonte histórica

Devido à variedade de temas já mencionada, Marcial e Juvenal podem ser tomados como fonte histórica para o estudo de diversos temas. Nesse caso, particularmente, utilizar-se-ão alguns comentários feitos por esses autores sobre as religiões em Roma no período.

É interessante ressaltar que a literatura permite, com os cuidados metodológicos necessários, maior entendimento de uma sociedade específica e da cultura na qual foi produzida. As obras literárias não são a descrição nem mesmo a reprodução de uma época, mas permitem ao historiador pelo menos uma aproximação e uma tentativa de interpretar um momento histórico, nesse caso, o período da passagem do século I para o II d.C.

Sobre a maneira como perceber a relação entre a literatura e a história, Cardoso (2003, p. 264) afirma:

> [...] não podemos considerar os textos literários como documentos totalmente válidos para o conhecimento de um contexto social, muito embora eles sejam produtos desse contexto. A obra literária espelha a sociedade, apresentando todos os defeitos e sofrendo todas as limitações próprias dos espelhos: deforma-a inexoravelmente, e reduz-lhe as dimensões a um plano único.

Silva (2001, p. 33) aponta que, além da carência de fontes, os testemunhos literários não são apenas ficção, ou seja, eles carregam indícios que permitem analisar determinada sociedade e a compreender melhor.

Breve panorama das religiões em Roma

As religiões praticadas em Roma não podem ser tratadas isoladamente. Para discutir os aspectos religiosos é indispensável pensar as transformações culturais que vinham ocorrendo na cidade havia algum tempo.

Desde as conquistas territoriais, ocorriam processos de trocas culturais muito intensos. Por isso, os estudos sobre a religião devem ser pensados juntamente com estudos culturais mais amplos.

As práticas culturais dos romanos no período do primeiro e início do segundo século correspondem a um contexto de pluralidade e diversidade vivenciado na cidade que será exposto a seguir.

Inicialmente, a religião romana, ligada ao oficial, ao Estado romano, tem algumas características específicas. A primeira delas é que crer, em Roma, era bastante diferente de qualquer ideia de crença na atualidade. Para os romanos antigos, explicam Linder e Scheid, "crer era fazer". "Crer na Roma antiga equivalia a ter uma confiança cega no rito [...]" (1993, p. 58). Significava acreditar no poder do ritual e buscar sua perfeita execução.

Scheid enumera alguns dos princípios da religião romana. O primeiro deles é que a religião romana não tem revelação, livros revelados, dogma e ortodoxia. O que existe é a chamada 'orthopraxis', ou seja, a performance correta que descreviam os rituais (SCHEID, 2003, p. 18).

Essa religião pública praticada no Império era acima de tudo social, ligada à comunidade. Há tantas religiões romanas quanto grupos sociais: os cidadãos, as legiões, as várias unidades das legiões, colégios dos servidores públicos, artesãos, famílias, entre outros (SCHEID, 2003, p. 19).

Destaca-se ainda que se tratava de um modelo cívico de religião: "[...] respeitava-se a liberdade do cidadão e ajudava-o no estabelecimento de relações com os deuses fundadas especialmente na razão mais do que no medo" (SCHEID, 2003, p. 21).

O ideário do *mos maiorum*, costume dos antepassados, já citado, permeava também as práticas religiosas. Essa religião oficial e cívica estava de acordo com a ideia de preservação de antigas práticas. Por exemplo, a preservação dos ritos à tríade Capitolina (Júpiter, Juno e Minerva).

A religião estava intrinsecamente ligada à política. Aqueles que tinham cargos políticos eram quem geralmente exercia importantes funções nessa religião cívica, ligada às estruturas do Estado. Explica Scheid (1992, p. 53):

> Reservado principalmente aos cidadãos de sexo masculino, o ministério sacerdotal não era, porém, acessível a todos os cidadãos num contexto indeterminado. Fosse qual fosse a amplitude da comunidade considerada – todo o povo ou uma parte dele – o poder de agir em seu nome só era concedido a alguns: em Roma não se tornava sacerdote quem o desejasse: o sacerdócio não era uma questão de vocação (pelo menos, não nos cultos tradicionais), mas de estatuto social.

Ocorre que, além dessa religião, Roma estava permeada de diferentes cultos, ligados a diferentes divindades, que tinham origem em outras regiões do Império e foram trazidas à cidade num intenso processo de trocas culturais.

Essas novas divindades, a princípio não relacionadas ao oficial, eram relidas, e seus cultos muitas vezes reformulados de acordo com as práticas romanas, tomando novos significados. Portanto, a religião em Roma, assim como a cultura de forma ampla, não deve ser pensada no singular, pois ambas são resultado de um longo processo de trocas culturais e ressignificações, por isso, híbridas.

A forma como as novas práticas são aceitas ou não, em maior ou menor grau, varia muito. Isso se dá, pois, como afirma Bustamante (2006, p. 111), as interações culturais são processos de negociação e conflitos permanentes e também se inserem nos jogos de interesses sociais. Há estratégias por parte dos grupos para manter-se unidos, identificando-se e distinguindo-se dos "outros".

Exemplificando essas práticas, podem-se citar alguns cultos nos quais as mulheres têm papel relevante. Muitas vezes essas novas formas de religiosidade conferiram às mulheres certa relevância e independência no âmbito religioso. Isso porque nos cultos oficiais os papéis femininos eram bem restritos. As mulheres só ganhavam destaque quando o sacerdócio dependia do casal; nesse caso, elas eram um complemento indispensável de seus maridos (SCHEID, 1990, p. 465).

Dentre esses cultos podem-se citar os seguintes ligados à fertilidade: Priapo, deus da Ásia Menor, e o casal Cibele e Átis, vindo da região da Frígia. Há ainda outros, tais como o casal Ísis e Osíris, e Mithra.

Descrevendo brevemente o histórico de alguns desses, sabe-se que o deus Priapo, por exemplo, é oriundo da cidade de Lâmpsaco, da Ásia Menor. As primeiras informações desse culto datam do século IV a.C. Seu culto teria sido difundido primeiro na Grécia e mais tarde tornou-se popular em Roma.

A função desse deus era a fertilidade e proteção; geralmente ele era representado por um falo e era colocado em vários espaços diferentes em Roma: nas plantações, nas casas, portos, jardins. Priapo atuava também no poder procriador da natureza (OLIVA NETO, 2006, p. 17-19).

O culto a Priapo não foi proibido, no entanto nunca entrou no calendário festivo oficial. Algumas fontes relatam a intensa participação feminina nos rituais a esse deus.

Outro exemplo de divindades foi o casal Cibele e Átis. Esse casal, oriundo da Frígia, diferentemente de Priapo teve seu culto incorporado e modificado na cidade de Roma.

O mito do casal descreve que Cibele, a deusa mãe, amava Átis. No entanto, Átis relaciona-se com uma ninfa e, arrependido, tem um momento de loucura e acaba emasculando-se e sangrando até a morte.

O ritual tinha como componente a castração dos sacerdotes: tanto os *galli* quanto o sumo sacerdote, o *archigallus*. O ritual buscava, portanto, reviver as dores de Átis.

O culto de Cibele foi incluído no calendário oficial das festividades romanas a partir da criação do templo em honra à deusa. Alvar afirma: "Cibele triunfou em Roma. Seu culto acabou integrado ao calendário oficial e, sem dúvida, as características de seus ritos impediram, aparentemente, sua plena incorporação na vida cívica" (1994, p. 169).

Cada novo culto, resultado das trocas culturais com outros povos, teve uma aceitação e foi modificado de forma específica. Esses foram apenas dois exemplos, outros casos poderiam ser citados.

As questões acerca das religiões em Marcial e Juvenal

Além dos inúmeros temas presentes nas fontes, as discussões a respeito da religião também fazem parte das preocupações dos autores. Em Marcial, observa-se que há várias citações a divindades que não estariam ligadas à tradição do ideário do *mos maiorum*.

Nesse sentido, este autor cita esses deuses com um objetivo específico. Muitas vezes utiliza-se da citação desses deuses, dos sacerdotes ou ainda dos seguidores desses cultos para denegrir a imagem dos tipos retratados, ajudando a compor o quadro que deseja.

Isso pode ficar mais evidente quando se observam as referências ao culto de Cibele e Átis na obra de Marcial. Em alguns epigramas (Livro I, epigrama 70 e Livro VII, epigrama 73) há referências espaciais ao templo da deusa Cibele ou ainda ao leão, símbolo muito presente nos rituais. Isso pode remeter à popularidade da deusa, ou seja, Marcial utiliza esses símbolos por serem conhecidos por todos. Portanto, esses epigramas podem dar a dimensão ao culto da deusa.

Há o epigrama 2 do livro IX, no qual Marcial coloca Lupo, pela ausência de virtudes, como um castrado, celebrante do culto de Cibele:

> Pobre embora para os amigos, Lupo, não o és para a amante,
> e só o teu vergalho de ti se não queixa.
> Engorda essa pega com pães pachachóides,
> negra farinha come o teu convidado;
> para a dama se filtram sécias de inflamar a neve,
> bebemos nós turvos copos de corso veneno;
> compraste uma noite, e não toda, com a fazenda paterna,
> um camarada desvalido ara um campo que não é seu;
> refulge a rameira, reluzentes de eritreias gemas,
> é preso por dívidas, enquanto fodes, um cliente;
> uma liteira, levada por oito sírios, à cachopa é dada,
> um amigo numa padiola será um peso nu.
> Anda agora, Cíbele, e mutila os maricas desgraçados,
> este sim, este vergalho é que merecia as tuas facas.

No epigrama acima o poeta caracteriza Lupo como alguém desregrado no amor porque, para sua amante, Lupo proporcionava uma vida muito abastada. No entanto, no que se refere a suas obrigações na vida pública, ele teria deixado a desejar, pois serviria comidas e bebidas que não eram adequadas aos jantares e teria deixado a desejar também como patrono.

Marcial propõe no fim do epigrama que Cibele castrasse em seus ritos esse homem. Seria viável, por exemplo, afirmar que Marcial define aí os emasculados dos ritos de Cibele como pessoas que não tivessem tanto prestígio na vida pública, pessoas desregradas, que não soubessem cumprir suas obrigações no âmbito público e agissem com muitos sentimentos em relação ao amor.

Neste e em outros epigramas, a deusa Cibele estaria então condenada por Marcial a atender pessoas que não se encaixassem nos parâmetros propostos pela sociedade romana, nos parâmetros do *mos maiorum*.

No livro V, epigrama 41, Marcial fala sobre os *galli*, celebrantes do culto da deusa:

> Embora sejas mais efeminado que um eunuco frouxo,
> e mais mole que o amante de Celenas,
> por quem uiva o Galo castrado que a grande Mãe inspira,
> - falas de teatros, de plateias, de edictos,
> de mantos dos cavaleiros, de idos, de fíbulas e do rol dos bens,
> e apontas os pobres com a mão polida a pedra-pomes.
> Se tens licença para te sentares nos bancos dos cavaleiros,
> hei de ver, Dídimo: não a tens para os dos maridos.

Marcial denigre a imagem de um homem chamado Dídimo.[6] Nesse caso, afirma que ele era mais efeminado ou castrado (no latim, *euiratior*) do que um celebrante do culto de Cibele e adjetiva este como 'frouxo' ou 'fraco' (no latim, *fluxo*).

O homem é acusado ainda de ser 'mais mole que o amante de Celenas'; neste ponto, Marcial se refere a Átis, esclarecendo que Celenas é a cidade frígia onde se iniciou o culto. Átis, o amante de Cibele, seria então aquele que faz o galo castrado 'uivar', ou ainda

6 Provavelmente um nome fictício.

gritar, gemer, (no latim, *ululat*). Um rito central do culto de Cibele é colocado por Marcial como 'uivos'.

Vê-se aí um grande descrédito de Marcial em relação aos sacerdotes do culto: efeminados, frouxos e ainda desregrados. Dídimo, um cavaleiro (*equitum*), não seria digno de se sentar nos espetáculos públicos, nos lugares reservados aos maridos, apesar de ter licença para ocupar o banco dos cavaleiros, dos equestres.

No livro XIV, epigrama 204, o autor critica os sacerdotes do culto da deusa. O 'jovem de Celenas' citado refere-se a Átis, pois Celenas era a cidade de onde veio o mito, remetendo à origem frigia, oriental. O epigrama está a seguir:

> Címbalos
> Estes bronzes que choram o jovem de Celenas
> amado da Grande Mãe,
> Muitas vezes costuma vendê-los o Galo esfomeado.

Os sacerdotes são acusados de vender os címbalos, instrumentos musicais utilizados durante o culto. Nesse caso, os sacerdotes são descritos como não tendo caráter nenhum.

Marcial não trata do culto de Cibele em si; na maioria das citações à deusa ele refere-se aos celebrantes, que são sempre desqualificados no decorrer dos epigramas. Quando as pessoas não se encaixavam nos parâmetros sociais – referentes ao amor, ou os patronos que não honravam suas obrigações com a clientela, por exemplo – Marcial os compara aos celebrantes do culto à deusa em uma tentativa de rebaixar tais pessoas e criar o "riso" em seu poema.

Os rituais de Cibele, por mais que tivessem sido relidos, modificados e aceitos como culto oficial, ainda guardavam em si práticas que "chocavam" parte dos romanos, ou ainda, "chocavam" aqueles que estavam ligados aos poderosos como Marcial. O ritual tinha práticas muito passionais se comparados aos cultos referentes às cerimônias públicas, baseadas no *mos maiorum*.

Em Juvenal, a diversidade de temas é também bastante grande, encontramos temas filosóficos, morais e religiosos. Esses últimos são aqueles que mais interessam a este estudo. Em várias sátiras surgem discussões a respeito de descrença religiosa (sátiras 2 e 13), sobre superstições (sátiras 2, 13 e 15), discute as práticas votivas (sátira10), degradação dos templos (sátiras 9 e13), cultos, segundo ele, estranhos à cultura romana, tais como o de Ísis e Osíris, Cibele e Átis, Bellona (sátiras 4, 5, 6, 8, 15).

Na sátira 2, por exemplo, o autor trata de temas variados, mas a crítica centra-se nos costumes, dentre eles, os costumes religiosos. A sátira tem como tema a hipocrisia: no início fala-se da hipocrisia de grandes personagens que se diziam filósofos, em seguida de mulheres adúlteras e ainda de uma relação entre dois homens, Gracchus e um músico de pouca idade. No que se refere à religião em Roma, o autor trata de vários cultos, inclusive do culto de Cibele, deusa frigia. Quando se refere às mulheres diz o seguinte (sátira 2, versos110-116):

> [as mulheres não tinham] nenhum pudor sobre as palavras, nenhum respeito na mesa ritual, aqui, tem-se a licença de Cibele e plena liberdade de falar vozes lascivas, aqui, como um sacerdote de mistérios, um velho fanático de cabelos brancos, rara e memorável amostra de uma larga garganta, e mestre do seu gênero, preside. Que esperam, portanto, estes homens? O momento não era aquele de subtrair com uma faca, à maneira frígia, um pedaço de carne inútil? [...] De arúspice ou censor necessitamos? [...].

É evidente o quanto Juvenal caracteriza como desregramento excessivo os rituais feitos por mulheres.

Na sátira 6, a maior das escritas por Juvenal, o autor tenta convencer Póstumo a não se casar; o texto gira em torno desse tema, se ele deve ou não se casar. Juvenal exagera os argumentos para convencê-lo de que não o deve fazer.

Nessa sátira ele fala principalmente sobre as mulheres de elite, sobre as matronas. Faz várias citações de cultos femininos: fala dos sacerdotes de Ísis e Cibele; fala de delírios que segundo ele existiam no culto de Ma Bellona, sobre a profanação de antigos cultos públicos e principalmente sobre a corrupção feminina, e a culpa da corrupção é colocada nos orientais, em superstições e no horóscopo.

A partir do verso 300, trata das matronas e seu comportamento frente à estátua de *Pudicitia* (deusa da modéstia, representada pela matrona em vestes simples). Mulheres após uma grande refeição ficam embriagadas e passam diante da estátua da deusa sem apresentar o menor respeito, utilizam-na como privada e urinam nela. O autor caracteriza essas mulheres como sendo das mais altas classes. Abaixo estão os versos de 309-317:

> É ali que a noite elas deixam suas liteiras, é ali que elas inundam de longos jatos a estátua da deusa, elas se sobrepõem e se mexem sob o olhar da lua, pois elas voltam à sua habitação; e tu, quando tu vais à casa dos teus amigos visitá-los, tu caminhas sobre a urina das mulheres. Sabe-se que isso se passa nos mistérios da Boa Deusa, então a flauta excita as ancas e, sob a dupla influência da trompeta e do vinho, fora de si, as mênades de Priapo torcem seus cabelos e ululam.

Retrata o culto da Boa deusa como secreto, no qual as mulheres se embriagavam. As mênades eram as celebrantes do culto báquico; e ainda cita Priapo, o deus fálico por excelência.

No entanto, o culto à Boa Deusa era um culto oficial, no qual só mulheres eram aceitas. Cícero, inclusive, conta uma passagem na qual Clódio invade a cerimônia para ver como ela funcionava.

As mulheres não podiam tomar vinho justamente porque no mito da deusa ela teria sofrido uma tentativa de estupro de Fauno (pai ou irmão dela) por estar embriagada com vinho. Esse culto, originalmente, era realizado à noite na casa do Cônsul com a presença de matronas e vestais.

No entanto, Juvenal descreve um culto no qual se invoca até mesmo o deus Priapo. A invocação do deus pode ser uma referência à entrada de homens nos cultos e que praticavam sexo com essas mulheres.

Juvenal cria uma cena na qual aquelas mulheres que deveriam ser conservadoras e ligadas às tradições acabam corrompendo, modificando e degradando um culto bastante tradicional.

O autor fala também de outros cultos femininos. Em certa parte da sátira fala também sobre o fato de as mulheres receberem em casa o sacerdote de Belona e de Cibele, por exemplo, mas ao mesmo tempo não cuidarem do marido, ou seja, não se dá atenção ao marido, mas se tem uma fé excessiva que ultrapassava o "permitido" e o "aconselhado" pelo ideário do *mos maiorum*.

No caso de Juvenal, diferentemente de Marcial, as críticas não se dirigem apenas a cultos que seriam estranhos ao *mos maiorum*. No caso do satirista, tudo aquilo que ele considerasse corrupção no âmbito religioso seria denunciado.

Juvenal insiste em criticar principalmente excessos femininos, inclusive na religião, além de outros aspectos da religião que ele considerasse que fugia às tradições, como as superstições estrangeiras, a descrença. Não importava a classe social a qual pertencessem essas mulheres.

De maneira geral, entende-se que a literatura aqui elencada, ainda que brevemente, preocupa-se em defender um ideal que eles consideravam romano por excelência, baseado no *mos maiorum*. Os cultos que fugissem à religião cívica, que apresentassem rituais diversos ou ainda que dessem maior liberdade de ação às mulheres eram prontamente criticados por alguns.

Quando Bustamante (2006, p. 111) expõe que os processos de interação cultural são processos de negociação e conflito e que neles estão jogos de interesses sociais, isso pode ser rapidamente associado aos processos de modificação e recriação da religiosidade romana no período estudado.

À medida que Marcial utiliza figuras de alguns cultos, como os sacerdotes de Cibele, para denegrir a imagem de pessoas do império e atingir o riso, ou ainda quando Juvenal critica toda uma dita corrupção da sociedade romana, inclusive no âmbito religioso, ambos articulam um discurso defensor do *mos maiorum*, que "autoriza" ou "desautoriza" certas práticas e carrega em si a defesa dos interesses das classes mais abastadas da sociedade romana da época, que via em qualquer ameaça ao *mos maiorum* um risco para a manutenção de seus interesses.

Dessa forma, compreende-se que a religião romana durante o período do Principado é algo bastante diversificado e plural, espaço de conflito e interesses diversos por parte de diferentes grupos. Ressalta-se que cada um dos cultos deve ser visto individualmente, pois ele tiveram sucessos diferentes, entradas em períodos diferentes e aceitações diferentes por parte dos poderosos e da população.

O que parece mais evidente a respeito dessas trocas culturais é a modificação da posição da mulher em vários espaços em Roma, nesse caso, especificamente, no espaço religioso. Nessas novas formas cultuais ela adquire nova posição, uma posição de maior liberdade a maior atuação.

Fontes

MARCIAL. *Épigrammes.* v. I. Lisboa: edições 70, 2000.

______. *Epigramas.* v. II. Lisboa: edições 70, 2000.

______. *Epigramas.* v. III. Lisboa: edições 70, 2001.

______. *Epigramas.* v. IV. Lisboa: edições 70, 2004.

MARTIALIS, Marcus Valerius. *Épigrammes.* Tome I (livres I-VII) Texte établi et traduit par H.J. Izaac. Paris, Belles Lettres, 1930.

______. *Epigrammes.* Tome II(livres VIII-XII) Texte établi et traduit par H.J. Izaac. Paris, Belles Lettres, 1973.

______. *Epigrammes.* Tome II(livres XIII-XIV) Texte établi et traduit par H.J. Izaac. Paris, Belles Lettres, 1973.

JUVENAL. *Sátiras.* Texto de Francisco Antonio Martins Bastos. Rio de Janeiro: Ediouro, s/d

______. *Satires.* Texte établi et traduit par Pierre de Labriolle e François Villeneuve. 6ª ed. Paris: Belles Lettres, 1957.

______. *Sátiras.* Edicións bilíngüe de Rosário Cortés Tovar. 1ªedición. Madrid: Ediciones Cátedra, 2007.

Referências Bibliográficas

AGNOLON, Alexandre. *Uns Epigramas, certas mulheres:* a misoginia nos Epigrammata de Marcial (40 DC - 104 DC). Dissertação (Mestrado em Letras Clássicas). São Paulo: Universidade de São Paulo - Faculdade de Filosofia, Letras e Ciências Humanas, 2007.

ALVAR, Jaime. Problemas metodológicos sobre el préstamo religioso. In: ALVAR, Jaime, BLÁNQUEZ, Carmen, WAGNER,

Carlos G. (eds). *Formas de difusión de las religiones antiguas.* Madri: Ediciones Clásicas, 1993.

BAPTISTA, Dina Maria da Silva. *O Burlesco e o Satírico na obra de Marcial e Juvenal.* Tese (Doutorado em Letras). Portugal: Universidade de Aveiro, 2009.

BIAZOTTO, Renata Lopes. *O viver urbano em Roma: uma leitura de Plínio o Jovem e Marcial.* Dissertação (Mestrado em História). Assis, SP: Universidade Estadual Paulista-Faculdade de Ciências e Letras, 1993.

BRUN, Jean. *O estoicismo.* Lisboa: Edições 70, 1986.

CARDOSO, Zélia de Almeida. A representação da mulher na poesia latina. FUNARI, Pedro Paulo Abreu, FEITOSA, Lourdes Conde e SILVA, Gladyson José da. *Amor, desejo e poder na Antiguidade:* relações de gênero e representações do feminino. Campinas, SP: Editora da Unicamp, 2003

CAVACO, Lucinda Maria da Silva. *JUVENAL, SATURAE.* Tipos e vícios. (Dissertação de mestrado em Literatura Latina). Lisboa: 2009.

CESILA, Robson Tadeu. *Metapoesia nos epigramas de Marcial:* tradução e análise. Dissertação de mestrado. Campinas, SP: UNICAMP, 2004.

CITRONI, M., CONSOLINO, F.E, LABATE, M., NADUCCI, E. *Literatura de Roma Antiga.* Lisboa: Fundação Calouste Gulbenkian, 2006.

D'ONOFRIO, Salvatore. *Os motivos da sátira romana.* Marília, 1968.

DEZOTTI, José Dejalma. *O epigrama latino e sua expressão vernácula.* Dissertação (Mestrado em Letras Clássicas). São Paulo: Universidade de São Paulo - Faculdade de Filosofia, Letras e Ciências Humanas, 1990.

LINDER, M e SCHEID, John. Quand croire c'est faire. Le problème de la croyance dans la Rome ancienne. In: *Archives de Sciences Sociales des Religions,* Année 1993, vol. 81, n. 1, p. 47 - 61. Disponível em: http:// www.persee.fr/ web/ revues/ home / prescript/ article /assr_0335-5985_1993_num_81_1_1634. Acesso em 23 de junho de 2008.

MARTIN, René e GAILLARD, Jacques. *Les genres littéraires à Rome.* Paris: Nathan, 1995.

OLIVA NETO, João Angelo. *Falo no Jardim:* priapéia grega, priapéia latina. Campinas, SP: Editora da Unicamp, 2006.

OLIVEIRA, Carlos Roberto de. *Mito, Memória e História.* Práticas e representações na literatura pliniana. Tese de Livre Docência. Assis, SP: Universidade Estadual Paulista-Faculdade de Ciências e Letras, 1996

POSSAMAI, Paulo César. Sexo e poder na Roma Antiga: o homoerotismo nas obras de Marcial e Juvenal. *Bagoas.* n. 05, 2010, p. 79-94. Disponível em: http://www.cchla.ufrn.br/bagoas/v04n05art05_possamai.pdf. Acesso em 15 de janeiro de 2012.

SCHEID, John. *An introduction to Roman Religion.* USA: Indiana University, 2003.

______. 'Estrangeiras' indispensáveis. Os papéis religiosos das mulheres em Roma. DUBY, Georges e PERROT, Michelle. *História das mulheres no Ocidente.* vol. 1. Porto: Afrontamento, 1990.

______. O sacerdote. GIARDINA, Andrea. *O homem romano.* Trad: Maria Jorge Vilar de Figueiredo. Lisboa: Presença, 1992.

SILVA, Gilvan Ventura da. A representação da mulher na sátira romana: amor e adultério em Horácio e Juvenal. *Dimensões* - Revista de História, n. 4, ano 1995 p.73-85. Disponível em: http:// ojs1.ufes.br/ dimensoes/article/view/2244/1740. Acesso em 15 de janeiro de 2012.

SILVA, Glaydson José. *Aspectos de cultura e gênero na Arte de Amar, de Ovídio, e no Satyricon, de Petrônio:* representações e relações. Dissertação (Mestrado em História). Campinas, SP: Universidade de Campinas- Instituto de Filosofia e Ciências Humanas, 2001.

VITORINO, Mônica Costa. Giovenale e la società del suo tempo. *Classica* (Brasil) 19.2, p. 265-272, 2006.

A arte da extorção das tropas à luta: repensando a obra de Onassandro

Ana Teresa Marques Gonçalves[1]

O Manual Militar na Antiguidade

Sob a denominação de Manual de História Militar, vários tipos de documentos textuais têm sido arrolados. David Paniagua Aguilar, na obra *El Panorama Literario Técnico-Científico en Roma (Siclos I-II d.C.),* defende que durante a dinastia Julio-Claudiana gerou-se um campo propício para desenvolvimento de um tipo específico de literatura por ele denominada técnico-científica. Seriam escritos nos quais o princípio informativo e didático superaria a preocupação com a beleza da exposição retórica do conteúdo. Em suas palavras:

É oportuno o emprego da denominação 'literatura técnico-científica' para nos referirmos ao conjunto de obras de conteúdo suscetível de ser considerado técnico ou científico, em termos modernos, embora prescindindo de utilizar os conceitos de técnico e científico como elementos de discriminação interna, já que tal distinção deve ser evitada (PANIAGUA AGUILAR, 2006, p. 31).

Apesar de parecer contraditória, tal afirmação indica o aproveitamento de um termo moderno para explicar a ocorrência

1 Professora Doutora do Departamento de História da Universidade Federal de Goiás – UFG. Coordenadora do LEIR-GO. Bolsista Produtividade II do CNPq.

de certo fenômeno que se deu no mundo antigo, descrito de forma diversa de como o descreveríamos hoje. A proposta de Paniagua Aguilar é simplesmente dotar de um nome contemporâneo uma prática exercida na Antiguidade Latina: a de produzir material escrito sobre conhecimentos práticos em várias áreas, como a agricultura e a guerra. Sob a alcunha de Manual Técnico-Científico Antigo, este autor agrega obras como as de Catão, Varrão e Columela, sobre o conhecimento agrário, e as obras de Enéias, o Tático, Frontino, Polieno, Onassandro, Eliano, Vegécio, entre outros, no que concerne às atividades bélicas. O que as aproxima seria a intenção de divulgar conhecimentos a respeito de certa *ars* ou *thecné,* ou seja, sobre a possibilidade de entrar em contato com informações práticas e mais antigas a respeito de uma atividade, o que permitiria ao leitor/ouvinte desenvolver certo saber técnico no que se refere a determinado assunto. Ao final da leitura ou consulta de determinado manual, o consumidor da informação seria capaz de dirimir dúvidas sobre o tema e compreender melhor a arte de exercer certo ofício. Assim, tais manuais disporiam de forma didático-pedagógica um tipo de conhecimento recolhido do passado, mas capaz de dotar seu público de um saber facilmente utilizável no presente.

Desta forma, o principal motivo para elaboração deste tipo de obra seria a preocupação do autor em garantir a permanência de certo saber, mesmo com a ação inclemente do tempo no que se vincula às perdas causadas pela memória, se esta não for abundantemente alimentada de informações. São obras para resguardar certos saberes da ação do esquecimento. Além disso, os manuais têm por dever de ofício em sua elaboração ser úteis, isto é, agregar conhecimentos capazes de garantir o sucesso de uma ação, seja uma colheita abundante ou uma vitória militar, dependendo do assunto abordado.

Relendo tais manuais do Principado, Paniagua Aguilar os achou bastante áridos em termos retóricos (PANIAGUA AGUILAR, 2006, p.14). Ao terem como traço distintivo a busca pela clareza na informação, tais escritos seriam desprovidos de linguagem rebuscada ou de intensos artifícios retóricos, sacrificando a beleza da narrativa em prol de certo didatismo. Nisso discordamos deste autor, pois verificamos que os textos por ele integrados na denominação de manuais técnico-científicos dispõem, sim, de uma grande gama de artifícios retóricos, que buscam garantir o interesse da audiência e/ou público leitor. Em nenhum momento detectamos que a beleza do texto tenha sido preterida em prol de um processo didático; ao contrário, o campo do ensino técnico só se torna suportável pela utilização de artifícios retóricos que possam afiançar a leitura de forma agradável. Como o público ao qual se referiam era certamente mais restrito, pois nem todos se preocupavam em conhecer o melhor calendário agrário ou as mais pertinentes técnicas para a construção de um seguro acampamento militar, cremos que certas sutilezas estilísticas e ornamentos desnecessários foram realmente abolidos das narrativas, mas estas obras, exatamente por serem didáticas – isto é, terem que ser claras, diretas e persuasivas –, continham ampla gama de artifícios retóricos que garantiam o convencimento de que o conteúdo apresentado era o melhor a ser aplicado. É perceptível por sua releitura crítica que elas contêm amplo espectro de recursos narrativos e que são fruto de trabalho intenso de seus autores, pois apresentam uma pesquisa do assunto tratado em livros mais antigos, uma disposição coerente dos conteúdos, uma elaboração dos argumentos elencados, entre outros cuidados que nos permitem enfatizar a preocupação constante com o convencimento do leitor/ouvinte.

Os manuais referentes às questões bélicas podem ser vistos como integrantes de uma literatura *de re militari*, em termos latinos, ou literatura polemológica, em termos gregos (já que o termo *polema* pode ser traduzido por guerra, em grego clássico). Então, são obras que têm por mote o desenvolvimento de assuntos do campo bélico. Só que tal campo é bastante extenso, visto que congrega obras de jurisprudência militar (*ius militare*), nas quais se definiam, por exemplo, castigos a serem impostos a soldados traidores ou covardes; a literatura mecânica, voltada para a engenharia militar, para a construção de máquinas de guerra e de pontes, por exemplo; e a literatura preceptiva ou manualística da *ars militaris*, por vezes fundamentada com *exempla* retirados das historiografias grega e romana (DUTRA, 2010, p. 27), ramo este no qual se inclui a obra de Onassandro, *Do General* ou *Sobre o General (Strategikós)*.

Neste amplo panorama de documentos textuais tão diversificados entre si, Brian Campbell divide a literatura manualística em duas subcategorias: preceitos de estratégia e tática, em que são frequentes os exemplos e as ilustrações históricas e textos técnicos sobre treinamento militar, formações e armamentos (CAMPBELL, 1987, p. 13). E complica a disposição da obra de Onassandro em apenas uma destas categorias, pois vemos em seu conteúdo referências aos exemplos do passado, mesmo que de forma indireta, e noções de treinamento militar e formação das linhas de combate, bem como conselhos sobre a disposição dos armamentos. Por isso, o próprio Campbell ressalta:

> Os escritores gregos e romanos militares não se encaixam facilmente numa só categoria. Essas obras eram em parte históricas [...], ofereciam uma orientação de caráter moral e algumas informações técnicas e práticas possivelmente úteis, mas também pretendiam entreter e deleitar as classes mais altas [...]. Os manuais militares também serviam de

> plataforma sobre a qual os autores poderiam mostrar suas habilidades literárias, erudição e maestria num assunto técnico (CAMPBELL, 2004, p. 17).

Assim, a obra de Onassandro se insere numa tradição de produção literária que remonta ao pré-socrático Demócrito de Abdera.

Manual Militar e Tradição Helenística

Segundo Diógenes Laércio, Trasilo teria feito um catálogo das obras deste filósofo, dentre as quais sobressaía um tratado de tática militar (DIÓGENES LAÉRCIO. *Vidas e Doutrinas dos Filósofos Ilustres,* Demócrito, XIII) que, infelizmente, não nos chegou. A obra mais antiga que sobreviveu foi a *Poliorcética,* de Enéias, o Tático, escrita entre 360 e 356 a.C., na qual o autor apresenta uma série de conselhos e estratagemas referentes à defesa de uma cidade assediada e de seus territórios adjacentes (DUTRA, 2010, p. 28), o que demonstra a preocupação do período helenístico com o cerco às cidades e a necessidade estratégica de as defender.

Além disso, há vários autores helenísticos que se dedicaram à mecânica e à engenharia militar, como Ctesíbio de Alexandria, que viveu à época de Ptolomeu II Filadelfo, um grande inventor; ou Fílon de Bizâncio, também do século III d.C., autor de um *Tratado de Mecânica,* em nove livros, do qual só nos restaram o quarto livro, sobre a construção de projéteis, e o quinto livro, sobre pneumática e física aplicadas à guerra; ou ainda Bíton, que escreveu entre 240 e 230 a.C. uma obra intitulada *Construções de Instrumentos de Guerra e Catapultas* (DUTRA, 2010, p. 29). Todos estes orientais influenciaram os escritores que produziram suas obras sob o Império Romano, no século I a.C., como Ateneu, o Mecânico, e nos séculos I e II d.C., como Heron de Alexandria e Alexandre de Damas.

A passagem da República para o Principado, enquanto reorganização das instituições políticas romanas, com o advento de um regime de governo diferenciado, baseado na autarquia de Otávio, parece ter incentivado a produção de obras sobre táticas de guerra, como a de Asclepiodoto (no I século a.C.), denominada *Arte Tática*, em 12 capítulos, nos quais apresenta fundamentos militares básicos: diferentes organizações das falanges, a composição das fileiras, a disposição dos soldados, as armas mais apropriadas, as marchas, as manobras, o uso da infantaria pesada e leve, da cavalaria, dos carros de guerra e até dos elefantes (DUTRA, 2010, p. 30). No I século d.C., temos a formatação dos *Strategemata* de Frontino, obra escrita entre 84 e 96 d.C., na qual, em quatro livros, o referido autor defende que o comando militar poderia ser preparado a partir de uma mera imitação de *exempla* e pela leitura de manuais, sendo uma emulação dos generais ilustres (FRONTINO. *Estratagemas*, II.5-7), e que, para isso, fornece grande gama de exemplos de estratégias militares bem-sucedidas no passado. Esta mesma lógica para composição do discurso aparece nos *Estratagemas* de Polieno, obra dedicada aos Imperadores Marco Aurélio e Lúcio Vero, que estava enfrentando no II século d.C. inúmeras tentativas de invasão do *limes* romano. Também data deste século, entre 106 e 113 d.C., a elaboração da *Teoria Tática* de Eliano, obra em que defende a constituição de um exército ideal, que parece, por sua vez, ter influenciado muito Vegécio, que no IV século d.C., por volta de 383 d.C., deu forma ao seu *Epitoma Rei Militaris*, no qual propõe um esquema ideal para a reconstituição das legiões após a Anarquia Militar e múltiplas derrotas romanas, como a da Batalha de Adrianópolis, defendendo um modelo romano de lutar baseado nas tradições mais antigas e num recrutamento e treinamento mais intenso das tropas. Segundo Delfino Ambaglio, tratados militares conservavam uma utilidade própria pela simplificação com que operavam em relação aos livros de história, os quais deviam ser estudados pelos generais, visto que constituíam uma rica fonte de *exempla* a serem emulados (AMBAGLIO, 1981, p. 367).

Vemos, desta forma, como a obra de Onassandro se insere num *corpus* documental bastante diversificado que se foi construindo ao longo do tempo, atendendo às necessidades e demandas de contextos históricos também diversos. Chegaram-nos da obra 24 manuscritos, dentre os quais os mais antigos datam do século X d.C., especialmente sob a impulsão do Imperador bizantino Leão VI, que estimulou no Oriente o retorno ao estudo dos tratados de tática, estratégia e poliorcética (DUTRA, 2010, p. 15). A primeira tradução para o latim foi publicada por Nicolaus Secundinus em 1494. Destacamos uma tradução para o francês em 1546, produzida por Jean Charrier, e uma tradução para o inglês, em 1928, feita por William Oldfather. Para o português, só conhecemos a tradução de Luíza Monteiro de Castro Silva Dutra, de 2010.

Acreditamos que a retomada paulatina do estudo destas obras bélicas menos conhecidas tem se dado pela própria alteração na concepção de História Militar, hoje mais próxima de uma História da Cultura Militar. Ampliaram-se os temas que cercam os campos de batalha. São considerados do campo militar elementos até então vistos como periféricos à narração das batalhas. Lembremos que a própria constituição do gênero histórico foi marcada pela escolha de temas militares na realização das narrativas, como as de Heródoto, sobre as guerras Greco-Pérsicas, e de Tucídides, sobre a Guerra do Peloponeso. Isto se deu pelo fato de os antigos verem a eclosão de conflitos como motor de transformações profundas dignas de nota nas sociedades envolvidas na contenda. Mas uma leitura mais atenta percebe que, tanto nas *Histórias* quanto na *História da Guerra do Peloponeso,* há muito mais do que a mera narração de batalhas. Heródoto discursa sobre as origens, características étnicas, valores, dos povos envolvidos, e Tucídides narra os inúmeros discursos ocorridos, por exemplo, na *Ecclesia* de Atenas antes e durante as primeiras fases do conflito. Com a estipulação de uma cultura militar, na qual se observam e analisam os valores envolvidos, as posturas éticas, os componentes econômicos, os dados religiosos, entre outros, a História Militar ganhou novo vigor investigativo, abrindo-se espaço para a retomada crítica da obra de Onassandro, na qual não se narra uma única batalha.

Onassandro e sua Época

Sobre Onassandro, sabemos muito pouco. Temos conhecimento de três referências a sua existência e à de seu tratado militar. João Lídio - historiador bizantino nascido na Lídia por volta de 490 d.C., autor da obra *De Magistratibus Reipublicae Romanae,* na qual fornece detalhes sobre o governo de Justiniano e recompila obras sobre a História de Roma -, numa lista de escritores militares, cita Eliano, Arriano, Enéias, Apolodoro, Juliano, Frontino, Claudiano e Onassandro. O já citado Leão VI, Imperador bizantino de 886 a 912 d.C., na obra *Táticas*, menciona também um Onassandro que organizara uns escritos sobre estratégia militar. Por sua vez, uma nota na *Suda* - uma compilação bizantina do século X de caráter enciclopédico e lexicográfico criada durante o reino de João Tzimisces (969-976 d.C.), com cerca de 30 mil verbetes sobre literatura, história, geografia, etimologia, gramática, biografia, teologia e ciências naturais da Antiguidade grega e romana – informa-nos da existência de um certo Onassandro, filósofo platônico que teria escrito *Táticas obre Estratagemas* e *Comentários* à *República* de Platão (DUTRA, 2010, p. 7). Podemos perceber que o que reúne as três referências é o nome que se repete e sua vinculação a assuntos militares. Na primeira obra, resgata-se uma informação sobre os poderes e deveres dos líderes militares entre os romanos, disposta numa obra onassândrica não nomeada; na segunda, algumas táticas descritas como por Onassandro; e a terceira trata-se de um verbete de duas linhas, no qual temos o nome do autor, sua adesão à filosofia platônica e a referência a duas de suas possíveis obras. A obra que nos chegou sob autoria de Onassandro não é nenhuma das duas referidas, nem podemos, por sua leitura, afirmar sua adesão ao platonismo.

Porém, há autores que buscam fazê-lo. Alessandro Corneli nela vê uma racionalidade intrínseca da estratégia militar que teria origem platônica e estaria fundamentada na preparação "psicológica" e teórica dos chefes. Afirma Corneli:

> A recusa em atribuir os graus elevados aos nobres de nascimento por sua origem - e a atribuição desses graus àqueles que demonstram ter adquirido as sabedorias e competências necessárias - reproduz o esquema platônico dos sábios que são chamados a reger o Estado. [...] A nobreza de estirpe não deve, per se, constituir um privilégio (CORNELI, 1992, p. 121).

Tal afirmação busca encontrar na obra onassândrica ecos de um líder de Estado, o sábio platônico, que não percebemos em nossa leitura. Onassandro se atém a questões militares, às virtudes que um bom general deve deter e/ou desenvolver para ser um líder correto, capaz de garantir a vitória em seus empreendimentos bélicos. Sabemos que no momento de elaboração da obra, posterior às lutas travadas por Mário e Sila, Pompeu e Júlio César, Otávio e Marco Antônio, a posição do general enquanto líder também político foi sendo construída. O general onassândrico é apresentado como um condutor de homens, sem dúvidas, mas não especificamente um governante de Estado, no sentido que lhe é imputado na Antiguidade. As virtudes ressaltadas cairiam bem em qualquer cidadão, mas em um general são fundamentais para conseguir a adesão das tropas.

É a dedicatória a Quinto Verânio, logo no início da narrativa, que marca a possível data de elaboração da obra entre 49 e 59 d.C.:

> A livros sobre cavalaria, caça ou pesca, como também a tratados agrícolas, julgo adequada uma dedicatória aos homens cujo desejo por tais trabalhos perdura. Mas um sobre a teoria estratégica, Quinto Verânio, cabe dedicar aos romanos. Principalmente àqueles dentre os romanos que alcançaram a aristocracia senatorial e que, sob a sabedoria de Augusto César, vêm sendo designados para a magistratura de Cônsul, tanto graças ao treinamento, no qual não pouca experiência têm, quanto à reputação dos ancestrais (ONASSANDRO. *Sobre o General*, I.1).

Por esta sucinta dedicatória, vemos que o próprio autor sabia que seu público seria restrito, mas que o assunto deveria interessar a todos os romanos. Por isso, cita Verânio como um exemplo de cidadão romano, pertencente à aristocracia senatorial e eleito para o Consulado, no qual teria que exercer atividades militares exatamente ocupando o generalato nas legiões. Refere-se à sua eleição como fruto de treinamento, experiência e reputação dos ancestrais.

Lembremos que não havia treinamento militar no mundo romano como o pensamos no mundo moderno. Os rapazes da elite acompanhavam muitas vezes o pai, quando este exercia comandos militares, e liam livros concernentes ao tema da arte bélica.

Recordemos, por exemplo, a origem do nome Calígula, "botinhas", recebido pelo Imperador Caio César quando criança e quando acompanhava o pai; Germânico, em visitas aos acampamentos, portando botas militares que pareciam grandes demais para seu diminuto corpo infantil, comportamento este de onde procede sua alcunha. Como atenta Adrian Goldsworthy, quando se questiona se um general depende de suas habilidades militares para evoluir na carreira e levar seus exércitos à vitória, fica patente que o grau de conhecimento militar a ser ganho em serviço, particularmente como Tribunos ou Cônsules, dependia enormemente das inclinações individuais. Não havia nenhum sistema formal de treinamento de soldados, nenhuma escola militar em tempo algum da história romana, de forma que, nesse sentido, todos os comandantes romanos foram amadores (GOLDSWORTHY, 1998, p. 122).

Quinto Verânio gozou de grande prestígio no I século d.C. Foi enviado a Lícia como *Propraetor* em 23 d.C. pelo Imperador Cláudio, para conformar a área como província (DION CÁSSIO. *História Romana,* LX.17.3-4). Devido ao sucesso no cargo, foi elevado à condição de Cônsul em 49 d.C. (TÁCITO. *Anais,* XII.5) e de 54 a 58 d.C. foi *Legatus Augusti Propraetore* na Britânia (TÁCITO. *Anais,* XIV.29.1), onde morreu em combate em 59 d.C. Como não se acredita numa dedicatória póstera, a produção e divulgação dos escritos onassândricos devem ter ocorrido entre a ascensão ao Consulado em 49 e a morte de Verânio em 59 d.C. Além disso, no proêmio ele chama o período em que elabora sua obra de *pax augusta* (*ten sebastén eirénen*), ou seja, o período após a supressão das guerras civis com a formação do Principado de Otávio e de seus sucessores:

> Ofereci este livro primeiro aos romanos, não porque sejam inexperientes em estratégia, mas confiando

> principalmente nisto: no fato de que a ignorância da alma não percebe nem mesmo aquilo em que tem sucesso, enquanto o conhecimento, por sua vez, traz testemunho adicional sobre o que já está bem. Portanto, se outros tantos também parecem ter refletido sobre as coisas de que tratei, ainda assim devo ser apreciado, pois não só compilei preceitos estratégicos, mas também visei à estratégia e à sabedoria prática nela implícita. Serei bem afortunado se as coisas conquistadas pela capacidade e através dos feitos dos romanos, essas, junto aos tais homens, provar-me capaz de abranger no livro. Resta-me dizer, confiante no tratado, que será tanto um aprendizado para os bons generais quanto um objeto de deleite para os velhos líderes no decorrer da *pax augusta.* E ainda saberemos, se nada mais, porque motivo alguns dos generais falharam, vindo a arruinar-se, e outros, agindo bem, elevaram-se à fama (ONASSANDRO. *Sobre o General,* I.2-4).

Tal período, que sucede a suspensão das guerras civis, foi marcado pela restrição dos combates às fronteiras e pela preocupação constante em manter o território conquistado, em vez de continuar com as campanhas de expansão territorial. Então, é mister para o autor explicar o motivo de ter elegido um tema bélico para seu trabalho de escrita num momento de relativa paz. E Onassandro o faz de forma bastante perspicaz. Primeiro, destaca que os romanos como grandes combatentes que eram não precisavam de aulas de estratégia, mas que seu trabalho auxiliava que os feitos dos romanos instaurados até então não se perdessem com o passar do tempo, mas que fossem recordados para sempre e servissem como fonte de exemplos para os vindouros. Segundo, ressalta que se trata de um trabalho de compilação, isto é, ele vai se apoiar em outros autores anteriores que também versaram sobre assuntos bélicos, o que nos leva a inferir que o gênio e a originalidade da obra onassândrica, assim, se revela na seleção e na disposição do conteúdo. Terceiro, enfatiza que elaborou um tratado que concilia a estratégia (a *epistéme* do combate) - quer dizer, a teoria bélica - com a tática (a *techné* do confronto), com o saber prático, tornando sua leitura ainda mais útil ao público. Quarto, justifica a eleição do tema num período de paz: o tratado teria serventia tanto para os generais em ação quanto para os já retirados dos serviços públicos, pois poderiam refletir sobre más decisões tomadas por aqueles que encontraram a ruína e sobre as boas decisões que garantiram a boa fama para outros. A fama faz par com a glória no mundo romano e é devida aos que exercem importantes ações que trazem grandes ganhos para a comunidade política de Roma.

Ainda no proêmio, Onassandro indica que as vitórias bélicas e as ações dos líderes militares não advêm totalmente da ação da Fortuna, mas podem ser construídas de forma eficaz ao se deter o conhecimento adequado a cada empreendimento:

> Consideraremos especialmente a virtude dos romanos, pois que nenhum rei, nenhuma cidade, nenhum povo tornou-se senhor de tão magna supremacia, tampouco dirigiu-se a uma mesma posição que assegurasse por tanto tempo uma dominação constante. Pois como me parece, não entenderam sua primazia por acaso, ultrapassando as fronteiras da Itália rumo aos confins da Terra, mas por meio de práticas estratégicas. De fato, é preciso rogar também à Fortuna (*Tyché*), para que ela venha em ajuda, mas não se pode pensar que ela tem o controle sobre tudo. Ignorantes aqueles que apontam tão somente a

> Fortuna como causa das derrotas (e não a distração dos generais) e das vitórias (e não a experiência dos comandantes), já que não é razoável deixar completamente impune o derrotado como se a Fortuna tivesse culpa por tudo. Tampouco é justo deixar o vitorioso tão privado de testemunhos de seu louvor, que se venha a atribuir à Fortuna a graça de tudo (ONASSANDRO. *Sobre o General,* I.5-6).

E é com o intuito de auxiliar a ação da Fortuna que Onassandro nos legou uma obra que recolhe diversos conselhos para que um homem se transforme em excelente general e condutor de homens. Ainda no proêmio, ele estipula:

> Já que, por natureza, todos os homens só confiam verdadeiramente nos que parecem ter escrito a partir das experiências, mesmo que relatando de forma ineficaz, e não se fiam nos inexperientes, em vista da ausência de comprovação, ainda que os escritos sejam viáveis para se por em prática, julgo necessário antecipar o seguinte sobre os estratagemas reunidos neste livro: todos eles vêm da experiência de labores e à custa de tais homens, dos quais descende toda a primazia dos romanos, em raça e virtude, até então. De fato, este tratado não compreende nenhuma improvisação da parte de uma mente não bélica e juvenil. Tudo o que segue é consequência de práticas e conflitos autênticos, principalmente dos romanos. Pois as coisas que fizeram e que cuidaram de não padecer e os meios pelos quais engenharam fazê-lo, tudo foi reunido por mim (ONASSANDRO. *Sobre o General,* I.7-9).

A partir deste excerto, percebe-se que o autor não foi um general, mas pelo estudo e pela pesquisa coletou informações sobre a formação de um grande líder, advindas de outras obras compostas por homens com saber bélico. Ele ressalta que o que relata é autêntico, realmente aconteceu da forma como narra, e por isso pode servir na prática do combate. Assim, garante a veracidade de seu relato por um duplo fator: vir da realidade e ser útil. Deste modo, pode ser empregado pelo general para garantir o sucesso da empresa bélica pela emulação dos exemplos dados. Mais tarde, Quintiliano, em *De Institutione Oratoria*, reafirma a importância dos exempla frente aos *praecepta* (preceitos, instruções teoréticas):

> É ainda mais importante que saibamos e reflitamos continuamente sobre todos os ditos e feitos nobres que nos foram legados pelos antigos. E certamente não acharíamos maior ou mais notável depositário deles do que os escritos de nossa própria pátria. Quem ensinará coragem, justiça, lealdade, auto-controle, simplicidade e desprezo pela tristeza e pela dor melhor do que homens como Fabrício, Cúrio, Régulo, Décio, Múcio e incontáveis outros? Pois se os gregos levavam a palma dos *praecepta*, Roma é capaz de produzir *exempla* mais admiráveis de proezas morais, o que é algo maior (QUINTILIANO. *De Institutione Oratoria*, XII.2.29-30).

O conjunto de virtudes que marcava o comportamento dos cidadãos romanos devia se elevar no general, pois das ações deste dependia a vida de muitos homens.

As Virtudes Onassândricas do General

Por isso, a obra de Onassandro é marcada pela delimitação das qualidades que deveriam burilar o caráter do comandante militar, além das melhores estratégias e táticas a serem instituídas nas conquistas e na forma de levar esta autoridade aos comandados, por meio principalmente das constantes exortações às tropas, com que se buscaria persuadir, exaltar ou reprimir a soldadesca (DUTRA, 2010, p. 40). Para o desenvolvimento das virtudes, destaca o temperamento e as inclinações individuais do general. Este deveria ter no mínimo certo conhecimento de tática (formações, manobras, uso da cavalaria e de tropas ligeiras, meios de aproveitar o terreno), de geografia (conhecer as regiões a serem atravessadas em marcha e o campo de batalha), de astronomia (orientação de espaço e tempo e interpretação de auspícios) e de retórica (fazer anúncios e exortações). A fala de Onassandro ocorre quase sempre em viés impositivo e na terceira pessoa do singular: "O General tem..."; "O General deve..."; "Aconselha-se..."; "Deve-se..."; "Pode-se...".

E é assim que ele destaca as principais virtudes do líder militar, logo após o proêmio da obra:

Por conseguinte, assevero que o general não deve ser escolhido a julgar pela estirpe, como os sacerdotes, nem pelas posses, como os ginasiarcos, mas por ser temperante controlado, sóbrio, frugal, árduo trabalhador, atento, sem apego ao dinheiro, nem jovem, nem velho e, se possível, pai de crianças, competente no discursar e de boa reputação (ONASSANDRO. *Sobre o General*, II.1).

Sendo assim, o general não deveria ser obrigatoriamente escolhido entre os mais ricos, mas entre os mais virtuosos. Deveria ter prole para proteger, e com isso lutar com mais afinco, e gozar de boa reputação. Analisemos cada uma destas virtudes segundo os argumentos arrolados por Onassandro. 1) Ser temperante, "para que não abandone as reflexões sobre os assuntos de maior importância, distraído pelos prazeres físicos" (ONASSANDRO. *Sobre o General,* II.2); 2) controlado, "porque está para obter tão alta liderança, e os ímpetos descontrolados, quando acompanhados pela autoridade de poder fazer qualquer coisa, tornam-se irrefreáveis diante dos desejos" (ONASSANDRO. *Sobre o General,* II.3); 3) sóbrio, "a fim de manter-se desperto para a prática das coisas da maior importância , pois é à noite, o mais das vezes, quando está quieto o ânimo, que o planejamento do general é levado a termo" (ONASSANDRO. *Sobre o General,* II.4); 4) frugal, "já que os serviços extravagantes esgotam, gastando o tempo improdutivo com a luxúria dos comandantes" (ONASSANDRO. *Sobre o General,* II.5); 5) resistente, "para não ser o primeiro, mas o último do exército a se cansar" (ONASSANDRO. *Sobre o General,* II.6); 6) atento, "pois é preciso que o general seja célere e que se lance impetuosamente sobre tudo com ligeireza da alma [...], já que muitas vezes os distúrbios imprevistos que sobrevêm forçam-no a decidir de improviso o que é adequado" (ONASSANDRO. *Sobre o General,* II.7); 7) sem apego ao dinheiro, "pois o desapego à riqueza será primordialmente valorizado, uma vez que é a própria causa do antecipar incorruptível e generosamente os atos. Pois muitos, ainda que encarem muitos escudos e lanças com coragem, diante do ouro ficam cegos" (ONASSANDRO. *Sobre o General,* II.8); 8) nem jovem nem velho:

> Pois um é indigno de confiança e o outro é fraco; nenhum dos dois é infalível. O jovem, para evitar que venha a cometer algum erro em razão da irrefletida audácia. O velho, para evitar que cometa alguma falha em razão da fraqueza física. A melhor escolha é o meio-termo, pois enquanto o vi-

> gor está no que ainda não envelheceu, a sabedoria prática está no que não é demasiado jovem [...] (ONASSANDRO. *Sobre o General*, II.10).

9) o bem reputado "não é de pouca vantagem aos que o escolhem, pois quem quer que os homens amem com espontaneidade e por sua propensão à inteligência, por esse que os submete a seu comando tão logo persuadidos, não desconfiam de seu discurso e cooperam com ele quando em perigo" (ONASSANDRO. *Sobre o General*, II.11). Além disso, "os soldados ficam aflitos sob o comando de desconhecidos. Ninguém admite voluntariamente submeter-se a um senhor ou a um líder inferior a si mesmo" (ONASSANDRO. *Sobre o General*, II.17).

Mais adiante, Onassandro destaca que:

> O general que for indicado tem de ser propício, atencioso, diligente, imperturbável e não tão razoável a ponto de ser desdenhado, nem tão terrível a ponto de ser odiado, a fim de que não isente o exército das obrigações pelos favores, nem o torne hostil pelos temores (ONASSANDRO. *Sobre o General*, III.2)

Deve também escolher a dedo seus tribunos, legados e centuriões, "nomeando os mais favoráveis à pátria, os mais confiáveis, os mais vigorosos e, então, nada barraria os mais bem providos e os mais bem-nascidos" (ONASSANDRO. *Sobre o General*, III.3). Dever-se-ia testar-lhes o caráter, permitir que os que "têm em abundância sejam capazes de gastar com os soldados e fazer-lhes doações" (ONASSANDRO. *Sobre o General*, III.5). Teria também que se cercar de bons conselheiros, porém:

> Não deve ser tão instável no propósito que desconfie totalmente de si mesmo, nem tão presunçoso que não suponha algo da parte de outrem ser mais bem pensado do que da sua parte, pois é certo que tal homem, ao dar atenção a todos e nenhum crédito a si mesmo, tomaria muitas atitudes prejudiciais; ou, então, não ouvindo nem um pouco dos outros, mas tudo de si próprio, cometeria muitos erros terríveis (ONASSANDRO. *Sobre o General*, III.3).

A Arte da Exortação das Tropas à Luta

Assim, a estes elementos indicados como virtudes do bom líder militar soma-se o ser competente no discurso:

> Julgo que daí há de vir o máximo de vantagem para o exército. Se o general impele à batalha, o poder encorajador do discurso faz desprezar os perigos e desejar as coisas nobres. Uma corneta (*salpige*) retumbando nos ouvidos não acorda tão bem os ânimos para o conflito do prélio quanto um discurso proferido para o incitamento à virtude combativa ou desperta a inteligência a lançar-se como um dardo contra os perigos. E se algum infortúnio ocorre ao exército, o poder consolador do discurso vem revigorar os ânimos. O discurso de um general é de tal modo eficaz para aliviar os infortúnios nos exércitos acampados que é muito mais útil do que os médicos que se ocupam dos feridos, pois com seus remédios eles cuidam unicamente daqueles, enquanto o general põe mais bem-dispostos os que padecem e ainda desperta os sadios. E assim como as doenças invisíveis têm um tratamento mais di-

> fícil do que as visíveis, é mais complicado curar os ânimos abatidos consolando com o discurso do que tratar uma doença que se evidencia na superfície do corpo. Nenhuma cidade enviará um exército sem generais, tampouco escolherá um general sem a capacidade de discursar (ONASSANDRO. *Sobre o General,* II.13-16).

A *adlocutio*, discurso proferido pelo general antes de uma batalha ou de uma marcha, saindo-se da cidade ou acampamento em direção ao campo de batalha, e a *profectio*, discurso após o retorno das tropas, principalmente vitoriosas, faziam parte da arte oratória latina. Onassandro eleva a prática a uma das principais funções de seu general ideal, e por isso a capacidade oratória se torna fundamental para um bom líder. O discurso de exortação curaria os ânimos antes e depois das contendas. Bem formulado e bem proferido, tal discurso acalmaria ou agitaria os ânimos. Para Onassandro, nenhum homem iria à guerra sem motivo e mataria um inimigo sem uma boa justificativa para isso:

> Digo que é necessário que os princípios da guerra, principalmente, sejam combinados com prudência e que o combatente torne-se claro para todos como estando do lado do que é justo, pois assim até os deuses, companheiros de combate, tornam-se favoráveis aos soldados e os homens enfrentam os perigos mais avidamente. Porque estão cientes de que não estão tomando a iniciativa, mas defendendo-se [...]. Portanto, é preciso que o general anuncie primeiro, através de discurso ou de embaixadas, o que deseja obter e o que não deseja conceder, a fim de que pareça que, em não concordarem os ini-

> migos com o que era reclamado, foi por necessidade e não por escolha que conduziu para fora a força para que guerreasse, chamando a divindade como testemunha de que atacam sem provocar a cólera divina [...] (ONASSANDRO. *Sobre o General,* V.1-3).

O discurso do general deve dispor bons argumentos para se começar uma guerra, tornando-a justa em seu propósito e equânime em seu término. Durante uma campanha mais longa, os discursos devem ser proferidos de forma constante. Alerta Onassandro que se deve infundir confiança e medo no próprio exército, em momento oportuno, por meio de preleções:

> Assim como a recuperação da confiança pelo exército, quando em momento oportuno, é benéfica, também o medo é proveitoso, pois, quando um exército está ocioso e inclinado a desobedecer aos líderes, é preciso dar sinais dos perigos dos inimigos, mais do que tudo, fazendo temíveis as reservas daqueles. Não será covarde quem assim procede, mas seguro, pois, enquanto nos desânimos é imperioso estar confiante, nos períodos ociosos é mister temer. O medo faz covardes, os corajosos e cautelosos, os precipitados. Ambas as coisas sucedem aos exércitos: tanto temerem de tal forma os inimigos que não queiram enfrentá-los, quanto estarem tão confiantes que não se resguardem. Diante de cada uma dessas coisas é preciso que o general se organize e saiba quando tem de fazer o adversário parecer fraco, por meio do discurso e da feição, e quando deve fazê-lo parecer mais terrível e temível (ONASSANDRO. *Sobre o General,* XV.1-2).

Mas não só para ditar o ânimo das tropas o general deve tomar a palavra. Como estratagema de guerra, anunciando boas notícias aos subordinados enquanto passa a cavalo ao lado das fileiras, mesmo que estas sejam falsas, a fala do general é vantajosa. Onassandro propõe um tipo de *métis*, uma astúcia guerreira, que permite que o general divulgue um falso comunicado em plena contenda. Ele ensina que:

> Enquanto estiver cavalgando ao longo do exército em formação, se calhar de estar na ala direita, o general deverá gritar aos seus: 'Os homens da nossa ala esquerda estão derrotando a ala direita do inimigo'. Mas se estiver na ala esquerda, deverá dizer-lhes que a sua ala direita está vencendo, esteja isso acontecendo verdadeiramente ou não, pois contar uma mentira é necessário quando um grande conflito se levanta. Assim como quando o chefe dos inimigos encontrar-se a certa distância [...] é necessário bradar: 'Morreu o general inimigo' (ou o rei ou quem quer que seja o líder). E é preciso bradá-lo de tal forma que até os inimigos possam ouvi-lo. Pois os seus, ao escutarem que o lado deles é mais bem-sucedido, ganharão coragem e tornar-se-ão duplamente impetuosos. Quanto aos adversários, ao ficarem sabendo de sua própria derrota, perderão o ânimo e é possível que até partam em fuga depois de receberem tal notícia. Portanto, muitas vezes é útil enganar tanto os seus quanto os inimigos; mentindo àqueles com notícias melhores, a estes com notícias piores (ONASSANDRO. *Sobre o General*, XXIV.1-3).

Para Onassandro, o campo militar é o espaço do imponderável, do surpreendente, do imprevisível, por isso o uso da astúcia como arma poderia garantir a vitória sem colocar em cheque a honra do general e a justeza da campanha. Por três vezes no relato ele compara a guerra ao mar e o general a um capitão de navio:

Assim como desde o porto havendo equipado o navio e tendo feito tudo quanto lhe cabia, o bom piloto precisa contar com a sorte, assim também é vergonhoso e perigoso que o general, tendo indicado um movimento de guerra de modo a conduzir o exército imediatamente por mar e por terra, depois revolva a popa (ONASSANDRO. *Sobre o General,* V. 5).

Outra passagem seria:

> Assim como os pilotos em face de uma viagem marítima partem dos portos com tudo preparado par a nau e, quando cai uma tempestade, não fazem o que desejam, mas o que são impelidos a fazer, muitas vezes até mesmo expondo-se bravamente ao perigo premente em virtude do acaso, e sem evocar a recordação da experiência passada, mas buscando o auxílio das oportunidades, do mesmo modo os generais dispõem sua tropa como julgam vantajoso para eles, e quando a tempestade da guerra acerca-se, enfraquecendo e desviando muitas vezes, e trazendo circunstâncias variadas, a aparição dos eventos diante dos olhos requer reflexões a partir das oportunidades [...] (ONASSANDRO. *Sobre o General,* XXXIII.10).

Ou ainda:

> Da mesma forma que, se um piloto, abandonando o timão, fizer ele mesmo as coisas que cabem aos marinheiros fazer, poderá acontecer de o navio ficar a perigo; assim também, se um general, desviando-se da elaboração de algum plano com a sabedoria, rebaixar-se às funções dos soldados, o desgovernado descuido da totalidade tornará inútil até o auxílio mais necessário (ONASSANDRO. *Sobre o General*, XXXIV.2).

Frente ao mar revolto da guerra, o general tem que ser "prudente no agir e cauteloso no vigiar" (ONASSANDRO. *Sobre o General*, XI.21). Por isso, para nosso autor, homens ladinos que se transformam em negociantes, pensando sempre no lucro de suas transações, não têm aptidão para o comando militar:

> O negociante eu não recomendo que se escolha em tempo algum, nem se calhar de ser o mais rico do mundo. E chamo de negociante o usurário, o escambador, o mercador ou os que praticam algo similar a essas atividades, visto que é certo que estes apresentam mente estreita e que, entusiasmados com o ganho e ansiosos pela obtenção de riquezas, não mantêm absolutamente nenhum dos nobres hábitos (ONASSANDRO. *Sobre o General*, II.20).

Deste modo, a escolha de uma profissão e seu exercício diário acabam formatando o caráter de um homem e lhe negando virtudes e atitudes capazes de convertê-lo em um bom general. Outro ponto importante no que concerne à arte oratória do líder combativo é que, no pensamento onassândrico, o general deve proceder a um tipo de *performance*, ter uma feição adequada ao que estiver falando. Como destaca Paniagua Aguilar:

> Onassandro reclama a necessidade de uma determinada *actio*, porque, ao fim e ao cabo, o general deve representar um papel fazendo ver seu bom estado de ânimo em uma situação adversa. A *pronuntiatio* acompanhava o discurso elaborado retoricamente da correta cadência da voz e de movimentos corporais concordantes com as posições assumidas no próprio discurso. Essa representação vai um passo adiante com a incorporação da *actio*, porque se um orador queria transmitir a impressão de que uma circunstância estava revestida de gravidade, não podia limitar-se a manifestá-la no ato da execução da alocução, em sua *performance*, mas devia fazer uma atuação em conformidade com a imagem da situação que pretendia transmitir [...]. Em suma, a persuasão pretendida fracassa em seu propósito porque a atitude do orador-general trai suas próprias palavras (PANIAGUA AGUILAR, 2007, p. 9).

Como cabe ao comandante passar por vezes informações estrategicamente equivocadas, esperando gerar certo ânimo e/ou ação, este necessita pela aparência, pelos gestos e pela voz (DUTRA, 2010, p. 89) imprimir veracidade ao que é dito, senão o estratagema fracassa e não se consegue predispor o ouvinte à ação. O general ideal deve ter *auctoritas* na ação para tê-la também na fala. Só a crença na capacidade do emissor leva o ouvinte a agir em conformidade com o que lhe é pedido ou ordenado. Para tanto, ele deve servir de exemplo para a tropa. Ainda que não recomende sempre o combate direto, Onassandro nota que "é necessário mostrar-se amante do perigo aos soldados, para provocar-lhes o ardor combativo" (ONASSANDRO. *Sobre o General*, XXXIV.5) e estar sempre presente, ao cavalgar ao longo das fileiras, estar próximo dos que correm perigo, elogiar os corajosos, ameaçar os covardes, encorajar os que hesitam, ocupar lacunas e prestar socorro aos exauridos (ONASSANDRO. *Sobre o General*, XXXIV.6).

O General e o Momento Oportuno de Agir

Luíza Dutra, tradutora do texto para o português, ressalta que 27 vezes no manual aparece o termo *kairós* ou derivados, que denunciam a constante necessidade de o general estar atento às circunstâncias e de agir sempre no momento oportuno, sem se antecipar demais nem se atrasar (DUTRA, 2010, p. 97). O controle do tempo parece-lhe fundamental nas operações bélicas. Onassandro fornece um exemplo prático do assunto. Quando se combina um encontro com traidores do exército inimigo é preciso não chegar nem cedo nem tarde demais, mas no momento oportuno, porque se "se aproximar do acampamento inimigo mais rápido do que devia", será "flagrado antes dos traidores estarem prontos, e assim será frustrado na empreitada", e se "chegar tarde demais" poderá ser "causa da morte dos traidores flagrados", não vindo a cumprir nada do planejado (ONASSANDRO. *Sobre o General*, XL.1). De igual maneira, todos os discursos devem ter uma duração razoável, segundo o bom senso do general e o sentido do equilíbrio e do meio termo que marca toda a obra, pois, segundo Onassandro: "uma única hora, ou mesmo um só minuto, pode levar à ruína os que chegam cedo ou tarde demais" (ONASSANDRO. *Sobre o General*, XI.27).

Só após apresentar o general ideal, repleto de virtudes vinculadas ao sentido ético romano da época de produção do relato, e de destacar a importância da feitura dos discursos pelo comandante militar, Onassandro passa a dissertar sobre alguns conselhos a respeito da prática bélica. Antes de partir para a guerra, o general ou um sacerdote por ele indicado deve oferecer sacrifícios, pedindo a vitória ou expiando manchas (ONASSANDRO. *Sobre o General,* VI.1). Após os ritos propiciatórios, deve marchar sempre em formação (ONASSANDRO. *Sobre o General,* VII) e saber montar um acampamento adequado. Seguem-se inúmeros conselhos sobre a melhor forma de erguer paliçadas, de cavar fossos, de organizar a disposição das tendas (ONASSANDRO. *Sobre o General,* IX e X). Onassandro relembra que o exército deve ser treinado mesmo em épocas de paz e indica vários tipos de exercícios (ONASSANDRO. *Sobre o General,* XI.1). Aponta como proceder às pilhagens (ONASSANDRO. *Sobre o General,* XI.2), como lidar com espiões (ONASSANDRO. *Sobre o General,* XI.3), como escolher os guardas noturnos (ONASSANDRO. *Sobre o General,* XI.3), como negociar com generais inimigos (ONASSANDRO. *Sobre o General,* XI.6), como punir os desertores (ONASSANDRO. *Sobre o General,* XI.7), como interpretar presságios (ONASSANDRO. *Sobre o General,* XI.10). Cabe ao general, inclusive, escolher a melhor hora para as refeições (ONASSANDRO. *Sobre o General,* XIII) e dispor a cavalaria da forma mais correta (ONASSANDRO. *Sobre o General,* XVII). Seguem alguns *topoi* militares também encontrados em outras obras, como a indicação de que nas fileiras das legiões os parentes e conhecidos devem ser posicionados juntos:

> Também cabe ao general prudente dispor irmãos junto com irmãos, amigos junto de amigos, amantes (*erastás*) junto de amados (*paidikóis*, não *erômenos*), pois quando aquele que lhe é vizinho e representa o que lhe é mais caro encontra-se em perigo, o que ama necessariamente combate de modo muito mais corajoso pelo que está próximo.

> E é certo que quem tem o pudor de não retribuir a gentileza recebida, envergonha-se de dar ele próprio início à fuga, abandonando seu benfeitor (ONASSANDRO. *Sobre o General,* XXV.1).

Esta mesma lógica de disposição dos homens em combate aparece, por exemplo, na obra de Plutarco, *Diálogo sobre o Amor,* na qual este autor afirma:

> Homero distribuía os Aqueus por tribos e clãs e não colocava o amado junto de seu amante, para que daí resultasse que um escudo suportasse outro escudo, um elmo outro elmo, na lógica de que Eros é o único estratego invencível. Na verdade, os homens abandonam os companheiros de tribo, os familiares e mesmo, por Zeus, os pais e os filhos, mas entre um amante inspirado pelo deus e o seu amado jamais algum inimigo se imiscuiu ou interpôs (PLUTARCO. *Diálogo sobre o Amor,* 761).

Cabia também ao general gritar na ocasião do confronto: "O general deve conduzir o exército com um grito de guerra e, às vezes, até mesmo com uma corrida, pois o aspecto, o brado e o estrépito das armas confundem o ânimo dos adversários" (ONASSANDRO. *Sobre o General,* XXX.1). Esta mesma predisposição a assustar o inimigo logo de cara leva o general a exigir que seus comandados sempre portem um armamento afiado e lustrado, pois "as fileiras quando avançam parecem mais terríveis pelo brilho das armas e, por conta desta aparência, muitos temores perturbam o inimigo ao lhe caírem precipitadamente sobre os ânimos" (ONASSANDRO. *Sobre o General,* XXIX.1).

Deveria distribuir castigos e punições na mesma proporção que presentes e honras, mantendo o sentimento de justiça sempre presente (ONASSANDRO. *Sobre o General,* XXXV). Importante seria conseguir fazer os funerais para todos que pereceram na guerra, pois enquanto no tópico anterior o general exerceria sua *clementia,* neste ele manifestaria sua *pietas,* ao garantir que as exéquias fossem realizadas mesmo em ambiente militar (ONASSANDRO. *Sobre o General,* XXXVII). Outro sentimento a ser posto em prática pelo comandante seria o de *philantropía* ou *humanitas,* ou seja, saber lidar de forma equânime com os habitantes das cidades rendidas (ONASSANDRO. *Sobre o General,* XXXIX). Lembremos que as grandes conquistas territoriais já se haviam estabelecido, o que levava os romanos a precisarem reorganizar suas províncias e os acordos estabelecidos com as elites provinciais, no que concernia ao pagamento de impostos, à importação de víveres e à aquisição de escravos. Não à toa, um dos principais assuntos tratados neste tópico é a rendição e à submissão à escravidão.

Onassandro se preocupa com os mais diversos assuntos. Por exemplo, com o repouso do general, para que ele esteja sempre descansado e alerta para tomar boas decisões:

> Alguém provavelmente dirá: 'Então, o próprio general é forjado em duro ferro para sozinho permanecer sem dormir durante essas mesmas tarefas? Certamente não. Mas durante o tempo em que descansa, e esse deverá ser pequeno e abreviado, que ponha como chefe das operações um só lugar-tenente que, na sua opinião, seja dos mais fiéis e corajosos [...] (ONASSANDRO. *Sobre o General,* XLIII.5).

Vemos como, em consonância com seu contexto, o autor defende o comando único, que facilitaria a tomada das decisões. Além disso, haveria um protocolo a ser seguido após a vitória, no qual o general deveria ser agradável mais que severo, evitando a rude arrogância e mantendo uma afável benevolência, "pois a primeira gera inveja e a segunda atrai a emulação" (ONASSANDRO. *Sobre o General*, XLIII.10). O autor afirma:

> A inveja é a dor suscitada pelos bons em seus próximos, enquanto a emulação é a imitação do que há de belo nos outros. E elas diferem de tal modo entre si que enquanto o invejar é um voto de que não haja nada de bom junto do outro, o emular é um desejo de adquirir posses de igual monta. Assim, o homem bom não é somente um excelente chefe da pátria e do exército, mas também é, com vistas a uma boa reputação permanente e sem riscos a seu respeito, um general perspicaz (ONASSANDRO. *Sobre o General*, XXLIII.24).

Considerações Finais

O general onassândrico é – ao longo de todo o relato apresentado como um exemplo para os soldados –, por isso, fonte de recalcitrante emulação, "pois os soldados fazem algo não tanto compelidos pelas ameaças dos superiores quanto pela movimentação dos mais respeitados. De fato, quando alguém vê o chefe pôr primeiro mãos à obra, compreende que é necessário apressar-se, envergonha-se de não agir e teme ser desobediente" (ONASSANDRO. *Sobre o General*, XLIII.2).

Portanto, o general-orador forjado por Onassandro congrega várias das qualidades fundamentais para o exercício de funções públicas. Num texto repleto de princípios retóricos, o que gera um relato fluido e agradável ao leitor/ouvinte, não há um só relato de batalha, mas inúmeros conselhos referentes à tática bélica, principalmente no que se refere às ações a serem empreendidas pelo comandante maior das legiões. Ele teria que desenvolver certo conhecimento de tática, geografia, retórica, astrologia e oratória, entre outros saberes, que poderiam advir da prática em campo de guerra ou também pela leitura de tratados, como o oferecido por Onassandro.

Fontes

DIÓGENES LAÉRCIOS. As *Vidas dos Filósofos Ilustres.* Trad. Mário da Gama Kury. Brasília: Edunb, 1992.

DION CASSIUS. *Roman History.* Trad. William Heinneman. Cambridge: Harvard University Press, 1981 (Loeb).

FRONTINUS. *Stratagems.* Trad. John Fitzwilliam. Cambridge: Harvard University Press, 1925 (Loeb).

ONASANDER. *Aeneas Tacticus, Asclepiodorus, Onasander.* Trad. William Oldfather. Cambridge: Harvard University Press, 1986 (Loeb).

ONOSANDRO. *Il Generale.* Trad. Corrado Petrocelli. Bari: Dédalo, 2007.

PLUTARCO. *Diálogo sobre o Amor.* Trad. Jaime Bruna. São Paulo: Cultrix, 1987.

QUINTILIANUS. *De Instituitiones Oratorias.* Trad. James Frinckell. Cambridge: Harvard University Press, 1948 (Loeb).

TÁCITO. *Anais.* Trad. Leopoldo Pereira. São Paulo: Tecnoprint, 2005.

Referências Bibliográficas

AMBAGLIO, Delfino. Il Trattato sul Comandante di Onasandro. *Athenaeum*. Pávia, v.ol. 59, p. 353-377, 1981.

CAMPBELL, Brian. *Greek and Roman Military Writers*. London: Routledge, 2004.

______. *War and Society in Imperial Rome*. London: Routledge, 2007.

______. Teach yourself how to be a general. *The Journal of Roman Studies*. London, vol. 77, p. 10-25, 1987.

CORNELI, Alessandro. *L´Arte di Vincere: Antologia del Pensiero Strategico*. Napoli: Guida, 1992.

DUTRA, Luíza M. de C. S. *Do General de Onassandro: Tradução e Estudo*. Dissertação de Mestrado defendida junto ao Programa de Pós-Graduação em Estudos Literários da UFMG. Belo Horizonte, 2010.

GARLAN, Yvon. *La Guerre dans l´Antiquité*. Paris: Fernand Nathan, 1972.

GOLDSWORTHY, Adrian K. *The Roman Army at War*. Oxford: Clarendon Press, 1998.

______. *Roman Warfare*. New York: Harper Collins, 2005.

KEEGAN, John. *Uma História da Guerra*. São Paulo: Companhia das Letras, 2006.

LE BOHEC, Yann. *The Imperial Roman Army*. London: Routledge, 2000.

LENDON, John E. *Soldiers and Ghosts*. New York: Yale University Press, 2005.

PANIAGUA AGUILAR, David. *El Panorama Literario Tecnico-Cientifico en Roma*. Salamanca: Universidad de Salamanca, 2006.

Os intelectuais romanos e a literatura trajânica: as imagens e os discursos políticos no Principado Romano

Andrea L. D. O. C. Rossi[1]

O I° Século do Principado Romano é marcado por imagens por vezes contraditórias que envolvem a maioria dos imperadores romanos, desde Augusto até Trajano, e segmentos da sociedade patrimonial romana. Estas imagens contraditórias são decorrentes das mudanças sociais, econômicas, políticas e culturais que pululam durante esse século. Segundo Norma Mendes:

> Esta nova identidade política e temporal envolvia uma identificação espacial, diante da necessidade política de afirmar que o Império havia submetido o mundo e de organizar o território do *Imperium*, objetivando uma exploração sistemática, de acordo com os valores identitários da sociedade romana e de sua concepção de mundo (SILVA; MENDES, 2006, p. 40).

O relato de confusões internas na documentação sobre o Principado constroe um clima de terror, medido pelas delações,

1 Professora Doutora do Departamento de História da Faculdade de Ciências e Letras - UNESP - Campus Assis. Coordenadora do Núcleo de Estudos Antigos e Medievais - NEAM.

perseguições e confiscos de bens de representantes tradicionais da aristocracia territorial, como aqueles realizados por Nero no norte da África, e pelas perseguições a intelectuais – filósofos, historiadores e literatos –, que fazem oposição aos *princeps*, como *Thrasea Paetus*, renomado filósofo estoico e influente. Conforme podemos identificar na seguinte passagem de Tácito:

> Após o abate de muitos aristocratas, Nero no final concebido a ambição de extirpar a virtude matando Tráseas Peto e Barea Sorano. Para tanto foi hostil a partir de antigos, e contra Tráseas, havia motivos adicionais; para ele ter se retirado do Senado, como já mencionei, durante a discussão sobre Agrippina, e no festival do Juvenalia seus serviços não tinham sido notáveis – uma queixa que foi a mais profunda já que em Patavium, sua cidade natal, o mesmo Tráseas tinha cantado em traje trágico nos... Jogos instituídos pelo troiano Antenor. Mais uma vez, no dia em que a sentença de morte foi praticamente transferida ao pretor Antistio por sua sátira sobre Nero, ele propôs, e levou, mais suave pena; e, depois de deliberadamente ausentar-se do voto de honras divinas para Poppaea, ele não tinha assistido ao seu funeral. Essas memórias foram mantidas do desvanecimento por Cossutianus Capito. Pois, além de seu personagem com a sua forte tendência para o crime, ele estava amargurado contra Thrasea, cuja influência exercida em apoio aos Cilícios teria enviado acusações contra Capito por extorsão, cuja atitude tinha custado-lhe o veredicto.
>
> 22 1 Ele preferiu outros encargos, bem como: - "No início do ano, Thrasea teria evitado o juramento

> habitual; que como titular de um sacerdócio quindecimviral, não teria tomado parte nos votos; ele nunca teria oferecido um sacrifício para o bem-estar do imperador ou por sua voz celestial.

Um rápido olhar sobre a literatura romana (HARRISON, 2005, p. 44-79), produzida desde Augusto até Trajano, permite observar um elenco de autores em sua maioria envolvidos nos meios políticos e sociais romanos e que são, simultaneamente, produtores e vetores deste imaginário social imperial. É de fundamental importância analisar as obras literárias enquanto veículos portadores de discursos que possam representar elementos da identidade e da alteridade sócio-cultural romanas. Estas identidades e alteridades assumem um caráter público ao evocar um conjunto de representações políticas e administrativas ligadas à imagem do Senado e do *Princeps* de Roma.

Segundo Regina Bustamante (SILVA; MENDES, 2006, p. 111),

> É fundamental compreender as estratégias implementadas que permitem manter unidos grupos que, se identificando culturalmente, se reconheçam como iguais e se distinguam dos "outros". Assim, deve-se atentar para as relações e as divisões peculiares de cada cultura distinta envolvida neste processo. As formas de identidade e de alteridade são específicas de um contexto histórico e social determinado, tanto no tocante aos processos internos da sociedade quanto às suas relações com outras sociedades próximas ou distantes. Portanto, pertencer ou não a um grupo ou à uma sociedade é uma construção social e cultural, cujo significado e forma variam no tempo e no espaço, podendo coexistir uma multiplicidade de identidades/alteridades que interagem umas com

> as outras. [...] A identidade dos grupos é construída a partir das interações historicamente verificáveis, permitindo a percepção dos homens na sua diversidade, como essencialmente culturais.

A necessidade de pensar novos objetos em sua prática historiográfica leva os historiadores a considerar em seu trabalho a parceria de outras áreas de pesquisa, como a linguística, a antropologia e a sociologia, e a incorporar novas metodologias e categorias de análise. Essa necessidade nasce das dificuldades que historiadores enfrentam quando se deparam com fontes que necessitam de novas abordagens para serem estudadas. Nesse sentido, a interdisciplinaridade promove o diálogo entre a História e outras disciplinas na busca de novos modelos e interpretações que estudem o homem e a sociedade e suas transformações, contribuindo para a teoria da História.

Neste sentido, propõe-se adotar o posicionamento que, segundo Fairclough (2001, p. 109),

> Os processos de produção e interpretação são socialmente restringidos num sentido duplo. Primeiro, pelos recursos disponíveis dos membros, que são estruturas sociais efetivamente interiorizadas, normas e convenções, como também ordens de discurso e convenções para a produção, a distribuição e o consumo de textos do tipo já referido e que foram constituídos mediante a prática e a luta social passada. Segundo, pela natureza específica da pratica social da qual fazem parte, que determina os elementos dos recursos dos membros a que se recorre e como (de maneira normativa, criativa, aquiescente ou opositiva) a eles se recorre. Um aspecto fundamental do quadro tridimensional para

> a analise de discurso e a tentativa de exploração dessas restrições, especialmente a segunda – fazer conexões explanatórias entre a natureza dos processos discursivos em instancias particulares e a natureza das praticas sociais de que fazem parte.

Segundo este autor, "é a natureza da prática social que determina os macroprocessos da prática discursiva, e são os microprocessos que moldam o texto". Para o historiador, trabalhar com discurso significa navegar pela teoria linguística, mesmo considerando-se que sua tarefa não tenha por objetivo a análise linguística. Entretanto, é preciso entender o mecanismo da linguagem, a sua estrutura funcional e as várias formas de análise que ofereçam elementos observáveis para compreender o momento e a forma em que o discurso foi produzido, o seu alcance na manutenção e a afirmação na relação entre opinião pública e o *status quo* (OLIVEIRA, 2001, p. 18).

Observa-se, como oferta preliminar de dados, um estudo divulgado ainda na década de 1960 por René Martin, que coloca à luz um quadro sócio-econômico no qual os intelectuais são categorizados segundo sua participação na sociedade patrimonial romana. É assim que Petrônio (viveu na época de Nero), Sêneca (*c.* 4 a.C.-65), Pérsio (34-62), Plínio, o Velho (23-79), Plínio, o Jovem (62-113), Tácito (*c.*56-*c.*120) e Suetônio (*c.*69-*c.*140) são enquadrados na categoria da "grande «burguesia» fundiária"; Juvenal (*c.*55-128), autor de *Sátiras*, na categoria da "classe média e pequena burguesia"; Fedro (*c.*15 a.C.-50), liberto de Augusto, autor de *Fabulae Aesopiae*, na "classe servil". Importa-nos, de imediato, perceber as condições materiais da produção dos discursos e das imagens difundidas na literatura do Principado.

Podem ser identificados alguns destes autores, como Petrônio e Sêneca, que viveram ao longo dos governos de Tibério, Cláudio e Nero; Plínio, o Velho, que viveu ao longo dos governos de Nero e de Vespasiano, passando pela crise de 69; Plínio, o Jovem, Tácito, Suetônio, Marcial e Juvenal, que são contemporâneos e viveram toda a época dos Flávios e os governos dos primeiros Antoninos - Nerva, Trajano e Adriano. Estes autores representam grande parte da produção de todo o I século d.C., e esse mesmo grupo vivenciou, como testemunho da realidade social concretamente vivida, o Principado desde a sua origem, cada um em seu contexto.

Alguns destes autores escrevem sobre seu próprio tempo, como Petrônio (HARRISON, 2005, p. 65), que estabelece uma crítica à principal personagem do *Satiricon*, ao filósofo Sêneca (*Ibidem*), filósofo cínico-estoico que divide sua produção intelectual em duas fases: a fase da apologia do *quinquenium neroniano* e a fase da crítica aos métodos e às práticas adotados pelo imperador Nero, principalmente em seu tratado sobre o tempo *De brevitate vitae*; e também como Plínio, o Jovem, que retrata o cotidiano da sociedade patrimonial em Roma em seus nove livros de *Cartas*, além do livro X, que é resultante da coletânea de cartas trocadas com o Imperador Trajano e o seu *Panegírico de Trajano*. Mas é certo, no entanto, que todos eles escrevem em determinado contexto histórico que está presente no espírito e no sentido de suas obras.

O emprego da expressão latina *memoria principis* tem também sua razão de ser fortemente relacionada com essa mesma literatura produzida durante o I século e início do II d.C., durante o Principado romano. É necessário analisar as relações sociais, políticas e culturais no processo de produção literária e simbólica deste período para entender as imagens e os discursos constantes de seu bojo. Na historiografia produzida sobre o Principado durante o I século, percebem-se duas fases sucessivas: uma antes e outra depois de Trajano. Esta visão foi perpetuada por alguns historiadores a partir de uma referência de Edward Gibbon e de Theodor Mommsen. Sendo assim, principalmente quando se aborda o I Século do Principado, as fontes que fundamentam muitos dos estudos políticos sobre este período são as aqui elencadas. Dentre as obras de Veleius Paterculus, Sêneca, Quintus Rufus, Tácito, Plínio o Jovem e Suetônio, a possibilidade de analisar as tramas políticas e imperialistas romanas é um dos principais objetos do historiador clássico.

Algumas destas fontes literárias que nos remetem ao Principado romano foram produzidas durante os governos de Trajano e de Adriano, tendo como principais escritores Tácito, Suetônio e Plínio, o Jovem. O objeto tanto de Tácito como de Suetônio, amparados nas condições político-culturais durante o governo de Trajano, é o período júlio-claudiano (César, Augusto, Tibério, Calígula, Cláudio e Nero) e o período flaviano (Oto, Galba, Vitélio, Vespasiano, Tito e Domiciano). Plínio, o Jovem, em suas *Cartas* retrata a própria época de Trajano; ele produz ainda o *Panegírico de Trajano*, discurso apologético e prospectivo pronunciado em setembro do ano 100 perante o Senado em Roma, quando seu autor assumiu por três meses o consulado (OLIVEIRA, 1996).

Os textos de Tácito e de Suetônio, sem citar Dion Cássio, que não se enquadra no recorte apresentado, servem preliminarmente como referenciais de análise deste período do Principado romano. Mesmo que não tivessem produzido obras de natureza comum - o primeiro produz dois textos analíticos, seguindo os passos de Tito Lívio sobre o registros dos fatos históricos produzidos pelo Senado, e o segundo traça biografias dos imperadores júlio-claudianos e flávios, permeadas pelas práticas sociais clientelistas -, ambos produzem imagens dos imperadores que remetem a uma visão dicotômica do poder imperial, personalizado nas figuras dos príncipes romanos e pautado pelos ideais de virtude e de vícios constantes nos discursos filosóficos estoicos e epicuristas. Levando-se em conta as épocas em que ocorrem as produções literárias citadas, é durante o governo de Trajano que se produzem críticas mais duras, voltadas especialmente aos imperadores Nero e Domiciano, mortos em 68 e 96, respectivamente. Do mesmo modo, há glorificação de outros, assentada sobremaneira na apologia das virtudes de Augusto, tomado como modelo (OLIVEIRA, 1994).

Estas estratégias discursivas podem ter sido determinadas por Quintiliano. Nascido Calagurris, foi um renomado preceptor e orador em Roma. Obteve grande sucesso como professor e foi o primeiro retórico a fundar uma escola pública e receber um salário do Estado. Ele continuou a ensinar por 20 anos e teve entre seus alunos Plínio, o Jovem, e os dois filhos de Domitila, a irmã de Domiciano. Segundo Butler (1922), Quintiliano morreu pleno de honras, possuidor de terras amplas e posto consular. Ele escreveu um tratado sobre as causas da decadência de oratória romana (*De causis corruptae eloquentiae*), *Instituto Oratoria*, e um discurso em defesa de *Naevius Arpinianus*, que foi acusado de assassinar sua esposa. O que nos interessa, no entanto, são as concepções de memória presentes em sua obra *Instituto Oratoria*, Livro XI, Capítulo 2. Evoquemos suas ideias sobre o termo:

> 6 E minha maravilha é aumentada pelo fato de que mesmo as bestas, que parecem ser desprovidas de razão, lembram-se de reconhecer as coisas e retornam à sua antiga casa, mesmo tendo sido expulsas dela. Novamente, não é uma incoerência extraordinária que devemos esquecer fatos recentes e lembrar-mo-nos de eventos distantes, que não lembramos o que aconteceu ontem e ainda manter uma

> impressão vívida dos atos de nossa infância? 7 E o que, novamente, diremos do fato de que as coisas que buscamos frequentemente se recusam a se apresentar e, em seguida, ocorrem-nos, por acaso, ou que a memória não permaneça sempre conosco, mas por muitas vezes retornará para nós depois de ter sido perdida? Mas nós nunca deveríamos ter percebido a plenitude de seu poder nem sua capacidade sobrenatural, mas o fato de que foi a memória que trouxe a oratória à sua atual posição de glória. 8 Para que ela forneça ao orador não apenas a ordem de seus pensamentos, mas até mesmo as suas palavras, não sendo o seu poder limitado à concatenação de algumas palavras; sua capacidade de resistência é inesgotável e mesmo nas mais longas audiências a paciência do público sinaliza muito diante da memória do orador. 9 Este fato pode ser avançado mesmo como um argumento de que deve haver alguma arte da memória e que o dom natural pode ser ajudado pela razão, pois o treinamento nos permite fazer coisas que não podemos fazer antes de termos qualquer treinamento ou prática.

Pode-se acrescentar ainda a leitura de Plutarco, que oferece mais uma contribuição enriquecedora desta reflexão: a lembrança de Augusto relaciona-se com o eterno retorno da imagem de Alexandre; e é essa mesma imagem mnemética que se observa em relação a Trajano. Esse princípio se vê nos *Discursos* de Dion de Prusa, igualmente contemporâneo de Plutarco, Tácito, Suetônio e Plínio, o Jovem, que enaltece a figura do *basileus*. Assim, Alexandre e Augusto são os modelos mais comuns na caracterização do *princeps* ideal e na evocação da *memoria principis*, como *exempla* nas práticas políticas imperiais (OLIVEIRA, 2001).

A produção de imagens retiradas da memória coletiva, por mais que estas imagens sejam representações construídas literariamente, tem sido nosso principal objeto de pesquisa. O desafio de analisá-las torna-se mais provocativo na medida em que o emprego de determinada linguagem (seja ela verbal ou não-verbal) remete também para a inquietação intelectual inerente às suas características. Cada mecanismo de linguagem utiliza-se de um código, um conjunto de signos e símbolos, capaz de alcançar o público, objetivo de alcance das ideias contidas nas imagens e nos discursos. É possível perceber nessa linguagem valores da tradição romana, principalmente no *mos maiorum* e no culto do *vir bonus*, que se alternam com os valores imperiais regidos *de iure* pelo *populus romanus*.

A organização político-administrativa do Império Romano nos dois primeiros séculos esforçou-se para se manter ao nível da *pax romana* estabelecida idealmente nas imagens e discursos produzidos principalmente no período de Augusto. A literatura produzida na época de Trajano, por exemplo, ao reverenciar as figuras míticas de Alexandre e de Augusto, reverencia, em última forma, a figura do conquistador e sua *virtus*, enquanto imagem híbrida do homem-deus e do homem-mortal. Explica esta atitude literária a necessidade permanente de Roma de cuidar do equilíbrio do Império, buscando uma proximidade maior na relação identidade-alteridade sócio-cultural. Inspirados em alguns princípios filosóficos – como os estoicos e os epicuristas e religiosos, como a hibridização entre as práticas religiosas oficiais e provincianas –, os grupos sociais tradicionais romanos, atendendo às exigências do *ethos* dos *novi homines* e da diversidade social e cultural derivada desta realidade social tão múltipla, acabam sendo representados nas várias formas de manifestações culturais.

Há nos textos literários uma das manifestações culturais deste período romano, uma articulação entre as imagens e os discursos políticos e sociais. Estas imagens e estes discursos representam situações vividas pela sociedade romana durante o Principado. O vocabulário dos discursos, seja sobre o imperador seja sobre as relações sociais romanas, é composto de imagens que refletem alguns dos mecanismos que visam a preservar a memória coletiva da identidade romana. Um dos exemplos destes mecanismos é a relação estabelecida entre o deus-vivo (*princeps*) e o deus-morto (*divus*), o primeiro como depositário da memória deste último, ambos presentes nas práticas difundidas pelo culto imperial, como poderemos verificar em alguns trechos a serem analisados posteriormente. Fazem parte destas imagens, constantes dos discursos identificados na literatura supracitada, alguns dos valores morais inestimáveis para os romanos, como a *virtus*, o principal desses valores, cujo significado dignifica o homem; a *voluntas*, norma suprema das atividades práticas e dos deveres humanos; a *pietas*, disposição interior do *vir bonus*; a *fides*, exercício de destreza e paciência. Completam a imagem do homem-deus combinada com a imagem do homem-mortal situações dialéticas às quais todos aspiram, o reconhecimento do *honestum* pela sociedade dos desiguais; *honor*, atributo do reconhecimento público ao homem virtuoso; e a *phylantropia*, que se confunde na sua ação com a *munificentia*, enquanto atividade voltada para o bem comum de natureza pública e evergética.

O rico vocabulário empregado nestas obras permite a identificação de imagens que são permeadas de fundamentos filosóficos, religiosos e culturais, contidas nos textos literários. E, para completar esse quadro, deve-se indagar: qual a representação destas imagens discursivas? A que elas nos remetem? Como são constituídos estes discursos diante do hibridismo social romano, que é a característica deste período?

Estes elementos são apenas exemplares e – em cada autor e em cada obra vinculada a seus contextos de produção discursiva – permitem ao historiador o estudo da sociedade romana em sua complexidade social e cultural.

Diante do exposto, algumas destas obras permitem um estudo das imagens construídas por discursos contextualizados em vários momentos históricos do Principado Romano. Estas imagens e estes discursos devem ser observados diante da problemática da constituição e permanência da *memoria principis* e da relação estabelecida entre a identidade e a alteridade cultural presentes na sociedade romana, principalmente da segunda metade do I Século. O recorte temporal se dá pela identificação de um grupo social contemporâneo correspondente aos governos dos Imperadores Vespasiano a Adriano, ou seja, do ano 69 ao ano de 138. Este recorte fica mais claro quando se atribui a este *corpus* documental um conceito mais amplo que o identifica como Literatura Trajânica, segundo Christopher Whitton, pesquisador da Univeresity of Cambridge, Reino Unido.

Para exemplificarmos alguns destes objetos, vamos aqui apresentar certas passagens destas fontes para verificarmos as possibilidades de análises alegóricas que nos remetem a um elemento maior que definirá a *memoria principis*, a imagem do próprio *princeps* personificado em várias passagens, a relação deus-vivo e deus-morto na caracterização dos *Principis*.

Para uma primeira ideia, evocamos a biografia de Alexandre, de Plutarco, em contraposição à biografia de Augusto, de Suetônio. O principal elemento a ser visto aqui é a questão genealógica e sua natureza divina.

Quanto à linhagem de Alexandre, pelo lado paterno era descendente de Héracles através de Caranus e pelo lado materno descendente de Aeacus através de Neoptólemo; Isso é aceito sem qualquer pergunta. 2 E somos informados de que Felipe, depois de ter sido iniciado nos mistérios de Samotrácia junto com Olímpia, ele mesmo sendo ainda jovem e ela uma criança órfã, caiu de amor com ela e noivaram com o consentimento de seu irmão Arymbas. 3 Bem, então, na noite anterior em que o casamento foi consumado, a noiva teria sonhado que havia um repique de trovão que um raio teria caido sobre seu ventre, e que assim muito fogo foi aceso, que irrompeu em chamas que viajou sobre tudo e, em seguida, foi extinto. 4 Em um momento posterior, também, após o casamento, Felipe havia sonhado que ele estava colocando um selo sobre o ventre de sua esposa; e o dispositivo do selo, como ele pensava, era a figura de um leão. 5 Os outros videntes, agora, eram liderados pela visão a suspeitar que Felipe olhar com mais cuidado sobre suas relações de casamento; mas Aristandro de Telmessus teria dito que a mulher estava grávida, já que o selo não foi colocado sobre o que estava vazio e grávida de um filho cuja natureza seria ousada como o Leão. 6 Por outro lado, a serpente teria sido vista deitada esticada ao lado de Olímpia, enquanto ela dormia, e dizem-nos que isso, mais do que qualquer outra coisa, inibia o ardor das atenções de Felipe para sua esposa, por isso que ele não teria ido, por muitas vezes, dormir ao lado dela, ou porque ele temia que alguns feitiços e encantamentos poderiam ser praticados por ela contra ele, ou porque ele teria reduzido as suas atenções por acreditar que ela era a parceira de um ser superior. (Plutarco, *Vida de Alexandre*, 2)

3 De acordo com Julius Marathus, poucos meses antes de Augusto nascer um presságio foi observado em Roma, que deu o aviso de que a natureza estava grávida de um rei para o povo romano; logo após o Senado, em consternação, decretou que nenhuma criança do sexo masculino nascida nesse ano deveria ser criada; mas aqueles cujas esposas estavam com criança ele viram que o decreto não havia sido arquivado no tesouro, desde que cada um se apropriou da Previsão para sua própria família.

4 que eu li a seguinte história em livros de Asclepias de Mendes, intitulado *Theologumena*. Quando Atia teria vindo no meio da noite para culto de Apolo, ela teria repousado no templo e adormeceu, enquanto o resto das matronas também dormiam. De repente uma serpente teria deslizado até ela e logo ido embora. Quando ela acordou, ela teria se purificado como se tivesse estado nos braços de seu marido e ao mesmo tempo apareceram em seu corpo uma marca de cores como uma serpente e ela nunca pode se livrar delas; a partir deste momento ela teria deixado de ir aos banhos públicos. No décimo mês depois que Augusto nasceu foi considerado como o filho de Apolo. Atia também, antes que ela teria lhe dado a luz, sonhou que seus sinais vitais teriam subido às estrelas e espalhados por toda a extensão da terra e do mar, enquanto Otávio havia sonhado que o sol se levantava desde o ventre de Atia. (Suetônio, *Vida de Augusto*, 94, 4)

Ao mesmo tempo, podemos encontrar os elementos sobre outros *principis* que trariam o ponto inverso de suas origens, até mesmo demonstrando que estes teriam chegado ao posto de governante por outros caminhos que não sua predestinação. O caso mais interessante desta interferência é o descrito por Suetônio em relação a Calígula. Segundo o biógrafo, o sucessor natural de Tibério, ou mesmo de Augusto, seria Germanicus, pai de Calígula, denominado Caio César por este auto, no início de sua obra, e Calígula, apenas posteriormente (como alcunha pejorativa, inclusive). Vejamos a passagem em Suetônio:

> É a opinião geral de que Germânico possuía todas as maiores qualidades do corpo e da mente, a um grau nunca igualado por qualquer pessoa, uma bonita pessoa, um valor inigualável, superando a capacidade da oratória e aprendizagem de Grécia e Roma, bondade sem precedentes, e uma desejo notável e capacidade para ganhar respeito dos homens e inspirador da sua afeição. Suas pernas eram muito magras para o resto de sua figura, mas ele gradualmente trouxe para devidas proporções a cavalo constante andar após as refeições. 2 Ele matou muitas vezes um homem em combate mano a mano. Ele implorava novas causas mesmo depois de receber a regalia triunfal, e entre outros objetos de seus estudos, ele deixava algumas comédias gregas. No entanto, os tokens muito maiores e mais fortes de respeito foram mostrados no momento da sua morte e imediatamente depois.
>
> [...] No dia em que ele faleceu os templos foram apedrejados e os altares dos deuses jogados para baixo, enquanto alguns atiravam seus deuses domésticos

> para a rua e expulsava seus recém-nascido.7 Mesmo os povos bárbaros, pelo que dizem, que estavam envolvidos na guerra com a gente ou com o outro, por unanimidade consentiram uma trégua, como se tudo em comum sofresse uma tragédia doméstica. Diz-se que alguns príncipes adiaram suas barbas e tinham as cabeças de suas esposas raspadas, como um símbolo do mais profundo luto...
>
> Caio César nasceu um dia antes das Calendas de setembro no consulado de seu pai e Fonteius Gaio Capito. Depoimentos conflitantes faz seu local de nascimento incerto [...]. Devemos, então, aceitar o testemunho único remanescente, a do registro público, particularmente já que Caio amava Antium como se fosse sua terra natal, sempre preferindo a todos os outros lugares de retiro, e até mesmo de pensar, diz-se, não de transferir o assento e morada do império através cansaço de Roma.

O relato de Suetônio é permeado de dúvidas sobre o nascimento de Calígula, já que muitas informações e testemunhos são contraditórios. É interessante notar que estes elementos seriam, na realidade, o que daria a autoridade de cada um dos *princeps*, a identificação de sua *domus* e a relação com as origens familiares e divinas.

As mesmas dúvidas quanto às origens e os nascimentos podem ser identificados em outras biografias como a de Nero, ao ser relatada sua ascendência conturbada em decorrência das características da família Aenobarba.

É válido salientar que os elementos aqui elencados são apenas algumas inquietações preliminares presentes em minhas atuais atividades de pesquisa. Revisitar algumas das fontes sobre o Principado

Romano faz com que, à luz das novas possibilidades teórico-historiográficas, principalmente evocar questões vinculadas aos grupos discursivos na literatura trajânica e os pensamentos de Sirinelli, ao analisar o papel dos intelectuais na historiografia francesa.

> Uma primeira questão – instrumental para qualquer estudo – logo se impôs aos historiadores: como definir este grupo social do qual se pretendia elaborar estudos? Esse desafio foi encarado por Sirinelli, que, em artigo sobre a história dos intelectuais, após destacar o caráter polimorfo do conceito, propôs duas definições preliminares e que ainda em nossos dias servem de norte às investigações: 1. uma definição sociológica e cultural, que engloba os criadores e mediadores culturais: jornalistas, escritores, professores secundários, sábios, etc.; 2. uma definição política, fundada sobre a noção de engajamento, direto ou indireto, na vida da cidade. Para o autor, as duas acepções são complementares e podem ser articuladas, visto que ambas remetem à notoriedade do grupo dos intelectuais, assim como à sua capacidade de especialistas em dado tema que podem pôr a serviço da causa que defendem. (SIRINELLI, 1986, p. 99).

A partir destas definições de Sirinelli, adotar-se-á que o conjunto de autores elencados pode ser definido como um grupo de intelectuais romanos, já que são agentes produtores/reprodutores de um discurso vinculado, de forma direta ou indireta, a elementos criadores e mediadores culturais. Além disso, todos, também de forma direta ou indireta, participaram da vida da cidade de Roma e seus mecanismos políticos e administrativos no Principado.

Sem medo de cometer anacronismos, mas pensando nas ideias que sustentam o argumento de Sirinelli, propõe-se aqui pensar as práticas literárias da segunda metade do I Século do principado a partir dos grupos de intelectuais romanos. Assim, pensar a *memoria principis* a partir da literatura trajânica pressupõe a construção de imagens que refletem os processos retóricos e mnemônicos, como os evocados por Quintiliano por meio de um grupo de intelectuais que, direta ou indiretamente, fazem parte de uma "malha discursiva" que pode permitir ao historiador se aproximar um pouco mais das práticas políticas e sociais romanas. Aprofundar estudos sobre essa malha discursiva é um dos caminhos para se repensar a documentação trajânica diante de novas problemáticas que se apresentam.

Referências Bibliográficas

ARAÚJO, Sônia Regina; ROSA, Claudia Beltrão; JOLY, Fábio (orgs). *Intelectuais, poder e política na Roma antiga.* Rio de Janeiro: Nau Editora. 2010.

BOBBIO, N. *Dicionário de Política.* Brasília: Editora da UNB, 1997.

BRANDÃO, Helena H. Nagamine. *Introdução à análise do discurso.* 2. ed. rev., Campinas: Editora Unicamp, 2004.

CARDOSO, Ciro F. & VAINFAS, Ronaldo (orgs.). *Domínios da História.* Rio de Janeiro: Campus, 1997.

CIZEK, Eugen. Juvénal et certains problèmes de son temps: les Deux Exils du Poète et Leurs Conséquences. *Hermes*, vol. 105, n.1, p.80-101, 1977.

CONTE, G. B.; PIANEZZOLA, E. *Il libro della letteratura latina:* la storia e i testi. Firenze: Le Monnier, 2004.

D'ONOFRIO, Salvatore. *Os motivos da sátira latina.* Marília, SP, 1968.

DODDY, A. *Pliny's Encyclopedia.* The Reception of the Natural History. Cambridge: University Press, 2010.

FOUCAULT, Michael. *A Arqueologia do Saber.* Rio de Janeiro: Forense Universitária, 2008.

HARRISON, Stephen. *A Companion to Latin Literature.* Oxford, Blackwell Publishing, 2005.

HOFFER, S. *The anxieties of Pliny the Younger.* Atlanta: The American Philological Association, 1999.

LE GOFF, Jacques. *Documento/Monumento.* Enciclopédia Einaudi, Volume Antropos. Lisboa, Editora INCM, 1980.

MILTON, J. *Tradução.* São Paulo: Martins Fontes, 2010.

MURPHY, T. *Pliny the Elder's Natural History:* The Empire in the Encyclopedia. Oxford: Oxford University Press, 2004.

OLIVEIRA, Francisco de. *Les idées politiques et morales de Pline l'Ancien.* Coimbra: Instituto Nacional de Investigação Científica, 1992.

OLIVEIRA, Andrea Lúcia Dorini. *Poder e Mito:* o Principado na literatura latina (Tácito, Suetônio e Plínio, o jovem). Dissertação de Mestrado. Assis, Universidade Estadual Paulista "Júlio de Mesquita Filho", 1996.

______. *Princeps e Basileus nos Discursos de Dion Crisóstomo (96 a 117d.C.)* Tese de Doutorado. Assis, Universidade Estadual Paulista "Júlio de Mesquita Filho", 2001.

ORLANDI, Eni P. *Análise do Discurso.* 6ª. Edição. Campinas/SP, Editora Pontes, 2005

PLINY THE YOUNGER. *The Letters of the Younger Pliny.* Tradução de RADICE, B. London: Penguin Books, 1969.

QUERIQUELLI, L. H. *As teorias da tradução e a tradução do latim. s.l.: s.e., s.a.*

SHERWIN-WHITE, A. N. *The Letters of Pliny.* A Historical and Social Commentary. Oxford: University Press, 1965.

SILVA, Gilvan; MENDES, Norma M. *Repensando o Império Romano:* perspectiva socioeconômica, política e cultural. Rio de Janeiro, Mauad Editora, 2006.

SIRINELLI, Jean-François. Os intelectuais. In: RÉMOND, René. *Por uma História Política.* Rio de Janeiro: FGV, 1996, p. 231-270.

VITORINO, Mônica Costa. Giovenale e la società del suo tempo. *Classica*, Brasil, 19.2, p. 265-272, 2006.

WALLACE-HADRILL, A. Pliny the Elder and Man's Unnatural History. *Greece & Rome.* vol. 37, p. 80-96, 1990.

O(s) gênero(s) literário(s) da *Vida de Apolônio de Tiana*, de Filóstrato: fronteiras entre a biografia, a ficção e a hagiografia na Antiguidade (século III d.C.)

Semíramis Corsi Silva[1]

Introdução

A obra *Vida de Apolônio de Tiana* foi escrita em meados do século III d.C. pelo sofista grego Flávio Filóstrato, intelectual de renome em seu contexto, ligado à corte dos imperadores da dinastia dos Severos, Septímio Severo e Caracala, especialmente pelas suas relações intelectuais com a imperatriz Júlia Domna, esposa de Septímio Severo e mãe de Caracala. Tal proximidade com a imperatriz severiana é contada pelo próprio Filóstrato em passagens de suas obras (*VA*, I, 3; *VS*, II, 622).

Já Apolônio de Tiana foi um personagem que viveu, provavelmente, no século I d.C., cuja realidade e possível trajetória são permeadas por dúvidas. Causou admiração em algumas pessoas, como em Filóstrato, que lhe rendeu a apologética obra contando seus feitos e, especialmente, destacando características de suas funções e relações com povos e regiões em suas longas viagens.

1 Professora Doutora do Departamento de História e do Programa de Pós-graduação em História da Universidade Federal de Santa Maria - UFSM. Coordenadora do Grupo de Estudos sobre o Mundo Antigo Meditterâneo - GEMAM/UFSM. Pesquisadora do Grupo do Laboratório de Estudos sobre o Império Romano (G. LEIR - UNESP/Franca).

São muitas as temáticas que podem ser exploradas na análise de *Vida de Apolônio de Tiana*, de Filóstrato,[2] tais como: a figura do homem divino na Antiguidade, as relações entre biógrafo e biografado, as descrições geográficas e étnicas feitas por Filóstrato, a identidade grega no Império Romano, as relações entre a religiosidade de Apolônio e as práticas da corte severiana, a magia no contexto, etc. No entanto, outro objeto de estudo tem inquietado os estudiosos que se debruçam sobre esta obra: o gênero literário, ou gêneros literários, do texto.

Desde o trabalho de Eduard Meyer, *Apollonius von Tyana und die biographie des Philostratos* (1917 apud ANDERSON, 1986, p. 156), que levantou a hipótese da invenção do testemunho ocular de Damis, citado por Filóstrato como fonte para a escrita da *VA* (I, 3), tem-se discutido muito sobre quão longe o autor poderia ter ido na utilização de elementos de ficção, dando margem à discussão sobre o gênero literário da obra. Dessa forma, temos sua classificação como romance, biografia, hagiografia, aretologia ou, ainda, um gênero híbrido entre essas formas. De maneira geral, há três tipos de opiniões que analisam gênero e realidade histórica das informações em conjunto.

Uma primeira opinião sobre o gênero da obra defende a historicidade das informações trazidas na *VA*. Nesse sentido, o texto filostratiano seria uma biografia-histórica. Entre os autores que compartilham essa opinião, o trabalho mais conhecido é o de Fulvio Grosso, *La Vita di Apollonio di Tiana come fonte storica*

2 Abreviaremos o título da *Vida de Apolônio de Tiana* como *VA* e da obra *Vidas dos Sofistas*, também de Filóstrato, como *VS*, conforme regras de abreviatura de nomes de autores e de obras clássicas utilizadas pelo Oxford Classical Dictionary.

(1954), que acredita na semelhança entre o retrato do Apolônio de Filóstrato e a realidade histórica desse personagem.

Uma segunda opinião critica a historicidade do texto de Filóstrato, considerando-se o caráter extremamente ficcional e imaginativo do autor. Partidário desta opinião, temos como principal estudioso Ewen Bowie, importante intelectual inglês estudioso da Segunda Sofística, que desenvolve a tese em questão no texto *Apollonius of Tyana: Tradition and Reality* (1978). Christopher Jones, na Introdução de sua tradução da *VA* para a Harvard University Press – Loeb Classical Library (2005), também afirma que a obra tem muito de ficção, que o Apolônio de Filóstrato certamente é muito diferente do Apolônio histórico e que, mesmo diante da dificuldade em se construir um Apolônio histórico, percebe-se a imaginação do autor sobre este personagem. Embora afirmando não aceitar a *VA* como um romance, em *Apollonius of Tyana in legend and history* (1986), Maria Dzielska confronta documentos que citam Apolônio e a possibilidade de as informações serem procedentes, em busca do Apolônio histórico. Essa historiadora apresenta vários argumentos para convencer o leitor de que Filóstrato inventou muito sobre o personagem, ao concordar com as afirmações de Bowie (1978) e se posicionar contra os argumentos de Grosso (1954).

Já uma terceira opinião é a dos estudiosos que acreditam nas criações ficcionais de Filóstrato, porém construídas sobre um fundo de realidade do Apolônio histórico, ficando a *VA* entre a história, a biografia, a ficção, e prenunciando-se aspectos hagiográficos para alguns, como Marc Van Uytfanghe, em *La vie d'Apollonius de Tyane et le discours hagiographique* (2009). O gênero literário da *VA*, diante dessa perspectiva, será chamado por nós de gênero híbrido. Desse grupo podemos destacar ideias trazidas pelo historiador espanhol Fernando Gascó, no texto *El viaje de Apolônio de Tiana a la Bética (siglo I d.C.)*, de 1985, os esforços de Graham Anderson em *Philostratus. Biography and belles lettres in the third century A.D.* (1986) e as reflexões de Jaap Jan Flinterman em *Power, Paideia & Pythagoreanism* (1995). Este último considera a obra entre biografia e romance, chamando-a de *vida romanceada*. Também está entre estes estudiosos James Francis que, no artigo *Truthful Fiction: new questions to old answers on Philostratus's Life of Apollonius* (1998), sustenta que elementos de ficção e realidade estão mesclados na obra e que não há uma distinção clara entre eles. Segundo Francis, entretanto, estudiosos modernos afirmam que ficção e história são categorias que se opõem, assertiva com a qual ele não concorda. O próprio Bowie parece rever seu posicionamento de 1978 e em *Philostratus. Writer of fiction* (1994) aponta algumas características da *VA* que excluiriam elementos de romance e demonstrariam a intenção de Filóstrato de escrever uma biografia com fundo histórico.

Neste texto pretendemos, portanto, explorar a literatura sobre o assunto e nos posicionar sobre a questão das imbricações de gêneros literários na escrita dessa polêmica e conhecida obra do século III.

Considerações sobre o(s) gênero(s) literário(s) da Vida de Apolônio de Tiana

A Vida de Apolônio de Tiana como uma biografia

Para nos posicionarmos diante do debate exposto acima, começaremos analisando o título do texto, de modo a perceber se ele nos indica algo sobre sua proposta literária. De acordo com Simon Swain (2003, p. 381), o título original da *VA* parece ser Τά ἐς τόν Τυανέα Ἀπολλώνιον – *Ta es ton Tuanea Apollonion*, Em honra de Apolônio de Tiana. É esse também o título aceito na primeira edição da *VA* para a Harvard University Press – Loeb Classical Library, traduzida por F. C. Conybeare em 1921. O título já indica o tom laudatório da obra em relação ao protagonista. Se aceitarmos tal título como o original filostratiano, como fazem esses estudiosos, nele Filóstrato não nega sua defesa de Apolônio. Além disso, o autor retira de Apolônio as suspeitas de praticante de magia e charlatanismo que parecem ter recaído sobre ele (*VA*, I, 2; V, 39) e o apresenta como um digno herói para os que não o conhecem. Portanto, Filóstrato já nos indica que será parcial ao descrever Apolônio, sua admiração pode ser percebida em toda a obra, como constatamos no trecho a seguir: "[...] nem sequer omitida pelo sábio em cuja honra escrevi estes relatos" (*VA*, III, 6). A ênfase de Filóstrato na admiração que as pessoas rendiam a Apolônio também é percebida nesta outra passagem: "[...] por considerarem nosso homem mais poderoso que a tempestade, o fogo e as maiores dificuldades, queriam embarcar com ele e lhe rogavam que lhes permitisse sua participação na travessia" (*VA*, IV, 13).

Conforme Adam Miller Kemezis (2006, p. 141), o uso do artigo grego Tά, seguido da preposição ἐς daria o sentido encomiástico que, no entanto, opõe o texto a uma biografia propriamente, e por isso tem-se preferido traduzir seu título para *O livro de Apolônio*.[3] No entanto, Philippe Levillain (2003, p. 145) pondera que as biografias gregas tinham caráter elogioso. O gênero biográfico antigo buscava modelos paradigmáticos, com heróis cheios de virtudes que as novas gerações deveriam seguir (SILVA, 2004, p. 24).[4] Mas

3 Na maioria das edições a que tivemos acesso, a tradução do título é *Vida de Apolônio de Tiana*.

4 Levillain (2003) trata de biografias gregas, mas, como nos mostra Maria de Fátima Silva (2004), há um consenso de que as biografias como gênero literário autônomo são uma criação helenística. Contudo, desde muito tempo na história da Grécia havia ascendentes para as biografias, como a peça Os cavaleiros, de Aristófanes, analisada por Silva (2004), e textos encomiásticos como o Evágoras, de Isócrates e o Agesilao, de Xenofonte (DOSSE, 2009, p. 124).

não eram apenas elogios que apareciam nas biografias antigas. José Luis Martinez (2004, p. 38) atenta para a intencionalidade dos biógrafos antigos em elogiar (classe encomiástica) ou denegrir (classe difamatória) um indivíduo, ressaltando seu caráter (*ethos*) pelo exame de suas ações ou palavras. E, neste sentido, "[...] a biografia serve para veicular as ideias sobre o comportamento moral individual, com maior motivo se converte desde seus inícios em um instrumento de ideologia política" (MARTINEZ, 2004, p. 48). Revelar o caráter de um personagem era aspecto fundamental das biografias antigas (COX, 1983, p. XI). Dessa maneira, o texto de Filóstrato se encaixa perfeitamente no modelo de uma biografia com intenções de mostrar um indivíduo que deveria ser seguido e copiado, por seu valor moral, construindo-se nele um herói.

Além disso, Filóstrato se propõe a escrever uma biografia e usa o termo βίος – *bios*: "Quanto a mim, vou deixar esse homem, já que não me propus a injuriá-lo, mas proporcionar o relato da vida de Apolônio a quem ainda não a conhece" (*VA*, V, 39). O biógrafo Eunápio de Sardes, nos últimos anos do século IV (provável datação de sua obra *Vidas de filósofos e sofistas*) reconheceu a *VA* também como uma *bios*, mencionando que com esse nome Filóstrato nomeou sua narração sobre o tianeu, mas que o denso caráter apologético da obra se sobrepõe: "E Filóstrato de Lemnos escreveu um relato completo sobre Apolônio, intitulando-o *Vida de Apolônio*, mas que deveria tê-lo intitulado *A visita de deus à humanidade*" (EUNÁPIO, *Vidas de filósofos e sofistas*, 354).

A característica central de um texto biográfico é ser uma sequência cronológica de uma vida, ou várias vidas, no caso das biografias coletivas, do nascimento do biografado até sua morte, revelando-se seu caráter. Desse ponto de vista, inegavelmente a *VA* é uma biografia, com a peculiaridade de que não relata a morte do biografado, mas seu desaparecimento e as histórias sobre o que se fala a respeito de sua morte no final do Livro VIII, o último livro da obra.

Pensando também em características centrais das biografias de todos os tempos, Pierre Bourdieu, no texto *A Ilusão Biográfica* (1996), tentou formular uma teoria da biografia. Para este sociólogo, toda biografia é uma ilusão, pois o biógrafo, tentando imprimir um sentido à vida do biografado, estabelece uma cronologia organizada e objetiva, com acontecimentos em ordem contínua, totalmente previsíveis. Nesse sentido, um dos pontos que o biógrafo ressalta, ainda conforme Bourdieu (1996, p. 74), é o que já havia de promissor na vida do biografado em seus primeiros anos, como observamos que Filóstrato faz, por exemplo, nesta passagem: "Ao chegar à idade de aprender as letras, mostrou sua capacidade de memória e o poder de sua aplicação [...] Todos os olhos se voltavam para ele, pois era admirável desde muito tenra idade" (*VA*, I, 7).

A descrição detalhada da infância e juventude do biografado, em que se confere ênfase a esses períodos e se mostram os anos formativos como fundamentais para determinar a maneira de ser do biografado, é outro aspecto que caracterizava as biografias na Antiguidade Clássica, como mostram T. Häag e P. Rousseau (2000, p. 03). Porém, como a infância dos personagens era, em geral, pouco conhecida, os biógrafos eram hábeis em preencher as lacunas. Essa característica é facilmente percebida na *VA*, pois Filóstrato descreve desde quando a mãe de Apolônio engravida, seu nascimento, até detalhes sobre sua formação na juventude (*VA*, I, 4-12). Ele chega a mencionar que Apolônio é a encarnação do deus egípcio Proteo (*VA*, I, 4), que aparece à mãe do biografado quando esta estava grávida, anunciando que ela o esperava e ligando Apolônio à sabedoria de uma divindade.

Segundo Häag e Rousseau (2000, p. 06), as biografias antigas também tinham como característica o enfoque mais no indivíduo do que nos eventos históricos, desenvolvendo um *topoi* biográfico com ênfase no carisma do herói, na duração de sua vida e na sua morte. Percebemos que Filóstrato faz isso na *VA*, onde os acontecimentos e mensagens políticas são tratados como mero pano de fundo à vida de Apolônio, não sendo, porém, menos importantes para passar uma das mensagens que o biógrafo pretendeu atingir, segundo nossa interpretação. Como exemplo disso, percebemos na passagem em que Apolônio aconselha Vespasiano sobre aspectos característicos de um bom governante mensagens extremamente importantes que acreditamos que Filóstrato provavelmente queria transmitir a seus leitores e à casa imperial de sua época e que são, no entanto, mostradas como aspectos de Apolônio como bom conselheiro, sábio e de caráter nobre, em meio à narrativa sobre sua vida, cronologicamente apresentada (*VA*, V, 27-33).

Como podemos notar, portanto, algumas passagens de feitos de Apolônio são subservientes à nobreza de seu caráter, que aparece destacada a todo momento na obra, mostrando justamente que ele é bom conselheiro por ser ilustre e bom,[5] como lemos em passagens como esta a seguir, em que Apolônio é considerado bom pelo sátrapa do rei parto, na frase pronunciada por este:[6]

> – Como um grande achado, os deuses nos trazem aqui este homem, pois se trata de um bom homem e, como outro homem bom, fará nosso rei muito melhor, mais moderado e suave. Isso, efetivamente, se manifesta neste homem.

---

5 Há, no entanto, uma longa discussão de estudiosos sobre a historicidade de muitos elementos que aparecem na *VA* como feitos de Apolônio, que apresentaremos ainda neste texto.

6 Sátrapa era a denominação dos governadores de províncias, satrapias, dos antigos Impérios Persa e Parto.

> Correram, assim, anunciando a todos a novidade, que ante as portas do rei estava um sábio grego e bom conselheiro (*VA*, I, 28).

A mesma nobreza de caráter de Apolônio é destacada em sua defesa da acusação de praticante de magia frente a Domiciano, quando ele próprio comenta em diálogo com o imperador acusador que [...] "qualquer homem que seja considerado bom, vê-se honrado com a denominação de deus [...]" (*VA*, VIII, 5).

Desta maneira, dentro dos padrões do que era uma biografia na Antiguidade Clássica (e tendo como ideia que Filóstrato não usaria o termo βίος – *bios* para definir seu estilo se não fosse de fato essa sua intenção, sendo que ele como escritor conhecia o caráter de tal gênero), preferimos classificar a *VA* como de natureza biográfica.

A Vida de Apolônio de Tiana como uma ficção

Porém, não devemos desconsiderar o caráter ficcional da *VA*. Para tratar deste aspecto, primeiramente devemos perceber que havia uma tradição conhecida em torno de Apolônio de Tiana anterior ao texto de Filóstrato, embora esta não nos pareça muito grande ou não nos chegaram informações suficientes para considerá-la como tal.

Sabemos que Apolônio é mencionado de maneira negativa em Luciano de Samósata: "Este mestre e amante era tianeu e dos que sabiam de toda a sua tragédia, já vês de que tipo é o homem de quem te falo" (LUCIANO, *Alexandre ou o falso profeta*, 5). De acordo com Gascó (1986, p. 280), podemos também considerar a passagem XXIX da obra *Philopseudes*, de Luciano, uma menção irônica e crítica a Apolônio: "Neste momento entrou na casa o pitagórico Arígnoto, o de cabelo comprido e aspecto solene. Já se sabe a quem me refiro, àquele que goza de tanta fama por sua sabedoria e que leva o nome de santo." Concordamos que tal passagem da obra de Luciano pode referir-se a Apolônio, pois confere com descrições da *VA* e das cartas sobre o cabelo, a sabedoria e o caráter divino de Apolônio, o qual, no entanto, se revela em Luciano de forma pejorativa.[7]

Aparecem menções a Apolônio em Dião Cássio, contemporâneo de Filóstrato, quando o autor se refere de maneira duvidosa à visão da morte do imperador Domiciano, por Apolônio, também relatada na *VA* (VIII, 26).

> Certo Apolônio de Tiana, naquele mesmo dia e naquela mesma hora, quando Domiciano estava sendo assassinado (como que determinando precisamente os eventos que aconteciam em ambos os locais) subiu no alto de uma rocha em Éfeso (ou possivelmente em outro lugar) e, tendo reunido a população, proferiu estas palavras: "Bom, Stéfano! Bravo, Stéfano! Fere o desgraçado sanguinário! Atingiste, feriste, mataste." Isso é o que realmente aconteceu, embora eu duvide dez mil vezes (*História Romana*, LXVII, 18).

Dião Cássio também menciona negativamente as práticas religiosas do imperador Caracala ligadas a Apolônio de Tiana.

> Sua afeição a magos (μάγοις – *magois*) e feiticeiros (γόησιν – *goesin*) era tão grande que ele elogiou e honrou a Apolônio da Capadócia, que viveu na época de Domiciano e foi julgado como mago e feiticei-

7 Sobre o cabelo comprido de Apolônio: *VA*, I, 8, 32; VIII, 7.2, 7.5. Sobre sua sabedoria: *VA*, I, 2, 29, 38, 40; II, 41; III, 6, 12, 16, 17, 23, 38; IV, 10, 40; VII, 11, 14; VIII, 7.1, 7.11. Sobre seu caráter divino: *VA*, I, 2, 21; II, 17, 29, 41; III, 16, 25, 28; IV, 10, 20, 45; V, 12; VI, 39, 43; VII, 38, 41; VIII, 13, 15, 23, 26.

> ro. A este ele ergueu um templo (*História Romana*, LXXVIII, 18, 4).

Tais passagens de Dião Cássio são bem significativas para percebermos que, mesmo na época em que Filóstrato viveu e escreveu sobre Apolônio, havia uma imagem negativa deste personagem, como o próprio autor nos indica (*VA*, I, 2), e que ele buscou reverter. Dião sublinha o aspecto negativo de Apolônio ao escolher citar que ele viveu sob Domiciano. Entre todos os imperadores que governaram enquanto Apolônio estava vivo, Domiciano foi justamente o imperador que o acusou de práticas mágicas, segundo Filóstrato (*VA*, livros VII e VIII). Também pela análise das passagens de Luciano podemos perceber que havia uma imagem negativa de Apolônio na tradição.

Neste momento perguntamos: não seria arriscado para Filóstrato escrever sobre um personagem com imagem negativa em sua época? E nossa resposta é não, desde que o biógrafo selecionasse o que dizer, coisa que ele fez ao ressaltar, exagerar e até criar características positivas de Apolônio, legitimando sua escrita ao mencionar que havia sido encomendada pela imperatriz Júlia Domna (*VA*, I, 3), o que pode ser real ou não, mas que – de fato – legitimava a obra.

Voltando às menções a Apolônio na documentação, em autores posteriores a Filóstrato temos referências a este personagem em vários escritos, entre os quais: Orígines, *Contra Celso*, VI, 41; *História Augusta* (Vida de Alexandre Severo, 29, 2 e Vida de Aureliano, 24) e Eusébio de Cesareia, *Resposta a Hierocles*. Nesta última obra, Hierocles é criticado pelo autor, que no texto *Amante da Verdade* – desconhecido atualmente – compara Apolônio de Tiana a Jesus Cristo.[8]

---

8 Christopher Jones, em *Testimonia* (2006), cataloga, no volume III da *VA* publicado pela Harvard University Press (Loeb Classical Library), uma série

Além dessas referências, não devemos deixar de mencionar a tradição de cartas atribuídas a Apolônio que, segundo Filóstrato, foi utilizada por ele na escrita da *VA*, sendo o uso destas cartas citado em passagens da biografia, assim como algumas delas.

> Tenho recolhido informações, em parte de cidades que o amavam, em parte de templos que se viram restaurados por ele quando seus ritos já haviam caído em desuso, em parte do que disseram outros acerca dele, e, em parte de suas cartas. Ele manteve correspondência com reis, sofistas, filósofos, eleos, délficos, indianos, egípcios, sobre os deuses, os costumes, os princípios morais e as leis, e, em suas cartas arrumava aquilo em que erravam (*VA*, I, 2).

---

de menções a Apolônio de Tiana em grego e latim, de autores posteriores a Filóstrato, como todos os acima citados, além de: citação no léxico bizântino *Suda*, Porfírio, Jâmblico, um autor anônimo conhecido como Peregrino de Bourdeaux, Arnóbio, Lactâncio, Libânio, Temístio, Amiano Marcelino, Jerônimo, Agostinho, Flávio Marcelino, Pseudo-Ambrósio, Eunápio, Sinésio, Nilo, Cirilo, Isidoro, Pseudo-Nono, Basílio, Pseudo-Justino, Macário e Sidônio. Dzielska (1986, p. 75) observa que Apolônio é citado como γόης - *goes* (praticante de magia no sentido negativo entre gregos e romanos) em uma homilia de João Crisóstomo. Em relação à cultura material, referências a Apolônio aparecem em uma inscrição honorífica de Mopsouhestia (atual Adana, na Turquia) e em um papiro mágico grego. Há também menções de talismãs atribuídos a Apolônio em Pseudo-Justino, autor do século IV, e em outros autores da Antiguidade Tardia e da Idade Média (DZIELSKA, 1986, p. 107-108). Ainda temos descrições, feitas por cronistas bizantinos, de monumentos dedicados a ele com poderes apotropaicos, erguidos em Bizâncio (CORNELLI, 2001, p. 65).

> De que foi realmente a Císia deixou testemunho no que escreveu ao sofista de Clazómenas, pois era tão nobre e generoso que, quando viu os erétrios se lembrou do sofista e lhe comunicou por escrito o que viu e o que fez entre estes. Ele lhe pede, ao longo de toda a carta, que tenha piedade dos erétrios e que se ocupe deles em um discurso, não se recusando a chorar por eles (*VA*, I, 23).

Embora a origem dessas cartas seja bastante controversa, elas podem ter sido lidas na época de escrita da *VA*, criando aspectos de memória em torno do personagem. Ainda teríamos uma obra de Máximo de Egas (*VA*, I, 3) e tradições locais sobre Apolônio, citadas como documentos usados por Filóstrato, como lemos na primeira passagem da *VA* citada acima (*VA*, I, 2).

Portanto, tendo em vista a existência real de uma memória em torno de Apolônio anterior ao trabalho de Filóstrato, não podemos considerar o caráter simplesmente inventivo da *VA*.

Para nós, diante desses elementos apresentados, Filóstrato não poderia desconsiderar a memória e mesmo a provável existência de um culto a Apolônio e criar um personagem totalmente fantasioso, fruto unicamente de sua imaginação e talento literário.[9] Além disso, devemos considerar a reputação do autor, um famoso sofista, membro de um grupo de intelectuais próximos da imperatriz Júlia Domna. No entanto, como podemos perceber, essa tradição, pelo menos a julgar pelo que chegou até nós, não era

9 O culto em torno de Apolônio é citado por Filóstrato em relação às cidades que o amavam (*VA*, I, 2), em relação ao erguimento de um templo dedicado a ele (*VA*, I, 5) e estátuas em sua honra em templos em Tiana (VIII, 30). Dião Cássio (*História Romana*, LXXVIII, 18, 4) informa que Caracala acendia incensos a Apolônio e em viagem a Tiana mandou erguer um templo

muito grande, o que deixou margem para os exageros e aspectos ficcionais. Um exagero, em nossa leitura, estaria nesta passagem, na qual Apolônio discursa em várias cidades e recebe o reconhecimento de toda a Grécia. Tal caracterização do tianeu nos causa estranhamento sobre como um personagem tão conhecido, como é o Apolônio mostrado por Filóstrato, possa não encontrar eco parecido em outros documentos que chegaram até nós:

> Um rumor imediato e insistente se estende pelo mundo grego, que nosso homem estava vivo e havia chegado a Olímpia [...] Mas quando se confirmou sua chegada a Grécia, todos se reuniram para vê-lo, como nunca havia acontecido antes, nem em uma olímpiada [...] os mais distintos dos atenienses se reuniam no templo e a juventude de toda a terra, que se reunia em Atenas, se encontrava também em Olímpia. Vinham, ainda, alguns de Mégara e muitos beócios, gente de Argos, Fócide e da Tessália, e eram os mais distintos entre eles (*VA*, VIII, 15).

Sendo assim, mesmo diante de um fundo de historicidade sobre o personagem, devemos notar que Filóstrato foi bastante parcial em alguns elementos - exagera para fazer com que seu Apolônio receba o reconhecimento que pretende: seleciona o que queria dizer sobre seu personagem, exclui as referências negativas e usa apenas as positivas, conforme suas pretensões de transformar seu Apolônio em um herói. O próprio Filóstrato

a ele, provavelmente o templo citado por Filóstrato. Na Vida de Alexandre Severo (29, 2), o escritor da *História Augusta* menciona que este imperador tinha um altar em honra a Cristo, Apolônio de Tiana, Abraão e Orfeu, o que comentaremos ainda neste capítulo.

nos mostra que selecionou o que dizer ao não usar o livro de Moeragenes sobre Apolônio por neste faltarem elementos a respeito do biografado:[10] "A Moeragenes sem dúvida não iremos recorrer, pois mesmo tendo escrito quatro livros sobre Apolônio ignorou muitas coisas sobre nosso homem" (*VA*, I, 3).

Há estudiosos, como Pajares (1979, p. 18), Flinterman (1995, p. 69) e Swain (2003, p. 384), que acreditam que o livro de Moeragenes trazia elementos negativos sobre a imagem de Apolônio e que por essa razão foi rejeitado por Filóstrato, ideia com que concordamos, já que percebemos que nosso sofista nega a veracidade de testemunhos que mostram seu Apolônio em situações negativas, como podemos ler:[11]

> Estas preliminares de sua defesa, que aconteceram em um lugar privado ante Domiciano, nos descreveu Damis desta maneira, mas divulgaram uma versão maliciosa na qual dizem que ele se defendeu primeiro e foi preso depois, quando rasparam seu cabelo. Também inventaram uma carta, escrita em jônio e entediante por sua prolixidade, e nela pretenderam que Apolônio suplicou a Domiciano, pedindo que ele lhe livrasse das ataduras (*VA*, VII, 35).

Filóstrato rejeita a informação de que Apolônio tenha se envolvido amorosamente com a mãe do sofista Alexandre Peloplatão,

10 O livro de Moeragenes sobre Apolônio é desconhecido atualmente.

11 A hipótese destes estudiosos sobre os aspectos negativos em torno de Apolônio tratados por Moeragenes se baseia na informação dada por Orígenes, escritor cristão do século III, de que esta obra apresentava aspectos sobre a magia, característica que, como vimos, é rebatida em seus elementos negativos por Filóstrato para seu biografado.

negando tal envolvimento na obra *Vidas dos Sofistas* em meio à biografia de Alexandre (*VS*, II, 570).

O que podemos perceber aqui é que novamente Filóstrato selecionou o que dizer sobre Apolônio na *VA*, para que nada entrasse em conflito com o tipo heroico que desejava construir, criando a "ilusão biográfica" da coerência de uma vida, apontada por Bourdieu como comum nas biografias.

Mas não podemos deixar de notar que há muitos elementos de ficção em toda a obra, como o encontro de Apolônio com Aquiles (*VA*, IV, 16), que poderia ser fruto de lendas em torno do biografado ou mesmo uma criação filostratiana. Há ainda um *topos* literário muito comum aos textos da Antiguidade, a descrição de Nero e Domiciano como maus imperadores.[12] Além disso, a longa extensão do livro era incomum nas biografias antigas. Como já observou Bowie (1994, p.187), há ainda a divisão da obra em oito livros, mais comum aos romances greco-romanos do que às biografias daquele tempo.

Embora Gabriele Cornelli (2001, p. 07) discorde de que falta na *VA* um elemento muito comum aos romances ficcionais da Antiguidade Clássica - as intrigas eróticas -, Anderson (1986, p. 230) cita que, mesmo Apolônio levando um estilo de vida ascético, elementos eróticos não deixam de estar presentes na *VA*, com o que concordamos. Na realidade, Filóstrato não privou seus leitores, acostumados com essa temática literária, como podemos ler na passagem sobre as investidas sexuais do governador da Cilícia a Apolônio (*VA*, I, 12), na discussão sobre a entrada dos eunucos

12 A imagem negativa de Nero é citada em: *VA*, IV, 35, 36, 44 e V, 7, 10, 28. Sobre Domiciano representado como mau imperador: *VA*, VI, 32, 42; VII, 4-9, 42 e VIII, 25.

nos gineceus e quando Apolônio relata para Damis a história do eunuco apaixonado (*VA*, I, 36). Vejamos uma das passagens:

> – E o que podias me pedir? Pergunta Apolônio ao governador.
> – O que deve ser pedido aos jovens bonitos, respondeu.
> – Pedimos-lhes que nos deixem participar de sua formosura e não nos neguem sua beleza juvenil.
> O governador disse isso voluptuoso, com o olhar lacrimejante e com intenção própria das pessoas lascivas e infames como ele. Mas Apolônio, olhando-o de lado, disse:
> – Estás louco, imundo (*VA*, I, 12).

Cornelli (2001, p. 54) também acredita que não há na *VA* a renúncia consciente a qualquer outra intencionalidade por parte de Filóstrato que não seja a diversão, o que caracterizaria a *VA* como um romance. No entanto, devemos discordar desse autor, pois não acreditamos que os textos de ficção na Antiguidade Clássica tivessem a intenção de apenas divertir seus leitores. Como exemplo disso podemos citar um famoso texto literário do Principado Romano, as *Metamorfoses*, de Apuleio. Ao analisarmos esse romance percebemos que Apuleio defende aspectos da religiosidade de que era adepto pela descrição do caráter redentor do culto da deusa Ísis, além de poder ser uma espécie de resposta à acusação de magia que Apuleio sofreu anos antes, narrada em outra obra de sua autoria, o discurso *Apologia*.[13]

---

13 Esta e outras discussões em torno de Apuleio, especialmente sobre sua acusação de praticante de magia e a obra *Apologia*, foram analisadas em nossa Dissertação de Mestrado, publicada como livro: SILVA, S. C. *Magia e*

Voltando aos elementos de ficção presentes na *VA*, outro ponto que nos indicaria as invenções de Filóstrato são os erros cronológicos cometidos em alguns momentos da obra. Como já observou Anderson (1986, p. 178-179), há um possível erro, que preferimos chamar de recurso literário, no encontro de Apolônio com o imperador Vespasiano em 69, em Alexandria (*VA*, V, 27). Tal encontro não é mencionado por Tácito e Suetônio quando estes escritores narram, em suas obras, a estadia desse imperador em Alexandria. Anderson (1986, p. 179) também atenta para a passagem que desenvolve a estadia de Apolônio na Bética em 68, ocupado em discutir a revolta de Vindex, enquanto Nero estava em viagem para a Grécia.[14] No entanto, nessa ocasião Nero já estava de volta a Roma. Anderson (1996, p. 179), porém, em seu afã de mostrar que o livro de Damis de fato existiu, acredita que os erros estão em Damis, o testemunho ocular cujo diário Filóstrato diz usar, e não na obra de nosso sofista, tendo sido reproduzido pelo sofista a partir do que leu em Damis, do que discordamos.

O motivo de discordarmos de Anderson e vermos os equívocos de datas ligados à ideia das criações literárias do sofista está no fato de Filóstrato mostrar Apolônio sendo consultado por Vespasiano, como na passagem que Anderson afirma estar em desacordo com outros documentos. Pensamos que era interessante, para os objetivos que acreditamos ter Filóstrato, projetar-se em seu personagem como um bom conselheiro imperial.

Poder no Império Romano. A *Apologia* de Apuleio. São Paulo: Annablume/FAPESP, 2012.

14 A revolta de Vindex foi uma insurreição contra o poder romano na Gália durante o governo de Nero (BRUNT, 1959, p. 531). Júlio Vindex foi governador da Gália Lugdunense e o primeiro governador a se rebelar contra Nero (JONES, 2005, p. 19).

Assim também estaria a importância em mostrar Apolônio discutindo sobre os caminhos e descaminhos da revolta de Vindex. Para nós, era tão importante Filóstrato se concentrar em mostrar Apolônio como homem capaz de pensar na solução de conflitos dentro do Império Romano que o local onde estava Nero neste momento acaba sendo algo de menor importância para o autor, deixando passar o erro cronológico. Além disso, diferentemente de Anderson (1986), não aceitamos a existência real do livro de memórias de Damis, pois acreditamos que este livro era também uma forma de Filóstrato dar credibilidade à sua obra.

A historicidade dos relatos da Vida de Apolônio de Tiana

A historicidade das viagens de Apolônio também incomodou alguns estudiosos. Assim, Gascó (1985) se interrogou sobre quanto haveria de invenção na estadia de Apolônio na província da Bética, descrita por Filóstrato no Livro V da *VA*. Gascó chega à conclusão de que havia coisas que poderiam despertar o interesse de um pitagórico como Apolônio naquela região. No entanto, esse historiador percebe um esforço de Filóstrato durante a narrativa em mostrar elementos que convençam o leitor de que a viagem foi real.

Na mesma linha de interpretação segue Flinterman (1995, p. 86), analisando que a viagem de Apolônio à Índia pode ter acontecido sabendo-se da interação existente entre pitagóricos, o tianeu e o hinduísmo.

De forma diferente, Jas Elsner (1997) exclui totalmente a possibilidade de as viagens terem acontecido e diz que são um *topos* retórico da Segunda Sofística, pois as viagens de Apolônio refletem os lugares canônicos da retórica geográfica da época: Índia, Babilônia, Ásia Menor, Atenas, Esparta, Roma, Gades, Líbia e Egito.

Em um estudo minucioso, Dzielska (1986) considera que o Apolônio histórico realizou suas atividades apenas em poucas cidades da Ásia Menor, especialmente em Éfeso, Egeia, Tiana e Antioquia. Para essa historiadora, Apolônio jamais esteve na Índia, na região da Pérsia ou na Bética e ele não podia ser tão conhecido nas vastidões de todo o Império. A documentação material referente a Apolônio - amuletos, epigrafia e citações em outros textos literários - aparece apenas em poucas referências relacionadas ao oriente grego do Império Romano. Assim, Dzielska considera que o Apolônio histórico não era tão conhecido como mostra Filóstrato, não esteve com imperadores e nem foi processado por Domiciano. Para Dzielska, as viagens de Apolônio são criações de Filóstrato a fim de mostrar o caráter universal de sua sabedoria, salvaguardando-o, assim, de uma imagem ligada às práticas mágicas negativas.

Para nós, possivelmente nem todas as viagens de Apolônio são invenções filostratianas, até mesmo porque elas estão nas cartas de Apolônio de certa forma, ou seja, fazem parte de uma tradição paralela à obra de Filóstrato. Concordamos com os autores que creem na possibilidade da real existência de Apolônio como viajante e acreditamos também que algumas das viagens podem ter sido reais, mas parte considerável delas, possíveis criações do autor, conforme seus interesses em mostrar a importância de determinadas regiões em relação ao Império Romano. Talvez Filóstrato intentou mostrar quais seriam as relações político-culturais que um personagem como Apolônio poderia ter desempenhado nestas regiões. Assim, concordamos com Dzielska (1986) em que Filóstrato transforma Apolônio em um viajante em perspectiva imperial, tendo sido talvez as viagens do Apolônio histórico reduzidas às cidades da Ásia Menor. Apolônio não é citado por nenhum de seus contemporâneos, o que faz com que Dzielska (1986) acredite ainda mais na redução de suas atividades apenas a uma parte do Oriente greco-romano. Realmente, causa-nos estranheza um renomado sábio que viaja por todo o Império e até fora dele, que aconselha imperadores e se relaciona com diversos monarcas e governantes, como mostra Filóstrato, não ser citado em nenhum documento de sua época que tenha chegado até nós, o que não poderia acontecer mesmo tendo sido perdida parte considerável da documentação antiga. Por isso não podemos deixar de desconfiar da historicidade do Apolônio filostratiano.

O próprio narrador menciona que já esteve em um dos locais que Apolônio visitara:

> Saltaram, portanto, do barco e ele topou com o túmulo, encontrou uma estátua enterrada junto ao local. Estava escrito na estátua: *Ao divino Palamedes*. Assim colocada no local, como eu também o vi [...]" (*VA*, IV, 13).

Esta citação busca, provavelmente, convencer o leitor da realidade dessa viagem de Apolônio, o que para nós soa muito mais como uma demonstração dos conhecimentos e interesses de Filóstrato, que ajudaram na criação de grande parte das viagens. Lembremos que Filóstrato comenta também sobre o túmulo de Palamedes em sua obra *Heroicos* (33), o que mostra que essa viagem de Apolônio a Lesbos, ilha grega onde ficava o túmulo, pode ser mais uma criação – fruto dos conhecimentos e temas que interessavam ao autor – do que uma viagem que tenha na realidade acontecido.

Filóstrato também nos faz desconfiar da realidade das viagens de Apolônio quando menciona as palavras do protagonista aos seus discípulos: "Por outro lado, após haver percorrido tantas terras, como nunca homem algum, vi numerosas feras, árabes e indianas [...]" (*VA*, IV, 38). Essa frase nos parece exagerada, pois nela o autor coloca seu protagonista como o maior viajante do mundo de então, o que causa dúvidas e corrobora as hipóteses anteriormente explanadas sobre criação de parte considerável das viagens do tianeu.

Além disso, mesmo que as viagens tivessem mesmo acontecido como descritas na *VA*, para nós há um exagero ficcional por parte do autor que pode ser percebido, especialmente, na riqueza de detalhes de todos os diálogos de Apolônio, impossíveis de serem tão minuciosos ainda que acreditássemos na realidade de Damis enquanto testemunha ocular das viagens, como lemos neste diálogo, por exemplo, situado na obra antes de Damis conhecer Apolônio:

> Quando um desses amigos de discussões sutis lhe perguntou por que não formulava questões, repudiou:
> – Porque quando eu era jovem formulava questões, mas agora não tenho que fazê-las, e sim ensinar o que descobri.
> – Como então, Apolônio, deve dialogar o sábio? O outro lhe perguntou de novo.
> – Como um legislador, respondeu, pois é obrigação do legislador converter aquilo de que está convencido em preceitos para as pessoas (*VA*, I, 17).

Para nós, os diálogos em textos de natureza biográfica são recursos literários para que estas obras se tornem mais verossímeis.

Assim também ocorreria com os detalhes geográficos e etnográficos das regiões e dos povos que Apolônio encontra em suas viagens, possivelmente fruto do conhecimento do autor e até de um *topos* literário, como observou Anderson (1996, p. 129), especialmente nas descrições de indianos e etíopes. Um pouco dos conhecimentos geográficos e etnográficos de Filóstrato pode ser visto nestas passagens selecionadas por nós:

A Mesopotâmia se configura do Eufrates ao Tigre, que fluem desde a Armênia e das colinas do Tauro, abraçando uma zona continental na qual há cidades, mas mais aldeias. Suas tribos, da Armênia até a Arábia, onde acabam os rios, são, na maioria, nômades. Estão tão convencidos de que são ilhas, que afirmam que chegam ao mar quando caminham pelos rios e consideram os rios como limite da terra. Após circundar o citado continente, desembocam no mesmo mar. Há quem diga que a maior parte do Eufrates se oculta em um pântano e que o rio termina na terra. Mas alguns sustentam uma opinião mais audaciosa ao afirmar que, correndo até a terra, reaparece no Egito e se mescla com o Nilo (*VA*, I, 20).

E assim Apolônio, com o Ganges à direita e o Hífasis à esquerda, desceu até o mar, após uma jornada de dez dias desde a colina sagrada. Em sua caminhada apareceram ante seus olhos muitos avestruzes, muitos touros selvagens, muitos asnos, leões, panteras e tigres, assim como uma espécie de macaco diferente dos de pimenta, pois eram negros, de pelo espesso, com expressões caninas e parecidos com homens pequenos.

Conversando sobre o que iam vendo, como de costume, chegaram junto ao mar, onde havia pequenas construções e se encontravam ancoradas ante elas barcos de carga semelhante a tirrenas. Dizem que o Mar Vermelho era muito azul e que se chama assim por causa do rei Eritras, que deu nome a esse mar (*VA*, III, 50).

Porém, acreditamos que toda essa riqueza de detalhes geográficos e etnográficos têm um propósito por parte de Filóstrato, que seria o de lançar seu personagem, uma projeção de seu grupo de sofistas, como alguém capaz de estar próximo de imperadores e resolver diferentes tipos de problemas como conselheiro imperial ou ocupante de cargos político-administrativos nas cidades do Oriente imperial.

Devemos ressaltar que o narrador desta obra é o próprio Filóstrato, e isto fica muito claro em várias passagens do texto, tais como *VA*, III, 45; IV, 19, 25, 45; V, 1; VIII, 29. Ao se inserir diretamente na obra, algumas passagens misturam claramente conhecimentos do autor/narrador à descrição da vida de Apolônio e de suas viagens, como na longa passagem em que Apolônio conta a Damis sobre os elefantes da Índia, misturando seus conhecimentos sobre animais com conhecimentos sobre os feitos de Alexandre, o Grande, e também sobre governantes como Juba, rei da Numídia (*VA*, II, 12-17). Podemos duvidar que uma passagem longa como esta e cheia de detalhes estivesse no livro de memórias de Damis, o que o configuraria um ótimo tratado histórico e etnográfico, muito mais do que um diário.

No entanto, devemos ter claro que sendo as viagens de Apolônio invenções ou não de Filóstrato, o fato de o sofista tê-las narrado já mostraria seu interesse por elas no momento histórico em que vivia. Em nosso modo de entender, a possibilidade de as viagens serem reais, e não criações do autor, não faz para nós a escrita da *VA* menos ligada aos interesses de Filóstrato.

Além disso, possíveis elementos ficcionais e as intervenções de Filóstrato no texto não descaracterizam a *VA* como de natureza biográfica, pois, como mostra Arnaldo Mommigliano (1986, p. 128), fato e ficção eram mesclados livremente nas biografias antigas. A biografia antiga e a história eram duas categorias diferentes, adotavam regimes de verdade diferenciados, e a preocupação fundamental dos biógrafos era destacar o caráter do biografado em tom laudatório, em que se construía a partir dele um modelo paradigmático a ser seguido ou a ser negado. O caráter ficcional das biografias é sempre tão latente para os estudiosos que François Dosse (2009, p. 55) chega a chamá-las de *gênero impuro*, não se incomodando com o quanto pode haver de ficção nelas. Não chamaríamos as biografias de gênero impuro como Dosse, pois percebemos que há uma peculiaridade no gênero que é justamente ter elementos de diferentes estilos literários. No entanto, parece-nos que Filóstrato exagera estes elementos ficcionais em determinadas partes do livro, e, por termos como hipótese que grande parte das viagens de Apolônio são criações de Filóstrato, preferimos perceber a *VA* como dotada de um gênero híbrido. Portanto, consideramos a *VA* uma obra de natureza biográfica com elementos exagerados de ficção.

*A **Vida de Apolônio de Tiana** como uma hagiografia*

Há ainda uma discussão sobre a *VA* enquanto uma hagiografia. Como sabemos, as hagiografias, muito comuns na Antiguidade Tardia e Idade Média, eram relatos de vida de homens com caráter sagrado. Seu surgimento acompanha o desenvolvimento do cristianismo e, de acordo com Dosse (2009, p. 140), os primeiros textos com características hagiográficas remontam ao século II com os relatos de vidas dos mártires cristãos.

As teses em que se buscou ler a *VA* como uma hagiografia se apoiaram fundamentalmente em comparar Apolônio de Tiana a Jesus Cristo e à imagem deste trazida pelos Evangelhos, analisando ambos os personagens como homens divinos (θεῖος ἀνήρ – *theios aner*). Em relação às comparações de Apolônio e Jesus Cristo, temos desde especulações mais antigas, como a de Eduard Norden (1923, Apud UYTFANGHE, 2009), até textos mais recentes como os de Boulogne (1999), Cornelli (2001) e Uytfanghe (2009).

Sem entrar propriamente no debate comparativo entre os dois personagens, mas fazendo uma relação de Paganismo *versus* Cristianismo, Patrícia Cox (1983, p. XIV) indica que a *VA* mostra traços de hagiografia como a *Vida de Pitágoras* e a *Vida de Plotino*, de Porfírio, e a *Vida de Orígenes*, de Eusébio. Para Cox, nos séculos

III e IV, quando as escolas filosóficas pagãs e o cristianismo competem por reconhecimento e para serem guardiões do Império, os biógrafos assumem a característica de criar hagiografias de culto que, no entanto, ainda não recebem esta denominação; eram relatos de vida de filósofos divinos em que interagiam elementos de fantasia e realidade. Ainda segundo Cox (1983, p. 54), "Esse tipo de biografia [de filósofos divinos] deve ser tratada como um estágio na história da biografia greco-romana, partilhando certas características do gênero e também contendo marcas como uma única parte da tradição biográfica."

Em que pesem as considerações de Cox, acreditamos que não cabe aqui entrar em uma discussão sobre as ações de Apolônio em comparação a Jesus Cristo ou do cristianismo em relação ao paganismo no contexto de escrita da obra em questão. Além disso, consideramos o raciocínio de Cox típico das análises anteriores a posições mais atuais, que seguimos, as quais se preocupam com o papel das confluências culturais e com as diversidades no Império Romano. Preferimos, por isso, excluir a ideia de "paganismos *versus* cristianismo" em nossa análise da documentação. No entanto, devemos nos posicionar diante do debate sobre a *VA* como hagiografia e, nesse sentido, acreditamos que ela pode, sim, prenunciar aspectos de um novo gênero literário, ou melhor, de uma nova forma de escrever biografias, que mais tarde serão as biografias de santos, as hagiografias. Tais aspectos estariam na divinização de Apolônio, criando-se um herói helenizado de natureza sobrenatural que, porém, é relido em épocas posteriores, com novos referenciais culturais, como um santo não cristão. Todavia não devemos considerar a *VA* propriamente uma hagiografia, pois esse estilo literário não nos parece muito claro na época de seu autor, que pretende fazer uma biografia e, como vimos, encaixa sua narrativa dentro dos principais aspectos deste gênero clássico.

Também concordamos com Uytfanghe (2009) em que, mesmo havendo elementos na *VA* que possam lembrar certos aspectos de Jesus dos Evangelhos, estes estão muito dispersos na obra, que é muito longa. Esse autor também nos informa que as verdadeiras *bios* hagiográficas são posteriores à *VA*, dos séculos IV e V; o que há na obra de Filóstrato é uma biografia com elementos hagiográficos, especialmente pelo fato de o autor não mostrar nenhum erro do biografado, tentando inclusive esconder coisas que possam manchar sua reputação, como a negação de seu caráter enquanto um *goes* (*VA*, I, 3). Mas para nós a *VA* deve ser lida dentro do universo mental de seu autor, de sua época e de seu entorno literário, que era muito mais próximo das ambições que configuraram a Segunda Sofística do que do cristianismo no Império Romano.

A Vida de Apolônio de Tiana como uma aretologia

Outro termo que é ligado ao estudo do gênero da *VA* por alguns estudiosos é aretologia (ἀρεταλογία – *aretalogia*). Segundo Cornelli (2001, p. 75), são aretologia os textos que contam os favores divinos, um "relato formal da carreira marcante de um mestre impressionante que foi usado como base de instrução moral". Cox (1983, p. 46) complementa que muitos estudos se voltaram para as biografias de filósofos divinos na busca de um gênero que teria dado forma e conteúdo aos Evangelhos, que seriam as histórias de homens com capacidade de produzir milagres. A partir destes estudos, Cox (1983, p 48) nos informa que Moses Hadas confirma na *VA* características de uma aretologia. Cornelli (2001, p. 75 e 81) concorda em classificar a *VA* como aretologia, por perceber a existência de milagres (que este estudioso define pelo termo grego ἀρεταί – *aretai*) operados por Apolônio, e defende que as aretologias não são um gênero literário propriamente, assim como que a *VA* não se encaixa em nenhum padrão definido nem em gênero fixo algum.

Já Cox (1983, p. 47) acredita que não devemos definir as biografias dos filósofos divinos como aretologias, pois não há na documentação antiga sugestão deste conceito para a classificação dos escritos sobre a vida de homens divinos em estrutura literária. Aretologia, segundo Cox, é um catálogo de virtudes, e o termo foi ampliado para definir a vida de homens divinos. Neste sentido concordamos com Cox. Portanto, preferimos não classificar a *VA* como aretologia e percebemos os estudos que a analisam desta forma, como a tese de Cornelli, voltados para a comparação dela com os Evangelhos, concluindo sobre a existência de elementos em comum entre estes textos.

Considerações Finais

Por fim, para concluir este texto diante do que foi exposto, consideramos que a *VA* tem uma natureza biográfica; que apresenta elementos fundamentais das biografias antigas, como um fundo histórico e a própria mistura de relatos da história de vida do personagem com elementos de ficção. No entanto, há criações intencionais do autor que chegam a acentuar o que pode caracterizar a ficção própria das biografias, como a possível invenção das viagens de Apolônio para regiões fora da Grécia e do Oriente imperial. Assim, vemos mesclar nessa obra elementos variados que mostram aspectos próprios dos estilos literários que Filóstrato desenvolveu em seu *corpus* documental, caracterizados, portanto, em outras obras de sua autoria, como o biográfico, na obra *Vidas dos Sofistas* e no romance *Heroicos*. Além disso, ela prenuncia elementos hagiográficos e traz, certamente, as intenções, as seleções, o universo cultural e os aspectos ideológicos de seu biógrafo projetados em características de seu biografado.

Portanto, acreditamos que podemos chamar a *VA* de biografia, mas devemos estar atentos ao hibridismo como característica de sua escrita.

Fontes

APOLLONIUS OF TYANA. Letters of Apollonius. In: PHILOSTRATUS. *The Life of Apollonius of Tyana.* Editado e traduzido por Christopher P. Jones. Cambridge/Masssachusetts/ London: Harvard University Press, vol. 3. p. 10-79. 2006.

APULEYO. *Apologia:* Flórida. Tradução, introdução e notas de Santiago Segura Munguía. Madrid: Gredos, 1980.

CASSIUS DIO. *Dio's Roman History.* Traduzido por Earnest Cony. London/Harvard William Heinemann, Harvard University Press, [19--]. Indica século provável

EUNAPIUS. The Lives of the Philosophers and Sophists. In: PHILOSTRATUS, EUNAPIUS. *The lives of the sophists.* Tradução de Wilmer Cave Wright. London/ New York: William Heinemann: J. P. Putnams's sons, p. 319-342, 1922.

FILÓSTRATO, F. *Vida de los sofistas.* Traduções do grego e notas por Antonio Sanz Romanillos, José Ortiz y Sanz y José M. Riaño; prólogo general por Juan Martín Ruiz-Werner; preámbulos parciales por F. de P. Samaranch y J.M. Riaño. In: AUTOR. Biógrafos griegos. Madrid: Aguilar, 1973.

FILÓSTRATO, F. *Vida de Apolônio de Tiana.* Tradução, introdução e notas de Alberto Bernabé Pajares. Madrid: Editorial Gredos, 1979. não começar folha com un derline

______. *Heroico, Gimnastico, Descripciones de Cuadros, Cartas.* Introducción de Carles Miralles. Tradução e notas de Francesca Mestre. Madrid: Gredos, 1996.

______. *Vidas de los Sofistas.* Introdução, tradução e notas de María Concepción Giner Soria. Madrid: Gredos, 1982.

LUCIANO. Alejandro o el falso profeta. In: LUCIANO. *Obras.* Vol. II. Tradução. Madrid: Gredos, p. 392-426, 1988.

PHILOSTRATUS. *The Lettres of Alciphron, Aelian and Philostratus.* Editado e traduzido por Cristopher P. Jones. Cambridge/London: Harvard University Press, William Heinemann Ltd., 1947.

______. *The Life of Apollonius of Tyana.* Vol. I. Editado e traduzido por Cristopher P. Jones. Cambridge/Masssachusetts/London: Harvard University Press, 2005.

______. *The Life of Apollonius of Tyana.* Vol. II. Editado e traduzido por Cristopher P. Jones. Cambridge/Masssachusetts/London: Harvard University Press, 2005.

______. Nero. In: LUCIANO. *Volume VIII.* Tradução de M. D. Macleod. Cambridge: Harvard University Press, p. 509-521, 1993.

SCRIPTORES. Elegabalus, Severus Alexander, The deified Aurelian. In: ___. *The Historia Augusta.* Tradução de David Magie. Loeb Classical Library edition. Disponível em: http://penelope.uchicago.edu/Thayer/E/Roman/Texts/Historia_Augusta/home.html. Acesso em: 04/03/2013.

TESTIMONIA. In: PHILOSTRATUS. *The Life of Apollonius of Tyana.* Vol. III. Edited and Translated by Christopher P. Jones. Cambridge/Masssachusetts/London: Harvard University Press, p. 81-143, 2006.

Referências Bibliográficas

ANDERSON, G. *Philostratus:* Biography and Belles-Lettres in the Third Century A.D. London/Dover: New Hampishire, 1986.

GROSSO, F. La Vita di Apollonio di Tiana come fonte storica. *ACME*, 7, p. 333-352, 1954.

BOURDIEU, P. A ilusão biográfica. In: ___. *Razões Práticas.* Sobre a teoria da ação. Campinas: Papirus, p. 74-82, 1996.

BOULOGNE, J. Apollonios de Tyane. Le mythe avorté d'une sagesse totale, *Bulletin de L'association Guillaume Budé*, octobre, p. 300-310, 1999.

BOWIE, E. L., Apollonius of Tyana: Tradition and Reality, *Aufstieg Und Niedergang Der Römischen Welt*, Berlim, II.16.2, p. 1652-1699, 1978.

______. Philostratus: writer of fiction. In: MORGAN, J. R. STONEMAN, R. *Greec Fiction*: the novel in context. London: Routledge, p. 181-199, 1994.

CORNELLI, G. *Sábios, Filósofos, Profetas ou Magos?* Equivocidade na recepção das figuras de θεῖοι ἄνδρες na literatura helenística: a magia incomoda de Apolônio de Tiana e Jesus de Nazaré. Tese de Doutorado apresentada na Universidade Metodista de São Paulo, 2001.

COX, P. *Biography in Late Antiquity.* A quest of holy man. Berkeley/ Los Angeles/London: University of California Press, 1983.

DZIELSKA, M. *Apollonius of Tyana in legend and history.* Problemi e ricerche di Storia Ântica. Roma: L'Erma di Bretschneider, 1986.

DOSSE, F. A Idade Heróica. In: ___. *O desafio biográfico.* São Paulo: Edusp, p. 123-193, 2009.

ELSNER, J. Hagiographic geographic: travel and allegory in the Life of Apollonius of Tyana. *Journal of Hellenic Studies*, CXVII, p. 22-37, 1997.

FLINTERMAN, J. J. *Power, Paideia & Pythagoreanism:* Greek identity, conceptions of the relationships between philosophers and monarchs and political ideas in Philostratus' Life of Apollonius. Amsterdam: J. C. Gieben, 1995.

FRANCIS, J. A. Truthful Fiction: New Questions to Old Answers on Philostratus's Life of Apollonius. *American Journal of Philology*, 119, p. 419-441, 1998.

GASCÓ, F. El viaje de Apolônio de Tiana a la Bética (siglo I d.C.). *Revista de Estudios Andaluces*, n. 04, p. 13-22, 1985.

______. Magia, religión o filosofia, una comparación entre el *Philopseudes* de Luciano y la *Vida de Apolônio de Tiana*. *Habis*, 17, p. 271-281, 1986.

HÄAG, T.; ROUSSEAU, P. Introduction. Biography and Panegyric. In: ___. *Greek biography and panegyric in late antiquity*. Berkeley/Los Angeles/London: University of California Press, p. 01-27, 2000.

KEMEZIS, A. M. *The Roman past in the age of the Severans:* Cassius Dio, Philostratus and Herodian. Dissertação defendida para obtenção do título de doutor em Filosofia na Universidade de Michigan, 2006.

LEVILLAIN, P. Os protagonistas da biografia. In: RÉMONDON, R. (org.). *Por uma História Política*. Rio de Janeiro: Editora FGV, p. 141-176, 2003.

MARTÍNEZ, J. L. C. Oratória y Biografia. El retrato de Alcebíades en Lisias e Isócrates In: JIMÉNEZ, A. P.; FERREIRA, J. R. (coords.). *O retrato e a biografia como estratégia de teorização política*. Coimbra: Imprensa da Universidade de Coimbra/ Universidad de Málaga, p.37-48, 2004.

MOMIGLIANO, A. *Génesis y Desarollo de la Biografia en Grecia*. Ciudad del México: Fondo de Cultura Econômica, 1986.

SWAIN, S. Philostratus. In: ___. *Hellenism and Empire*. Language, Classicism, and Power in the Greek World A D 50-250. Oxford: Claredon Press, p. 380- 400, 2003.

SILVA, M. F. "Os Cavaleiros de Aristófanes". Um padrão de caricatura biográfica do político. In: JIMÉNEZ, A. P. FERREIRA, J. R. (coord.). *O retrato e a biografia como estratégia de teorização política*. Coimbra: Imprensa da Universidade de Coimbra/Universidad de Málaga, 2004.

SILVA, S. C. *Magia e Poder no Império Romano*. A *Apologia* de Apuleio. São Paulo: Annablume/FAPESP, 2012.

UYTFANGHE, M. V. La Vie d'Apollonius de Tyane et le discours hagiographique. In: UYTFANGHE, M. V.; DEMOEN, K. *Theios Sophistes*. Essays on Flavius Philostratus' Vita Apollonii, Leiden/Boston: Brill, p. 335-374, 2009.

O manejo das armas ofensivas na infantaria romana tardia: contribuições cruzadas de textos, imagens e da arqueologia (séculos III-VI d.C.)

Sylvain Janniard[1]

Introdução

Desde a antiguidade, não conservamos nenhum tratado especificamente dedicado ao manejo de armas. No entanto, é possível encontrar os grandes princípios deste uso. Para o período tardio, as fontes históricas, tais como Amiano Marcelino ou Procópio, e os tratados técnicos, como os de Flávio Vegécio ou Syrianus Magister, pontualmente evocam o uso de armas. Seus textos devem ser analisados de forma cruzada. Os resultados deste primeiro trabalho podem em seguida ser confrontados com representações figurativas de cenas de caça e de guerra sobre os murais, as decorações de mosaico, os relevos dos arcos e das colunas, em âmbito público ou privado. As informações fornecidas por essas fontes apresentam muitas vezes um caráter convencional e, para serem completamente compreendidas, devem ser comparadas com a natureza e com a forma das armas usadas pelos soldados romanos tardios. Com a ajuda deste método, minha contribuição irá propor hipóteses de reconstituição da manipulação das armas

1 Professor Doutor do Departamento de História e Arqueologia da Universidade François Rabelais, Tours, França.

ofensivas, escudos, lanças e espadas longas, na infantaria dos séculos III ao VI d.C.[2]

O quadro geral da ação do soldado raso: a *paraphalange*

Para compreender o manejo de suas armas pelo soldado raso da época romana tardia, deve-se analisar o treinamento mais comum que ele adota em combate: a *paraphalange*, da qual vou descrever as principais características. Ela constituiu inicialmente uma simples opção tática na infantaria romana dos séculos I e II d.C., impondo-se progressivamente como uma solução universalmente válida na virada dos séculos II e III, e depois como uma doutrina dominante no decorrer do século III.[3]

Essa formação caracteriza-se primeiramente pela densidade de suas linhas. Seja movendo-se em terreno hostil, sofrendo um assalto ou realizando um, a infantaria romana adota mais frequentemente uma ordem densa. As fileiras se aproximam para deixar o mínimo de intervalo possível entre os homens. As linhas apresentam a aparência de uma formação compacta, difícil de ser deslocada. As histórias como os tratados técnicos estão de acordo sobre este ponto.[4]

---

2 Tendo em conta as suas especificidades do manejo, as armas de arremesso – arcos, dardos... – devem ser tratadas à parte.

3 Sobre a parafalange e o contexto geral de seu uso, ver: JANNIARD, 2008, p. 28-30. A formação mais frequente era em linha, da infantaria romana tardia, mas a ação da infantaria não se limitava à batalha campal e os confrontos de baixa intensidade foram muito frequentes, o que interditava um retorno total para o equipamento e para o modo de combate em falange.

4 AMMIEN MARCELLIN, Res gestae, XVI, 12, 20; VÉGÈCE, Epitoma, II, 17, 3; Ibid., III, 14, 8: *in his duobus ordinibus et aetate maturi et usu confidentes et muniti etiam grauioribus armis conlocantur. Hi enim ad uicem muri nec cedere nec sequi aliquando cogendi sunt, ne ordines turbent, sed uenientes aduersarios excipere et stando pugnandoque repellere uel fugare.*

A densidade das primeiras fileiras é reforçada por uma disposição particular adotada por estas no início dos combates. No momento do assalto, os soldados das primeiras linhas romanas fechavam seus escudos para formar uma barreira quase impenetrável. A ordem compacta permite-lhes apresentar uma linha de frente unida de escudos lado a lado ou sobrepostos uns aos outros. Essa frente é uma barreira dissuasiva para qualquer ataque inimigo e ao mesmo tempo uma proteção tranquilizadora para os membros da linha, em particular contra as nuvens de poeira que precedem e acompanham qualquer investida. Tal prática é favorecida pela adoção de um grande escudo circular. Seu tamanho e sua forma fornecem a maior cobertura possível para o soldado, com a melhor economia de movimento. A linha de escudos lado a lado também pode estender ao flanco do exército.

A montagem estreita dos escudos é acompanhada de um novo uso da lança, que se torna a principal arma das primeiras linhas que devem se sobressair de suas fileiras para manter, tanto no ataque como na defesa, o oponente à distância. Assim, em Solicinium, em 368 d.C., as primeiras linhas compostas de escolas palatinas desmontadas dos escudeiros (*scutarius*) e gentios escalavam a encosta para entrar em contato com os alamanos, com as lanças à frente.[5] Em 556, a infantaria pesada dos *tzannes* pró-bizantinos, que tentou uma saída da cidade de Fásis, em Lázica, sitiada pelos persas, se liberta de um cerco por uma investida em ordem compacta, lanças empunhadas.[6]

A adoção da *paraphalange* foi acompanhada de uma nova distribuição entre a infantaria pesada e a infantaria leve nas linhas.

5 AMMIEN MARCELLIN, Res gestae, XXVII, 10, 12: *hastasque crispando. Ibid., XVII, 10, 13: conflictus cuspidibus temptatur infestis.*

6 Agathias, *Hist.*, III, 22, 7*: τὰ δόρατα προβεβλημένοι.*

Os relatos históricos concordam perfeitamente com as prescrições teóricas sobre a necessidade de colocar nas primeiras fileiras os soldados com o armamento mais pesado.[7] As funções atribuídas a essas primeiras linhas mostram que eles apoiam um armamento defensivo completo.[8] Por certo, estando as tropas mais bem equipadas, elas são imediatamente engajadas, e seu papel é essencial dentro do dispositivo tático. No centro da batalha, eles são responsáveis pelas operações mais importantes: quebrar as linhas inimigas ou reforçar o seu assalto. No entanto, as linhas de batalha também são compostas de diferentes tropas, que não têm um equipamento completo. Por trás de um primeiro grupo formado a partir das primeiras linhas de soldados de infantaria pesada, agindo *ad uicem muri*, encontramos uma segunda classe de tropas que reúne as fileiras posteriores. Estas são caracterizadas pela presença de todos os tipos de armas de arremesso. Essa disposição das fileiras, caracterizada por um enfileiramento na primeira linha da infantaria pesada, encarregada de receber ou lançar uma investida, e da infantaria leve, equipada com armas de arremesso nas linhas subsequentes, é o treinamento tático mais frequentemente atestado em fontes históricas a partir do final século II, do mesmo modo que ela é objeto de prescrição nos tratados teóricos.[9] Finalmente, último elemento da *paraphalange* romana: a presença

---

7 AMMIEN MARCELLIN, Res gestae, XIV, 6, 17; AGATHIAS, Hist., II, 8, 4-5; VÉGÈCE, *Epitoma*, II, 15, 4-5.

8 VÉGÈCE, *Epitoma*, III, 14, 8.

9 DION CASSIUS, *Hist*, LXXV, 7, 2 e 4 (Issos, 194); JULIEN, *Or*. III, II, 57 c-d (Mursa, 351); AGATHIAS, *Hist*., II, 8, 4-5 e 9-10 (Casilinum, 554); VÉGÈCE, *Epitoma*, III, 14, 9-17, SYRIANUS MAGISTER, Strat., XXXI, 20-21; *Ibid*., XXXII, 33-35 (*epitaxis*). Sobre a diversificação de armamento nas linhas de infantaria tardia, ver: JANNIARD, 2004a.

de indícios que iriam na direção de uma possível utilização do impulso coletivo coordenado durante algumas lutas.[10]

Desde 1935, E. Darkó já havia defendido a possibilidade de uma reintrodução de elementos de falanges na arte da guerra romana a partir do século II.[11] No entanto, foi necessário esperar a elaboração, publicada por E. Wheeler em 1979, para que a ideia de um uso comum da falange pela infantaria romana fosse comumente aceita na historiografia.[12] No entanto, por mais sugestivos e convincentes que sejam os trabalhos do cientista americano, eles não são convincentes em todos os pontos. E. Wheeler considera, de um lado, que a falange sempre foi um dos arranjos possíveis da infantaria romana desde a época republicana; de outro lado, o autor considera que as evoluções observadas na distribuição de papéis táticos entre a cavalaria e a infantaria e, dentro da última, entre a infantaria leve e a pesada, começaram no final da era republicana para enfrentar a ameaça dos adversários encontrados no Ocidente.[13] Aderindo

10 AMMIEN MARCELLIN, *Res gestae*, XIX, 11, 15; *Ibid.* XXXI, 5, 9; VÉGÈCE, *Epitoma*, III, 4, 5; MAURICE, *Strat.*, II, 6, 5-15, part. 5-9, XIIB, 17, 43-44.

11 DARKÓ, 1935, p. 459-460. Ver também: KIECHLE, 1964, p. 109-114; BOSWORTH, 1977 e 1993, p. 255-258 (que, devido à falta de perspectiva, evoca apenas uma reintrodução pontual e puramente defensiva).

12 WHEELER, 1979 – retomado e desenvolvido em: *Id.*, 2004a, p. 310- 323 e *Id.*, 2004 b, p. 147, 173-175. Posteriormente: CAMPBELL,1987, p. 25-27; NICASIE, 1998, p. 212-214; SPEIDEL, 2002, p. 131; RANCE, 2004, p. 295-303; SYVÄNNE, 2004, p. 202-208, 232-233, 244-249, 264-265, 278-279; RANCE, 2005, p. 437-441; *Id.*, 2007, p. 352-353, ROCCO, 2012, p. 127-131, 506-508. Lendon (2005, p. 261-268, 277-280, 285-289), retoma a demonstração e as con¬clusões de E. Wheeler, mas vê, na reintrodução de elementos de falange na infantaria romana, o efeito de uma fidelidade cultural às tradições militares gregas mais do que uma adaptação às novas condições da guerra.

13 Uma hipótese retomada em parte, mas com premissas diferentes, por: BRIZZI, 2008, p. 112-117.

apenas à primeira proposta, em contrapartida, deve-se rejeitar a segunda com base em uma excessiva redução do papel da infantaria pesada nos campos de batalha e na utilização confusa, e quase não respeitando a cronologia do uso de terminologia militar latina[14]. Acima de tudo, uma vez descartadas essas avaliações distorcidas, a documentação - tratados táticos e histórias - mostra que a introdução mais regular de elementos de falange na arte romana de guerra ocorreu gradualmente desde o final do século I d.C., em um contexto que, sem dúvida, está relacionado com os confrontos com as cavalarias de mundos iranianos.

Intervalos e formações de soldados de infantaria na parafalange

Entre os principais elementos que permitem distinguir as formações em *paraphalanges* estão: o espaçamento entre as filas e linhas, a densidade da proteção de escudos e, finalmente, o uso das armas nas primeiras linhas "pesadas". Os dois primeiros elementos - espaçamento e proteção - também determinam o terceiro - o manejo de armas.

Conhecemos três tipos de intervalos na infantaria, utilizados tanto para o ataque quanto para defesa.[15] Na ordem cerrada, πύκνωσις, em grego e *confertus/ firmatus ordo,* em latim, as linhas e as fileiras são separadas por uma distância de três pés (dois cúbitos), 90 cm[16]. As bordas dos escudos dos homens na mesma linha

14 Sobre a confusão *e. g.* entre *cuneus*, falange e *testudo*, cf.: JANNIARD, 2004b.

15 Sobre os três intervalos, largo - não descritos em nosso texto -, cerrado e den-so, ver: WHEELER, 2004a, p. 329-330 (com as referências aos tratados táticos).

16 VÉGÈCE, Epitoma, III, 14, 6-7: *Singuli autem armati in directum ternos pedes inter se occupare consueuerunt [...] ut nec acies interluceat et spatium sit arma tractandi.*

se tocam. Durante o cerco de Amida em 359, duas legiões realizaram uma saída *conferto ualido cursu* (AMMIEN MARCELLIN, *Res gestae*, XIX, 6, 7). Em 363, na batalha de Maranga, é em ordem compacta, motivada pelo medo dos arcos persas, que Juliano expulsa as tropas de Merena. A mesma ordem é usada em Dibaltum em 377, em que a pressão da qual foram vítimas as linhas romanas em Adrianópolis é a melhor explicação pela sua utilização.[17] Se em Amida, as legiões passam para o assalto *spatha* para limpar a agressão, a primeira arma usada no lado romano em Adrianópolis foi a lança (AMMIEN MARCELLIN, Res gestae, XXXI, 13, 5: *diffractis hastarum plerisque conlisione adsidua*), mostrando que as duas armas foram usadas paralelamente na ordem compacta. Um assalto nessa ordem é representado em uma escultura de madeira de el-Ashmunein (Hermopolis, Alto Egito), conservada em Berlim e datada do início do século V (Figura 1): no registo inferior de uma cena que mostra uma saída vitoriosa de uma cidade sitiada, os soldados, lado a lado, dispostos em três níveis, escudo contra escudo, põem em fuga cavaleiros blindados.

17 AMMIEN MARCELLIN, Res gestae, XXV, 1, 17 (Maranga): *denseti Romani pedites confertas hostium frontes nisu protruserunt acérrimo. Ibid., XXXI, 8, 10 (Dibaltum); Ibid., XXXI, 13, 3 (Andrinople): neque ad receptum confertis ordinibus laxari usquam poterat locus, et euadendi copiam constipatio densior adimebat.*

Figura 1: Saída de uma cidade sitiada, escultura em madeira de el-Ashmunein (Hermopolis, Alto Egito), início do século V, conservada em Berlim.

Fonte: EFFENBERGER, A.; SEVERIN, H. G. Das Museum für spätantike und byzantinische Kunst. Berlin: P. von Zabern, 1992, p. 180-181.

Há também uma ordem compacta, πυκνότατος / συνασπισμός, em grego, *densitas scutorum*, em latim: linhas e fileiras nessa ordem são separadas por uma distância de um pé e meio (um cúbito), 45 cm. Os escudos dos homens na linha de frente se sobrepõem: a metade esquerda do escudo do homem à direita é sobreposta na metade direita do escudo do seu companheiro à esquerda, ao ponto de que a arma do primeiro círculo toca o umbo da segunda arma. A decoração parietal da Sinagoga de Dura Europos, datada do segundo quartel do século III, oferece a ilustração de uma formação semelhante, mas no contexto de uma coluna de marcha: o painel identificado pelos primeiros editores sob a referência WA 3 (*l'Exode et la traversée de la mer Rouge* – "O êxodo e a travessia do mar vermelho") fornece sobre as cenas numeradas 1 e 3 uma representação do exército de Israel que segue os modos de combate contemporâneos dos artistas (Figura 2).

Figura 2: "O êxodo e a travessia do mar vermelho", Sinagoga de Dura Europos, painel WA 3, cenas 1 e 3, metade do século III.

Fonte: KRAELING, C.H. The Excavations at Dura-Europos, Final Report 8, 1: The Synagogue, New Haven: Ktav Pub Inc, 1956, pl. LII-LIII.

Dispostos em várias linhas de profundidade, suas lanças mantidas verticalmente, as tropas de Moisés apresentam uma coluna de escudos sobrepostos, no entanto, em uma ordem aleatória. Os soldados, quase ombro a ombro, estão cobertos uniformemente da parte superior das coxas até o rosto.[18] O dispositivo permite a implementação de uma malha de ferro particularmente compacta, por conta das lanças espetadas das quatro primeiras linhas.[19]

18 A identificação é um sistema de localização dos murais na peça do complexo cultural chamado "House of the Assembly": W (parede oeste), A (primeiro registro de cima para baixo), 3 (terceiro painel da esquerda para direita).

19 AMMIEN MARCELLIN, *Res gestae*, XIV, 2, 10; Ibid., XXI, 12, 18; *Ibid.*, XXIV, 2, 5-6; AGATHIAS, *Hist.*, II, 8, 4-5 e 9, 10; SYRIANUS MAGISTER, *Strat.*, XVI, 36-38.

A posição defensiva mais impenetrável consistia naquilo que o *Strategikon* de Maurice chama de *foulkon*, mas cujo emprego é atestado desde o século IV.[20] O *foulkon* defensivo implica as três primeiras fileiras de soldados rasos colocados em *sunaspismos*. A primeira fileira ajoelhada, a segunda ligeiramente agachada, e a terceira quase de pé, sobrepondo no alto seus escudos para formar um "telhado" disposto de cerca de 1,8 m de comprimento e cujo ângulo com o solo deve ser de aproximadamente 60°. Os homens apoiam o ombro esquerdo contra o seu escudo e as duas primeiras fileiras fixam firmemente suas lanças na terra, voltadas para o inimigo; só a terceira linha podendo manejar as suas lanças livremente.[21] As fontes históricas latinas usam para designar essa formação diversas perífrases, as principais delas enfatizando a complexidade e a "inquebrantabilidade" da montagem assim realizada.[22] No *foulkon*, tratados teóricos e narrativas historiográficas sugerem o emprego por vezes da lança e por vezes da espada. Na verdade, é uma divisão de armamento, entre as duas primeiras linhas que utilizam exclusivamente suas lanças como piques, a fim de constituir uma barreira de ferro pretensamente intransponível, e a terceira fileira, que devia encontrar espaço suficiente para ser capaz de lutar com a

---

20 Sobre o *foulkon*, com diferentes pontos de vista dos que exprimo aqui, ver também: RANCE, 2004, p. 269-280; WHEELER, 2004a, p. 355-358; SYVÄNNE, 2004, p. 202-206; RANCE, 2005, p. 440-441.

21 MAURICE, *Strat.*, XIIA, 7, 49-60.

22 AMMIEN MARCELLIN, *Res gestae*, XIV, 2, 10: *denseta scutorum compage semet scientissime praestruebant. Ibid.*, XVI, 12, 37: *frontem artissimis conserens parmis. Ibid.*, XVI, 12, 38: *conferti illi sibique uicissim innexi stetissent immobiles. Ibid.*, XVI, 12, 44: *nexamque scutorum compagem. Ibid.*, XXIV, 2, 5: *clipeorum densitate contecti. Ibid.*, XXIX, 5, 38: *scutaque in formidabilem mouentibus gestum. Ibid.*, XXIX, 5 48: scutisque [...] *cohaerenter aptatis.*

espada.[23] O uso defensivo de um *foulkon* para resistir a um assalto de infantaria encontra sua confirmação em cinco ocorrências na crônica dos acontecimentos militares do século IV, relatados por Amiano Marcelino.[24] Porém, é na ocasião da narrativa da batalha de Estrasburgo em 357, do mesmo autor, que é revelado o melhor uso dessa formação pelas linhas de Juliano César: o primeiro assalto alamano encontra a infantaria romana em *sunaspismos* com, além da cabeça protegida por seus escudos, lanças e espadas erguidas (AMMIEN MARCELLIN, *Res gestae*, XVI, 12, 36-37). O dispositivo é tão forte que pode se permitir de não ceder diante do buraco de sua ala direita da cavalaria blindada, ameaçando derrotá-la (*Ibid.*, XVI, 12, 38). Somente a persistência das tropas de Chnomadaire para quebrar a "parede" de escudos pela violência e a repetição de seus golpes de espada foram capazes de fazer vacilar as primeiras linhas do *foulkon* (*Ibid.*, XVI, 12, 44).

> *Cumque in ipso proeliorum articulo eques se fortiter conturmaret et muniret latera sua firmius pedes, frontem artissimis conserens parmis, erigebantur crassi pulveris nubes variique fuere discursus nunc resistentibus nunc cedentibus nostris, et obnixi genibus quidam barbari peritissimi bellatores hostem propellere laborabant, sed destinatione nimia dexterae dexteris miscebantur et umbo trudebat umbonem caelumque exultantium cadentiumque resonabat a vocibus magnis* [...] 44. *Sed violentia iraque inconpositi barbari in modum exarsere flammarum nexamque scutorum conpagem, quae nostros in mo-*

---

23 MAURICE, *Strat.*, XIIA, 7, 59-60; AMMIEN MARCELLIN, *Res gestae*, XVI, 12, 36: *eiectansque gladios uel tela concrispans. Ibid.*, XXXI, 7, 13.

24 *Res gestae*, XIV, 2, 10, XXIX, 5, 38 et 48, XXXI, 7, 12.

> *dum testudinis tuebatur, scindebant ictibus gladiorum adsiduis.*
>
> 37. Como, neste momento decisivo da luta, a cavalaria corajosamente se formava em esquadrões e a infantaria protegia firmemente seus flancos fazendo uma frente de seus escudos unidos de forma estreita entre si, densas nuvens de poeira subiam. Várias manobras ocorreram porque os nossos ora resistiam ora caíam por terra, e alguns bárbaros, combatendo com muita cautela, firme sobre os seus joelhos, esforçavam-se para vencer o inimigo. Mas, com uma extrema resolução, vieram para o corpo a corpo, seus escudos se embatiam umbo contra umbo, e o céu ressoava os altos gritos dos vencedores e dos feridos. [...] 44. Mas os bárbaros, em desordem sob o efeito de sua violência e sua raiva, avançaram com a fúria de um incêndio e começaram a quebrar sob os golpes redobrados de suas espadas a montagem que juntava nossos escudos entre eles, e nos protegia como uma tartaruga (*Ibid.*, XVI, 12, 37 e 44).

Ofensivamente, o *foulkon* é recomendado quando as primeiras linhas não utilizavam armadura nem perneira de armadura. Os soldados da linha de frente aproximam seus escudos como se formassem em *puknôsis*, mas abaixam a sua guarda para que os escudos protejam a parte inferior do corpo, do estômago até os joelhos. Os soldados da segunda linha adotam em profundidade o intervalo correspondente a *puknotatos* e sobrepõem seus escudos aos escudos da primeira linha, para que as tiras das duas armas se toquem. Assim, eles cobrem os peitos e os rostos dos soldados de infantaria que os precedem. Todas as linhas subsequentes também são organizadas em *puknotatos*. Chegada ao alcance do oponente, a primeira linha deve ser capaz de descarregar os recursos que dispõe, isso torna necessário que, no momento do arremesso, seus companheiros da segunda linha movam seus escudos, certamente no intervalo entre duas linhas, de modo que os atiradores possam sair temporariamente da primeira linha. Ao contato, a primeira linha impulsiona suas lanças contra o inimigo e, depois, luta com espadas. Ela renuncia, portanto, manter o adversário à distância, mas evita a espera estática para a quebra do pique, um evento particularmente perigoso para um soldado de infantaria sem proteção do corpo. No coração da batalha, a ameaça das lanças de segunda linha protege os soldados da primeira. Inversamente, como a frente dos soldados da segunda linha é coberta pela esgrima da primeira, eles usam seus escudos para proteger o rosto[25].

O qualificador de *foulkon* não remete, pois, a um tipo de intervalo entre os homens, mas a um modo particular de contextura vertical dos escudos, em que as fileiras subsequentes emprestam o seu apoio para a "muralha defensiva" já estabelecida pela primeira fileira. Usado ofensivamente, o *foulkon* em si funciona somente até o ponto onde a primeira linha atira sua lança. A montagem de escudos é desfeita ao contato com o adversário, a primeira linha poderia ou exercer o impulso necessário para romper a linha adversária ou esgrimir: o intervalo lateral da *puknôsis* e o não encadeamento de escudos não impediam nem uma nem outra das possibilidades. O *foulkon* ofensivo era, portanto, a conjunção de uma boa proteção das fileiras com o livre uso das armas. Revelava-se assim como menos restritivo do que o *sunaspismos*, o que pode fazer entender seu uso como o mais frequente. Dispostas em *foulkon* e protegidas pelo fogo de sua infantaria leve que, em Isso, as primeiras linhas

25 MAURICE, *Strat.*, XIIB, 16, 30-55.

da infantaria pesada de Septímio Severo tentam alcançar as tropas de Níger que tomavam os pontos altos em torno do campo de batalha.[26] Em Ozogardana, em 363, Julien dispõe sua infantaria em *foulkon* contra os arqueiros persas.[27] Finalmente, em 557, a primeira parte da batalha de Rizeu contempla a infantaria de Théodore na tentativa de impedir, organizada em *foulkon*, os projéteis que os rebeldes *tzannes* fazem chover nas linhas romanas, de uma colina vizinha.[28] Os *foulka* ofensivos destinavam-se a trazer, com o menor número possível de perdas, as fileiras romanas em contato com um adversário dotado de um poder de fogo significativo. Eles correspondem à necessidade de reduzir o efeito das armas de arremesso dos inimigos, reduzindo o espaçamento entre as linhas e avançando de forma a antecipar o combate corpo a corpo. É neste contexto que deve ser entendido nas *foulka* ofensivas tanto a prioridade dada à *spatha* na primeira linha quanto a proteção de sua cabeça por soldados de infantaria da segunda linha.

As disposições em *foulkon* mostram particularmente bem as restrições que as necessidades da luta coletiva em linha pesaram no uso individual de armas. Mas elas também mostram

26 DION CASSIUS, *Hist.*, LXXV, 7, 4-6: τῶν Σεουηρείων τὰς ἀσπίδας τὰς μὲν προβαλομένων τὰς δὲ ἐπιβαλομένων ἐς χελώνης τρόπον.

27 AMMIEN MARCELLIN, *Res gestae*, XXIV, 2, 5 (*clipeorum densitate contecti*). A expressão *clipeorum densitate contecti* refere-se sistematicamente, em Amiano Marcelino, a uma montagem de escudos, cobrindo também a ca¬beça daqueles que usá-la, cf.: *Ibid.*, XXI, 12, 18 (*scutorum densitate contectus* – proteção da escolta de Agilon no cerco de Aquileia) e *Ibid.*, XXIV, 5, 6 (*scutorum densitate contectus* – proteção dada a Juliano por sua escolta).

28 AGATHIAS, *Hist.*, V, 1, 4-7: ἀλλ᾽ ὁρᾷ ἐχόμενοι καὶ ἀκοσμῷ ἐγκαρσίους πως τὰς ἀσπίδας ὑπὲρ τὰς κεφαλὰς προεβέβληντο, ἠρέμα ὑποκεκυφότες, καὶ πρὸς τὸ ἄναντες ἐπειρῶντο ἀναρριχᾶσθαι.

a proteção que a linha de batalha em *paraphalange* oferecia para cada esgrimista individual.

O uso defensivo e ofensivo do escudo

A linha de batalha em *paraphalange* apresentava frontalmente e às vezes para os lados, uma "parede de escudos". O soldado de infantaria podia usar seu escudo em defesa ou ataque. Usado perto do corpo e manejado conjuntamente por toda a linha, a arma foi usada seja defensivamente para se proteger de projéteis e de choques, seja ofensivamente para pressionar ou repelir o adversário. À parte o mural da Sinagoga de Dura Europos já mencionado (Figura 2), há pouca representação figurativa mostrando esse porte perto do corpo. O mosaico da Grande Caçada da Villa Romana del Casale (Piazza Armerina, na Sicília, início do século IV) fornece, no entanto, o que pode mais se aproximar disso: ao norte do grande corredor retratado neste mosaico, sete soldados, dispostos em um círculo apertado, escudos contra escudos, cercam as panteras para empurrá-las para uma gaiola (Figura 3). Uma cena similar é encontrada em um mosaico da Villa de la Chasse, em Hipona; o círculo de escudos ali sendo maiores.[29] Júlio Africano associa especificamente esta forma de caça à formação de *sunaspismos* na infantaria romana do primeiro terço do século III (*Cest.*, I, 14).

---

29 MAREC, 1950, p. 27, fig. 12.

Figura 3: Mosaico da Grande Caçada da Villa Romana del Casale, início do século IV, Piazza Armerina, Sicília

Fonte: CARANDINI, A. *et al. Filosofiana, la villa di Piazza Armerina*. Immagine di un aristo¬cratico romano al tempo di Costantino. Palermo: S.F. Flaccovio, 1982, fig. 106 (pièce 36 b, scène I).

Contudo, é o uso dinâmico e percussivo do escudo que se provou ser o mais comum e o mais eficaz. A arma era mantida à meia distância do corpo, o braço livre, o antebraço dobrado para absorver os choques e, girando o pulso, imprimir no escudo todo tipo de movimento, para ferir ou segurar um ataque. A posição é adotada pelos legionários da *Legio V Macedonica*, representados armados com espadas e escudo sobre o relevo de el-Ashmunein já mencionado (Figura 1). Você vai notar a posição coberta, mas dinâmica do corpo, perna esquerda à frente para apoiar o escudo que a protege, a lâmina da espada sobre a borda externa do mesmo.

O uso dinâmico do escudo permite impor ao adversário sua própria distância de combate e seu próprio ritmo para construir o ataque. Os ferimentos podem ocorrer com a borda inferior do escudo – o que explica a posição inclinada do escudo em nossas numerosas representações –, com o umbo, com as partes laterais do escudo. O soldado visa desequilibrar seu oponente ou neutralizar a sua guarda, desviando, abrindo, abaixando o escudo adversário. O escudo é uma parte essencial da esgrima da infantaria romana.

Um único texto evoca com alguma precisão a esgrima com espada e escudo: na batalha de Estrasburgo em 357, os soldados de infantaria de *Primani*, localizados no coração do dispositivo tático romano, se livram dos alamanos, usando técnicas de fechamento e abertura de seus escudos que lhes permitem atingir os seus adversários nos flancos. Um método que Amiano Marcelino compara ao que foi empregado pelos gladiadores mirmilões.[30]

Um mosaico da metade do século IV, encontrado na villa romana de Santa Cruz (Cabezón de Pisuerga, província de Valladolid), é o exemplo mais convincente de uma esgrima com escudo e com lança, o último ficando debaixo do braço (Figura 4).

Figura 4: "Duelo de Glauco e Diomedes", mosaico da metade do século IV encontrado na villa romana de Santa Cruz (Cabezón de Pisuerga, província de Valladolid)
Fonte: STEFANOU, D. *Darstellungen aus dem Epos und Drama auf kaiserzeitlichen und spätantiken Bodenmosaiken*. Münster: Aschendorff Verlag, 2006, p. 108-113, fig. 26-28.

30 AMMIEN MARCELLIN, *Res gestae*, XVI, 12, 49: *ad usque Primanorum legionem pervenit locatam in medio quae confirmatio castra praetoria dictitatur ubi densior et ordinibus fre quens miles instar turrium fixa firmitate consistens proelium maiore spiritu re¬petivit et vulneribus declinandis intentus seque in modum mirmillonis operiens hostium latera, quae nudabat ira flagrantior, districtis gladiis perforabat.*

A cena representa o duelo homérico entre Glauco e Diomedes. A figura à direita está caminhando em direção ao seu adversário, como sugere sua perna esquerda para a frente e erguida. Em sua investida, ele apoiou o ombro esquerdo contra um escudo circular grande que cobre quase todo o seu corpo. Da mão direita, ele avança com sua lança no segundo duelista, segurando na parte inferior da haste, o braço e antebraço dobrados para trás. A ponta da arma, escondida pelo corpo do guerreiro, provavelmente fica apoiada na borda externa do escudo. Seu oponente deseja desviar o choque com uma reversão do escudo que ele segura com a mão esquerda: o movimento, que parece já acabado, abriu a sua guarda e revelou a sua lança sendo segurada pela parte inferior da haste, o antebraço ligeiramente dobrado, a ponta brandida voltada para o rosto do agressor.[31]

O manejo da lança

O uso dominante da lança na infantaria romana está bem documentado desde o início do século III, como mostram os comentários táticos que Herodiano faz para Caracala sobre o valor em combate à curta distância de seus soldados como lanceiros: εἶναι δὲ Ῥωμαίοις μὲν πεζὸν στρατὸν καὶ τὴν διὰ δορά των συστάδην μάχην ἀνανταγώνιστον (HÉRODIEN, *Hist.*, IV, 10, 3 - suposta carta de Caracala para o parto Artabano IV). Perante Alexandre Severo, Júlio Africano defende que *dorata* e *kontoi* romanos devam ser aumentados para impedir que os cavaleiros persas se

31 Para saber mais sobre o manejo do escudo, ver também: STEPHENSON, 1999, p. 22-23; SYVÄNNE, 2004, p. 257.

aproximem demais das linhas imperiais (JULIUS AFRICANUS, *Cest.*, I, 1, 55-56 e 82).[32]

A disposição teórica das lanças na *paraphalange* nos é fornecida, para o século VI, pelos relatos de Syrianus Magister, nos quais a infantaria é equipada com *dorata* para suas quatro primeiras fileiras, suas quatro últimas e as quatro fileiras de cada um dos flancos. As lanças da primeira fileira devem ser superiores àquelas da segunda, da distância entre a primeira da segunda. O autor especifica que a distância entre as linhas de formação cerrada (*puknôsis*) é de um cúbito, menos de 50 centímetros (SYRIANUS, *Strat.*, XVI, 31-39 e 47-49). O comprimento de uma lança deve ser mais de dois metros para que as lanças da quarta fileira possam emergir da linha (cerca de 2,5 m). É mais ou menos o comprimento estimado das lanças do século III ao século VI, a partir das pinturas, por exemplo, "o mural do Êxodo" da Sinagoga de Dura Europos (Figura 2) ou o *missorium* de Valentiniano.

O encontro entre as linhas romanas e seus adversários, tanto no ataque quanto na defesa, começava então no lado romano por uma esgrima de lança, com exceção das circunstâncias onde o exército imperial adotava um *foulkon* ofensivo ou decidia lutar de espada em *puknôsis*. Os soldados das duas primeiras linhas, cujas lanças excediam o máximo da fileira, esperavam pela sua carga ou por uma oportunidade para que eles conseguissem infligir um impacto contundente, destinado a neutralizar por empalamento uma parte da primeira linha adversária. O resultado era ainda acentuado pela escolha, quando o adversário chegava a ver a parte menos protegida do corpo para direcionar a ponta

32 Esta diferença no tamanho das lanças também é notada por: HÉRODIEN, *Hist.*, IV, 15, 2 – para a batalha de Nísibis (final de 217 d.C.), quando a infantaria romana fora impedida de entrar em contato com os catafractários partos.

da arma, como recomendava Júlio Africano (*Cest.*, I, 1, 64-67). Se o primeiro choque não fosse decisivo, e se o soldado mantinha intacta sua lança, começava a esgrima propriamente dita. A fim de acertar os golpes de estoque mais poderosos, de cima para baixo, a lança devia ser manejada acima dos braços, na altura do topo da cabeça, antebraço ligeiramente dobrado.[33] O friso representando o cerco de Verona no Arco de Constantino em Roma oferece um exemplo desse manejo (Figura 5): diante da cidade, três soldados de infantaria de Constantino, alinhados de frente para o espectador, cobertos por seu grande escudo circular à esquerda, brandem sua lança na altura do capacete com a ponta virada para baixo, o antebraço direito atrás e dobrado, a perna esquerda para frente.

Figura 5: O cerco de Verona, friso do Arco de Constantino, em Roma, início do século IV
Fonte: GIULIANO, A. *Arco di Costantino.* Milan: Editoriale Domus, 1955, fig. 31 et 37.

Um dos caçadores no mosaico da Grande Caçada da Villa Romana del Casale apresenta a mesma forma de segurar.[34] Podemos encontrá-lo novamente em um relevo de um dos fragmentos restantes da coluna de Teodósio, nos banhos de Bayazid, em Istambul. Lá, no entanto, as lanças dos dois soldados ainda parcialmente vi-

33 Um golpe assim pode facilmente penetrar a caixa torácica de um adversário desarmado.

34 CARANDINI, 1982, Fig. 130 (peça 36 b, cena VII, parte A2).

síveis foram realizadas em escala, e esses últimos abriram a guarda de seu escudo no momento de desferir o golpe.[35] Apesar de ser uma cena de caça, é, todavia, um dos mosaicos, feitos entre 475 e 500, do pórtico nordeste do peristilo do palácio imperial de Constantinopla que fornece a mais precisa ilustração sobre o manejo da lança na infantaria romana tardia (Figura 6): querendo resgatar um companheiro atacado por um tigre, um caçador, abrigado por seu grande escudo circular, segurando-o perto do corpo, prepara-se para dar um golpe com uma lança longa que ele segura perto da base. Seu antebraço direito está largamente esticado, voltado para trás, sobre a cabeça, mas sua arma está localizada na altura da borda superior do escudo. O homem é representado com perna direita para frente, para sugerir a ideia de um movimento para uma melhor posição de ataque, provavelmente.

FIGURA 6: Mosaico de caça, pórtico nordeste do peristilo do palácio imperial de Constantinopla, entre 475 e 500 d.C.
Fonte: : RICE, T. D. (ed.). *The Great Palace of the Byzantine Emperors, II*. Edimbourg: University Press, 1958, pl. 44 b.

35 BECATTI, 1960, pl. 52 b.

Esse modo de portar uma arma apresentava dificuldades quando era empregado, particularmente, em ordem cerrada, porque o comprimento total da lança exigia que se segurasse por volta do meio da haste, encurtando todo o alcance da arma e, por outro lado, aumentando a distância que as fileiras romanas deviam manter entre elas. Portanto, é possível que este tipo de manejo tenha obrigado os soldados da primeira linha a iniciar a briga corpo a corpo um pouco à frente de seus colegas, alinhados atrás deles, ou mesmo que seu uso seja reservado para a terceira linha do *foulkon* defensivo, supondo, novamente, um espaço maior entre a terceira linha e a quarta. Este modo de manejo também descobre o braço direito. Mas, como mostra bem a representação do caçador do peristilo do palácio imperial de Constantinopla, o comprimento da parte da haste empunhada para o adversário, a cobertura do escudo, direcionada de forma oblíqua, bem como a posição avançada da perna esquerda, tiravam o braço e o antebraço direito do alcance, que também não precisavam ser excessivamente estendidos. A inclinação da lança ameaçava primeiro o rosto do oponente e as aberturas entre as peças de equipamento defensivo dos ombros e do pescoço, depois toda a parte direita do corpo descoberto em caso de ataque, especialmente o braço direito.

No entanto, há outro modo de manejo, em que a lança era mantida no nível do ombro, debaixo dos braços e ao longo do antebraço abaixado, às vezes apoiado sobre a borda superior do escudo. Duas representações confirmam a possibilidade desse uso: no friso, mostrando o cerco de Verona no Arco de Constantino, um soldado de infantaria isolado se aproxima das muralhas, protegido por um grande escudo circular mantido perto dele e a lança ao nível do tórax (Figura 5), enquanto no mosaico da caça do *diakonikon* de Monte Nebo, datado de 530, um dos participantes fere uma leoa, o escudo longe do corpo, a lança ao longo do antebraço à altura do peito.[36] Este modo de apreensão, perto da base da haste, permitia apresentar ao adversário um comprimento maior da lança e permitia também evitar um pouco mais de expor o flanco direito do portador da lança no momento do ataque. Tal modo, portanto, era usado provavelmente para causar muita pressão ou quando a linha romana buscava, na defesa, proteger-se por várias fileiras espessas de lanças. Os golpes desferidos dessa forma perdiam em força em comparação aos que infligiam um ataque descendente. No corpo a corpo, entretanto, o primeiro objetivo do soldado romano não era matar de imediato seu oponente, mas sua neutralização, que poderia ser facilmente obtida por uma série de golpes debilitantes, embora não fatais, direcionados aos braços, às coxas ou às pernas. Com efeito, essa segunda maneira de empunhar a lança era também por ela expandir as zonas do corpo susceptível de serem atingidas.

De qualquer forma parece provável que, durante os combates a curta distância ofensivos ou defensivos, fora o *foulkon*, as lanças das terceira e quarta fileiras romanas eram ligeiramente levantadas para não entravar a ação das duas primeiras linhas nas quais o grosso da luta sem dúvidas ocorria. Para o início do 2º terço do século V, o mosaico da batalha de Refidim nas paredes de Santa Maria Maior, em Roma (Figura 7), oferece o testemunho de uma utilização concomitante das duas técnicas de manejo da lança em ordem densa, no entanto, para derrotar os adversários em terra firme. Aqui, novamente, a prática de abrir a guarda do seu escudo, que já mencionamos, revela o uso dinâmico desta arma.[37]

---

36 PICCIRILLO, 1993, Fig. 166 (visão geral), 168 (detalhes).

37 Para saber mais sobre o uso da lança nas fileiras da infantaria tardia, ver: STEPHENSON, 1999, p. 58-60 – retomado em SYVÄNNE, 2004, p. 252-254 e STEPHENSON, 2006, p. 83-85 – mas ele reduz o interesse de um

Figura 7: A batalha de Refidim, mosaico das paredes laterais de Santa Maria Maior, Roma
Fonte: NESTORI, A., BISCONTI, F. (eds.). I mosaici paleocristiani di Santa Maria *Maggiore negli acquarelli della collezione Wilpert.* Vatican: Pontificio Istituto Di Archeologia Cristiana, 2000, pl. XXVI.

O manejo da espada longa

Quando as primeiras linhas romanas escolhiam diretamente usar a espada, como durante o *foulkon* ofensivo, ou mesmo quando os choques repetidos e golpes de armas incisivas do adversário acabavam quebrando suas lanças, a briga tomava a forma de uma esgrima de espada e escudo.[38] O uso da espada longa, ou *spatha* (60-90 cm) na ordem densa, às vezes contestado, recebe ainda

manejo sobre o braço e exagera, para essa posição, a altura da extensão do antebraço e abertura de seu flanco direito pela infantaria romana.

38 Lanças quebradas: AMMIEN MARCELLIN, *Res gestae*, XXXI, 13, 5; PROCOPE, *Bell.*, V, 29, 47 (impotência dos soldados de infantaria por conta de suas lanças quebradas). Uso sucessivo da lança e da espada em luta: AMMIEN MARCELLIN, *Res gestae*, XVI, 12, 36 e 46; *Ibid.*, XXXI, 7, 12-13; AGATHIAS, *Hist.*, II, 9, 10; VÉGÈCE, *Epitoma*, II, 17, 3; MAURICE, *Strat.*, XII B 16, 46-49.

uma confirmação irrefutável de nossas fontes: é a espada que utilizam os soldados das primeiras fileiras de Julien em Estrasburgo em 357, enquanto Amiano Marcelino vem para assimilar as "costuras" dos seus escudos como uma tartaruga. Durante a mesma batalha, a reserva legionária dos *Primanii* recebe o ataque dos *optimates* "bárbaros" em ordem cerrada, mas esgrima como se fosse composta por mirmilões. Três anos mais tarde, os defensores romanos do lugar de Bézabde tentam repelir seus agressores persas com espada e na ordem densa.[39] O uso da espada, no entanto, refere-se particularmente às formações compactas menos densas em uso na infantaria (*puknôsis*): a saída dos legionários gauleses de Amida em 359 *conferti cursu ualido* por exemplo.

Na primeira linha, enquanto dava um golpe, o soldado de infantaria deslocava ligeiramente a guarda de seu escudo para a esquerda e avançava a perna direita: assim, ele mantinha uma postura dinâmica, estendia seu golpe e se expunha pouco a uma riposta.[40] A espada longa de dois gumes e lâmina reta destinava-se

39 Estrasbourg: AMMIEN MARCELLIN, *Res gestae,* XVI, 12, 44, [os alamanos procuram desmontar] *nexamque scutorum compagem, quae nostros in modum testudinis tuebatur* [...]. 46. [e no meio do confronto] *quamquam etiam comminus mucro feriebat contra mucronem* [...]. 49. [a tropa dos *Primanii*] *seque in modum mirmillonis operiens, hostium latera* [...] *districtis gladiis perforabat.* Bézabde: *Ibid.*, XX, 7, 14 [...] *cum confertis inter se corporibus hinc indeque stricto mucrone* [...]. 15. *Magna denique mole ancipiti diu exitio renitentes, obsessi postremo plebis inmensae ponderibus effuse disiecti sunt.* Ver também: *Ibid.*, XIX, 11, 14 (Em Acumincum, em 359, os romanos destroem e atropelar os sármatas – *obtruncabat* ... *conculcans* – o que indicaria o uso da espada em ordem densa). A apresentação do *foulkon* ofensivo em Maurice também é explícita: [os soldados da primeira linha] ἐπιλαμβάνονται τῶν σπαθίων αὐτῶν καὶ μάχονται εὐ τάκτως ἐν τῷ τάψει αὐτῶν μένοντες (*Strat.*, XIIB 16, 46-49).

40 VÉGÈCE, *Epitoma*, I, 20, 23: *Sed cum ad pila, ut apellant, uenitur et manu*

mais ao golpe de talho e os golpes eram, na maioria das vezes, desferidos de uma guarda alta, verticalmente ou ligeiramente na diagonal do lado direito para o esquerdo: a guarda alta é usada por um caçador prestes a acertar um leopardo no mosaico do pórtico sudoeste do peristilo do palácio imperial de Constantinopla.[41] Quanto à direção do golpe, sabemos, pelo sentido das feridas encontradas nas partes frontais e parietais esquerdas dos crânios de machos adultos, que eram militares ou que sofreram alguma violência.[42] A estocada não era tampouco impossível. Considerada como mais eficaz, ela devia ser preferencial no caso de pressão.[43]

Mesmo sendo arma secundária, a *spatha* não foi pouco utilizada: seu tamanho permitia estender a distância de segurança da infantaria aumentando a zona letal atravessada por seu adversário, dois elementos que desempenham um papel importante na implementação da *paraphalange* e a que pertencem também a adoção da lança longa e o aumento do "poder de fogo" nas li-

---

ad manum gladiis pugnatur, tunc dextros pedes in ante milites habere debent, ut et latera eorum subducantur ab hostibus, ne possint uulnus accipere et proximior dextra sit, quae plagam possit infere. Ibid., II, 23, 5: *Ad palum quoque uel sudibus exerceri percommodum est, cum latera uel pedes aut caput petere punctim caesimque condiscant. Saltus quoque et ictus facere pariter adsues-cant, insurgere tripudiantes in clipeum rursusque subsidere, nunc gestiendo prouolare cum saltu, nunc cedentes in terga resilire.*

41 TRILLING, 1989, fig. 38.

42 Para saber mais da alta era anglo-saxã, durante a qual a *spatha* foi usada em contextos semelhantes aos que encontramos no tempo dos romanos tardios, ver a análise das lesões cranianas sofridas por seis guerreiros enterrados em Eccles: WAKELY, 1997, p. 25-35; BOYLSTON, 2000, p. 369-371. Sobre o período romano tardio: FILER, 1997, p. 68-70, com base em levantamentos da missão britânica da Baixa Núbia (1907-1911) e referindo-se à bibliografia anterior.

43 JULIUS AFRICANUS, *Cest.*, I, 1, 60-61; VÉGÈCE, *Epitoma*, I, 12: *non caesim sed punctim ferire docendos tirones.*

nhas. No primeiro terço do século III, período de aprovação geral da espada longa na infantaria, Julio Africano (*Cest.*, I, 1, 60-62) remarca bem a vantagem da *spatha* sobre a espada curta: a infantaria romana pode desferir um golpe neutralizante antes do seu oponente entrar em contato. A introdução da *spatha* não pode, então, ser separada da implementação da ordem cerrada, porque, não impedindo a espada estoque, ela oferecia para aquele que a usava a possibilidade de um golpe de talho poderoso, sem abandonar a proximidade da parede de escudos de seus companheiros.

De talho, a *spatha* ameaçava o crânio, os ombros, os membros direitos do corpo, a perna esquerda; de estoque, adiciona-se o rosto e o pescoço, o flanco esquerdo e os vãos entre as peças de equipamento. Os ferimentos infligidos a um grupo de sármatas limigantes pelas *spathas* das tropas de Constâncio II em 358 são particularmente explícitos (AMMIEN MARCELLIN, *Res gestae*, XVII, 13, 10): golpe de estoque nos flancos (*pectora incidebat*), golpe de talho na panturrilha (*succisis poplitibus*) e na mão direita (*dexteris amputatis*). Encontramos o mesmo tipo de ferimentos infligidos pela infantaria romana aos godos, em Adrianópolis em 378 (*Ibid.*, XXXI, 13, 4). Elas cruzam as zonas que, de acordo com Vegécio, o *tiro* deve aprender a acertar.[44] A escolha de uma ou de outra parte do corpo para atingir dependia das aberturas criadas pelo uso dinâmico do escudo para desequilibrar o oponente, ou fazê-lo abrir a guarda. A posse crescente pelos oponentes de Roma de armas defensivas, como capacetes e armaduras além do escudo tradicional, limitava

44 VÉGÈCE, Epitoma, I, 11, 7: *Contra illum palum tamquam contra aduersarium tiro cum crate illa et claua uelut cum gladio se exercebat et scuto, ut nunc qua¬si caput aut faciem peteret, nunc a lateribus minaretur, interdum contenderet poplites et crura succidere, recederet adsultaret insiliret, quasi praesentem aduersarium, sic palum omni impetu, omni bellandi arte temptaret.*

as oportunidades para desferir diretamente um golpe mortal. Mas, como já vimos para a lança, o objetivo do soldado de infantaria era mais neutralizar do que levar à morte, esta última poderia ocorrer após uma série de lesões não imediatamente letais, uma vez estando o oponente no chão, por exemplo.[45]

Considerações Finais

Ao final deste rápido estudo, claramente vê-se a coerência entre os testemunhos fornecidos por fontes de natureza variada, produzidas em contextos geográficos, cronológicos e culturais diferentes. Apesar das convenções relacionadas à sua natureza e à sua inscrição em um estilo, também relacionadas à circulação de modelos, as representações figurativas corroboram ou esclarecem os textos históricos e os tratados técnicos. Entre os séculos III e VI, o manejo das armas no exército romano mostra a busca de um equilíbrio entre três requisitos: a adaptação dos modos de combate à ordem de *paraphalange* agora dominante, a preservação das capacidades da esgrima individual do soldado nas primeiras fileiras, a versatilidade do armamento para as tropas chamadas frequentemente para conduzir as operações de guerra de baixa intensidade. A infantaria romana tardia luta de forma a tirar proveito das suas capacidades de esgrimista ao abrigo de sua linha, segundo uma tradição tática "nacional", mantendo-se fora do alcance do inimigo graças à extensão e à capacidade protetora do seu equipamento, associada ao "poder de fogo" e à ameaça de reforço, que fazia pesar sobre o adversário seus companheiros não diretamente envolvidos.

---

45 Para saber mais sobre a guarda do soldado de infantaria e as áreas do corpo ameaçadas pela *spatha*, ver também: STEPHENSON, 1999, p. 70-71, 74-75; SYVÄNNE, 2004, p. 254-256.

Fontes

AGATHIAS. AGATHIAS MYRINENSIS. *Hist.* Éd. R. Keydell, CFHB 2A, Berlin, 1967; trad. anglaise J. D. C. Frendo, Berlin, 1975; trad. Française P. Maraval, Paris: Les Belles Lettres, 2007.

AMMIEN MARCELLIN. AMMIANUS MARCELLINUS. *Res Gestae.* Éd., trad. (française) et notes E. Galletier *et al.*, 6 vol., Paris: CUF, 1968-1999.

DION CASSIUS. CASSIUS DIO. *Hist.* Éd. H. B. Foster, trad. (anglaise) E. Cary, 9 vol., Londres: Loeb, 1970-1982.

HERODIÉN. HERODIANUS. *Hist.* Éd. et trad. (anglaise) C. R. Whittaker, 2 vol., Londres: Loeb, 1969-1970; trad. (française) D. Roques, Paris: Les Belles Lettres, 1990.

JULIEN. IULIANUS. *Or.* Opera omnia. Tome I, 1. éd. J. Bidez, Paris: CUF, 1932.

JULIUS AFRICANUS. IULIUS AFRICANUS. *Cest.,* éd. et trad. (fançaise) J. R. Vieillefond, Publication de l'institut français de Florence I, 20, Florence, 1970.

MAURICE. MAURICIUS. *Strat.* Éd. et trad. (allemande) G.T. Dennis, E. Gamillscheg, CFHB 17, Vienne, 1981; trad. (anglaise) G.T. Dennis, Philadelphie, 1984.

PROCOPE. PROCOPIUS. *Bella.* Éd. J. Haury, G. Wirth, 2 vol., Teubner, Leipzig, 1962-1963 ; trad. (anglaise) H. B. Dewing, 5 vol., Loeb, Londres, 1969[4].

SYRIANUS MAGISTER. *Strat.* Éd. et trad. (anglaise) G. T. Dennis, CFHB 25, Washington, 1985.

VÉGÈCE. VEGETIUS *Epitoma. Epitoma rei militaris.* Éd. M. D. Reeve, Oxford, 2004; trad. anglaise N. P. Milner, TTH 16, Liverpool, 1996; trad. italienne M. Formisano, Milan, 2003.

Referências Bibliográficas

BECATTI, G. *La colonna coclide istoriata*. Problemi storici, iconografici, stilistici. Rome: 'L'Erma' di Bretschneider, 1960.

BOSWORTH, A.B. Arrian and the Alani. *HSCPh*, 81, p. 217-255, 1977.

______. Arrian and Rome: the Minor Works. *ANRW* II, 34, 1, p. 226-275, 1993.

BOYLSTON, A. Evidence for Weapon-Related Trauma in British Archaeological Samples. In: COX, M.; MAYS, S. (eds.). *Human Osteology in Archaeology and Forensic Science*. Londres: Greenwich Medical Media, 2000, p. 357-380.

BRIZZI, G. *Il guerriero, l'oplita, il legionario*. Bologne: Il Mulino, 2008.

CAMPBELL, B. Teach yourself how to be a general. *JRS*, 77, p. 13-29, 1987.

CARANDINI *et alii*. *Filosofiana la villa di Piazza Armerina*. Immagine di un aristocratico romano al tempo di Costantino. Palerme: S. F. Flaccovio, 1982.

CARMAN. J. (éd.). *Material Harm*. Archaeological studies of war and violence. Glasgow: Cruithne Press, 1997.

DARKO, E. Influences touraniennes sur l'évolution de l'art militaire des Grecs, des Romains et des Byzantins. *Byzantion*, 10, p. 443-469, 1935.

FILER, J. M. Ancient Egypt and Nubia as a Source of Information for Cranial Injuries. In: CARMAN. J. (éd.). *Material Harm*. Archaeological studies of war and violence. Glasgow: Cruithne Press, p. 47-74, 1997.

JANNIARD, S. Armatus, scutatus et la catégorisation des troupes dans l'armée romaine tardive. In: LE BOHEC, Y.; WOLFF. C. (éd.). L'armée romaine de Dioclétien à Valentinien Ier. ACTES

DU TROISIEME CONGRES DE LYON SUR L'ARMEE ROMAINE, 12-14 SEPTEMBRE 2002, Lyon, p. 389-395, 2004.

______. Les formations tactiques en éperon et en tenaille dans l'armée romaine. *MEFRA*, 116/2, p. 1001-1038, 2004b.

______. Végèce et les transformations de l'art de la guerre aux IVe et Ve siècles après J.-C. *Antiquité Tardive*, 16, p. 19-36, 2008.

KIECHLE, F. Die «Taktik» des Flavius Arrianus. *BRGK*, 45, p. 87-129, 1964.

LE BOHEC, Y.; WOLFF. C. (éd.). L'armée romaine de Dioclétien à Valentinien Ier. ACTES DU TROISIEME CONGRES DE LYON SUR L'ARMEE ROMAINE, 12-14 SEPTEMBRE 2002, Lyon, 2004.

LENDON, J. E. *Soldiers and Ghosts.* A History of Battle in Classical Antiquity. New Haven: Yale University Press, 2005.

MAREC, E. *Hippone.* La rayale antique *Hippo regius*. Alger: Impremerie officiel, 1950.

NICASIE, M. J. *Twilight of Empire.* The Roman Army from the reign of Diocletian until the Battle of Adrianople. Amsterdam: Brill Academic Pub, 1998.

PICCIRILLO, M. *The Mosaics of Jordan*. Amman: American Center of Oriental Research, 1993.

RANCE, Ph. The Fulcum, the Late Roman and Byzantine Testudo: the Germanization of Roman Infantry Tactics? *GRBS*, 44, p. 265-326, 2004.

______. Narses and the Battle of Taginae (Busta Gallorum) 552: Procopius and Sixth-Century Warfare. *Historia*, 54/4, p. 424-472, 2005.

______. Battle. In: SABIN. Ph.; VAN WESS, H.; WHITBY, M. (éd.). *The Cambridge History of Greek and Roman Warfare.*

Volume II: Rome from the late Republic to the late Empire. Cambridge, p. 342-378, 2007.

ROCCO, M. *L'esercito romano tardoantico. Persistenze e cesure dai Severi a Teodosio I*, Padoue, 2012.

SPEIDEL, M. P. The Framework of an Imperial Legion. In: BREWER, R. (éd.). *The Second Augustan Legion and the Roman Military Machine*. Cardiff, p. 125-143, 2002.

STEPHENSON, I. P. *Roman Infantry Equipment*. The Later Empire. Stroud: Tempus Publishing Ltd, 1999.

______. *Romano-Byzantine Infantry Equipment*. Stroud: Tempus, 2006.

SYVÄNNE, I. *The Age of the Hippotoxotai*. Art of War in Roman Military Revival an Disaster (491-636). Tampere: University Press, 2004.

TRILLING, J. The Soul of the Empire: Style and Meaning in the Mosaic Pavement of the Byzantine Imperial Palace in Constantinople. In: *Dumbarton Oaks Papers*, 43, p. 27-72, 1989.

______. Identification and analysis of violent and non-violent head injuries in osteo-archaeological material. In: CARMAN. J. (éd.). *Material Harm*. Archaeological studies of war and violence. Glasgow, p. 24-46, 1997.

WHEELER, E. L. The Legion as Phalanx. *Chiron*, 9, p. 303-318, 1979.

______. The Legion as Phalanx in the Late Empire I. In: LE BOHEC, Y.; WOLFF. C. (éd.). L'armée romaine de Dioclétien à Valentinien Ier. ACTES DU TROISIEME CONGRES DE LYON SUR L'ARMEE ROMAINE, 12-14 SEPTEMBRE 2002, Lyon, p. 309-358, 2004.

______. The Legion as Phalanx in the Late Empire II. *EMA*, 1, p. 147-175, 2004b.

A representação do Imperador e de sua política nas moedas de Juliano, o Apóstata

Darío N. Sánchez Vendramini[1]

Introdução

Poucas figuras do mundo antigo seguem nos fascinando como o imperador Juliano, com seu breve reinado de 20 meses entre os anos de 361 e 363. No centro da perene atração que exerce tal personagem histórico se encontram, sem dúvida, sua renúncia à fé cristã e seu intento de restaurar a antiga religião politeísta no Império Romano. O fracasso de seu intento faria com que o imperador fosse posteriormente julgado como uma personalidade trágica e romântica, capaz de suscitar paixões fundamentadas em diferentes opiniões sobre o significado de seus atos: para uns, o diabólico apóstata; para outros, o heroico defensor do helenismo. Durante o século XX, o Imperador Juliano foi fonte de inspiração de diversas obras literárias e também de um número quase incontável de estudos acadêmicos. O interesse tem se mantido inalterado nas últimas décadas, quando se observa sua presença em mais de vinte biografias e monografia e centenas de artigos sobre todos os aspectos de sua vida e obra.[2]

---

1 Professor Doutor da Universidad Nacional de La Rioja. Investigador Científico do CONICET.

2 Carecemos de estudos bibliográficos detalhados sobre Juliano que incluam a produção das últimas décadas. Os trabalhos do período pós-

As cunhagens de Juliano não se excetuaram a esse contexto. Se em 1959 o inglês J. P. C. Kent, estudioso da numismática, se surpreendia com o escasso número de estudos dedicados às moedas desse imperador, nas cinco décadas transcorridas desde então a situação se modificou completamente e contamos com numerosos trabalhos dedicados ao tema. A nova moeda de bronze de módulo maior - mais conhecida como AE3 ou dupla maiorina - recebeu atenção particular dos estudiosos, foi introduzida por Juliano em sua reforma monetária do ano de 362 d.C. Com diâmetro por volta de 28 milímetros, essa moeda apresentava uma superfície especialmente interessante para representar motivos elaborados. No anverso se pode ver o busto de Juliano com uma coroa de pérolas e uma barba longa, rodeado pela legenda DN FL CL IVLIANVS PF AVG. No reverso se vê representado um touro à direita, olhando para frente, com duas estrelas em cima e a legenda SECVRITAS REI PVB. O debate acadêmico tem se concentrado na interpretação do significado desse tipo original de reverso, que rompe com a tendência vigente, desde o reinado de Constantino, de repetir um repertório limitado de tipos estabelecidos focados em conceito gerais referentes ao soberano e ao Estado, especialmente à sua capacidade de garantir a defesa frente aos inimigos e a estabilidade interna. A relação evidente dessa representação com a política de restauração dos cultos pagãos realizada por Juliano é evidente e reconhecida pelos autores.

-guerra são analisados por KAEGI JR., 1965. Um breve resumo dos debates acadêmicos em torno da figura e da obra de Juliano pode ser encontrado em TOUGHER, 2007. Pode-se encontrar, também, abundante informação bibliográfica em: ROSEN, 2006, p. 527-546; BAKER-BRIAN;TOUGHER, 2012, p. 339-373; ELM, 2012, p. 494-527. Também se pode consultar BRINGMANN, 2004, p. 237-242.

Além desse consenso geral, tem se apresentado, como veremos, as mais diversas teorias sobre a identificação específica e o significado concreto desse motivo. Neste trabalho será apresentada, em primeiro lugar, uma introdução geral às cunhagens de Juliano. Trata-se de um ponto de partida para uma revisão das diferentes hipóteses interpretativas sobre o significado do tipo de reverso da dupla maiorina introduzida por Juliano. Finalmente, meu objetivo é apresentar uma nova proposta explicativa que sirva de síntese para os aportes mais relevantes às pesquisas precedentes.

As cunhagens de Juliano como César

Após a supressão definitiva do usurpador Magêncio e seus seguidores em 353 d.C. e a execução, no ano seguinte, de César Galo pela suspeita de que pretendia construir uma base de poder independente, Constâncio II se tornou o único Augusto à frente do Império Romano. A magnitude dos desafios militares aos que devia fazer frente excedia, no entanto, as capacidades de um único soberano e Constâncio teve que recorrer ao último membro da família de Constantino que permanecia com vida para se associar numa posição subordinada ao poder imperial, seu primo Flávio Cláudio Juliano. Ao brilhante César foi cedida a administração da Gália, mas Constâncio, aplicando pela experiência do que ocorreu com Galo, tomou cuidados para que as verdadeiras rendas do poder ficassem concentradas nas mãos de funcionários que lhe foram leais.

Em razão dessa posição subordinada, a designação de Juliano como César não alterou de forma significativa a produção monetária, que continuou representando os tipos estabelecidos durante o reinado de Constâncio. Em nome de Juliano se cunharam moedas de ouro, prata e bronze tanto em locais de cunhagem Ocidentais, como Orientais. As moedas incluem no seu anverso um retrato do César jovem e se caracteriza por mostrar invariavelmente a cabeça descoberta, enquanto que o de Constâncio aparece sempre portando o diadema de pérolas ou um elmo. Comparado aos retratos do Augusto, esse retrato acentua claramente a condição inferior de Juliano. Como exemplo podemos apresentar o seguinte sólido cunhado na Antioquia que em seu reverso apresenta o tipo usual das cunhagens de Constâncio que comemoram os votos pelo aniversário de seu reinado, as figuras entronadas de Roma e Constantinopla sustentando um escudo. Esse tipo foi introduzido depois da vitória sobre Magêncio e simboliza, sem dúvida, a unidade do império.

Este sólido foi cunhado no mesmo local junto com outros muito semelhantes com o nome de Constâncio:

Figura 01: Juliano II. AV solidus (4,44 g). Antioquia.

Anverso: DN IVLANV-S NOB CAES, busto drapeado com couraça à direita com a cabeça descoberta. Reverso: GLORIA REI PVBLICAE, Roma e Constantinopla entronadas, sustendo, entre elas, escudo adornado com estrelas. Constantinopla tem seu pé sobre os restos de um barco destruído. SMANZ em exergo. RIC 167.

O mesmo tema se repete no seguinte medalhão de ouro cunhado em Arelate, reforçando o conteúdo militar da representação:

Figura 2: Constâncio II. AV Solidus (4,44 gr.) Antioquia 355-361 AD.

Busto frontal, com elmo, diadema de pérolas e couraça, sustém uma lança sobre o ombro com a mão direita e porta um escudo, adornado com um ginete que esmaga um bárbaro. Reverso: GLORIA REIPVBLICAE Roma e Constantinopla entronadas sustém escudo redondo com a legenda VOT / XXX / MVLT / XXXX. Em exergo SMANI. RIC 162.

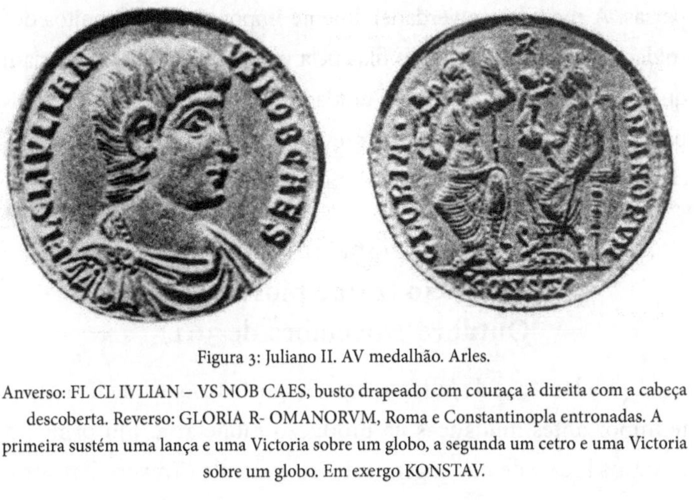

Figura 3: Juliano II. AV medalhão. Arles.

Anverso: FL CL IVLIAN – VS NOB CAES, busto drapeado com couraça à direita com a cabeça descoberta. Reverso: GLORIA R- OMANORVM, Roma e Constantinopla entronadas. A primeira sustém uma lança e uma Victoria sobre um globo, a segunda um cetro e uma Victoria sobre um globo. Em exergo KONSTAV.

Até o momento de sua designação, Juliano só havia mostrado sua inclinação para os estudos literários e filosóficos, carecendo totalmente de experiência política e militar. No entanto, o jovem César se revelaria, surpreendentemente, como um talentoso líder militar e como um administrador responsável e eficaz. Enquanto que Constâncio tinha poucos êxitos para apresentar em relação aos territórios sob sua responsabilidade, Juliano, em somente dois anos, conseguiu restabelecer as fronteiras da Gália e garantir a segurança da região com triunfos e acordos de grande importância com os alemães e o francos, particularmente, por sua grande vitória na batalha de Estrasburgo no ano de 357 d.C. Essas importantes vitórias fariam de Juliano um líder extremamente popular tanto entre os soldados como entre os habitantes da região. Logo depois do triunfo de Estrasburgo, as tropas o proclamaram Augusto, mas o jovem César recusou a honra, enfatizando sua lealdade a Constâncio.

A situação mudaria no ano de 360 d.C., quando Constâncio reclamou a transferência de numerosos contingentes de tropas gaulesas para a frente ocidental como parte da próxima campanha contra os persas. A medida era verdadeiramente impopular, pois muitos dos soldados tomaram parte nas filas pela promessa de que não teriam que abandonar sua pátria. As unidades foram agrupadas em Paris para começar sua viagem, mas, previsivelmente, se rebelaram e proclamaram Juliano como Augusto que, dessa vez, aceitou o título.

As cunhagens de Juliano como Augusto junto a Constâncio (princípios de 360 – Outubro/Novembro de 361)

A proclamação de Juliano como Augusto trouxe imediatamente importantes mudanças na produção monetária. Em primeiro lugar, os locais de cunhagem sob seu controle (Treveri, Arelate e Lugdunum) aumentaram fortemente seu nível de atividade, sem dúvida isso ocorreu para dar ao novo soberano os recursos necessários para recompensar generosamente as tropas às que devia sua nova posição e cuja lealdade frente aos desafios futuros seria importante para preservá-la. Sabemos, por Amiano (20.4.18), que Juliano havia prometido um donativo de cinco sólidos e uma libra de prata para cada soldado. Nessa primeira etapa, os tipos de reverso se mantiveram, em princípio, inalterados. As únicas mudanças imediatas foram as legendas no anverso, que passaram imediatamente a refletir o novo título imperial, e seu retrato, que incluía o diadema de pérolas demonstrando a paridade formal de sua posição com a de Constâncio.

Durante os primeiros meses depois da proclamação, Juliano se esforçou para chegar a um acordo de coexistência com Constâncio que dividisse entre eles os territórios do império e, para conseguir isso, estava inclusive disposto a reconhecer diante de seu primo uma primazia formal na hierarquia. Nesse contexto de busca por um pacto diplomático que permitisse evitar o começo da uma guerra civil, Juliano conservou as aparências e não revelou sua adesão ao paganismo nem deixou crescer sua barba. Pela mesma razão, também prosseguiu cunhando os tipos de reverso utilizados durante seu período como César. Podemos ver um exemplo disso na seguinte siliqua de Arelate.

Figura 4: JULIANO II. AR Siliqua 2,15 gr. Arelate.
DNIVLIAN – VS PF AVG busto drapeado com couraça e diadema de pérolas, à direita
Reverso: VOT / V / MVLT / X coroa rodeando a legenda. Em exergo TCON. RIC VIII 295

Outro exemplo das cunhagens desse período é a miliarense liviana de Arelate: neste caso se trata de um tipo puramente militar que exalta expressamente o valor dos exércitos. Este reverso já havia sido cunhado em Arelate no nome de Constâncio, mas agora era Juliano quem se apropriava dele e o utilizava para render homenagem a suas tropas.

Figura 5: Juliano II. AR miliarense liviana, 22 mm, 3,88 g. Arles.
Anverso: DN IVLIAN-VS PF AVG, busto drapeado à direita com diadema de pérolas e couraça. Reverso: VIRTVS EXERCITVM, soldado de pé olhando para a direita, sustendo lança e com a mão apoiada no escudo. Marca de ceca SCON. RIC VIII Arles 290.

Outro exemplo representativo das cunhagens deste período é o seguinte sólido de Arelate que continua com o tipo de reverso já estabelecido no período anterior com as representações de Roma e Constantinopla.

Figura 6: Juliano II. AV solidus. 4,41 gr. Arles.
Anverso: FL CL IVLIA_NVS PERP AVG busto drapeado à direita com diadema de pérolas e couraça. Reverso: GLORIA REIPVBLICAE Roma e Constantinopla entronadas sustêm escudo redondo com a legenda VOT / V / MVLT / X. Em exergo KONS.

Alguns dos locais de cunhagem sob o controle de Juliano (Arelate e Lugdunum) seguiram, inclusive, nos primeiros meses após a proclamação, cunhando moedas em nome de Constâncio ou dos dois Augustos.[3] Apesar desses esforços de Juliano para chegar a um entendimento, rapidamente se pôs em evidência que Constâncio não estava disposto a aceitar e compartilhar o poder com seu primo, recusando-se a considerá-lo de outra forma que não fosse como usurpador. Depois da proclamação de Juliano, o resto do ano de 360 e os primeiros meses de 361 se destinaram ao intento de chegar a um acordo diplomático e a movimentos militares preparatórios, como as campanhas punitivas de Juliano destinadas a assegurar a fronteira do Reno, requisito imprescindível

3 Ver como exemplo RIC VIII, p. 192-193.

antes de qualquer deslocamento de tropas em direção ao oriente. Finalmente, no verão de 361, Juliano partiu da Gália à frente de seu exército em busca do confronto decisivo.

Juliano dividiu seu exército em três partes que marcharam por caminhos distintos até a região dos Balcãs, a porta até o Oriente. Sem encontrar resistência significativa, em fins do verão a estratégica cidade de Sirmino caiu em suas mãos. Aqui, porém, o avanço se deteve e Juliano fixou sua residência temporária na cidade de Naísso. Um primeiro grupo de sólidos cunhados em Sirmino e Tessalônica introduz o novo reverso militar que continuará sendo cunhado durante todo o reinado de Juliano, se diferenciando do resto porque Juliano aparece representado no anverso com uma barba curta. Uma primeira emissão leva em seu reverso a legenda VIRTVS EXERCITVS ROMANI que rapidamente é substituída pela mais generalizante VIRTVS EXERCITVS ROMANORVM (RIC VIII, Siscia 409 e Sirmio 92-95). Para Klaus Rosen, essas moedas começaram a ser cunhadas durante a estadia de Juliano em Naísso, quer dizer, antes da morte de Constantino (ROSEN, 2006, p. 220).

16

Figura 7

Isso seria, então, uma prova de que o imperador havia começado a deixar crescer sua barba nesse período. Frank Gilliard, pelo contrário, argumenta que Juliano começou a deixar crescer a barba somente depois de sua entrada em Constantinopla, mas não fez referência nesses sólidos. Para Kent, todas essas séries corresponderiam ao período depois da morte de Constâncio (RIC, VIII, p. 132). Em todo o caso, a nova imagem de um imperador com barba rompia com uma tradição de várias décadas que foi iniciada pelo primeiro imperador cristão, Constantino. A barba de Juliano tinha, assim, um importante significado, era um símbolo visível para todo o mundo de sua ruptura com o cristianismo e de sua defesa do paganismo, além de, ao mesmo tempo, ser um sinal de seu distanciamento do modelo imperial de Constantino e seus filhos.

Figura 8: Juliano II. AV solidus. 4.36 gr. Sirmio.
Anverso: FL CL IVLIA-NVS PP AVG busto drapeado à direita com diadema de pérolas e couraça. Reverso: VIRTVS EXERCI-TVS ROMANORVM Soldado com capacete que sustém um troféu na mão esquerda e coloca a mão direita sobre a cabeça de um cativo ajoelhado. Em exergo estrela SIRM coroa.

FONTE: RIC VIII 095.

Uma variante desses sólidos com reverso militar e retrato com barba curta foi cunhada também em Arelate e Lugdunum, mas com a legenda no reverso VIRTVS EXERCITUS GALLIARUM, um claro reconhecimento das tropas da Gália às quais Juliano devia sua ascensão ao trono. Sua datação gera diversas dificuldades, Kent, em um primeiro momento, os localizava no período da partida de Juliano com suas tropas do Oriente no início do verão de 361, mas depois, no volume correspondente do RIC, mudou de opinião e os datou, sem explicar as razões, como sendo do final do reinado de Juliano. Em minha opinião, o mais convincente é situá-los no mesmo período das emissões de Sirmio e Tessalônica.

Figura 9: Juliano II. AV solidus. 4.36 gr. Arles.
Anverso: FL CL IVLIA_NVS P F P AVG busto drapeado à direita com diadema de pérolas e couraça. Reverso: VIRTVS EX-ERC GALL Soldado com capacete que sustém um troféu na mão esquerda y coloca a mão direita sobre a cabeça de um cativo ajoelhado. Em campo, águia con coroa de louros no bico. Em exergo KONS (TAN ligado). RIC VIII 304.

É provavelmente durante a breve estadia de Juliano em Naísso, antes da morte de Constâncio, que devemos situar a cunhagem, em Tesalonica, de uma enigmática moeda em nome de Augusto Juliano que veio à luz em um leilão no ano de 2011 e que era, até então, completamente desconhecida. A mesma não foi até agora, pelo menos segundo meu conhecimento, objeto alguma análise acadêmica.

Figura 10: Juliano II. AE 3. 1,87 gr. Tesalónica.
Anverso: FL CL IVLIA-NVS P F AVG, busto drapeado à direita com diadema de pérolas e couraça. Reverso: VIRTVS - EXERCITVS Imperador com globo e lábaro, que coloca seu pé sobre um cativo ajoelhado. Em exergo TES Δ. Não incluída em RIC.

Durante o período de sua estadia em Naísso, Juliano enviou cartas às principais cidades da Grécia, do Ilírico e da Macedônia para incluí-las em sua causa. Tessalônica parece ter estado entre as que se decidiram tardiamente a seu favor, pois no local em que se cunhavam as moedas da cidade também se emitiram os sólidos com reverso militar cunhados em Sirmio e Siscia, mostrando seu retrato com uma barba rudimentar no anverso e que provavelmente datam desse período. A presente moeda de bronze corresponderia a essas emissões tardias, pois no retrato parece se reconhecer, apesar do estado de conservação não ser dos melhores, o mesmo estilo de barba muito curta. O tipo de reverso é inconfundivelmente cristão e foi incluído em diversas cunhagens em bronze de Constâncio II produzidos no mesmo local. É claro que essa moeda é uma emissão concluída antes que a intenção de Juliano de abandonar a fé cristã fosse evidente. É, além disso, uma demonstração de que suas intenções em relação à religião eram completamente desconhecidas até esse momento. A explicação mais provável é que foi produto de funcionários locais que ignoravam a mudança da política religiosa que Juliano pretendia realizar. Esta série foi rapidamente interrompida, suprimida, mais especificamente quando Juliano se transformou em soberano único do Império e isso explica o fato de existir apenas um exemplar.

Em meados de Outubro de 361, também Constâncio empreendeu, finalmente, a marcha ao Ocidente junto com suas tropas em busca do enfrentamento decisivo de seu rival. Uma semana mais tarde, ao alcançar Tarso, o imperador deteve a marcha ao se ver afetado por febres. Pouco depois, em 3 de novembro, faleceu. A notícia chegou a Juliano em Naísso naquele mês. Ele interpretou o oportuno falecimento de seu rival como uma mostra inquestionável do favor dos deuses a sua causa. Juliano se transformou repentinamente no único dono do mundo romano e tinha nesse momento, finalmente, as mãos livres para fazer pública sua renúncia ao cristianismo e sua adesão aos deuses tradicionais. Em fins de novembro, Juliano abandonou Naísso em direção a Constantinopla, onde chegou em 11 de dezembro.

As cunhagens de Juliano como Augusto único

Após a morte de Constâncio, a maioria de seus funcionários e das unidades militares de seu exército reconheceram imediatamente Juliano como seu líder, o imperador, em fins de novembro, saiu de Naísso para entrar em Constantinopla, em 11 de dezembro, como único dono de todas as terras romanas. É debatida por especialistas a data exata em que Juliano, pela primeira vez, teria realizado publicamente sacrifícios aos deuses tradicionais e sancionado os decretos que dispunham a restauração dos templos pagãos e o perdão aos cristãos dissidentes exilados. Bowersock situa esses acontecimentos como ocorridos já em Naísso, pelo contexto da euforia ocasionada pela notícia da morte de Constancio (BOWERSOCK, 1978, p. 70). Mas é difícil crer que Juliano teria tomado decisões semelhantes em um contexto tão incerto, no qual lhe faltava segurança sobre ter obtido adesão efetiva das forças de Constantino e dos funcionários da cidade do Oriente. Juliano dedicou, de fato, as primeiras semanas em Constantinopla a afirmar seu poder. Uma vez terminados os festejos após sua chegada à cidade e as cerimônias do funeral de Constâncio, os dias seguintes foram dedicados por uma série de processos judiciais promovidos em Calcedônia contra os partidários de convicções mais incertas do imperador falecido (AMIANO 22.3). Alguns deles perderam seus cargos no exército e na corte, outros poucos perderam, inclusive, a vida. Além disso, Juliano reduziu consideravelmente a corte de Constâncio, substituindo o luxo de seu predecessor por um regime austero, expulsando, sobretudo, muitos cristãos que se sobressaiam nas delegações palatinas. Parece mais provável que tivesse sido nesse momento, quando sua posição frente ao Estado Romano já era indisputável, que Juliano começou a realizar sacrifícios aos antigos deuses publicamente e que promulgou os decretos de restituição e tolerância.

Nos meses seguintes se veria uma profusão de reformas nos âmbitos mais diversos, um dos principais objetivos era reduzir a burocracia e os encargos fiscais sobre os contribuintes para melhorar a situação do Império. Juliano também se dedicou durante esses meses à composição de uma série de tratados, verdadeiras encíclicas, nas quais expunha para o público culto os preceitos centrais de sua concepção filosófico-religiosa. Finalmente, em junho de 362, Juliano completou suas medidas religiosas com outro decreto que impedia aos professores cristãos o ensino de gramática e retórica.

A mudança significativa que representava a prática aberta do culto aos deuses tradicionais e a política de restauração dos mesmos não se refletiu, em um primeiro momento, na produção monetária de Juliano, que seguiu com predominância de temas militares. A única mudança expressiva se deu nos retratos do imperador, que conservaram todas as suas características do período anterior, embora apresentando uma barba cada vez maior. Como exemplo podem-se apresentar os seguintes sólidos cunhados em Constantinopla:

Figura 11: Juliano II. AV solidus. 4.46 gr. Constantinopla.

Anverso: FL CL IVLIA_NVS PP AVG busto drapeado à direita com diadema de pérolas e couraça. Reverso: VIRTVS EXERC-ITUS ROMANORVM Soldado com capacete que sustém um troféu na mão esquerda e coloca a mão direita sobre a cabeça de um cativo ajoelhado. Em exergo: CONS. RIC VIII 156.

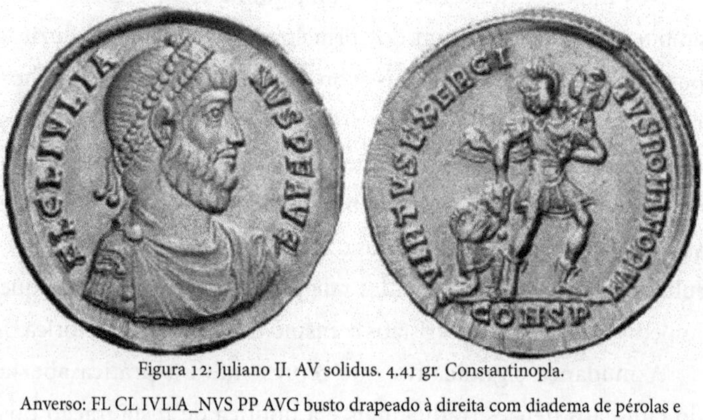

Figura 12: Juliano II. AV solidus. 4.41 gr. Constantinopla.

Anverso: FL CL IVLIA_NVS PP AVG busto drapeado à direita com diadema de pérolas e couraça. Reverso: VIRTVS EXERCI-TUS ROMANORVM Soldado com capacete que sustém um troféu na mão esquerda e coloca a mão direita sobre a cabeça de um cativo ajoelhado. Em exergo: CONSP entre palmas. RIC VIII 157.

Figura 13: Juliano II. AV solidus. 4.48 gr. Constantinopla.
Anverso: FL CL IVLIA_NVS P F AVG busto drapeado à direita com diadema de pérolas e couraça. Reverso: VIRTVS EXERCI-TUS ROMANORVM Soldado com capacete sustém um troféu na mão esquerda e coloca a mão direita sobre a cabeça de um cativo ajoelhado. Em exergo: CONSP. RIC VIII 158.

A imagem de barba cerrada nessa última moeda foi a norma para todas as cunhagens no período final do reinado de Juliano. Tratava-se de uma característica sem precedentes imediatos na tradição dos retratos numimásticos romanos. Ficava claro que seu modelo não era a barba minuciosamente trabalhada dos imperadores da tetrarquia, mas uma barba larga e um pouco descuidada que caracterizava a dos filósofos.

Em junho de 362, Juliano partiu para a Antioquia para dirigir os preparativos de uma ambiciosa campanha militar contra os persas. Sua estadia foi somente de nove meses, mas se revelou fortemente conflituosa. Sua devoção aos deuses antigos e sua insistência na prática de sacrifícios não foram as melhores cartas de apresentação numa cidade onde a maioria da população aderia à fé cristã. A isso se somaram problemas no abastecimento de grãos que contribuíram com sua impopularidade.[4]

4 Sobre isso, ver: DOWNEY, 1951, p. 312-321.

Ao apresentar-se como um filósofo asceta de barba cerrada e hábitos simples, Juliano rompeu decididamente com a tradição de representação do poder imperial da dinastia constantiniana. No entanto, sobre uma prática que era característica de reduzidos grupos intelectuais não se podia esperar muita compreensão. Inclusive a população pagã de Antioquia não parecia se sentir atraída pela sofisticada teologia neoplatônica de Juliano e sua ênfase na realização de inúmeros sacrifícios.[5] Tudo parece indicar que os antioquianos viam o novo soberano como portador de valores obsoletos e anacrônicos. Logo começaram a circular pela cidade epigramas ridicularizando a aparência e a política do imperador. Nesse contexto hostil, Juliano se concentrou nas tarefas do governo e na escrita de uma série bastante heterogênica de obras literárias que representaram, em certa medida, sua resposta aos questionamentos de seus contemporâneos, embora, por outro lado, também demonstrassem o intento de passar seu plano cultural à ofensiva e difundir suas ideias com intenção de conquistar a aprovação das elites letradas do Oriente romano para suas perspectivas e objetivos.

A reforma das moedas de bolhão baixo

Foi provavelmente entre fins de 362 e princípios de 363, no começo de sua estadia na Antioquia, que Juliano introduziu uma reforma geral das moedas de bolhão baixo do Império.[6] A reforma consistiu na introdução de duas novas moedas, uma que apresentava peso em torno de 8,25 gramas, denominada hoje como dupla maiorina ou AE1, e uma menor, com cerca de 3 gramas, classificada, por seu diâmetro, como AE3. As novas moedas foram cunhadas

5 Os comentários de Amiano em 22.12.6 são muito ilustrativos a respeito deste ponto.

6 Sobre a datação da introdução desta reforma ver: ARCE, 1984, p. 186-187.

em todos os locais de fabricação do império e sempre com motivos idênticos. Os únicos centros de produção de moedas que não produziram a nova AE1 foram Treveris, Roma e Alexandria. Sem dúvida, isso se deu porque, antes da implementação, foram necessários pelo menos alguns meses de planejamento e preparação.

A medida pretendia dar uma resposta à deterioração das moedas de bolhão baixo durante a última etapa do reinado de Constâncio II, que causou uma notável perda de valor em relação às peças de prata e ouro. Desde o fim da tetrarquia, o Estado Romano não havia conseguido manter um sistema de cunhagem adicional estável, já que a crescente pressão sobre seus recursos forçava permanentes reduções no peso e qualidade das moedas, mas deixava inalterado seu valor nominal. Isso apontava para um permanente acréscimo no valor das moedas de ouro e prata em relação às de bronze, um peso para a grande maioria dos habitantes do império que se viam forçados a adquiri-las para poder pagar seus impostos. A estabilização da moeda de bolhão era provavelmente um complemento da política de diminuição de gastos e redução da pressão fiscal sobre a população do império.

Periodicamente se realizaram reformas para tentar resolver esse problema. A medida adotada era sempre a mesma: a introdução de uma nova moeda com peso um pouco maior e de melhor qualidade que pudesse ter um valor nominal maior que suas predecessoras. Em todos os casos, o Estado havia levado os próprios esforços ao fracasso porque a crescente pressão sobre os gastos levava rapidamente à redução dos modelos de peso e composição metálica nas novas cunhagens. A reforma de Juliano seguiu exatamente o mesmo padrão. A única novidade foi que sua implementação veio acompanhada de uma forte redução de atividade nos diferentes locais de cunhagem do Império. A medida, sem dúvida, era parte do programa geral de conservação monetária dos recursos públicos que havia levado Juliano a reduzir, também em outros âmbitos, como vimos, o número de funcionários. Além disso, é provável que a redução de locais de cunhagem aponte também para a uma preocupação em evitar a superprodução de novos tipos, o que poderia prejudicar seus planos.

Quadro da redução de oficinas em diferentes locais de cunhagem na época de Juliano		
Local de cunhagem	N° de *officinae* sob domínio de Constancio II	N° de *officinae* sob domínio Juliano II
TREVERIS	2	2
LYON	2	2
ARLES	3	3
ROMA	7	4
AQUILEIA	3	2
SISCIA	4	2
SIRMIUM	2	2
TESALONIKA	5	2
HERACLEA	5	3
CONSTANTINOPLA	11	4
NICOMEDIA	6	3
CYZICO	6	3
ANTIOQUIA	15	4
ALEXANDRIA	4	4

A diferença do que ocorria com as moedas de ouro e prata que é que tinham como destinatários diretos quase exclusivamente os membros do exército e os burocratas, as de bolhão constituíam a porção que mais circulava por serem utilizadas pela maioria da população do império em suas transações econômicas cotidianas. O volume de suas emissões e sua velocidade de circulação era muito maior, o que as tornava especialmente indicadas para a circulação de mensagens e Juliano aproveitou essa possibilidade colocando-a a serviço de sua política religiosa. A ideia de que as moedas constituíam um meio de comunicação no mundo antigo é muito debatida, mas o exemplo da reforma monetária de Juliano é um argumento que torna essa ideia possível.

A nova AE3 representa uma pequena melhora na qualidade e peso em relação a sua predecessora. No anverso essa peça introduz um novo retrato do imperador com armadura completa, escudo e lança, o que acentua o caráter militar do soberano. No reverso se repete o tema das *decennalia* do imperador. Na cunhagem de algumas oficinas, a barba de Juliano alcança um protagonismo especial com uma extensão que supera a que se vê nas cunhagens prévias, como no seguinte exemplo de Heracleia:

Figura 14: Juliano II. AE3. 2.98 gr. Heraclea.

Anverso: D N FL CL IVLI_ANVS P F AVG Couraça, busto à esquerda com diadema de pérolas e elmo com cymera. O imperador leva uma lança apontando para a frente e um escudo no braço esquerdo. Reverso: VOT/X/MVLT/XX coroa de louros fechando a legenda. Em exergo: HERACLEA. RIC VIII 106

A peça central da reforma monetária era sem dúvida a nova moeda de bolhão baixo de grande volume, conhecida como AE1. Seu diâmetro, por volta de 28 milímetros, a transformava em uma superfície especialmente atraente para trazer motivos elaborados. No reverso se pode ver o busto de Juliano com sua coroa de pérolas e uma grande barba, contornado pela legenda DN FL CL IVLIANVS PF AVG. Diferente de todas as outras cunhagens de seu reinado, que reproduziam tipos de reverso já estabelecidos, nesse caso se introduziu algo completamente novo: um touro à direita, olhando para a frente, com duas estrelas em cima e a legenda SECVRITAS REI PVB. Esses motivos atraíram rapidamente a atenção dos contemporâneos, como sabemos por causa do próprio Juliano que em seu *Misopogon* nos indica como essa moeda foi rejeitada e ridicularizada pela população preponderantemente cristã da Antioquia (Misopogon 355D). Não há dúvidas de que esse novo tipo de reverso tinha uma especial importância para Juliano. O que se nota pelo fato de que esse tipo único foi selecionado para uma nova moeda destinada a circular por todas as regiões do império.

Figura 15: Juliano II. AE1. 8.93 gr. Sirmio.
Anverso: D N FL CL IVLI_ANVS P F AVG busto drapeado à direita com diadema de pérolas e couraça. Reverso: SECVRITAS REI PVB touro à direita e olhando para frente, com duas estrelas em cima. En exergo: estrela BSIRM palma. RIC VIII 107.

Esta moeda tem atraído também a atenção dos estudiosos, porque sinaliza uma clara intenção de ruptura com a tradição ao introduzir um motivo de reverso completamente original contrastando com a tendência vigente desde o reinado de Constantino marcada pela repetição de uma série de temas estabelecidos. De fato, desde a conversão do imperador Constantino ao cristianismo, os motivos pagãos foram desaparecendo paulatinamente das moedas, sendo substituídos por conceitos mais gerais fazendo referências, sobretudo, ao soberano, ao exército e ao Estado, especialmente à sua capacidade de garantir a defesa frente aos inimigos e a estabilidade interior.

As interpretações do reverso da dupla maiorina de Juliano na historiografia

A interpretação da imagem do touro no anverso tem sido muito debatida pelos especialistas. Em 1798, Joseph Eckel fez ligação desse motivo com a notícia transmitida por Amiano Marcelino (22.14.6) sobre o descobrimento de um novo touro Ápis no ano de 362, um acontecimento que foi recebido com grande entusiasmo por Juliano e considerado, provavelmente, como um presságio favorável à próxima campanha contra os persas. Esta interpretação se baseia no fato de que desde os tempos do imperador Calígula, era frequente durante o Alto Império que a aparição de um novo touro Ápis fosse anunciada nas cunhagens imperiais. Suas representações numimásticas são frequentes apenas nas moedas cunhadas pelo Estado Romano no Egito, de circulação limitada a esta província. Por outro lado, a moeda de Juliano carece das características clássicas que identificam a Ápis em suas representações: o disco solar entre os chifres e as diferentes marcas sagradas em seu corpo pelas quais era reconhecido pelos sacerdotes ao nascer, particularmente a forma de lua nova nas costas. O culto ao touro Ápis tinha estreita relação com os de Ísis e Osíris-Serapis. Juliano, certamente, conhecia o culto a Serapis, mas é significativo que, de todos os seus escritos, só menciona tal fato em cartas destinadas a pessoas que estavam no Egito. Desde fins do período ptolemaico, esses cultos começaram a se difundir também fora do Egito e se encontram representações do touro Ápis em diversas regiões do império, seu maior impacto, contudo, foi em Roma e na Itália. Apesar disso, é difícil pensar que esse culto foi conhecido por uma parte significativa da população do império. De fato, a forma como Amiano reporta a descoberta do novo touro Ápis parece indicar que não esperava que seus leitores estivessem familiarizados com ele. Além disso, trata-se de uma interpretação problemática pelo fato de que entre os poucos locais de cunhagem que não produziram esta moeda se encontram precisamente em Alexandria e Roma, onde se esperava que o público estivesse mais bem informado a respeito.

A primeira explicação alternativa foi dada em 1888 por C. W. King em um breve comentário à ilustração da moeda em questão, num volume com suas traduções de algumas obras de Juliano, Libânio e Gregório de Nazianzo. Afirma que o touro do reverso só pode referir-se a Mitra, enquanto as estrelas representariam os discursos. O significado conjunto de ambos os símbolos seria o da "restauração da tranquilidade" após anos de transtornos e guerras civis durante o reinado de Constâncio (KING, 1888, p. XII).

A tese tradicional seguiu sendo aceita de maneira geral até a primeira metade do século XX, mas, a partir dessa época, temos numerosas interpretações diferentes como propostas. O primeiro autor a oferecer uma nova explicação foi o numimástico inglês J. P. C. Kent, que, num artigo publicado em 1954 relacionou o tipo dessa moeda com uma passagem de Dião Crisóstomo (orat. 2.66ss.) na qual se discute o uso de touro, por Homero, como metáfora do bom governante (KENT, 1954). Para Kent, Juliano teria se inspirado nessa passagem e o touro no reverso dessa moeda seria uma representação metafórica do próprio Imperador como bom soberano e guardião de seu povo. Como já assinalaram Frank Gilliard e Javier Arce, entre outros, essa tese não se sustenta ao considerar, primeiro, que Juliano nunca faz referência à passagem de Dião Crisóstomo quando discute o tema da realeza em suas obras e, segundo, que Juliano não poderia esperar que uma alusão desse tipo fosse entendida pelos habitantes do império quando vissem a moeda. Outro problema dessa tese é que não explica a presença das duas estrelas sobre o touro.

A tese de Kent não teve muita aceitação, mas a partir de sua publicação se intensificou o debate sobre o significado da cunhagem de Juliano e começaram a surgir numerosas interpretações alternativas. Em 1962, Hermann Thieler voltou, com uma análise mais detalhada, à tese de que o touro devia ser interpretado como uma representação de Mitra. Frank Gilliard, por sua vez, em 1964, propôs outra explicação alternativa interpretando o reverso sob uma leitura astrológica como alusão ao signo zodiacal de Juliano, touro (GILLIARD, 1964). De acordo com essa interpretação, a primeira das estrelas nessa moeda seria Aldebaran, a mais brilhante das que compõem a constelação de Touro, a segunda seria uma representação genérica das plêiades. Contra essa tese se argumenta, convincentemente, que o nascimento de Juliano não ocorreu em maio e que esse simbolismo astrológico não poderia ser facilmente decifrado pelas pessoas que observassem a moeda.

Em seu estudo de 1984 sobre as fontes para o reinado de Juliano, Javier Arce apresenta um detalhado estudo das cunhagens desse imperador também tratando da interpretação do reverso da moeda em questão. Enquanto outros autores tentaram reconhecer uma mensagem mais precisa, Arce argumenta que este motivo é só uma referência genérica à necessidade e importância de fazer sacrifícios para garantir a segurança do estado proclamada na legenda, tal como Juliano mesmo fez durante sua estadia na Antioquia. Essa interpretação traz, em minha opinião, dois problemas não menores que os outros citados. Em primeiro lugar, não há no motivo qualquer referência concreta à prática do sacrifício, nada como um altar etc. Em segundo lugar, essa tese não dá conta do significado das estrelas colocadas sobre o touro, que Arce deixa de lado argumentando que poderia ser um "mero adorno", sem significado (ARCE, 1984, p. 192).

J.-L. Desnier, por sua vez, em um artigo publicado no ano de 1985, relaciona as estrelas nesta moeda com a representação tradicional dos discuros que considera como um símbolo do retorno periódico e eterno dos fenômenos cósmicos. O touro é interpretado, pouco convincentemente, como uma referência a Augusto, que na sua condição de restaurador e renovador das tradições seria um modelo para Juliano (DESNIER, 1985).

Em 1998, John Vanderspoel defendeu com novos argumentos a teoria já apresentada por King y Thieler de que o touro é uma representação de Mirta. O autor parte dos resultados dos trabalhos de pesquisa sobre mitraísmo de R. Beck e outros que chegaram à conclusão, por conta das opiniões tradicionais de Franz Cumont, de que o mesmo é uma religião com forte conteúdo astronômico (VANDERSPOEL, 1998).

A partir da contribuição desses estudos, Vanderspoel defende que o reverso da moeda de Juliano, antes que uma representação genérica de Mitra, contém, mais precisamente, uma representação específica da cena de Mitra matando o touro, imagem central do culto a Mitra. A representação mais comum dessa cena mostra Cautes à direita e Cautopate à esquerda do espectador, portando tochas como símbolo do sol na primavera e no outono. Esses personagens são associados às estrelas mais importantes das constelações de Touro e Escorpião, ou seja, Aldebaran e Antares. O problema que essa interpretação oferece, no entanto, é que a cena descrita carece do seu elemento mais importante, isto é, Mitra matando o touro, que é elemento definitivo presente em todas as representações desse tipo que se conhece.

Num artigo publicado em 1999, F. Marco Simón propôs uma importante nova tese. Segundo o autor, o reverso da moeda de Juliano apresenta um conteúdo polissêmico adaptado a dois níveis diferentes de acordo com seus possíveis receptores. Por um lado, se trataria de um convite para se retornar à prática tradicional dos sacrifícios de animais e, mais concretamente, uma menção ao taurobolio, elemento central do rito de mistérios de Cibeles e Atis. Num segundo nível, mais elitista, esse reverso ilustraria por meio das duas estrelas associadas ao touro a mensagem de descensão e ascensão das almas de que dão conta alegoricamente o discurso de Juliano *A la madre de los dioses* e o tratado de Salsutio *Sobre los dioses y el mundo* (MARCO-SIMÓN, 1999).

Referências Bibliográficas

ARCE, J. *Estudios sobre el Emperador Fl. Cl. Juliano:* fuentes literarias, epligrafía, numismática. Madrid: Consejo Superior de Investigaciones Científicas, 1984.

BAKER-BRIAN, Nicholas; TOUGHER, Shaun (eds.) *Emperor and author*: the writings of Julian the Apostate. Swansea: The Classical Press of Wales, 2012.

BOWERSOCK, G. *Julian the Apostate*. Cambridge Ma.: Harvard University Press, 1978.

BRINGMANN, Klaus. *Kaiser Julian*. Der letzte heidnische Herrscher. Darmstadt, WBG, p. 237-242, 2004.

DESNIER, J.-L. Renaissance taurine. *Latomus* T. 44, Fasc. 2, p. 402-409, 1985.

DOWNEY, Glanville. The Economic crisis at Antioch under Julian. In: COLEMAN, Norton (ed.). *Studies in Roman Economic and Social History in Honor of A. C. Johnson*. Princeton: University Press, p. 312-321, 1951.

ELM, Susanna. *Sons of Hellenism, fathers of the church:* Emperor Julian, Gregory of Nazianzus, and the vision of Rome. California: University Press, p. 494-527, 2012.

GILLIARD, F. D. Notes on the coinage of Julian the Apostate. *Journal of Roman Studies*, 54, p.135–41, 1964.

KAEGI JR, Walter Emil. Research on Julian the Apostate 1945-1964. *The Classical World*, 58.8, p. 229-238, 1965.

KENT, J. P. C. Notes on some fourth-century coin types. *Numismatic Chronicle*, 14, p. 216-217, 1954.

KING, C.W. *Julian the emperor, containing Gregory Nazianzen's two Invectives and Libanius' Monody with Julian's extant theosophical works*. Londres: G. Bell and Sons, 1888.

MARCO-SIMÓN, F. Ambivalencia iconica y persuasion ideologica: las monedas de juliano con representacion del toro. *Athenaeum*, vol. 87.1, p. 201-214, 1999.

ROSEN, Klaus. *Julian. Kaiser Gott und Christenhasser*. Stuttgart: Klett Cotta, p. 527-546, 2006.

TOUGHER, Shaun. *Julian the Apostate.* Debates and Documents in Ancient History series. Edinburgo: University Press, 2007.

VANDERSPOEL, J. Julian and the Mithraic bull. *Ancient History Bulletin* 12.4, p. 113-119, 1998.

Os discursos sobre a peregrinação aos lugares santos no século IV d.C.: um estudo das cartas 2 e 3 de Gregório de Nissa

Helena Amália Papa[1]

Considerações Iniciais

A compreensão dos percursos e percalços que os textos escritos antigos percorreram até chegar ao nosso legado podem proporcionar elementos que auxiliam a nossa interpretação dos discursos contidos em determinado texto.

Como objetivo, nesse capítulo, almejamos debater acerca de duas cartas de autoria do Bispo cristão niceno Gregório de Nissa (335/340-394) que abarcam a temática da peregrinação aos lugares santos. Sendo assim, por meio do conteúdo das missivas 2 e 3 e do conhecimento da tradição manuscrita e da transmissão do texto, poderemos colher informações a fim de complementar a nossa interpretação histórica sobre essas missivas, bem como acrescentarmos à nossa análise, a discussão acerca da autoria dessas epístolas. Também poderemos perceber que diante determinados contextos históricos durante o século XVII, tais cartas

---

1 Professora Doutora do Departamento de História e do Programa de Pós-graduação em História da Universidade Estadual de Montes Claros–Unimontes. Apoio Fapemig. Pesquisadora do Laboratório de Estudos sobre o Império Romano-MA, USP e do Grupo de Estudos sobre o Império Romano da UNESP, Campus Franca.

tiveram a autoria de Gregório de Nissa negada de acordo com problemáticas específicas que envolveram a discussão da autoria dessas cartas dentre grupos que tinham opiniões diversas sobre a peregrinação aos lugares santos.

Gregório de Nissa foi um Bispo cristão niceno que viveu entre os anos 335/340 a 394 d.C. na Província da Capadócia, Diocese do Ponto, região central da Ásia menor, porção oriental do Império Romano. Assim como a grande maioria dos bispos dessa época, o seu codinome citadino refere-se à cidade onde exerceu o episcopado, de 372 a 394 d.C. É conhecido na historiografia como um dos três Padres Capadócios, juntamente com o seu irmão Basílio de Cesareia e amigo Gregório de Nazianzo. Dentre outras contendas político-religiosas das quais participou, foi aos cristãos arianos eunomianos a quem Gregório direcionou a maioria de suas obras. Sendo assim, os Padres Capadócios são reconhecidos pela historiografia e literatura patrística como os pilares da defesa do dogma trinitário.

Nosso objetivo recai sobre a análise de duas cartas específicas de Gregório, cuja temática central aborda viagens que o Bispo realizou para Arábia e Jerusalém, Província da Palestina. Utilizando-se de um cargo recebido pelo Imperador Teodósio, conforme o próprio bispo nos relata, Gregório é citado nominalmente na *Constitutio* XVI,1,3 do Código Teodosiano, datada de 30 de julho de 381 d.C. Enquanto "restaurador dos assuntos da fé nicena", Gregório visitou várias cidades a fim resolver conflitos político-religiosos, em sua maioria, relacionados com o dogma trinitário.

> Cod. Theod. XVI,1,3 (30 de julho de 381) Dos Imperadores Graciano, Valentiniano [II] e Teodósio [I], Augustos, a Auxônio, proconsul da Ásia.

Nós ordenamos para transmitir para todas as igrejas, que os bispos confessem que o Pai, o Filho e o Santo Espírito são somente uma majestade, uma única energia, uma glória. Que eles não estabeleçam nenhuma diferença por uma distinção ímpia, mas que eles reconheçam o decreto da Trindade pela existência das pessoas e pela unidade da divindade. Que esses bispos manifestem sua comunhão com Nectário, Bispo da igreja de Constantinopla [que assumiu após renúncia de Gregório de Nazianzo], assim como com aqueles que, no Egito, estão associados à Timóteo, bispo da cidade de Alexandria; àqueles bispos que [...] estão em comunhão com Pelágio, bispo de Laodiceia, Diodoro, bispo de Tarso; na Ásia Proconsular e na Diocese da Ásia, com Anfilóquio, bispo de Icônio, Ótimo, bispo de Ancira; na diocese do Ponto, com o bispo Heládio de Cesareia, Otreio de Melitene, Gregório de Nissa, Terênio, bispo de Sítia, Mármário, bispo de Marcianópolis. Eles devem obter o encargo das igrejas católicas, já que estão em comunhão e associação com esses bispos de vida recomendável. Todos aqueles que estão em desacordo com a comunhão de fé dos bispos citados serão expulsos das igrejas como heréticos notórios. Doravante, esses heréticos não poderão mais exercer a autoridade e obter os recursos das igrejas. Que os santos ministros mantenham a verdade na lei de Niceia e que depois desse mandamento ninguém faça, nem receba, uma manobra fraudulenta (Nossa tradução, assim como os demais excertos apresentados nesse capítulo).

No decorrer da análise da documentação referente às cartas 2 e 3, percebemos o quanto o conhecimento da tradição manuscrita e da transmissão do texto das cartas foi imprescindível para uma melhor compreensão e interpretação do conteúdo e para as discussões sobre a autoria e datação das cartas.

A relação entre o documento e o historiador e, consequentemente, a análise documental já foram muito discutidas na e pela historiografia. Em um primeiro momento, observamos uma abordagem mais tradicional e positivista, na qual somente os fatos colocados em uma ordem cronológica, em busca das origens, foram considerados históricos. De um momento historiográfico em que a fonte falava por si, o tratamento documental passou a preocupar-se com problemáticas relacionadas com a produção, circulação, influências e contexto para interpretação dos documentos.

Acreditamos que essa preocupação com outros elementos interpretativos subjacentes ao tratamento documental deve-se, também, à discussão acerca da subjetividade da e na História. Dois antiquistas brasileiros, Norberto Luiz Guarinello e Pedro Paulo Abreu Funari complementam-se ao debater a relação do historiador com os vestígios por ele estudados, no intuito de desvincular o ofício do historiador como mero relator do passado, pois "de fato, não se deve confundir *passado* e *relato do passado*" (FUNARI, 2003, p. 16. Grifos do autor). Nesse sentido, "Tais vestígios [...] não são o próprio passado, mas algo bastante diferente. Não são representativos do que aconteceu de um modo uniforme ou regular [...], são necessariamente descontínuos e desconexos" (GUARINELLO, 2003, p. 43; 45).

Ora, se é o próprio historiador que deve dar sentido, continuidade e conexão à documentação por meio de sua interpretação, o sujeito passou a ter um papel primordial no fazer História. No tocante a essa compenetração do olhar do sujeito na História, Funari nos corrobora:

> A aceitação da subjetividade da História deve ser ligada a dois processos da vida intelectual do século XX. Em primeiro lugar, ao influxo da Filosofia deve ser creditada a difusão da própria noção de subjetividade. Todo conhecimento, não apenas, nem especificamente, o *conhecimento do passado*, mas toda a compreensão resulta de *sujeitos do conhecimento* (FUNARI, 2003, p. 17-18. Grifos nossos).

Nesse ínterim, se, em tal primeiro processo relatado por Funari, é que se apoia nossa tentativa de relacionar subjetividade aos novos elementos ligados à crítica documental; é no segundo processo apontado por esse historiador que se pontua a importância de entender as circunstâncias de produção, conteúdo e circulação do documento, como podemos verificar abaixo:

> Paralelamente à filosofia, a linguística e a semiótica viriam influenciar, decisivamente, o estudo de todas as ciências, em particular as humanas. A noção de que todo conhecimento expressa-se, necessariamente, como um *discurso* implicou o reconhecimento da importância de sua autoria e de seu público, assim como da forma e conteúdo desse discurso (FUNARI, 2003, p. 18. Grifo do autor).

No tocante às temporalidades presentes no ofício do historiador, Rémond (2003, p. 14) apresenta três tempos distintos que devem ser levados em consideração pelo historiador: as temporalidades de quem escreve, a do momento em que se escreve e, por último, a temporalidade sobre o momento, propriamente dito, que se escreve. A partir dessas informações, estendemos essas temporalidades ao texto escrito antigo. Em nosso entendimento, a primeira temporalidade diz respeito à longa duração, pois o autor leva para o seu texto tudo o que o compõe enquanto ser humano: sua memória desde seu nascimento, seu aprendizado retórico, seu pertencimento social e a *paideia* que circulava naquele momento; a segunda, do momento em que escrevemos, pertence à curta duração, uma vez que o momento da escrita em si é mais rápida e efêmera quando comparada à temporalidade anterior; e, por fim, o tempo sobre o qual escrevemos é variável pois pertence, em nosso entendimento, a média e longa duração, já que tal temporalidade está relacionada aos nossos objetivos e hipóteses ligadas aos fatos que são narrados. Portanto, a temporalidade inserida em um texto escrito representa, para nós, a inter-relação dessas três apresentadas e quaisquer tentativas de entendimento sobre a forma de escrever da Antiguidade deve perpassar a relação do texto com o seu contexto.

O epistolário de Gregório de Nissa

Dentre os Padres Capadócios, o epistolário de Gregório chegou até as nossas mãos em número reduzido quando comparado com o conjunto de correspondências dos outros dois bispos. Logo, o testemunho deixado pelo Nisseno em suas correspondências é considerado pequeno, em um total de 30 (sendo 28 de sua autoria e 2 destinadas a ele), quando comparado às correspondências de Basílio de Cesareia e Gregório de Nazianzo, respectivamente 366 (possui várias autenticidades discutidas) e 249 missivas (das quais 244 são de sua autoria).

As cartas eram consideradas tão importantes quanto discursos, homilias e sermões durante o século IV d.C., pois, assim como os panegíricos, as missivas eram vistas como documentos oficiais vigiados de perto pela esfera imperial. A carta como se entendeu durante muito tempo, "como um escrito efêmero, de ocasião, com a finalidade exclusiva de substituir uma conversa oral que não pode se realizar por causa da distância" (DROBNER, 2003, p. 182) só foram igualmente preservadas na Antiguidade casualmente. Esse fato não indica a sua inexistência, mas poucas foram preservadas ou pelo interesse de seu conteúdo, ou pelo próprio material, menos durável, em que foram escritas.[2]

Apesar do *cursus publicus* ter sido uma infraestrutura criada pelo Imperador Augusto a fim de garantir o transporte seguro de pessoas importantes, alimentos, recursos de guerra e mensagens oficiais (BASLEZ; ANDRÉ, 1993), com a afirmação do discurso cristão e toda a malha administrativa que se criava a partir dela, tal infraestrutura passou a ser utilizada, igualmente, para o transporte de escritos oficiais e de autoridades religiosas. Como exemplo, pode ser citado o primeiro Concílio Ecumênico, ocorrido em Niceia (325 d.C.), convocado pelo Imperador Constantino que disponibilizou para os bispos de várias regiões do Império Romano o *cursus publicus* para sua locomoção.

Como pudemos perceber, tratou-se de um artifício oficial, ao qual os eclesiásticos tinham acesso. Porém, não queremos dizer que não existiam outros meios de enviar cartas. Hubertus Drobner (2003) nos traz notícias que a remessa de cartas particulares também poderia ocorrer por meio privado utilizando-se de escravos. Tais mensagens poderiam ser escritas ou, até mesmo, orais.

O *cursus publicus* não era somente o correio imperial e, de fato, era vigiado pelo poder central tal como Gregório de Nissa nos legou essa informação em sua carta 2:

---

2 Sobre o tipo de carta e sua relação com o material utilizado para sua circulação (tabuinhas de madeira, papiro, pergaminho e outros materiais duráveis) ver: DROBNER, 2003, p. 182-187.

> Então, como o tão piedoso Imperador nos possibilitou as facilidades para o trajeto graças ao transporte público [δημοσίον ὀχήματος], sofremos somente o necessário comparado a outras formas de fazer o mesmo trajeto, pois o transporte foi para nós como uma igreja e um mosteiro, nos quais, durante todo o percurso oramos e jejuamos pelo Senhor (GREGÓRIO DE NISSA, Carta 2,13 datada após 381 d.C.).

Um estudo da francesa Claire Sotinel (1998) acerca do poder do Bispo nas cidades no século IV d.C., nos levou a repensar sobre uma ideia que sempre tivemos acerca da Antiguidade Tardia: a indissociabilidade total entre o público e o privado. Ao apontar três categorias de trabalho exercidas sob a autoridade do Bispo, a saber: serviço pessoal e doméstico, tarefas ligadas ao patrimônio da igreja e afazeres ligados à organização da igreja; Sotinel (1998, p. 106) propõe que algumas práticas faziam parte da esfera particular do clero sem nenhuma outra analogia na estrutura imperial. Ao encontro dessa interpretação está a pesquisa de Éric Rebillard (1998) sobre a relação do Bispo e da cidade no século IV d.C. a partir da correspondência de Agostinho de Hipona:

> Outro resultado da releitura da correspondência de Agostinho é mostrar que, claramente consciente de ser uma "pessoa privada", ele é cuidadoso ao demarcar os limites entre a autoridade do bispo sobre um cristão e de um poder de um magistrado (REBILLARD, 1998, p. 151. Grifo do autor).

Logo, percebemos não se tratar de uma distinção entre as esferas pública e privada e sim uma proposta de aceitar que poderiam existir certas práticas que permaneciam dentro da própria estrutura hierárquica religiosa e que, enquanto privada – nessa proposta supracitada – permanecia dentro do clero. Henry Chadwick (1980, p. 2) também chama a atenção para os vários tipos de privado. Ao analisar um caso específico, o estudioso declarou que "a organização interna da comunidade cristã de Coríntio não era, e nem poderia ser, uma matéria puramente privada".

Somos conscientes da dificuldade em distinguir, dentre todas as relações externas das igrejas, aquelas que dizem respeito aos afazeres oficiais daquelas que envolvem as relações pessoais entre os bispos. Todavia, o próprio *cursus publicus* nos parece um bom exemplo e passível de ser detectado. Quando os bispos utilizaram o meio de transporte disponibilizado pelo Imperador Constantino na ocasião do Concílio de Nicéia de 325 d.C., para nós, tratou-se claramente de uma disponibilidade oficial desse recurso. Sendo assim, o testemunho de Gregório de Nissa, na carta 2 supracitada, também nos corrobora, pois ele pôde utilizar o transporte em outra ocasião porque o "tão piedoso Imperador possibilitou". Portanto, "quando o governante coloca à disposição dos bispos o *cursus publicus* ou uma escolta armada, é de fato, antes de tudo, um gesto político" (SOTINEL, 1998, p. 122).

Entretanto, também é interessante notar o uso cada vez mais crescente, por parte dos bispos, desse artifício oficial para enviar cartas pessoais. Em quaisquer coleções de cartas, de qualquer personagem cristão durante o século IV d.C., nós teremos ao menos uma missiva de cunho pessoal. Porém, os casos devem ser particularizados já que "a constante utilização de funcionários imperiais aparece como uma novidade importante que deve ser investigada" (SOTINEL, 1998, p. 114).

Cabe ressaltar, que a distinção de algumas práticas públicas e privadas por meio das cartas, já havia sido apontada por Martin R.

P. McGuire no clássico artigo intitulado *Letters and Letter Carriers in Christian Antiquity* publicado em 1960. O estudioso designa às cartas o principal papel de propagador do cristianismo no Império Romano (MCGUIRE, 1960, p. 150).

Faz-se necessário ressaltar que, por esses motivos, a circulação de cartas na Antiguidade e, no nosso caso, no século IV d.C., ocorreu de forma bem distinta da que conhecemos hoje, pelo denominado correio. Entretanto, muitas reflexões realizadas por historiadores, que não são propriamente antiquistas, têm contribuído para entender a carta enquanto documento histórico. Este é o caso do debate proposto pela historiadora Teresa Malatian (2009, p. 203), ao afirmar que "a valorização da experiência individual pela historiografia tem levado os historiadores ao interesse pelas cartas como objeto de investigação em lugar de considerá-las apenas fonte de informações". Apesar de a referida autora abordar essa temática das cartas a partir da contemporaneidade, acreditamos que é possível realizar um diálogo com o presente estudo. Malatian nos alerta que, ao utilizá-las como objetos ou fontes, as cartas precisam ser interpretadas a partir das especificidades do gênero epistolar, pois

> [...] longe de serem espontâneas, as cartas ocultam e revelam seus autores conforme regras de boas maneiras e de apresentação de si, numa imagem pessoal decodificada [e] adquiriram uma dimensão cada vez mais normatizada em preceitos de forma e conteúdo, conforme a posição social dos correspondentes (MALATIAN, 2009, p. 197-198).

No tocante à preocupação com a normatização da escrita, na antiguidade, as cartas deveriam ser confeccionadas a partir das mesmas regras retóricas que os discursos, homilias e tratados. Gregório de Nazianzo nos informa em uma missiva enviada a Nicóbulo, cuja temática aborda três características, a partir das quais, uma carta deveria ser escrita, a saber: a conveniência/brevidade, clareza e graça. Sobre a "arte de escrever cartas" do Nazianzeno:

> Entre aqueles que escrevem cartas, já que tu também me interrogas sobre esse ponto, alguns escrevem mais longamente do que uma carta convém [χρεία] e outros escrevem muito brevemente [συντομία]. Muitos não se atentam à devida mesura das cartas. O insucesso é igual, ainda que proveniente de causas opostas. O tamanho das cartas deve ser determinado pela importância do assunto [...]. Quanto à clareza [σαΦήνεια], o que tu precisas saber é que deve ser evitado ao máximo possível o tom de uma conversa: a melhor e mais bela das cartas será aquela que utilizará o profano, assim como todo homem instruído [...]. Não é oportuno que uma adivinhação seja fácil de entender e uma carta necessite de interpretação. A terceira qualidade das cartas é a graça [χάρις]. Esta nos assegura de não escrever de maneira brusca, desagradável e sem elegância. As figuras de estilo são admitidas, mas em pequeno número [...]. Minha conclusão é a que espero dizer a alguém habilidoso: não deixe de utilizar a graça e a clareza. Isto é o que nós enviamos, em forma de carta, sobre a arte de escrever cartas. Do resto, tu aprenderás pela prática, pois tu tens boa vontade e tuas habilidades nesse assunto te ensinarão (GREGÓRIO DE NAZIANZO, Carta 51 datada entre 384-390 d.C. enviada a Nicóbulo).

Com o excerto da carta de Gregório Nazianzeno acima mencionado, podemos perceber que o gênero epistolar fez parte das práticas culturais presentes na Antiguidade como, por exemplo, a maneira que os antigos construíram e elaboraram seus textos.

Logo, a correspondência é um ritual social bem definido na Antiguidade Tardia, praticada por vários grupos letrados, "conscientes de si e de um código de intercâmbio epistolar" (REBILLARD, 1998, p. 128) que se fez necessário para administrar as relações sociais.

A atividade literária epistolar de Gregório de Nissa que temos acesso vai de aproximadamente 376 d.C. até 394 d.C. (data considerada de sua morte) representando assim, um tempo relativamente curto, no qual todas as cartas datam de seu período episcopal, já que sua ordenação como Bispo da cidade de Nissa ocorreu em 371 d.C. Ressaltamos que a datação supracitada é estimada, pois existem cartas que não foram possíveis de ser registradas no tempo.

De acordo com Pierre Maraval, esse testemunho de Gregório de Nissa representa um corpus bastante diversificado, nos quais podemos detectar pequenos bilhetes, cartas "perfeitamente consistentes" e longas missivas cujos tamanhos supera o próprio gênero epistolar (MARAVAL, 1990, p. 15).

No tocante à transmissão das cartas, Maraval (1990, p. 53) nos informa que o estudo da tradição dos manuscritos mostra o caráter heterogêneo da correspondência de Gregório. Não existe nenhum *corpus* que congregue todas as cartas, principalmente no tocante as cartas 1, 2 e 3, que possuem cada uma, sua própria tradição.

As compilações críticas, mais atuais que tivemos acesso foram as traduções francesa e holandesa. A primeira foi publicada pela *Les* Éditions *du Cerf - Sources Chrétiennes* em 1990, cujos introdução, texto crítico, tradução e notas foram feitos por Pierre Maraval. Trata-se de uma obra bilíngue, grego-francês, compreendendo 30 cartas, 28 de autoria de Gregório e 2 endereçadas a ele. A outra foi publicada pela editora *Brill* em 2007, cuja introdução, tradução e comentários foram feitos por Anna M. Silvas que, por sua vez, utilizou-se da compilação italiana de Giorgio Pasquali (1925) para a tradução. Desta forma, representa uma compilação em que o autor apresenta somente o texto em língua inglesa – razão esta que optamos em utilizar, primordialmente, a edição bilíngue grego-francês. Assim como na compilação de Maraval, Silvas apresenta 30 cartas, adicionadas de fragmentos de mais 7 cartas as quais são intituladas de *Supplementary Collection*.

Silvas acrescenta, à edição de Maraval, várias informações sobre a biografia de Gregório, o que acreditamos ter sido possível graças aos novos interesses historiográficos de 1990 até a publicação de sua compilação (2007). Entretanto, no tocante a transmissão do texto e tradição dos manuscritos, sua compilação pouco difere da de Maraval.

Apontamentos sobre a Carta 2

Na missiva de número 2, cuja temática central permeia sua ida à Jerusalém, tomamos conhecimento de outra viagem que Gregório fez para "restabelecer a ordem na Arábia" (Carta 2, 1-2). Dessa forma, essas viagens ficaram conhecidas como *missão na Arábia e Jerusalém*. Gregório utiliza o cargo recebido durante o Concílio de Constantinopla como legitimidade para suas viagens e ações:

> Eu recebi esse cargo do santo concílio para ir a essas regiões, a fim de restabelecer a ordem na igreja da Arábia. Como a Arábia faz fronteira com a região de Jerusalém, eu prometi aos chefes das santas igrejas de Jerusalém fazer uma correção da conturbada situação em que eles se encontravam, já que

> eles necessitavam de um mediador (GREGÓRIO DE NISSA, Carta 2,12, datada após 381 d.C.).

Além disso, em resposta a uma carta recebida previamente, conforme o primeiro parágrafo da missiva: "Desde que tu me consultaste, meu caro, em tua carta, eu pensei que seria conveniente responder os pontos na devida ordem [...]. (Carta 2,1)", Gregório de Nissa não aconselha a peregrinação dos sacerdotes e monges à Jerusalém (Carta 2, 3,18).

O destinatário dessa carta é desconhecido e obtivemos acesso a duas possibilidades que foram lançadas na historiografia até o momento, que podemos detectar e analisar a partir da missiva.

Na primeira possibilidade, segundo Maraval (1990, p.107-108, nota 2), a carta *Sobre aqueles vão à Jerusalém* teria um destinatário único: Censitor (χηνσίτωρ), um magistrado responsável pelos impostos taxados aos monges. Mas Silvas (2007, p.115) chama atenção ao fato de que no período tornou-se usual utilizar títulos de cargos oficiais, tais como *Censor* e *Censitor*, como nomes próprios. Nessa perspectiva encontra-se a segunda possibilidade de destino e público-alvo para essa carta: a um monge chamado Censitor, extensível aos monges. Essa possibilidade parece-nos mais verossímil, quando fazemos uma intertextualidade com a coleção de cartas de Basílio de Cesareia, na qual a carta 284, datada de seu período episcopal, ou seja, entre 370 a 378 d.C., foi endereçada a um tal Censitor, *Para assunto dos monges.*

Nessa proposta, a passagem pode ser interpretada da seguinte maneira:

> Portanto, meus caros, aconselho os irmãos [ἀδελφοῖζ: irmão no sentido de um monastério, que poderia incluir, inclusive, monjas] a sair de

> seus corpos para estar com o Senhor por meio das orações, ao invés de sair da Capadócia para ir à Palestina (GREGÓRIO DE NISSA, Carta 2,18 datada após 381 d.C.).

Nesse fragmento percebemos uma forte apropriação de Segundo Coríntios, capítulo 5, versículo 8 (2 Cor. 5,8): "Estamos, repito, cheios de confiança, preferindo ausentar-nos deste corpo, para ir habitar junto do Senhor."

Também podemos perceber a opinião, contrária, de Gregório de Nissa sobre as peregrinações aos lugares santos, no caso Jerusalém: o Nisseno aconselha os monges e sacerdotes à transcendência espiritual, por meio da oração e posterior morte (2 Cor. 5,8) para estarem junto ao Senhor, ao invés de irem fisicamente até a Província da Palestina.

Outra interpretação, a partir dessa segunda possibilidade, leva em consideração algumas linhas que aparecem acrescidas à seção 18, exposta acima, no manuscrito K, às quais Maraval denomina de família mista (1990, p.61). Já Silvas, como contribuição ao assunto, a partir do trabalho de Maraval, utiliza as letras *a*, *b* e *c* (SILVAS, 2007, p.121-122). Nesse viés interpretativo, Gregório de Nissa estaria escrevendo especificamente para o monacato feminino, conforme exemplifica o excerto que vamos citar. Essa interpretação também utiliza a Carta 3, que Gregório de Nissa remete para três monjas, logo após retornar a Capadócia após sua viagem a Jerusalém.

> Manuscrito K, família a e b:
> (a) Portanto, meus caros, aconselho os irmãos a sair de seus corpos para estar com o Senhor por meio das orações, ao invés de sair da Capadócia para ir à Palestina, (b) especialmente as monjas

> [ἐξαιρέτως τὰς μοναζούσας: uma dentre várias casas constituintes de uma comunidade cenobítica. Cf. SILVAS, 2007, p. 122, nota 68.]. É necessário que as virgens mantenham distância dos lugares públicos e das vigílias noturnas, pois eu sei a astúcia da serpente que dissemina seu veneno. As virgens deveriam permanecer cercadas de muralhas de todos os lados e sair de sua casa [τῆς οἰκίας] [casa enquanto uma dentre várias constituintes de uma comunidade cenobítica] raramente durante o ano, somente quando as saídas fossem inevitáveis e indispensáveis (GRÉGOIRE DE NYSSE, Carta 2,18(a)(b) datada após 381 d.C.).

Sobre o debate que envolveu os manuscritos da carta 2, Silvas (2007, p. 115) nos informa que a controvérsia data do século XVII e adentrou as disputas entre protestantes calvinistas e católicos, devido à temática dessa missiva abordar *topos* relacionado às peregrinações para lugares santos, no caso, a cidade de Jerusalém. Esses manuscritos do século XVII colocaram em cheque a autoria de Gregório de Nissa, pois, para os católicos, sendo um Padre da Igreja, Gregório aconselharia a peregrinação para um lugar santo.

Como podemos observar a temporalidade de disputas entre calvinistas e católicos daquele momento, durante o processo da Reforma Protestante, influenciou o debate acerca da autoria de tal carta naquele contexto. Enquanto os calvinistas defendiam a autoria ao Nisseno, os católicos negavam, pois, enquanto um dos pilares do dogma trinitário católico, Gregório de Nissa deveria estar consonante à peregrinação aos lugares santos. Já no século XVIII, Tillemont e D. Maran argumentaram em favor do Nisseno e incluíram tal carta no corpus de Gregório. Tal compilação continuou na edição de 1925 de Pasquali, sobre a qual Maraval (1990,

p. 60) adicionou à sua interpretação, dados de manuscritos dos séculos XVI e XVII que, em sua análise, Pasquali negligenciou-os.

Apontamentos sobre a Carta 3

A carta 3 foi endereçada para três jovens mulheres, monjas: Eustácia, Ambrósia e Basilissa. Provavelmente, Gregório as conheceu em Jerusalém, durante a missão descrita na carta 2. A temática envolve a problemática cristológica que Gregório foi chamado para resolver na Arábia.

Maraval (1990, p. 68) explicita que a tradição dos manuscritos da Carta 3 contém pouquíssimas informações, pois somente um *corpus* nos mostra sua trajetória. Assim como a carta 2, esta missiva também aparece nos debates entre os calvinistas, uma vez que seu conteúdo também abarca as peregrinações. O manuscrito em questão é datado do século XVII, 1606, cujas edições posteriores, de 1615 e 1638, de Migne, se basearam.

A edição de 1925, de Pasquali, apresenta muito mais uma preocupação quanto à datação do que autoria. Silvas (2007, p.123), utilizando a informação do próprio Gregório, que ele estava retornando de uma metrópole, no caso, Cesareia (Carta 3,25) nos demonstra argumentos para fixá-la após 381 e não após 379 d.C. (Concílio de Antioquia). Ou seja, ele voltava da missão de Jerusalém, legada a ele no Concílio de Constantinopla (Carta 3,9).

Pelo excerto abaixo podemos perceber episódios que confirmam a datação após 381 d.C. e não após 379 d.C., pois referem-se a um momento em que a fé nicena era "pregada abertamente"

> Agora, por toda a terra, a devoção [aqui devoção é nossa proposta de tradução e significa ortodoxia, ou seja, a fé nicena após 381 d.C. Na tradução francesa Maraval optou por *piété* e na de língua in-

> glesa, Silvas optou por *piety*. Para nós o sentido de piedade, no português não satisfaria essa proposta, daí utilizarmos devoção] é pregada abertamente de maneira idêntica por aqueles que antes combatiam para pregá-la [...] (GREGÓRIO DE NISSA, Carta 3,9 datada após 382 d.C., enviada para três monjas da cidade de Jerusalém).

No fragmento a seguir, correspondente às últimas seções dessa carta, Gregório menciona a metrópole Cesareia:

> Do que somos acusados para ser julgados como pessoas a se evitar? E por que alguns nos revestem de outro altar, como se profanássemos as coisas santas? Este é o motivo do meu coração estar inflamado de ira e tristeza. Eu estou ansioso por voltar à metrópole e retirar a amargura da minha alma escrevendo à vossa caridade (GREGÓRIO DE NISSA, Carta 3,24-25 datada após 382 d.C., enviada para três monjas da cidade de Jerusalém).

A partir dessa interpretação, defende-se a possibilidade da datação em 382 d.C., pelo fato de não termos notícias que o Bispo tenha participado do Concílio daquele ano em Constantinopla e por ele mesmo relatar sua ida à Cesareia.

Considerações Finais

Concluindo, por meio de uma temática comum às duas cartas, a da peregrinação, tais missivas tiveram a sua transmissão de texto relacionada a acontecimentos específicos do século XVII e XVIII. Debates entre protestantes calvinistas e católicos direcionaram a interpretação das cartas 2 e 3 do epistolário de Gregório de Nissa. Tais conhecimentos da transmissão do texto e tradição manuscrita foram essenciais para a discussão acerca da autoria da carta 2, bem como da datação da carta 3. Enfim, com todos esses subsídios pudemos entender melhor as viagens que Gregório referenciou nessas cartas, enquanto missões imperiais.

Fontes

BASILE DE CESARÉE. *Lettres.* Texte établi et traduit par Yves Courtonne. Paris: Les Belles Lettres, 1957-1966, 3v.

BÍBLIA DE JERUSALÉM. São Paulo: Paulus, 2004.

CODE THEODOSIEN - LIVRE XVI. Les lois religieuses des empereurs romains de Constantin à Théodose II (312-438) - V. I. Texte latin: Theodor Mommsen - Traduction : Jean Rougé - Introduction et notes par Roland Delmaire (Université de Lille 3) avec la collaboration de François Richard (Université de Nancy 2) et d'une équipe du GDR 2135. Introdution, notes e index par Élisabeth Mangnou-Nortier. Paris: Les Éditions du Cerf, 2002.

GRÉGOIRE NAZIANZE, Saint. *Lettres.* Texté Établi et Traduit par Paul Gallay. Paris: Les Belles Lettres, 1964, 2v.

GRÉGOIRE DE NYSSE. *Lettres.* Introduction, texte critique, traduction, notes et index par Pierre Maraval. Paris: Les Éditions du Cerf, 1990.

GREGORII NYSENII OPERA. *Epistulas Continens.* Voluminis VIII. Fasciculus II. Ed. Georgius Pasquali. Florença: Berolini, 1925.

GREGORY OF NYSSA. *The Letters.* Introduction, Translation and Commentary by Anna M. Silvas. Leiden, Boston: Brill, 2007.

Referências Bibliográficas

BASLEZ, Marie-Françoise; ANDRÉ, Jean-Marie. *Voyager dans l'Antiquité.* Paris: Fayard, 1993.

BERNARDI, Jean. *La predicacion des peres cappadociens.* Le predicateur et son auditoire. Montpellier, France, 1968.

CARVALHO, Margarida Maria de; PAPA, Helena Amália. Duas vidas em uma só: o comprometimento político, administrativo e religioso de Gregório de Nazianzo e Basílio de Cesaréia no Império Romano (Séc. IV d.C.). In: ROSA, Claudia Beltrão da; et al. (Org.). *A busca do antigo.* Rio de Janeiro: Nau, p. 197-210, 2011.

CHADWICK, Henry. *The Role of the Christian Bishop in Ancient Society.* Protocol of the 35th Colloquy, The Center of Hermeneutical Studies in Hellenistic and Modern Culture, ed. by E. C. Hobbs and W. Wuellner, Berkeley/CA, p. 1-14, 1980.

DROBNER, Hubertus R. *Manual de Patrologia.* Petrópolis, RJ: Vozes, 2003.

FIGUEIREDO, Daniel. *A Controvérsia Nestoriana e suas implicações político-administrativas nas cartas de Cirilo de Alexandria (séc. V d.C.).* 2012. Dissertação (Mestrado em História) – Faculdade de Ciências Humanas e Sociais – Universidade Estadual Paulista – UNESP, Franca, São Paulo, 2012.

FUNARI, Pedro Paulo A. *Antiguidade clássica:* a história e a cultura a partir dos documentos. Campinas: Editora da Unicamp, 2003.

GUARINELLO, Norberto Luiz. Uma morfologia da História: as formas da História Antiga. *Politeia*: Hist e Soc., Vitória da Conquista, vol. 3, n. 1, p. 41-61, 2003.

MACGUIRE, Martin R.P. Letters and Letter Carriers in Christian Antiquity. *The Classical World,* vol. 53, n. 5, p.148+150-153, 1960.

______. Letters and Letter Carriers in Christian Antiquity (Continued). *The Classical World,* vol. 53, n. 6, p. 184-185+199-200, 1960.

MALATIAN, Teresa. Cartas. Narrador, registro e arquivo. In: PINSKY, C.B.; LUCA, T.R. (orgs.). *O historiador e suas fontes.* São Paulo: Contexto, 2009.

MARAVAL, P. Introduction. In: GRÉGOIRE DE NYSSE. *Lettres.* Introduction, texte critique, traduction, notes et index par Pierre Maraval. Paris: Les Éditions du Cerf, 1990.

______. Retour sur quelques dates concernant Basile de Cesarée et Gregórie de Nysse. *Revue d'Historie Ecclesiastique.* Louvain, vol. 99, n. 1, p. 153-157, 2004.

RÉMOND, René. (org.). *Por uma História Política.* Rio de Janeiro: FGV, 2003.

REBILLARD, Eric. Augustin et le Rituel *Épistolaire* de l Élite Sociale et Culturelle de son Temps. *Élements* pour une analyse processuelle des relations de l'êveque et de la cité dans l'Antiquité Tardive. In: REBILLARD, E.; SOTINEL, C. *L'Evêque dans la cité du IV au V Siécle.* Image et Autorité. *École* Fraçaise de Rome, p.127-152, 1998.

SOTINEL, Claire. Le Personnel Épiscopal. Enquête sur la puissance de l'Êveque dans la cité. In: REBILLARD, E.; SOTINEL, C. *L'Evêque dans la cité du IV au V Siécle.* Image et Autorité. École Fraçaise de Rome, p. 105-126, 1998.

______. Les lieux de culte chrétiens et le sacré dans l'Antiquité tardive. *Revue de l'histoire des religions.* Paris, vol. 222, n. 4, p. 411-434, 2005.

As Homilias como documentos históricos para o estudo dos conflitos político-culturais da Antiguidade Tardia

Érica Cristhyane Morais da Silva[1]

História Antiga e fontes documentais

A documentação escrita sempre foi privilegiada dentro das pesquisas históricas. Por muito tempo, fazer história significava necessariamente inferir com base em textos escritos. A revolução documental trouxe para o campo da história novas possibilidades, ampliando a noção de documentos (MARROU, 1978, p. 62; LE GOFF, 1996, p. 540). A história passa a ser escrita mediante toda sorte de material, seja ele textual, imagem, som. Todavia, essa ampliação e agregação de novos recursos documentais não significou um abandono da documentação escrita. Esta sofreria também outro tipo de revolução. Textos antes pouco explorados ou nem sequer considerados pela História tornam-se objeto de estudo como, por exemplo, as homilias, que ficaram por muito tempo legadas ao campo dos estudos teológicos, ou textos legislativos, que recebem novos tratamentos e perspectivas. Assim, documentação escrita também aufere um olhar novo, uma consideração mais detida e crítica.

---

1 Professora Doutora do Departamento de História da Universidade Federal do Espírito Santo – UFES. Pesquisadora do Laboratório de Estudos sobre o Império Romano (LEIR).

Na História Antiga, principalmente na produção nacional, os textos escritos legados pelos autores antigos ainda constituem uma documentação importante e, muitas vezes, indispensável para o conhecimento do Mundo Antigo. No Brasil, os textos escritos ganham mais atenção por uma série de motivos. Dentre esses, gostaríamos de destacar duas razões possíveis: por um lado, a disponibilidade de edições e traduções, ou seja, o relativo fácil acesso ao texto escrito; e, por outro, a aparente sensação de que seria mais fácil lidar com essa documentação do que com a *cultura material*, uma vez que esta exige técnicas específicas, por exemplo, o trabalho com a epigrafia. De fato, a pesquisa relacionada à *cultura material* requer uma formação específica e técnicas que implicam outro tipo de formação. Contudo, o estudo do texto escrito somente aparenta ser fácil. A inferência que se faz do texto requer também todo um aparato técnico que muitas vezes não fica muito explícito. Como a *cultura material*, o texto escrito apresenta dados particulares e limitados. Por isso, a importância de estudá-lo sempre considerando toda uma tradição que o antecedeu para contextualizá-lo, de modo a elucidar a trama que o autor por vezes não explicita. É um trabalho muitas vezes lento e meticuloso para se compreenderem os interesses envolvidos na produção de determinado texto, analisando-se a estrutura utilizada pelo autor para dissertar sobre o que ele pretende e quais informações foram privilegiadas em detrimento de outras. Nesse sentido, o trabalho com o texto escrito torna-se também árduo, o que exige habilidade e conhecimento daquele que infere.

Dentre a variada e numerosa documentação escrita disponível para o estudo do Império Romano da parte oriental, as homilias oferecem dados importantes. Todavia, o recurso a essa documentação no campo da História Antiga tem ocorrido só muito recentemente. Mas, antes de compreender esse documento como uma fonte importante no campo da História Antiga, o que significa ou o que evoca o termo homilia? Segundo Beecher (2003, p. 1), "a palavra homilia", no sentido de "ter comunhão ou manter comunicação com uma pessoa", aparece em *Coríntios* 15, 33, em *Lucas* 24, 14 e em *Atos dos Apóstolos* 24, 26, com o sentido de "conversar com"; mas em *Atos dos Apóstolos* 20, 11 o termo aparece "para significar, pela primeira vez, um sermão em conexão com a partilha do pão". A palavra *homilia*, sempre que evocada, reportaria a este último sentido. Orígenes (185-254), escritor cristão, foi o primeiro a fazer distinção no uso do termo *homilia* (BEECHER, 2003, p. 1). Desde o tempo de Orígenes, *homilia* significa um discurso relacionado à explicação da Sagrada Escritura. Sua forma desenvolve-se gradualmente. No século IV, as homilias pressupõem uma forma técnica proveniente de um treinamento tradicional baseado na retórica e na gramática grega. Além disso, encerram um caráter pedagógico, na medida em que buscam, por meio da explicação das Escrituras, ensinar os valores da ética cristã, criando os modelos de comportamento a partir das personagens bíblicas.

As homilias de João Crisóstomo, documentação que eu particularmente exploro como documento em minhas investigações históricas, são compostas de paráfrases e explicações do Evangelho, que são, em seguida, aplicadas à vida cotidiana (BEECHER, 2003, p. 2). Nesse sentido, a homilia torna-se um instrumento de difusão e sinal da liturgia cristã. Do ponto de vista teológico e sob a ótica dos cristãos, a homilia é a expressão da verdade divina (BEECHER, 1999, p. 8); por essa razão, um conhecimento sagrado restrito a um grupo seleto de indivíduos, bispos, presbíteros. Como um texto estreitamente relacionado à seara do sagrado e à religião, a homilia permaneceu por muito tempo como um documento restrito ao campo da Teologia. Até que, há algumas décadas, elas receberam do historiador maior atenção e reconhecimento como fonte documental. O esforço sistemático de trazer essa documentação ao âmbito da História Antiga com o *status* de documentação histórica surgiu no *Centre for Early Christian Studies* (http://www.cecs.acu.edu.au/) da *Australian Catholic University* a partir das pesquisas das Professoras Wendy Mayer e Pauline Allen.

O trabalho desenvolvido nesse Centro e, particularmente, por essas professoras significou uma ampliação da compreensão da homilia e das possibilidades de emprego destes textos como documentação histórica e como fontes documentais para a escrita de uma História Social e Litúrgica. Das homilias podemos depreender algumas informações sobre a composição da audiência mediante o estudo da linguagem, podemos alcançar informações sobre o episcopado e suas funções, atividades específicas e as características do calendário litúrgico. Assim, como argumenta Wendy Mayer (2001, p. 17), as homilias podem se tornar fonte valiosa de certos tipos de informações. Além disso, outras características importantes agregadas a esse tipo de documento é que seus comentários são contemporâneos aos eventos e, portanto, em tempo de fornecer uma testemunha sobre os acontecimentos (MAYER, *op.cit.*). Segundo Mayer, a homilia era utilizada como fonte que oferecia dados sobre indivíduos notáveis e ocorrências, bem como detalhes sobre a prática litúrgica, e mais recentemente o interesse voltou-se para aqueles dados referentes à dinâmica da sociedade. Mas se por um lado esse tipo de documento muito pode contribuir, revelar e esclarecer, por outro propõe alguns desafios e problemas. Wendy Mayer (2008, p. 565) confirma que o estudo das prédicas tem suscitado bastante interesse, mas que se mostra como um "campo minado" e "cheio de armadilhas para os desavisados".

Um problema importante e bastante significativo desse tipo de documento é a ausência de algumas características que são próprias às homilias, configurando-se como um discurso que é primordialmente oral (ALLEN; NEIL; MAYER, 2009, p. 36-7). Assim sendo, todo o caráter *performativo* de um discurso oral - os gestos, as entonações e os recursos dramáticos realizados pelo orador - se perdem no momento da captura deste como um texto escrito, problemas estes que se amplificam na medida em que se reconhece que o texto preservado, e que chega até nós, pode também ser resultado de várias versões provenientes daquele discurso oral inicial que foi pronunciado em assembleia (*op.cit*).

Outro desafio a ser enfrentado pela natureza desse tipo de documento diz respeito à parcialidade e ideologia presentes nos discursos. Os dados fornecidos pela documentação devem ser tratados com bastante rigor e cuidado para não aceitarmos passivamente o ponto de vista de um ou do outro autor. Ao analisar as homilias de João Crisóstomo sobre a destruição das estátuas em Antioquia e as orações de Libânio sobre esse conflito, French (1998, p. 469-70) reflete sobre os problemas postos ao historiador acerca da utilização das homilias como documento histórico. Conforme a autora, esse tipo de fonte coloca alguns problemas metodológicos, na medida em que seus autores têm por objetivo apresentar "provas retóricas inventadas" ou "argumentos" que convençam a audiência a aceitar a explicação de um ou do outro. De acordo com French, esse tipo de documento não é desinteressado, não apresenta uma "visão objetiva" dos eventos que propõe debater. Não obstante, o problema pode e deve ser visto sob um ângulo diferente. Não se trata de verificar até que ponto as "provas" e os "argumentos" são "objetivos" ou não, mas de compreender as estratégias particulares. Nenhum discurso é imparcial, isento de interesses. Qualquer que seja sua natureza, os discursos estão permeados pelos interesses do grupo social do qual são produto, são apreensões e interpretações da realidade que imporão sua forma de compreender o mundo e, assim sendo, incorrerão em práticas sociais (CHARTIER, 1990:17). Tais problemas e dificuldades na abordagem dessas fontes não as desqualificam como documento histórico. Pelo contrário, impõem e sugerem novas metodologias, desafiam a história como área de conhecimento e investigação científica.

Após essas considerações e destacando que "Toda reflexão metodológica enraíza-se, com efeito, numa prática histórica particular, num espaço de trabalho específico", como argumenta Roger Chartier (1991, p. 177), e se efetiva também mediante uma 'cultura histórica', como destacou Ciro Flamarion Cardoso (1981, p. 82),[2] refletir sobre essa documentação é, de alguma maneira, pensar a partir da experiência própria, mediante o conhecimento adquirido nos anos de minha formação, é evidenciar a trajetória percorrida e o lugar de onde falo, seja em termos de filiação a uma tendência historiográfica específica, uma formação sobretudo política e cultural, seja em termos do contexto contemporâneo no qual estou inserida, que permite essa multiplicidade de possibilidades documentais, como temos visto nas conferências, comunicações do presente evento. Logo, pelas evidências encontradas nessa documentação mediante nossa pesquisa no campo da História Política e Cultural – e, especificamente, na História Antiga, a partir da compreensão de um conflito chamado 'Levante das Estátuas' em Antioquia de Orontes durante o ano de 387 d.C. –, concebemos as homilias não somente como documentos valiosos para uma História Social e Litúrgica (ALLEN, 1991, p. 1-5), mas também como fontes essenciais em estudos na área da História Política e Cultural.

---

2 Expressão utilizada por Ciro Flamarion Cardoso (1981, p. 82).

O estudo acerca do Levante das Estátuas tem acompanhado o debate sobre o lugar do tema do levante dentro das homilias de João Crisóstomo. Definir a importância e o lugar reservados ao tema na obra de João Crisóstomo é uma tarefa difícil, mas é necessário pesquisar, de modo que possamos compreender e contextualizar esse conflito, seja na historiografia, seja, principalmente, no contexto do século IV d.C. e, portanto, inferir quanto à escolha de Libânio de se pronunciar acerca do levante apenas posteriormente, quando todas as querelas da sedição haviam sido solucionadas.

Todo o conjunto da obra *As Orações sobre o 'Levante das Estátuas'*, de Libânio, concentra-se em discorrer acerca da temática de todos os eventos e assuntos correlatos à sedição, o que não gera dúvidas ou equívocos acerca do lugar ocupado pelo tema. Assim, comecemos por argumentar, como hipótese, que o tema 'Levante das Estátuas' ocupa um lugar importante e é assunto principal também dentro da série *As Homilias sobre as Estátuas ao Povo* de Antioquia, de João Crisóstomo, que não só redimensionou toda a prédica como implicou toda uma modificação da série de homilias.

Em 1961, J.M. Leroux afirma, em artigo intitulado *Saint Jean Chrysostome: Les Homélies sur les Statues,* publicado no periódico *Studia Patristica,* que *As Homilias sobre as Estátuas ao Povo de Antioquia,* de João Crisóstomo, constituíam um conjunto de homilias destinado à Quaresma, que a ocorrência do levante não havia modificado a essência do programa inicial planejado por João Crisóstomo e o que teria acontecido fora apenas uma inclusão do tema da sedição de modo periférico. Em que pese a contribuição da análise dessas homilias, pelo viés da sua interpretação primordialmente destinada à catequese, não poderíamos deixar também de observar que as modificações operadas para a inclusão do tema do levante tenham de alguma maneira implicado o rearranjo de todo o conjunto da série, não se excetuando nem mesmo a Homilia I, que foi pronunciada antes da irrupção do levante, uma vez que esta pode ser compreendida como um sobreaviso, um alerta, um prenúncio do clima da cidade que estava prestes a eclodir em conflito. Assim, mesmo que originalmente João Crisóstomo tivesse estabelecido um programa a ser cumprido em suas prédicas no período da Quaresma, o que é plausível, parece-nos que, após a primeira prédica (ocorrida alguns dias antes da destruição das imagens imperiais), a adaptação e a escolha, pela inclusão da temática sobre o conflito a partir da segunda homilia, impõem-se como um dado imprescindível e importante o suficiente para ser mencionado e debatido. Portanto, não se trata de um fator numérico, mas de uma importância qualitativa.

As menções ao levante, em todas as suas facetas e dimensões e assuntos correlatos, aparecem sempre com uma vivacidade descritiva e pontualmente específica que lhes atribui destaque e importância no conjunto das obras de João Crisóstomo. A Quaresma e a catequese são importantes elementos imbricados nessas obras. Todavia, o que propomos é redimensionar a importância do tema do levante dentro da obra de maneira a compreender a sedição a partir de um contexto mais amplo.

Numa ação de mapeamento na documentação de João Crisóstomo, buscamos os dados que poderiam ser classificados como citação ao Levante das Estátuas. Consideramos citação ao Levante das Estátuas todas as menções que foram feitas diretamente aos acontecimentos que se relacionam aos seguintes eventos:

1) o anúncio sobre o imposto e a destruição das imagens imperiais;
2) os julgamentos e tribunais;
3) a ação municipal e imperial;
4) os comentários acerca do "crime", da punição, da sentença;

5) os comentários sobre o clima da cidade e de seus habitantes mediante os acontecimentos,
6) os comentários sobre o êxodo populacional;
7) a embaixada de Flaviano;
8) a embaixada de Libânio.

Ao fazer esse mapeamento, observamos que as citações e as menções ao levante são também numericamente significativas, o que nos permite concluir que este tema é mais citado do que, possivelmente, a historiografia tradicional tenha avaliado. Outra questão diz respeito às homilias que foram consideradas desprovidas de qualquer menção ao levante. Apesar de não incluirmos aqui as citações alusivas ou metafóricas, consideramos importante destacar que as temáticas desenvolvidas tanto nas homilias quanto nas orações que, aparentemente, possam não ter relação, *a priori*, com o levante, essa não relação é apenas aparente.

Em momento de espera das penalidades severas em razão dos acontecimentos do Levante das Estátuas, João Crisótomo (*De Statui, Hom.* VII, 5) mesmo reporta "Eu não estou ampliando esse tema sem motivo...". Logo, todas as temáticas desenvolvidas nesse conjunto documental de João Crisóstomo referentes a essa insurreição se relacionam entre si; e, em nossa opinião, é relevante o tratamento de cada uma das temáticas desenvolvidas por esse autor, considerando-se sua conexão com o Levante das Estátuas. Os exemplos são múltiplos. Citemos apenas um.

Na Homilia VII, apesar de João Crisóstomo dissertar sobre a passagem introdutória do Livro do Gênesis (1,1) – "No início Deus criou o céu e a terra" – e retomar alguns temas como, por exemplo, a exortação acerca do pecado e da morte e do juramento em vão, não poderíamos deixar de observar a escolha das passagens e dos temas sem relacioná-los ao tema do levante. Os ensinamentos extraídos das Escrituras por João Crisóstomo são, não fortuitamente, similares aos conselhos e à perspectiva acerca de como a sedição deveria ser gerenciada. No excerto da Homilia VII, 5, João Crisóstomo discorre: "Quando um homem, então, tinha sido enganado e iludido pelo demônio, devemos observar como Deus o tratou depois de ter ele cometido um pecado tão grave. Ele decidiu destruí-lo completamente?"

No decorrer do documento em questão, João Crisóstomo discorrerá sobre o julgamento de Adão. Sobre a passagem acima mencionada, como poderíamos destituí-la de relação com os acontecimentos do Levante das Estátuas? O exemplo escolhido do julgamento e punição de Adão não poderia ser mais alusivo e relativo ao fato. A maneira como João Crisóstomo discorre sobre a influência de demônios em homens é argumento, por exemplo, para justificar o comportamento sedicioso dos amotinados, em homilias posteriores. A maneira como 'Deus' julga e a justiça divina serão o parâmetro por meio do qual Teodósio e a justiça romana deve se fundamentar. Logo, embora tenha sido considerado por uma historiografia específica que essa homilia não faça menção à insurreição, devemos pensar que a menção é alusiva e relativa ao Levante das Estátuas, seja na escolha dos exemplos retirados das Escrituras, seja no vocabulário empregado por João Crisóstomo – que é similar para discorrer sobre o tema do levante bem como sobre temas extraídos das Escrituras. Os argumentos e a linguagem são comparáveis em ambos os casos.

Assim, para concluir, as homilias são igualmente importantes como fontes históricas na compreensão do contexto do Império Romano do século IV d.C. e, no nosso caso, sob a perspectiva da História Política e Cultural, porque se referem a relações de poder, às questões jurídicas e administrativas e, sobretudo, nos oferecem, sob o ponto de vista cristão, as ações políticas e culturais de elites eclesiásticas.

Uma breve narrativa acerca dos acontecimentos do Levante das Estátuas

Trata-se este de um conflito que ocorreu nos meses iniciais do ano de 387 d.C., iniciando-se em finais de fevereiro e estendendo-se até finais de abril, na cidade de Antioquia. Este conflito irrompe-se no dia 25 ou 26 de fevereiro (PAVERD, 1991, p. 27), inicialmente com protestos e manifestações verbais por parte da população desta cidade contra a aplicação de um imposto. Tal mobilização popular resultou na destruição e zombaria de estátuas de bronze e painéis de madeira que portavam efígies imperiais. As imagens imperiais destruídas e zombadas foram de Teodósio e sua família, acontecimento que ocorreu durante seu tempo de governo (STEWART, 1999, p. 160). Em razão desses atos contra as imagens, a população pode ter sido acusada de crime de *maiestas*, como podemos pressupor mediante as penalidades aplicadas após a supressão do levante, conforme nos relata João Crisóstomo, na época presbítero em Antioquia, e Libânio, sofista neoplatônico, ou ainda pelas leis de lesa-majestade disponíveis na época e por meio de casos que envolviam estátuas e que foram compreendidos como crime de *maiestas*. Dada a dimensão do levante e suas particularidades – a destruição das imagens imperiais –, rumores davam notícia de que a resposta imperial esperada seria a pior possível.

Em face disso, a população aguardava, sob uma atmosfera de tensão e medo, a reação imperial que viria a se manifestar. As reações imperiais poderiam ser as mais variadas possíveis, dependendo do imperador alvo da ofensa, das circunstâncias e da própria ofensa em si. O padrão de atuação imperial em casos como esses tenderia a variar de acordo com o imperador em governo e sua atuação frente a conflitos, o contexto e as circunstâncias em que esses conflitos se irrompessem e evoluíssem. Mas, mesmo assim, todas as reações poderiam estar dentro da legalidade e ter legitimidade. Libânio (*Or.* XX, 13), por exemplo, argumenta que a popularidade do exercício do poder imperial depende das cidades, da multidão de seus soldados, da legislação, da sabedoria e da administração escrupulosa da justiça, bem como da habilidade de perdoar os delitos das cidades. Segundo o sofista, Teodósio teria conhecimento disso tudo, mas mesmo assim argumenta que o imperador tem bases legais para executar aqueles que cometeram os delitos mais sérios (Libânio, *Or.* XX, 13-14; *Or.* XXIII, 14). João Crisóstomo (*De Statui, Hom.* XVII, 3) informa-nos que a população esperava penas inúmeras. Pensava-se, por exemplo, que "os bens seriam pilhados", "as casas seriam queimadas junto com seus habitantes", "a cidade seria extirpada do centro do mundo" e "seus estilhaços seriam completamente destruídos". Libânio (*Or.* XIX, 39; *Or.* XX, 9; *Or.* XXI, 8) ainda discorre sobre o que seria a punição apropriada: "execuções em massa e mortes", "confisco de propriedades", "exílio da própria terra" e "recusa ao morto de ter sepultura". Na resolução do conflito, o desfecho teve como saldo: execuções e prisões de membros da *Boulé,* logo após a supressão imediata do levante, num primeiro julgamento que foi promovido pelas autoridades encarregadas do gerenciamento do conflito em nível citadino (o governador de Província); mas outras sanções importantes também foram impostas à cidade: as termas, o teatro, o hipódromo foram fechados e o *status* de metrópoles de Antioquia, revogado (Libânio, *Or.* XIX, 60; *Or.* XIX, 62; *Or.* XX,6). Quando enviados do imperador alcançam a cidade, instaura-se uma investigação, e um novo julgamento é realizado para os aprisionados (Libânio, *Or.* XXI, 7; João Crisóstomo, *De Statui, Hom.* XIII, 1-6). A carta de reconciliação chega a Antioquia, provavelmente, no decorrer da primeira quinzena de abril, após o dia 9 do referido mês (PAVERD, 1991, p. 156). Nela, Teodósio declara revogadas as penas infligidas bem como um pedido de desculpas pelas medidas tomadas contra a cidade e sua população (PAVERD, 1991, p. 157).

Os temas das 'Homilias sobre as Estátuas ao Povo de Antioquia' de João Crisóstomo

A *Homilia I,* apesar de ter sido pronunciada antes da irrupção do conflito, pode ser incluída na série, uma vez que a temática pode ser relacionada ao conjunto das homilias da série. Esta homilia se constitui de 33 seções nas quais disserta sobre a passagem em 1Tim 5, 23, que diz: "Não continues a beber somente água; toma um pouco de vinho por causa de teu estômago e de tuas fraquezas". Essa exortação de caráter moral incita o crente a lidar severamente, mesmo violentamente, com aqueles cidadãos que blasfemam contra Deus (PAVERD, 1991, p. 3). Nessa homilia não haverá citações ao levante, uma vez que foi pronunciada antes da irrupção do conflito.

Na *Homilia II,* já após a irrupção do conflito (*De Statui, Hom.* II, 1-2), João Crisóstomo descreve o clima de consternação, de gravidade e perigo diante dos acontecimentos (*De Statui, Hom.* II, 1-12):

> O que devo dizer, ou do que devo eu falar? O presente momento é para lágrimas, e não para palavras; para lamentação, não para discurso; para rezar, não para pregar. Tamanha é a magnitude da audaciosa ação cometida; tão incurável é a ferida, tão profunda a chaga, até mesmo acima do poder de todo tratamento, que anseia assistência de cima.

Mais adiante, Crisóstomo busca compreender os acontecimentos, os motivos da insurreição, numa reflexão acerca das qualidades e definições da riqueza e da pobreza. As citações ao levante são mais numerosas no início da homilia, mas são também encontradas esparsas citações nas últimas seções.

A *Homilia III* dedica-se ao tema da embaixada de Flaviano, bispo em Antioquia, que ia em direção a Constantinopla para, em audiência, falar com o imperador Teodósio em favor da cidade e seus habitantes. Com elementos de um panegírico a Flaviano (QUIROGA PUERTAS, 2007, p. 169-187), João Crisóstomo destaca as virtudes desse bispo, apresenta as características de sua função episcopal e, representando Flaviano como porta-voz da população antioquena, ele é aquele que conseguirá, com a ajuda divina, aplacar a ira imperial. As citações ao levante são significativas e estão relacionadas com os argumentos que Flaviano utilizará para persuadir o imperador acerca da natureza regrada da cidade e sua população, em oposição ao tempo excepcional desse levante.

Na *Homilia IV*, João Crisóstomo predica sobre algumas passagens presentes nas Escrituras. A partir dos exemplos de Jó e das Três crianças na Babilônia, a exortação pretende ser um exemplo de como se devem enfrentar adversidades, como nesse caso dos eventos recentes defrontados pela população antioquena. Na parte final da homilia, um pronunciamento sobre a abstenção aos juramentos. Aqui, as citações ao levante ocorrem pequenas e esparsas, amalgamadas nos exemplos a serem seguidos.

A *Homilia V* segue a temática da Homilia IV. João Crisóstomo continua consolando a população mediante os exemplos de Jó e introduz o exemplo dos Ninivitas, para que o povo siga aguardando corajosamente para enfrentar a adversidade então reinante. Retoma ainda o tema da abstenção aos juramentos. As citações ao levante podem ser depreendidas mediante metáforas. Estas aparecem em quantidade significativa, mas esparsas.

Para a compreensão das temáticas desenvolvidas na *Homilia VI* e em razão da diversidade de seus tópicos, recorreremos ao esquema apresentado por Paverd (1991, p. 6). Na *Homilia VI*, João Crisóstomo discorre sobre seis temáticas: 1) relaciona a função dos sacerdotes à confortação, ou seja, é tarefa dos sacerdotes consolar; 2) apresenta argumentos que confirmam a necessidade da existência de magistrados; 3) compõe os motivos pelos quais a população deve estar confiante de um bom resultado à sedição; 4) argumenta que o jejum persuadirá não somente o Imperador a ser leniente, mas também auxiliará a população a enfrentar com fortaleza de espírito as aflições do momento; 5) disserta que é o pecado que deve ser temido, e não a morte; 6) alerta sobre o problema dos juramentos. O levante é aqui citado novamente em passagens esparsas, mas significativas.

A *Homilia VII* comenta sobre passagens da Escritura iniciando com Gênesis I,1: "No começo Deus criou o céu e a Terra". A intenção de João Crisóstomo com essa Homilia parece o ensinamento mediante as Escrituras. A homilia é concluída com o tema do juramento novamente. A citação ao levante novamente ocorre mediante exemplos bíblicos, passagens esparsas, mas presentes também nessa homilia.

Na *Homilia VIII*, há a continuação de extração de passagens das Escrituras como forma de "consolação e conforto" (*De Statui, Hom.* VIII, 1). Retoma-se o Gênesis para a prédica. A homilia se conclui mais uma vez com a temática dos juramentos. Novamente, é possível destacar citações ao levante.

A *Homilia IX* continua com os ensinamentos extraídos das Escrituras e com a temática dos juramentos. Ainda aqui, as citações ao levante podem ser reconhecidas pelos exemplos utilizados e extraídos das Escrituras. A composição dessa, como das anteriores, foi intencionalmente elaborada a partir dos acontecimentos dos eventos do levante.

Na *Homilia X*, João Crisóstomo expressa a importância de, naquele presente momento, se comparecer à Eclésia em vez de a qualquer outro lugar, como o *Dicastério*, tribunal, ou o *Bouleuterion*. E, novamente, segue com a temática dos juramentos. Ocorrem citações esparsas ao levante, de forma direta e menos numerosa, mas ainda presentes.

A *Homilia XI* retoma diretamente o tema da sedição e relembra os eventos que ocorreram no dia da destruição das estátuas, relacionando-os com o julgamento dos membros da Boulé em Antioquia. Alguns ensinamentos e instruções acerca de elementos que são, tradicionalmente, relacionados à época da Quaresma continuam. As citações ao levante aparecem em maior quantidade e de forma mais direta.

O início da *Homilia XII* menciona o levante e, em tom mais ameno, João Crisóstomo disserta mais uma vez sobre alguns elementos da punição esperada, destacando mais uma vez que os atos perpetrados contra as estátuas foram obra de algo exterior à cidade. Ainda aparece nessa homilia o tema do juramento, e podem-se observar ensinamentos que são frequentemente relacionados à época da Quaresma por uma historiografia específica. As citações ao levante encontram-se aqui novamente em quantidade significativa.

Na *Homilia XIII*, a temática desenvolvida é a do julgamento e do tribunal estabelecido para processar os considerados responsáveis pelos atos contra as estátuas. As citações ao levante são significativas e consideravelmente numerosas.

Na *Homilia XIV*, João Crisóstomo (*De Statui*, *Hom.* XIV, 1) relata mais alguns eventos que ocorreram e que estão relacionados aos acontecimentos da sedição inicial que levou à destruição das estátuas: "Não menos fez o demônio novamente ontem perturbando a ordem da cidade, mas Deus nos consola novamente [...]". Em seguida, uma reflexão acerca da maneira como Deus pode confortar o homem, e posteriormente retoma-se o "tópico habitual sobre a instrução" (*De Statui, Hom.* XIV, 2): as consequências provenientes do juramento mediante exemplos retirados das Escrituras. Nesta parte, há citações ao levante, mesmo que de maneira mais branda, porém contínua e consistente.

A *Homilia XV* refere-se a uma visão particular e positiva acerca do medo. Aqui, João Crisóstomo disserta sobre as vantagens de sentir medo, e assim as expectativas e o terror em razão da sedição são uma oportunidade para revelar as vantagens de um momento como esse. Novamente como caráter instrutivo, essa homilia retoma o tema dos juramentos. Há citações diretas ao levante e ao tempo excepcional da intempérie.

A *Homilia XVI* foi pronunciada em ocasião da visita do *Consularis Syriae* Celso, que é mencionado em razão de seu pronunciamento em assembleia na Eclésia. Havia rumores de que novos distúrbios estavam por acontecer, o que tornou a visita do *Consulares Syriae* necessária, segundo João Crisótomo, para acalmar a população que estava novamente em situação de alarme. Mas Crisóstomo inicia a homilia em tom de reprovação:

> Eu solicitei que o *Consularis Syriae* viesse aqui e os consolasse, pois vi a cidade agitada e para que pudesse ter esperanças. Mas eu me envergonho por você que depois desses discursos longos e frequentes precise de consolo proveniente de fora de nossa eclésia.

Nessa mesma homilia, João Crisóstomo ainda discorre sobre os juramentos e faz comentários sobre as palavras do apóstolo Paulo em Fm I,1 – "Paulo, prisioneiro de Cristo Jesus [...]". Aqui novamente a citação aos acontecimentos relacionados ao levante são diretos e relativamente numerosos.

A *Homilia XVII* refere-se ao segundo julgamento e à chegada dos enviados do Imperador para a inquirição dos que foram acusados pela destruição das estátuas. João Crisóstomo descreve acontecimentos acerca da ação dos monges em favor da cidade e da população e o clima de expectativas sobre os procedimentos que se seguirão em razão do julgamento dos acusados e presos. As citações ao levante são aqui numerosas.

A *Homilia XVIII* continua se referindo ao levante. João Crisóstomo comenta passagens das Escrituras (Fl, IV, 4 - "Alegrai-vos sempre no Senhor!") e, em seguida, retoma o tema do jejum e dos juramentos na parte final. As citações ao levante continuam a ser significativas e inseridas no contexto das exortações como um todo.

Na *Homilia XIX*, a temática parece seguir um esquema habitual de homilias destinado ao período da Quaresma, conforme argumenta Paverd (1991:11), ideia esta que nós consideramos que possa gerar equívocos. É possível que haja um esquema 'habitual' de homilias planejado para determinadas épocas do calendário litúrgico antigo. Todavia, nos parece evidente que *As Homilias sobre as Estátuas* foram modificadas em razão dos acontecimentos em Antioquia, por causa do conflito. Por isso, parece-nos mais pertinente conceber essas homilias a partir do levante, em detrimento da época da Quaresma; mesmo que haja algo de 'esquemático' e 'pré-concebido', o Levante das Estátuas aparece como tema norteador e definidor das prédicas. A dimensão instrutiva da homilia torna o levante ainda mais vívido nessas prédicas. As homilias eram a maneira como os membros da Eclésia, elite eclesiástica e leigos, ensinavam e aprendiam os preceitos do cristianismo e se identificavam como cristãos.

A homilética era o instrumento mediante o qual os bispos e presbíteros difundiam o ponto de vista interpretativo considerado 'cristão'. Assim, o retorno ao tema dos juramentos e a utilização e o recurso às Escrituras, na *Homilia XIX* bem como em todas as outras, implicam essa dimensão educacional. As citações ao levante seguem de forma metafórica, a partir de estórias tiradas das Escrituras. Os excertos referentes ao levante são esparsos, mas ainda podem ser encontrados nessa homilia.

Na *Homilia XX*, o tema é o jejum seguido de uma reflexão acerca da punição, com rápida menção ao segundo julgamento dos membros da *Boulé*. As citações ao levante ocorrem em menor número, mas de forma significativa com relação às outras temáticas nela desenvolvidas.

Na *Homilia XXI*, abordam-se o retorno de Flaviano, bispo de Antioquia, e a reconciliação do Imperador com a cidade e a população. As citações ao levante aparecem aqui com mais frequência.

A *Homilia XXII* refere-se a *Nuper Dictorum*, denominada na *Patrologia Graeca* por *Ad Iluminados catechesis* 2. A inclusão dessa homilia à serie *As Homilias sobre as Estátuas ao Povo de Antioquia* é defendida por Franz Van de Paverd (1991, p. 227). É a última homilia pronunciada antes da Páscoa e se refere a preparação, seja dos fieis ordinários, seja dos *illuminandi*, os catecúmenos.

A *Homilia XXIII* intitular-se-ia *De decem millium talentorum* [presente na *Patrologia Graeca*, João Crisóstomo, volume 51], e a *Homilia XXIV*, *In Psalmum 145* [presente na *Patrologia Graeca*, no volume 55 das obras de João Crisóstomo. Cf. Valevícius, 2000, p. 87]. A inclusão de ambas na série *As Homilias sobre as Estátuas ao Povo de Antioquia* é defendida por Valevícius (2000:85). Segundo esse autor, mediante a tradução manuscrita, a série *As Homilias sobre as Estátuas ao Povo de Antioquia* seria composta de 24 homilias, e não apenas 21 ou 22. O autor (VALEVICIUS, 2000, p. 88) argumenta que *De decem millium talentorum* (Homilia XXIII da série sobre as Estátuas) tem, sim, parentesco com as homilias sobre o levante. Primeiro, porque foi pronunciada durante a Quaresma, mesmo período das outras 21, e em segundo lugar porque citações e alusões ao conflito internas à homilia revelam sua pertença. Além disso, ela é rica em citações acerca do perdão e da reconciliação (VALEVICIUS, 2000, p. 89). A *Homilia XXIV* é uma homilia pronunciada durante a Semana Santa (*op.cit.*, p. 90). Nesta, parece não haver citação direta aos acontecimentos, contudo, alusões bastante significativas apontam para um pertencimento à série (op.cit., p. 91).

Considerações Finais

Dado esse panorama, as homilias oferecem dados importantes para compreensão de acontecimentos históricos também sob a perspectiva politico-cultural, além de sócio-litúrgica. As *Homilias sobre as Estátuas ao Povo de Antioquia* de João Crisósotomo são um exemplo bastante significativo disso. Essa documentação é riquíssima e abundante em dados que categorizamos como do campo do político e da cultura. O lugar singular ocupado pelo tema do Levante das Estátuas oferece informações importantes para compreensão não somente dos eventos sediciosos em si, mas também da própria posição requerida e desejada por uma elite episcopal durante o decorrer do século IV d.C. As homilias são, de fato, importantes documentos históricos, e negligenciar essa fonte documental significaria nos privar de alcançar uma gama de informações e conhecimentos que somente esta pode fornecer a partir de uma particularidade ímpar - pela sua contemporaneidade aos eventos, por sua linguagem específica, pela audiência que agrega. Embora complexas em sua composição e investigação, as homilias resguardam um riquíssimo manancial de conhecimentos a ser explorados.

Agradecimentos

A difusão de pesquisas é uma etapa tão importante quanto a investigação em si, pois estimula o debate e reflexões, amplia e apresenta novos temas, objetos e documentos no campo da história. Por isso, gostaria de agradecer à Profa. Margarida Maria de Carvalho pelo convite realizado tanto para a participação no evento, do qual este texto é resultado, quanto pelo espaço a mim cedido para a publicação deste.

Fontes

JOANNIS CHRYSOSTOMI. Homiliae XXI de statuis. In: MIGNE, J-P. *Patrologia Graecae*. vol. 49. Paris: Jacques-Paul Migne, p. 15-222, 1862.

JOHN CHRYSOSTOM. The Homilies on the Statues to People of Antioch. In: SCHARFF, P. *A Select Library of the Nicene and Post- Nicene Fathers of the Chriatian Church.*Volume IX. Michigan: T&T Clark / WM. B. Eerdmans Publishing Company, p. 315-514, 1996.

Referências Bibliográficas

ALLEN, P. Homilies as a source for Social History. *Studia Patristica*, n. 24, p. 1-5, 1991.

ALLEN, P.; NEIL, B. & MAYER, W. Reading the texts: a methodology of approach to genre. In: ______. *Preaching poverty in Late Antiquity*: perceptions and realities. Leipzig: Evangelische Verlagsanstalt, p. 35-68, 2009.

CARDOSO, C. F. *Uma introdução à História.* São Paulo: Brasiliense, 1981.

CHARTIER, R. *A história cultural*. Rio de Janeiro: Bertrand Brasil, 1990.

______. O mundo como representação. *Estudos Avançados*, São Paulo, vol. 5, n. 11, p. 173-191, 1991.

FRENCH, D. Rhetoric and rebellion of A. D. 387 in Antioch. *Historia*, 47, p. 468-484, 1998.

LE GOFF, J. Documento/Monumento. In: ______. *História e Memória*. Campinas: UNICAMP, p. 535-53, 1996.

LEROUX, J.M. Saint Jean Chrysostome: les Homélies sur les Statues. *Studia Patristica*, n. 3, p. 232-239, 1961.

MARROU, H-I. *Sobre o conhecimento histórico*. Rio de Janeiro: Zahar, 1978.

MAYER, W. Homiletics. In: HARVEY, S. A.; HUNTER, D. *Oxford Handbook of Early Chistian Studies*. Oxford: University Press, p. 565-83, 2008.

MAYER, W. The homily as a historical document: some problems in relation to John Chrysostom. *Lutheran Theological Journal*, n. 35, p. 17-22, 2001.

QUIROGA PUERTAS, A. J. *La retórica de Libanio y de Juan Crisóstomo em La Revolta de las Estatuas*. Salermo: Helios, 2007.

PAVERD, F. van de. *Saint John Chrysostom, The Homilies on the Statues*: An Introduction. Orientalia Christiana Analecta 239. Roma: Pont. Institutum Studiorum Orientalium, 1991.

STEWART, P. The destruction of statues in Late Antiquity. In: MILES, R. *Constructing Identities in Late Antiquity*. London: Routledge, p. 159-189, 1999.

VALEVICIUS, A. Les 24 homélies De statuis de Jean Chrysostome: recherches nouvelles. *Revue des Études Augustiniennes*, n. 46, p. 83-91, 2000.

Sobre as organizadoras

Margarida Maria de Carvalho é Doutora em História Econômica (História Antiga) pela Universidade de São Paulo – USP e professora de História Antiga do Departamento de História e Programa de Pós-Graduação em História da UNESP/Franca. Coordenadora do Grupo do Laboratório de Estudos sobre o Império Romano G.LEIR e Vice-Coordenadora do Programa de Pós-Graduação da mesma instituição. Bolsista de Produtividade em Pesquisa do CNPq - Nível 2 e Pesquisadora da FAPESP - Processo: 2018/03323-9. É autora de diversos artigos, capítulos de livros, organizadora de coletâneas e autora do livro *Paideia e retórica no séc. IV d.C.: a construção da imagem do Imperador Juliano segundo Gregório Nazianzeno*. Atualmente, dedica seus estudos às memórias e mortes do Imperador Juliano nos testemunhos cristãos e pagãos do séc. IV d.C.

Márcia Pereira da Silva é Doutora em História pela Universidade Federal de Minas Gerais e professora do Departamento de História e do Programa de Pós-Graduação em História da Faculdade de Ciências Humanas e Sociais da Unesp – Campus de Franca. Tem publicações na área de História do Brasil republicano, em especial sobre o período dos governos militares brasileiros e a organização do espaço urbano no início do século XX. Atualmente investiga instituições de alienação e recolhimento de indesejáveis, pessoas que não correspondiam ao ideal de civilização das urbes em desenvolvimento. Pesquisadora do Grupo do Laboratório de Estudos sobre o Império Romano - G.LEIR, atuando na linha *Usos do Passado.*

Helena Amália Papa é Doutora em História pela Universidade Estadual Paulista, UNESP, Campus Franca (2014) e professora de História Antiga do Departamento de História e do Programa de Pós-graduação em História da Universidade Estadual de Montes Claros - Unimontes, Minas Gerais. Pesquisadora do Grupo do LEIR/ UNESP Franca, LEIR/MA da USP e Grupo de Arqueologia Histórica da Unicamp. É autora de diversos artigos, organizadora de coletâneas e livro sobre os seguintes temas: Antiguidade Tardia, Roma Oriental, Conflitos Político-religiosos, Padres Capadócios, Cristianismos, Nicenos e Arianos.

Alameda nas redes sociais:
Site: www.alamedaeditorial.com.br
Facebook.com/alamedaeditorial/
Twitter.com/editoraalameda
Instagram.com/editora_alameda/

Esta obra foi impressa em São Paulo na primavera de 2020. No texto foi utilizada a fonte Minion Pro em corpo 10,25 e entrelinha de 15,25 pontos.